인천광역시 공무직

일반상식(사회·한국사·윤리·지리)

인천광역시 공무직
일반상식(사회·한국사·윤리·지리)

개정판 발행	2023년 1월 4일
개정 2판 발행	2025년 1월 3일

편 저 자	공무원시험연구소
발 행 처	㈜서원각
등록번호	1999-1A-107호
주 소	경기도 고양시 일산서구 덕산로 88-45(가좌동)
교재주문	031-923-2051
팩 스	031-923-3815
교재문의	카카오톡 플러스 친구[서원각]
홈페이지	goseowon.com

현대 사회는 지식정보사회로 노동력과 자본에 이어 지식이 재산이 되는 시대입니다. 세상은 하루가 다르게 변화하고 있으며, 이러한 세상에 발맞추기 위하여 지식을 보다 빠르게 습득하는 것입니다. 하지만 이보다 더 필요한 것은 그 많은 정보 중, 자신에게 필요한 부분을 선별하여 자신의 것으로 채화할 수 있는 능력입니다. 이와 같은 특성이 가장 두드러지게 나타나는 과목이 바로 상식입니다.

본서는 인천광역시 공무직 공개경쟁 통합 채용 필기시험에 대비하기 위하여 촌각을 다투는 수험생들에게 도움이 되고자 기획한 교재입니다. 방대한 양의 상식 가운데 최근 상식 및 공기업 채용시험에 자주 출제되는 내용만 선별하여 효율적인 학습을 가능케 합니다.

인천광역시 일반상식 과목인 사회·역사·윤리·지리뿐만 아니라, 인천광역시 관련 역사 및 주요 시책에 대하여 한 눈에 파악하기 쉽도록 요약하여 정리하였습니다.

본서는 인천광역시 공무직 채용시험에 대비하기 위한 도서입니다.

1 채용시험에 출제가 예상되는 내용만을 정리하여 효율적인 학습이 가능하도록 하였습니다.

2 정치와 법, 경제, 사회·문화 등 일반사회와 한국사·윤리·지리 핵심을 한눈에 파악할 수 있도록 요약 정리하였습니다.

3 이론뿐만 아니라 기출복원문제와 과목별 출제예상문제로 인천광역시 공무직 채용시험을 효율적으로 준비할 수 있습니다.

인천광역시 공무직 공개경쟁 채용시험을 준비하는 수험생들에게 합격의 영광이 함께 하기를 기원합니다.

Structure

기출복원문제

2022~2023년 시·도 공무직 기출문제를 복원·재구성하여 수록하였습니다. 기출복원문제를 풀어보면서 기출문제에 대한 실전 감각을 익혀보세요.

일반상식 핵심이론

사회·한국사·윤리·지리의 핵심이론 및 빈출용어를 이해 하기 쉽게 정리하여 수록하였습니다. 빈출용어에는 중요 체크를 통하여 중요도를 확인할 수 있습니다.

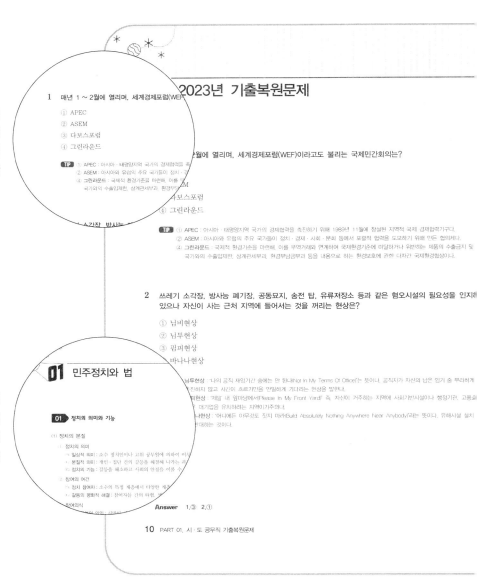

2023년 기출복원문제

1 매년 1 ~ 2월에 열리며, 세계경제포럼(WEF)이라고도 불리는 국제민간회의는?

① APEC
② ASEM
③ 다보스포럼
④ 그린라운드

TIP ① APEC : 아시아·태평양지역 국가의 경제협력을 촉진하기 위해 1989년 11월에 창설된 지역적 국제 경제협력기구다.
② ASEM : 아시아와 유럽의 주요 국가들이 정치·경제·사회·문화 등에서 포괄적 협력을 도모하기 위해 만든 협의체다.
④ 그린라운드 : 국제적 환경기준을 마련해, 이를 무역거래와 연계하여 국제환경기준에 미달하거나 위반하는 제품의 수출금지 및 국가와의 수출입제한, 상계관세부과, 환경부담금부과 등을 내용으로 하는 환경보호에 관한 다자간 국제환경협상이다.

2 쓰레기 소각장, 방사능 폐기장, 공동묘지, 송전 탑, 유류저장소 등과 같은 혐오시설의 필요성을 인지하고 있으나 자신이 사는 근처 지역에 들어서는 것을 꺼리는 현상은?

① 님비현상
② 님투현상
③ 핌피현상
④ 바나나현상

TIP ② 님투현상 : '나의 공직 재임기간 중에는 안 된다(Not In My Terms Of Office)'는 뜻이나, 공직자가 자신의 남은 임기 중 무리하게 일을 추진하지 않고 시간이 흐르기만을 안일하게 기다리는 현상을 말한다.
③ 핌피현상 : '제발 내 앞마당에서(Please In My Front Yard)' 즉, 자신이 거주하는 지역에 사회기반시설이나 행정기구, 고용효과가 큰 대기업을 유치하려는 지역이기주의다.
④ 바나나현상 : '어디에든 아무것도 짓지 마라(Build Absolutely Nothing Anywhere Near Anybody)'라는 뜻이나, 유해시설 설치를 반대하는 것이다.

---

01 민주정치와 법

01 정치의 의미와 기능

(1) 정치의 본질

① 정치의 의미
 ㉠ 일상적 의미 : 소수 정치인이나 고위 공무원에 의하여 이루어지는…
 ㉡ 본질적 의미 : 개인·집단 간의 갈등을 해결해 나가는 과정…
 ㉢ 정치의 기능 : 갈등을 해소하고 사회의 안정을 이룸 수…

② 참여의 여건
 ㉠ 정치 참여자 : 소수의 특정 계층에서 다양한 계층…
 ㉡ 갈등의 평화적 해결 : 참여자들 간의 타협, 양보…

③ 참여의식

Answer 1.③ 2.①

2022년 기출복원문제

대 보험에 포함되지 않는 것은?

① 국민연금
② 공무원연금
③ 건강보험
④ 고용보험

TIP ② 공무원이 퇴직할 경우나 공무 수행 중 사망하거나 부상, 질병에 걸리는 경우 지급하는 연금 제도로, 1960년에 시행되었다. 공무
원연금공단이 운영하고 있으며, 공무원과 국가 또는 지방자치단체가 공동으로 비용을 부담한다.
① 18세 이상 60세 미만 국내 거주국민(공무원·군인·사립학교 교직원 제외)을 대상으로 국민 개개인이 소득 활동을 할 때 납부
한 보험료를 기반으로 하여 나이가 들거나, 갑작스런 사고나 질병으로 사망 또는 장애를 입어 소득활동이 중단된 경우 본인이나
유족에게 연금을 지급함으로써 기본 생활을 유지할 수 있도록 하는 정부 운영의 공적연금제도이다.
③ 고액의 진료비로 인한 부담을 방지하고자 국민건강보험공단에서 국민의 보험료를 관리·운영하며, 필요시 보험급여를 제공함으
로써 위험을 분담하고 필요한 의료 서비스를 받을 수 있도록 하는 사회보장제도이다.
④ 1인 이상의 근로자를 고용하는 모든 사업 또는 사업장을 대상으로 근로자가 실직한 경우 생활안정을 위하여 일정 기간 동안 급
여를 지급하는 사회보험 중 하나이다.

862년에 발표한 빅토르 위고의 소설로 뮤지컬로 제작된 작품의 제목은?

① 캣츠
② 아이다
③ 레미제라블
④ 노트르담 드 파리

TIP ③ 레미제라블은 프랑스 빅토르 위고의 소설이다. 프랑스혁명 이후를 배경으로 불우한 장발장의 삶을 통해 프랑
짚어 볼 수 있다. 이를 바탕으로 뮤지컬로 제작되었으며, 레미제라블과 함께 뮤지컬 캣츠, 오페라의 유령, 미
데 뮤지컬이라고 통칭한다.
① 1939년 작품 「Old Possum's Book of Practical Cats(지혜로운 고양이가 되기 위한 지침서)」에 나오는 14편
양한 고양이들의 삶, 이야기, 고양이를 통해 보여지는 인간 군상을 다룬다.
② 고대 이집트를 배경으로 엇갈린 사랑과 우정을 보여주는 뮤지컬로, 오페라 아이다를 바탕으로 제작되었다.
④ 노트르담 대성당의 종지기 꼽추와 집시여인의 사랑이야기로, 당시 혼란스러웠던 사회상과 소외된 사람들의 삶을

swer 1.② 2.③

출제예상문제

핵심 이론 외에도 다양한 상식을
접할 수 있도록 분야별 출제예상
문제를 수록하였습니다. 문제와
해설 속에 녹아있는 주요 이론 및
상식을 확인할 수 있습니다.

인천광역시 소개

인천광역시의 역사부터 시책까지
인천의 전반적인 내용을 한 눈에
파악할 수 있도록 정리하였습니다.

Contents

Contents

PART

01

시·도 공무직
기출복원문제

01 2023년 기출복원문제

1 매년 1 ~ 2월에 열리며, 세계경제포럼(WEF)이라고도 불리는 국제민간회의는?

① APEC

② ASEM

③ 다보스포럼

④ 그린라운드

> **TIP** ① APEC : 아시아·태평양지역 국가의 경제협력을 촉진하기 위해 1989년 11월에 창설된 지역적 국제 경제협력기구다.
> ② ASEM : 아시아와 유럽의 주요 국가들이 정치·경제·사회·문화 등에서 포괄적 협력을 도모하기 위해 만든 협의체다.
> ④ 그린라운드 : 국제적 환경기준을 마련해, 이를 무역거래와 연계하여 국제환경기준에 미달하거나 위반하는 제품의 수출금지 및 해당 국가와의 수출입제한, 상계관세부과, 환경부담금부과 등을 내용으로 하는 환경보호에 관한 다자간 국제환경협상이다.

2 쓰레기 소각장, 방사능 폐기장, 공동묘지, 송전 탑, 유류저장소 등과 같은 혐오시설의 필요성을 인지하고 있으나 자신이 사는 근처 지역에 들어서는 것을 꺼리는 현상은?

① 님비현상

② 님투현상

③ 핌피현상

④ 바나나현상

> **TIP** ② **님투현상** : '나의 공직 재임기간 중에는 안 된다(Not In My Terms Of Office)'는 뜻이다. 공직자가 자신의 남은 임기 중 무리하게 일을 추진하지 않고 시간이 흐르기만을 안일하게 기다리는 현상을 말한다.
> ③ **핌피현상** : '제발 내 앞마당에서(Please In My Front Yard)' 즉, 자신이 거주하는 지역에 사회기반시설이나 행정기관, 고용효과가 많은 대기업을 유치하려는 지역이기주의다.
> ④ **바나나현상** : '어디에든 아무것도 짓지 마라(Build Absolutely Nothing Anywhere Near Anybody)'라는 뜻이다. 유해시설 설치 자체를 반대하는 것이다.

Answer 1.③ 2.①

3 국회의원의 헌법상 의무가 아닌 것은?

① 청렴의무

② 국익우선의무

③ 품의유지의무

④ 지위남용금지의무

> **TIP** 국회의원은 청렴의 의무가 있다. 국회의원은 국가이익을 우선하여 양심에 따라 직무를 행한다. 국회의원은 그 지위를 남용하여 국가·공공단체 또는 기업체와의 계약이나 그 처분에 의하여 재산상의 권리·이익 또는 직위를 취득하거나 타인을 위하여 그 취득을 알선할 수 없다(대한민국헌법 제46조).

4 법의 종류와 특징의 연결이 옳은 것은?

① 민법 – 범죄의 종류와 형벌에 대해 규정한 법

② 상법 – 개인 간의 재산 관계 또는 가족생활 등을 규정한 법

③ 형법 – 개인이나 기업 간 경제생활 관계를 규정한 법

④ 형사소송법 – 재판의 절차와 방법을 규정한 법

> **TIP** 공법 및 사법 구분
>
> | 구분 | 공법 | 사법 |
> |---|---|---|
> | 의미 | 개인과 국가 간 또는 국가기관 간의 공적인 생활관계를 규율하는 법 | 개인과 개인 사이의 사적인 관계를 규율하는 법 |
> | 종류 | •헌법 : 국민의 권리와 의무, 국가의 통치 구조, 국가기관의 구성 원리 등을 규정한 국가 최고법
•형사법 : 범죄의 종류와 형벌에 대해 규정하며 공공질서를 유지하고 국민을 보호하는 법
•행정법 : 행정 기관의 조직과 작용 및 행정으로 인해 침해를 당한 국민의 권리 구제 방법을 규정한 법
•소송법 : 재판의 절차와 방법을 규정하는 법
•기타 : 세법, 선거법, 병역법 등 | •민법 : 개인 간의 재산 관계 또는 가족생활 등을 규정
•상법 : 개인이나 기업 간의 경제생활 관계를 규정한 법 |

5 우리나라 법의 위계를 옳은 순서로 나열한 것은?

① 헌법 - 명령 - 법률 - 조례 - 규칙
② 헌법 - 법률 - 명령 - 조례 - 규칙
③ 법률 - 헌법 - 조례 - 명령 - 규칙
④ 법률 - 명령 - 헌법 - 규칙 - 조례

> **TIP** 상위법 우선원칙으로 '헌법(국민) - 법률(국회의원) - 명령(대통령, 국무총리, 장관) - 조례(지방의회, 지방자치단체) - 규칙(지방자치단체)' 순이다.

6 고위공직자 범죄수사처(공수처)에 대한 설명으로 옳지 않은 것은?

① 수사처 행정에 관한 사무처리에 필요한 직원을 둘 때, 20명 이내로 한다.
② 「고위공직자범죄수사처 설치 및 운영에 관한 법률」에 근거하여 설치되었다.
③ 고위공직자범죄 등에 관하여 대통령의 경우 배우자, 직계존비속 친족이 수사 대상에 포함된다.
④ 처장, 차장, 수사처검사는 탄핵이나 금고 이상의 형을 선고받은 경우를 제외하고는 파면되지 않는다.

> **TIP** "가족"이란 배우자, 직계존비속을 말한다. 다만, 대통령의 경우에는 배우자와 4촌 이내의 친족을 말한다〈공수처법 제2조(정의) 제2호〉.

7 음식물 쓰레기를 줄여 환경도 보호하고 기아 인구를 돕는 유엔세계식량계획(WFP)의 캠페인은?

① ZWZH
② IPC
③ GHI
④ FAO

> **TIP** ① '제로웨이스트 제로헝거(Zero Waste Zero Hunger)'는 음식물 쓰레기를 줄여 환경보호 및 2030년까지 기아 인구수가 '0'이 되는, 기아 없는 세상을 만드는 것을 의미한다.
> ② IPC : 'Integrated Food Security Phase Classification'는 식량 부족 문제 정도를 진단하기 위한 기준이다. 5단계로 이루어져 있으며 하위 3단계는 식량부족으로 인해 위험하다는 것을 의미한다.
> ③ GHI : '세계 기아지수(Global Hunger Index)'로, 독일 세계기아원조(Welthungerhilfe)와 미국 세계식량연구소(IFPRI)가 협력하여 2006년부터 전 세계 기아 현황을 파악·발표하였다.
> ④ FAO : 1945년에 출범한 국제연합식량농업기구로, 세계 식량 및 기아 문제 개선을 목적으로 설립된 국제연합 전문기구다.

Answer 5.② 6.③ 7.①

8 UN이 구분한 고령사회 인구 비율은?

① 7% 이상

② 14% 이상

③ 20% 이상

④ 25% 이상

TIP UN은 총 인구 중 65세 이상 인구가 차지하는 비율이 14% 이상일 때 고령사회라고 분류한다. 우리나라는 2018년 65세 인구가 총 인구의 14%를 넘어 고령사회로 진입하였으며 2025년에는 고령자 비중이 20%를 넘는 초고령사회로 진입할 것이라는 전망이다.

9 세계 언론 자유 지수에 대한 설명으로 옳지 않은 것은?

① 세계 전역의 언론 자유와 언론인 인권 보호를 목적으로 한다.

② 1985년에 설립된 국경 없는 기자회가 발표한다.

③ 2023년 기준으로 한국은 47위를 기록했다.

④ 등급이 낮을수록 언론이 더 자유로운 국가임을 의미한다.

TIP 등급이 높을수록 언론이 더 자유로운 국가임을 의미한다.

10 죄형법정주의와 연관이 없는 것은?

① 부당결부 금지의 원칙

② 관습법 금지의 원칙

③ 유추해석 금지의 원칙

④ 소급효 금지의 원칙

TIP 부당결부 금지의 원칙이란 행정기관이 행정활동을 행함에 있어서 그것과 실질적인 관련이 없는 반대급부와 결부시켜서는 안 된다는 행정법상의 원칙이다.

※ **죄형법정주의** … 범죄와 형벌을 미리 법률로써 규정하여야 한다는 근대형법상의 기본 원칙이다.

Answer 8.② 9.④ 10.①

11 다음 〈보기〉의 내용과 같은 시기에 일어난 역사적 사실로 옳은 것은?

㉠ 시민단체	㉡ 정당활동
㉢ 청원	㉣ 서명운동

① ㉠㉡

② ㉠㉣

③ ㉡㉢

④ ㉢㉣

TIP 집단적 정치참여 및 개인적 정치참여

집단적 정치참여	개인적 정치참여
시민단체, 정당활동, 이익집단 등	선거 및 투표 참여, 공무담임권 행사, 청원, 서명운동, 집회 및 시위 등

12 5부 요인에 포함되지 않는 것은?

① 대통령

② 국회의장

③ 대법원장

④ 국무총리

TIP 5부 요인은 국회의장, 대법원장, 헌법재판소장, 국무총리, 중앙선거관리위원장을 일컫는 말이다. 헌법상 행정부 수반이자 국가원수인 대통령은 제외한다. 국가 의전 서열은 '대통령 → 국회의장 → 대법원장 → 헌법재판소장 → 국무총리 → 중앙선거관리위원장' 순이다.

13 일상에서 필요한 다양한 서비스와 기능을 하나의 어플리케이션으로 통합하여 제공하는 모바일 앱 또는 웹으로 옳은 것은?

① 웹앱

② 네이티브앱

③ 슈퍼앱

④ 하이브리드앱

TIP ① 웹앱 : 브라우저 기반으로 별도의 앱 설치가 필요 없다. 네이티브앱에 비해 상대적으로 구동 속도가 느리고 안전성도 낮다.
② 네이티브앱 : 모바일 기기에 최적화된 네이티브 언어로 개발된 대부분의 어플리케이션을 말한다.
④ 하이브리드앱 : 웹앱과 네이티브앱 개발 방식을 모두 사용하는 것으로, 앱 화면이나 기능 등 콘텐츠 영역은 웹을 기반으로 한다.

Answer 11.① 12.① 13.③

14 GDP의 G가 의미하는 것은?

① Gross
② Global
③ General
④ Genetically

TIP GDP는 Gross Domestic Product(국내 총생산)을 뜻한다.

15 개발 NGO의 특징으로 옳지 않은 것은?

① 취약한 재정으로 정부나 기업 의존성이 커진다.
② 정부나 국제기구보다 지역사회에 대한 접근성이 좋다.
③ 아마추어적 사업으로 책무성이 요구되지 않는다.
④ 빈곤 포르노성 홍보 모금 영상 등으로 윤리적으로 지적을 받기도 한다.

TIP 책무성에 대한 내외부적 요구가 커지고 있으며 이에 대한 대응 역시 구체화되고 있다.

16 핌피현상이 아닌 것은?

① 공항 확장
② 도서관 설치
③ 고속철도 개통
④ 쓰레기 매립장 설치

TIP ①②③ 님비현상

17 대출을 끼고 주식매도를 하거나 전세를 끼고 부동산 매매를 하는 것처럼 타인의 자본으로 이익을 내는 효과는?

① 구축효과
② 레버리지 효과
③ 사일로 효
④ 프레이밍 효과

TIP ① **구축효과** : 정부의 재정지출 확대가 기업의 투자위축을 발생시키는 현상을 말한다.
③ **사일로 효과** : 조직의 부서들이 서로 다른 부서와 교류하지 않고 자기 부서의 이익만을 추구하는 현상이다.
④ **프레이밍 효과** : 문제를 해석하는 방법에 따라서 사람의 선택이 달라지는 효과를 말한다.

Answer 14.① 15.③ 16.④ 17.②

18 정부가 경기 침체기에 경기회복을 위해 시행하던 완화 정책 등을 위험요소 등 부작용이 생기지 않도록 서서히 정책을 거두어들이는 것은?

① 양적완화

② 출구전략

③ 베블런 효과

④ 더블 딥

> **TIP** ① 양적완화 : 중앙은행이 통화를 시중에 직접 공급해 경기를 부양하는 통화정책이다.
> ③ 베블런 효과 : 가격이 오르는데도 일부 계층의 과시욕이나 허영심 등으로 인해 수요가 줄어들지 않는 현상이다.
> ④ 더블 딥 : 경기침체가 발생한 후 잠시 경기가 호전되다가 다시 경기침체로 접어드는 연속적인 침체 현상을 의미한다.

19 현재 존재하지 않거나 알려져 있지 않아 경쟁자가 없는 유망한 시장은?

① 블루오션

② 레드오션

③ 그린오션

④ 퍼플오션

> **TIP** ② 레드오션 : 경쟁자가 많아 포화상태가 된 시장을 일컫는다.
> ③ 그린오션 : 친환경정책을 바탕으로 새로운 부가가치를 창출하고자 하는 시장이다.
> ④ 퍼플오션 : 기존의 레드오션에서 발상의 전환을 꾀하여 새로운 가치의 시장을 만드는 전략이다.

20 경기침체에도 불구하고 물가가 오르는 현상은?

① 스태그플레이션

② 디플레이션

③ 디맨드풀인플레이션

④ 로플레이션

> **TIP** ② 디플레이션 : 물가가 지속적으로 하락하는 현상이다.
> ③ 디맨드풀인플레이션 : 경기의 호황이 과열단계에 이르러 수요에 대한 공급 부족으로 생기는 물가상승 현상이다.
> ④ 로플레이션 : 물가상승률이 지나치게 낮은 현상이다.

Answer 18.② 19.① 20.①

21 1906년 윤효정, 장지연, 나수연, 김상범, 임병향 등이 헌정연구회를 확대 개편하여 발족하였으며, 국민 교육을 강화하고 국력을 배양하여 독립의 기초를 다지는 목적으로 설립한 민중계몽단체는?

① 대한자강회
② 대한광복회
③ 신민회
④ 신간회

TIP ② 대한광복회 : 1915년 국권 회복, 공화정치 실현을 목적으로 결성된 항일독립운동 단체다.
③ 신민회 : 1907년 민중계몽, 국권 회복, 실력 양성을 목적으로 설립된 항일독립운동 단체다.
④ 신간회 : 1927년 조선민족의 정치 · 경제적 해방과 조선 독립을 목적으로 설립된 항일단체다.

22 다음이 설명하는 문화재로 옳은 것은?

백제 말 무왕(639년)에 세워졌으며, 1962년에 국보로 지정되었다. 우리나라 석탑 중 가장 규모가 크고 창건시기가 명확하게 밝혀진 석탑 중 가장 이른 시기에 건립된 것이다. 원래는 9층으로 추정되고 있으나 반파된 상태로 6층 일부까지만 남아있었다. 창건당시의 정확한 원형은 알 수 없으며, 17 ~ 18세기 이전 1층 둘레에 석축이 보강되고 1915년 일본인들이 무너진 부분에 콘크리트를 덧씌운 상태로 전해졌다.

① 미륵사지석탑   ② 정혜사지 십삼층석탑
③ 정림사지 오층석탑   ④ 분황사 모전석탑

TIP ② 정혜사지 십삼층석탑 : 경주 정혜사터에 세워져 있는 탑으로, 통일신라시대인 9세기 즈음에 세워졌을 것으로 추측된다.
③ 정림사지 오층석탑 : 부여 정림사터에 세워져 있는 석탑으로, 익산 미륵사지 석탑과 함께 2기만 남아있는 백제시대의 석탑이라는 점에서도 귀중한 자료로 평가된다.
④ 분황사 모전석탑 : 현재 남아있는 신라 석탑 가운데 가장 오래된 것으로, 돌을 벽돌 모양으로 다듬어 쌓아올린 모전석탑(模塼石塔)이다. 원래 9층이었다는 기록이 있으나 지금은 3층만 남아있다. 선덕여왕 3년(634) 분황사의 창건과 함께 건립된 것으로 추측된다.

Answer   21.①   22.①

23 〈보기〉는 후대 왕들의 귀감을 위해 만든 10가지 유훈이다. 이를 남긴 왕은?

첫째. 불교의 힘으로 나라를 세웠으니 불교를 장려할 것.
둘째. 모든 사원은 풍수 사상에 따라 개창하였으니, 함부로 짓지 말 것.
셋째. 왕위 계승은 적자적손을 원칙으로 하되, 장자가 자격이 없을 때에는 인망 있는 자가 대통
      을 이을 것.
넷째. 중국 풍속을 따르지 말고, 거란 등 야만국 풍속을 배격할 것.
다섯째. 서경을 중시할 것.
여섯째. 연등회 · 팔관회 등의 중요한 행사를 소홀히 하지 말 것.
      ·
      ·
      ·
아홉째. 모든 관료의 녹봉을 제도에 따라 공적으로 정할 것.
열째.   널리 경전과 역사서를 보아 온고지신의 교훈으로 삼을 것.

－고려사－

① 효종
② 태조
③ 세종
④ 문종

TIP 〈보기〉는 태조가 남긴 후대 왕들이 지켜야 할 방향을 제시한 훈요10조다.

24 우리나라 최초의 한문소설은?

① 혈의누
② 불놀이
③ 금오신화
④ 홍길동전

TIP ① 우리나라 최초 신소설
② 우리나라 최초 자유시
④ 우리나라 최초 한글소설

Answer 23.② 24.③

25 다음 사건이 일어난 순서대로 나열한 것은?

㉠ 세조를 비방한 조의제문을 사초에 기록한 것을 트집잡아 훈구파가 연산군을 충동질하여 사림파를 제거하였다.

㉡ 연산군의 생모 윤씨의 폐출사건을 들추어서 사림파를 제거하였다.

㉢ 조광조 등이 현량과를 실시하여 사림을 등용하여 급진적 개혁을 추진하자 이에 대한 훈구세력의 반발로 조광조는 실각되고 말았다.

㉣ 인종의 외척인 윤임과 명종의 외척인 윤형원의 왕위계승 문제가 발단이 되었는데, 왕실 외척인 척신들이 윤임을 몰아내고 정국을 주도하여 사림의 세력이 크게 위축되었다.

---

① ㉠ → ㉡ → ㉢ → ㉣

② ㉠ → ㉢ → ㉡ → ㉣

③ ㉡ → ㉣ → ㉠ → ㉢

④ ㉠ → ㉣ → ㉡ → ㉢

> **TIP** ㉠ 무오사화(1498년, 연산군 4) → ㉡ 갑자사화(1504년, 연산군 10) → ㉢ 기묘사화(1519년, 중종 14) → ㉣ 을사사화(1545년, 명종 즉위년)

26 조선왕조실록에 대한 설명으로 옳지 않은 것은?

① 기전체 역사서이다.

② 조선 태조 ~ 철종까지의 역사를 기록했다.

③ 유네스코 세계기록유산으로 등재되었다.

④ 사초(史草)를 기본으로 만들어졌다.

> **TIP** 조선왕조실록은 편년체로 기술한 역사서이다.

27 향, 부곡, 소에 대한 설명으로 옳지 않은 것은?

① 고려의 특수 행정 구역이다.

② 향·부곡은 농업에 종사, 소는 수공업에 종사하였다.

③ 조세 공납에서 제외되었다.

④ 무신 집권기에 반란을 일으켰던 망이와 망소이는 소의 주민이었다.

> **TIP** 향, 부곡, 소에 거주하며 과중한 세금을 부담하였다.

Answer 25.① 26.① 27.③

28 흥선대원군에 대한 설명으로 옳지 않은 것은?

① 삼군부를 부활시켜 군국 기무를 전담시켰다.

② 속대전을 편찬하여 통치제도를 정비하였다.

③ 군정개혁으로 양반에게도 군포를 징수하는 호포제를 실시하였다.

④ 환곡의 폐단을 시정하기 위해 사창제를 실시하였다.

> **TIP** 속대전은 조선의 기본 법전인 경국대전의 속편으로, 영조가 통치 기틀을 마련하여 왕권을 강화하기 위해 편찬했다. 경국대전과 속대전을 통합한 법전이 정조의 대전통편이다. 흥선대원군은 경국대전, 속대전, 대전통편을 모두 통합한 대전회통을 편찬했다.

29 우리나라 신석기 시대 문화의 특징으로 옳은 것은?

① 가락바퀴와 뼈바늘을 이용해 옷을 만들었다.

② 동굴이나 바위그늘에서 살았으며 유적은 상원의 검은모루동굴, 제천 창내 등이 있다.

③ 주먹도끼, 찍개 등의 사냥도구를 이용하여 채집과 수렵을 시작하였다.

④ 일부 저습지에서는 벼농사가 시작되었다.

> **TIP** ②③ 구석기 시대
> ④ 청동기 · 철기 시대

30 (개) 시기에 발생한 역사적 사실로 옳은 것은?

1차 남북협상 − (개) − 반민특위 설치 − 사사오입 개헌

① 제1차 미 · 소 공동 위원회   ② 8 · 15 광복

③ 이승만 대통령 당선   ④ 6 · 25 전쟁

> **TIP** ③ 1차 남북협상(1948. 4.) → 이승만 대통령 당선(1948. 7.) → 반민특위 설치(1948. 10.) → 사사오입 개헌(1954. 11.)
> ① 1946. 3. 20.
> ② 1945. 8. 15.
> ④ 1950. 6. 25.

Answer   28.②   29.①   30.③

31 다음의 사건들이 일어난 순서대로 나열한 것은?

> ㉠ 정묘호란   ㉡ 병자호란
> ㉢ 삼포왜란   ㉣ 정유재란

① ㉠ - ㉣ - ㉢ - ㉡   ② ㉡ - ㉠ - ㉣ - ㉢
③ ㉢ - ㉣ - ㉠ - ㉡   ④ ㉣ - ㉡ - ㉠ - ㉢

TIP ㉢ 삼포왜란(중종 5, 1510년) → ㉣ 정유재란(선조 30, 1597년) → ㉠ 정묘호란(인조 5, 1627년) → ㉡ 병자호란(인조 14, 1636년)

32 다음이 설명하는 사건이 일어난 시기로 옳은 것은?

> 진덕여왕이 김춘추를 당나라에 파견하여 "신의 나라가 대국을 섬긴 지 여러 해가 되었으나 백제는 강성하고 교활하여 침략을 일삼아 왔습니다. … (중략) … 만약 폐하께서 군사를 보내 그 흉악한 무리들을 없애지 않는다면 우리나라 백성은 모두 포로가 될 것입니다. 육로와 수로를 거쳐 섬기러 오는 일도 다시는 기대할 수 없을 것입니다." 이에 당나라 태종이 크게 감동하여 신라에 군대를 파견할 것을 허락했다.

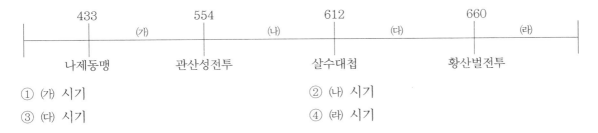

① (가) 시기   ② (나) 시기
③ (다) 시기   ④ (라) 시기

TIP 보기가 설명하는 사건은 진덕여왕 나당연합군에 대한 설명이다. 신라와 당나라는 648년에 군사동맹을 맺었다.

Answer   31.③   32.③

33 다음이 설명하는 동예의 법속은?

> 산천을 중시하며, 산과 내마다 읍락의 경계가 있어 함부로 들어가지 않는다. 다른 읍락을 침범하면 노비와 소, 말 등으로 변상하게 한다.

① 책화
② 골장제
③ 1책 12법
④ 영고

TIP ② 골장제 : 가족이 죽으면 시체를 가매장했다가 나중에 그 뼈를 추려 무덤에 안치하는 가족공동무덤제도로 옥저의 사회 풍습이다.
③ 1책 12법 : 도둑질한 자에게 12배로 배상하게 하는 부여 법속이다.
④ 영고 : 12월에 여는 부여의 제천 행사다.

34 다음이 설명하는 시기 이후의 상황으로 옳지 않은 것은?

> 대군주 폐하께서 내리신 조칙에서 "짐이 신민(臣民)에 앞서 머리카락을 자르니, 너희들은 짐의 뜻을 잘 본받아 만국과 나란히 서는 대업을 이루라"라고 하셨다.

① 을미의병
② 동학운동
③ 아관파천
④ 광무개혁

TIP 보기는 을미개혁의 단발령이다. 을미사변과 단발령에 항거하기 위해 을미의병(고종 32, 1895년)이 일어났다. 이후 조선 정부 내 친러 세력이 성장하고 을미사변으로 일본의 위협이 증대하여 고종이 러시아 공사관으로 처소를 옮겼다(아관파천). 아관파천 이후 구본신참의 원칙하에 점진적 개혁과 복고성 및 개혁성을 절충한 광무개혁이 이루어졌다.

Answer 33.① 34.②

35 청동기시대 생활상으로 옳은 것은?

① 사유재산이 생겨나면서 계급사회가 형성되었다.

② 빗살무늬토기를 사용하여 음식을 저장하고 운반하였다.

③ 가락바퀴로 실을 뽑는 원시적 수공업이 이루어졌다.

④ 동굴이나 바위그늘에서 무리 지어 살았다.

TIP ②③ 신석기시대
④ 구석기시대

36 인물 업적끼리 짝이 아닌 것은?

① 의천 – 천태종을 개창하였다.

② 지눌 – 수선사 결사를 조직하였다.

③ 강감찬 – 별무반을 편성하여 여진족을 토벌하였다.

④ 윤관 – 동북 9성을 축조하였다.

TIP 강감찬(948 ~ 1031년) … 고려시대 문신이자 명장으로 거란의 침략을 세 번에 걸쳐 막아내고 귀주대첩(1019년)에서 큰 승리를 이끌어낸 인물이다.

37 백제 성왕의 업적으로 옳은 것은?

① 사비로 천도하고 국호를 남부여로 고쳤다.

② 탐라를 복속하였다.

③ 지방의 22담로에 왕족을 파견하였다.

④ 불교를 공인하였다.

TIP ② 동성왕 때 탐라를 복속시켰다.
③ 무령왕 때 지방의 22담로에 왕족을 파견하여 지방에 대한 통제를 강화하였다.
④ 침류왕 때 불교를 공인하여 중앙집권체제를 사상적으로 뒷받침하였다.

Answer 35.① 36.③ 37.①

38 철기시대 유물로 옳은 것은?

① 비파형 동검
② 독무덤
③ 고인돌
④ 덧무늬토기

> **TIP** ①③ 청동기시대
>   ④ 신석기시대

39 태조 왕건이 지방세력 견제를 위해 실시한 왕권강화 정책은?

① 조세 경감
② 흑창 설치
③ 노비안검법
④ 혼인 정책

> **TIP** ①② 태조의 민생안정 정책이다.
>   ③ 광종의 왕권강화 정책

40 공민왕의 반원 자주정책으로 옳지 않은 것은?

① 친원파(기철 일파) 숙청
② 쌍성총관부 수복
③ 몽골풍 폐지
④ 전민변정도감 설치

> **TIP** 신돈의 주도로 전민변정도감을 설치하여 권문세족이 불법으로 차지한 토지를 원래 주인에게 돌려주고 억울하게 노비가 된 사람을 양민으로 해방시켰다.

Answer 38.② 39.④ 40.④

02 2022년 기출복원문제

1 4대 보험에 포함되지 않는 것은?

① 국민연금

② 공무원연금

③ 건강보험

④ 고용보험

> **TIP** ② 공무원이 퇴직할 경우나 공무 수행 중 사망하거나 부상, 질병에 걸리는 경우 지급하는 연금 제도로, 1960년에 시행되었다. 공무원연금공단이 운영하고 있으며, 공무원과 국가 또는 지방자치단체가 공동으로 비용을 부담한다.
> ① 18세 이상 60세 미만 국내 거주국민(공무원·군인·사립학교 교직원 제외)을 대상으로 국민 개개인이 소득 활동을 할 때 납부한 보험료를 기반으로 하여 나이가 들거나, 갑작스런 사고나 질병으로 사망 또는 장애를 입어 소득활동이 중단된 경우 본인이나 유족에게 연금을 지급함으로써 기본 생활을 유지할 수 있도록 하는 정부 운영의 공적연금제도이다.
> ③ 고액의 진료비로 인한 부담을 방지하고자 국민건강보험공단에서 국민의 보험료를 관리·운영한다. 필요시 보험급여를 제공함으로써 위험을 분담하고 필요한 의료 서비스를 받을 수 있도록 하는 사회보장제도이다.
> ④ 1인 이상의 근로자를 고용하는 모든 사업 또는 사업장을 대상으로 근로자가 실직한 경우 생활안정을 위하여 일정 기간 동안 급여를 지급하는 사회보험 중 하나이다.

2 1862년에 발표한 빅토르 위고의 소설로 뮤지컬로 제작된 작품의 제목은?

① 캣츠

② 아이다

③ 레미제라블

④ 노트르담 드 파리

> **TIP** ③ 레미제라블은 프랑스 빅토르 위고의 소설이다. 프랑스혁명 이후를 배경으로 불우한 장발장의 삶을 통해 프랑스혁명의 역사를 되짚어 볼 수 있다. 이를 바탕으로 뮤지컬도 제작되었으며, 레미제라블과 함께 뮤지컬 캣츠, 오페라의 유령, 미스 사이공을 세계 4대 뮤지컬이라고 통칭한다.
> ① 1939년 작품 「Old Possum's Book of Practical Cats(지혜로운 고양이가 되기 위한 지침서)」에 나오는 14편의 시를 바탕으로 다양한 고양이들의 삶, 이야기, 고양이를 통해 보여지는 인간 군상을 다룬다.
> ② 고대 이집트를 배경으로 엇갈린 사랑과 우정을 보여주는 뮤지컬로, 오페라 아이다를 바탕으로 제작되었다.
> ④ 노트르담 대성당의 종지기 곱추와 집시여인의 사랑이야기로, 당시 혼란스러웠던 사회상과 소외된 사람들의 삶을 다룬다.

Answer 1.② 2.③

3 중대재해처벌법 특징으로 옳은 것은?

① 근로자의 건강을 위한 작업환경을 구축하는 것을 목적으로 한다.
② 사업장에서 사망 외 사고 시 사업주는 7년 이하의 징역 또는 1억 원 이하의 벌금이다.
③ 중대재해처벌법 대상은 5인 미만 사업장을 포함한다.
④ 동일한 사고로 2개월 이상 치료가 필요한 부상자가 10명 이상 발생 시 중대산업재해에 해당한다.

> **TIP** ② 「중대재해 처벌 등에 관한 법률」 제10조에 의거하여 사망 외 사고의 경우 사업주 또는 경영책임자 등은 7년 이하의 징역 또는 1억 원 이하의 벌금에 처한다.
> ① 산업안전보건법의 목적으로, 중대재해처벌법은 기업의 안전보건조치를 강화하고 안전투자를 확대하여 중대산업재해를 예방, 종사자의 생명과 신체를 보호하는 것에 목적을 두었다.
> ③ 현재 상시 근로자가 5명 미만인 사업 또는 사업장에는 적용되지 않으며, 2024년 1월 27일부터 5인 이상, 50명 미만 사업장에 적용되었다.
> ④ 「중대재해 처벌 등에 관한 법률」 제2조에 의거하여 동일한 사고로 2개월 이상 치료가 필요한 부상자가 10명 이상 발생 시 중대시민재해에 해당하며, 동일한 사고로 6개월 이상 치료가 필요한 부상자가 2명 이상 발생 시 중대산업재해에 해당한다.

4 집단학살, 전쟁 범죄, 반인도적 범죄를 저지른 개인을 처벌하는 전쟁범죄재판소는?

① 국제사면위원회
② 국가인권위원회
③ 국제형사재판소
④ 국제사법재판소

> **TIP** ③ 2002년 7월 1일에 설립되어 국제범죄를 범한 개인을 처벌하는 국제재판소이다. 국제 범죄자에 대한 재판을 맡는 국제법원으로 1998년에 마련된 로마조약에 근거해 발족되었으며 해당 국가가 전쟁범죄 등에 대한 재판을 거부하거나 재판할 능력이 없다고 판단될 때 재판 절차를 밟는다. 집단살해, 인도에 반한 죄, 전쟁 범죄, 침략 범죄의 4개 범죄군을 관할하며 우리나라는 2003년 2월 국제형사재판소 정식가입국이 되었다.
> ① 국제앰네스티로, 양심수로서 고통을 받는 사람들에 대한 구제활동을 전개하는 국제비정부기구이다.
> ② 국적, 인종, 신앙의 차이를 초월한 인권 보호와 신장을 목적으로 설립된 비정부기구로 1946년 국제연합 경제사회이사회 산하에 설치된 보조기관이다.
> ④ 국가 간 분쟁의 법적 해결을 목적으로 1945년에 창설된 국제기관이다. 국제연합과 함께 설립되었다.

Answer 3.② 4.③

5 4차 산업혁명에 대한 설명으로 옳지 않은 것은?

① 사물인터넷(IoT), 인공지능, 빅데이터 등 정보통신기술(ICT) 융합으로 이루어진다.

② 초연결, 초지능, 초융합을 핵심요소로 한다.

③ 가상현실(VR)과 증강현실(AR)도 4차 산업혁명에 해당된다.

④ 컴퓨터와 인터넷 기반의 지식정보 혁명이다.

> **TIP** ④ 4차 산업혁명은 인공지능(AI)과 사물인터넷(IoT) 기술을 통해 현실세계와 가상세계가 융합되어 주도하는 차세대 산업혁명을 말한다. 컴퓨터와 인터넷 기반의 지식정보 혁명은 3차 산업혁명이다.

6 국무위원 해임에 대한 설명으로 옳은 것은?

① 국회는 국무총리, 국무위원에 대한 해임권을 갖는다.

② 국회재적의원 3분의 1 이상이 발의해야 하며, 국회재적의원 과반수의 찬성이 있어야 통과된다.

③ 해임건의안은 본회의에 보고된 때로부터 24시간 이내에 무기명 투표로 표결해야 한다.

④ 기간 내 표결하지 않은 해임건의안은 24시간 이후 본회의에 재차 상정할 수 있다.

> **TIP** ② 해임건의안이 성립되기 위해서는 국회재적의원 3분의 1 이상이 발의가 필요하며, 해임건의안이 통과되기 위해서는 재적의원의 과반수 찬성이 필요하다.
> ① 국회는 국무총리와 국무위원에 대한 해임건의권만 갖는다. 대통령이 해임권을 갖는다.
> ③ 보고된 때로부터 24시간 이후 72시간 이내에 무기명 투표로 표결해야 한다.

7 과도하고 오랜 시간 반복된 장기적인 스트레스로 인해 육체적 · 정신적 피로감을 호소하는 증상은?

① 피터팬 증후군

② 파랑새 증후군

③ 리플리 증후군

④ 번아웃 증후군

> **TIP** ④ 의욕적으로 일에 몰두하던 사람이 과도하고 오랜 시간 반복된 장기적인 스트레스에 노출되어 육체적 · 정신적 피로감을 호소하고 무기력해지는 현상이다. 모든 일에 의욕과 성취감이 없어지며 대인관계가 악화되고 잦은 두통 및 수면 장애 등의 증상을 동반한다.
> ① 성인이 되어서도 현실을 도피하기 위해 스스로 어른임을 인정하지 않고 회피하려는 심리 상태를 말한다.
> ② 현재 일에 흥미를 느끼지 못하고 미래의 막연한 행복을 추구하는 병적 증상으로 막연한 희망의 부정적인 측면을 의미한다.
> ③ 허구의 세계를 진실이라고 믿고 상습적인 거짓말과 행동을 하는 반사회적 성격장애를 말한다.

Answer 5.④ 6.② 7.④

8 기업에서 협찬을 하는 대가로 영화나 드라마에서 해당 기업의 상품을 노출하는 광고는?

① PPL

② POP

③ 바이럴

④ 어뷰징

> **TIP** ① 기업의 제품이나 상표, 로고 등을 노출시켜 기업 브랜드의 인지도를 향상하고 긍정적인 이미지를 구축하는 것을 목적으로 하는 광고를 PPL(간접 광고)이라고 한다.
> ② 제품 판매전략의 하나로, 구매가 실제로 발생하는 장소에서의 광고를 말한다.
> ③ 네티즌이 SNS나 커뮤니티 등을 통해 자발적으로 기업이나 상품을 홍보하는 기법으로, 바이러스처럼 확산된다고 하여 바이럴이라고 한다.
> ④ 클릭 수를 늘리기 위해 의도적으로 중복·반복기사를 전송하거나 인기검색어 순위에 올리기 위에 클릭수를 조작하는 행위이다.

9 GDP가 증가하지만 물가상승 없이 안정적인 경제 상태는?

① 골디락스

② 어닝쇼크

③ 펀더멘탈

④ 블랙스완

> **TIP** ① 일반적으로 너무 뜨겁지도, 너무 차갑지도 않은, 딱 적당한 상태를 가리킨다. 높은 경제 성장을 이루고 있더라도 물가 상승이 없는 상태다.
> ② 기업이 실적을 발표할 때 시장에서 예상했던 수치보다 저조한 실적을 발표하는 것을 말한다.
> ③ 한 나라의 경제 상태를 나타내는 가장 기초적인 자료, 즉 주요 거시경제 지표를 말한다.
> ④ 도저히 일어날 것 같이 않은 일이 일어난 것으로 발생 가능성이 없어 보이지만, 발생하면 엄청난 충격과 파급 효과를 가져오는 사건을 가리킨다.

10 LTV, DTI, DSR에 대한 설명으로 옳지 않은 것은?

① LTV는 주택을 담보로 대출할 때 인정되는 자산가치 비율을 말한다.

② DTI는 금융부채 상환능력으로, 소득으로 대출한도를 정하는 계산 비율이다.

③ DTL 수치가 낮을수록 빚을 상환하는 능력이 높다고 인정된다.

④ DSR은 3년간 소득을 기준으로 나눈 비율로 산정한다.

> **TIP** ④ DSR은 개인이 받은 모든 대출의 연간 원리금을 연소득으로 나눈 비율로 산정한다.

Answer 8.① 9.① 10.④

11 식품을 섭취해도 건강이나 안전에 이상이 없을 것으로 인정되는 소비 최종기한은?

① 유통기한

② 소비기한

③ 제조일자

④ 생산일자

TIP 2023년 1월 1일부터 기존 유통기한을 대체하여 소비기한을 표기하는 소비기한표시제가 시행되었다. 명확하지 않은 영업자 중심의 유통기한 대신, 소비자에게 실질적인 정보 제공 및 식량 낭비를 막자는 취지에서 적용되었다.

12 근로자의 노동쟁의 행위로 옳지 않은 것은?

① 프로보노　　　　　　　　② 파업

③ 태업　　　　　　　　　　④ 준법투쟁

TIP ① 프로보노는 '공공의 이익을 위한 무료봉사'라는 뜻으로, 공익을 위하여 변호사가 소외계층에 대해 무료로 법률 서비스를 제공하는 행위를 말한다.
② 노동자들이 자신들의 요구사항을 관철시키기 위해 업무 수행을 일시적으로 중단하는 집단행동을 말한다.
③ 표면적으로는 업무를 하면서 집단적으로 작업능률을 저하시켜 사용자에게 손해를 주는 행위를 말한다.
④ 법규를 규정대로 지키면서 사용자에게 손해를 주는 노동쟁의 방법으로 단체 휴가, 정시 퇴근, 안전 운전을 핑계로 하는 지나친 서행 운전 등이 있다.

13 법이 보장하고 있는 노동기본권 중에 하나이다. 노동조합 대표자가 노동 조건의 유지, 개선 또는 노동 협약의 체결에 관하여 직접 타협할 수 있는 권리는?

① 단결권

② 기본권

③ 단체교섭권

④ 단체행동권

TIP ① 헌법이 보장하고 있는 노동기본권의 하나로 노동자가 노동 조건을 유지·개선하기 위하여 단체를 결성하고 이에 가입할 수 있는 권리이다.
② 헌법에 의하여 보장되는 국민의 기본권리를 말한다.
④ 헌법이 보장하고 있는 노동기본권의 하나로 노동자가 노동 조건의 유지, 개선을 위하여 사용자에 대항하여 단체적인 행동을 할 수 있는 권리이다.

Answer 11.② 12.① 13.③

✳ ✳ ✳

14 G7 국가에 포함되지 않는 국가는?

① 미국
② 러시아
③ 프랑스
④ 독일

> **TIP** ② G7은 1970년대 국제사회가 세계경제의 위기를 대처하는 과정에서 출범하여, G7 정상 간 대화협의체로 국제정치·경제 사안에 대한 자유로운 토론의 장이다. G7 국가는 미국, 영국, 프랑스, 독일, 일본, 이탈리아, 캐나다 7개국이다.

15 하이브리드(hybrid)에 대한 설명으로 옳지 않은 것은?

① 두 개 이상의 기능이나 요소의 장점을 결합한 것을 말한다.
② 다양성과 다원성으로 해석되기도 한다.
③ 자동차, 오디오, 카드 등 다양한 분야에서 활용된다.
④ 기존의 영역이 무너지고 산업 간 경계가 모호해지는 현상을 빗대어 말한다.

> **TIP** ④ 빅블러 현상에 대한 설명이다. 사회 변화의 속도가 빨라지면서 기존에 존재하던 것들의 경계가 모호해지고 융화가 일어나는 현상을 말한다.

16 일본군 '위안부' 사죄가 담긴 일본 정부와의 담화는?

① 고이즈미 담화
② 가토 담화
③ 미야자와 담화
④ 고노 담화

> **TIP** ④ 고노 담화는 1993년 8월 고노 요헤이 당시 관방장관이 일본군 '위안부'에 대해 사과한 담화로 강제성과 일본군이 직·간접적으로 관여하였다는 점을 인정한 일본 정부의 첫 담화이다.
> ① 2005년에 고이즈미 준이치로 당시 내각총리대신이 발표한 담화로, 무라야마 담화의 전쟁과 식민지배를 반성하는 내용을 그대로 다루고 있다.
> ② 1992년 가토 당시 관방장관이 위안소 설치, '위안부' 모집 담당자 감독, 위생관리, 위안소 관계자 신분증 발급 등에 있어 일본 정부의 관여가 있었다는 것을 확인했다는 담화이다.
> ③ 1982년 미야자와 기이치 당시 관방장관이 발표한 담화로, 교과서 검정과정에서 1919년 3·1운동을 데모와 폭동으로 수정, 대한 제국 침략을 진출로 수정한 사실이 알려지면서 이에 대한 비판에 귀를 기울인다는 내용을 담았다.

Answer 14.② 15.④ 16.④

17 노동삼권에 대한 설명으로 옳은 것은?

① 노동삼권의 주체는 모든 국민이다.

② 근로자 개인적 차원에서 보호하기 위함이다.

③ 특정직 공무원에게는 노동삼권이 제한된다.

④ 노동삼권은 어떤 경우에도 법률로써 제한할 수 없다.

> **TIP** ③ 일반직 공무원은 단결권과 단체교섭권은 인정되나 단체행동권은 제한되며, 특정직 공무원(경찰, 군인, 소방)은 노동삼권 모두가 제한된다.
> ① 노동삼권의 주체는 근로자이다. 모든 국민은 근로권을 갖는다.
> ② 근로자의 집단적 활동을 보장하기 위한 것이며 근로권은 근로자를 개인적 차원에서 보호한다.
> ④ 국가안전보장, 질서 유지 또는 공공복리를 위해 필요한 경우에 한하여 법률로써 제한할 수 있다.

18 영구정지가 된 우리나라의 원전은?

① 한빛원전 1호기

② 고리원전 1호기

③ 한울원전 1호기

④ 새울원전 2호기

> **TIP** ② 우리나라 최초의 상업용 원자로이다. 2007년 6월 수명 만료로 가동이 중단되었으나 지난 2008년에 10년간 재가동이 승인되어 2017년까지 연장 운영이 결정되었다. 그러나 한국 원전사고의 대부분이 고리 1호기에서 일어날 정도로 사고가 잦아 산업부에서는 고리원전 1호기를 2017년 6월 19일 영구정지를 결정하였다. 현재 우리나라 영구정지 원전에는 고리원전 1호기, 월성 1호기가 있다.

19 민간이 시설 건설을 하고 소유권을 정부에 이전하며, 시설의 운영권을 일정기간 동안 가지면서 수익을 가져가는 사업은?

① BTL

② BTO

③ BOT

④ BOM

> **TIP** ② BTO은 '건설(build) → 이전(transfer) → 운영(operate)'으로 진행된다. 민간 사업자가 직접 시설을 건설해 정부·지방자치단체 등에 소유권을 양도한 뒤 일정 기간 사업을 직접 운영하면서 투자금을 회수하는 사업이다.
> ① '건설(build) → 이전(transfer) → 대여(lease)'로 민간이 공공시설을 짓고 정부가 시설임대료를 지불하는 방식을 말한다.
> ③ '건설(build) → 소유(own) → 이전(transfer)'으로 진행되어 사업자가 자금을 조달하고 건설한 후 일정 기간 운영까지 맡는 방식이다.
> ④ 'bill of materia'로 모든 품목에 대해 상위 품목과 부품의 관계와 사용량, 단위 등을 표시한 도표 또는 그림을 말한다.

Answer 17.③ 18.② 19.②

20 대중에게 의견과 바람을 대변하는 정치활동으로 일반 대중의 인기에 영합하는 정치 형태는?

① 매니페스토

② 마타도어

③ 포퓰리즘

④ 게리맨더링

> **TIP** ③ 어원은 인민이나 대중 또는 민중을 뜻하는 라틴어 포풀루스에서 유래하여 일반적으로 대중의 견해와 바람을 대변하고자 하는 정치 활동을 가리킨다. 대중주의라고도 하며 엘리트주의와 상대되는 개념이다.
> ① 구체적인 예산 및 추진 일정을 갖춘 선거 공약을 말한다.
> ② 근거 없는 사실을 조작하여 상대를 모략하거나 그 내부를 교란시키기 위한 흑백선전이란 뜻으로, 투우사를 뜻하는 메타도르에서 유래되었다.
> ④ 특정 정당이나 후보자에게 유리하도록 하는 불공정한 선거구획정을 지칭한다.

21 한국거래소에서 거래되는 증권상품으로 옳은 것은?

① ELS

② ETF

③ IRS

④ CDS

> **TIP** ② 한국선물거래소는 선물거래법에 의해 설립된 특별법인으로 선물 및 옵션 상품을 거래하는 기관이다. 거래되고 있는 증권상품에는 ETF, ETN(상장지수증권) 그리고 ELW(주식워런트증권)가 있다. 자본시장법상 ETF는 집합투자증권으로, ETN와 ELW는 파생결합증권으로 분류한다. ETF(상장지수펀드증권)는 특정 지수 및 특정 자산의 가격 움직임과 수익률이 연동되도록 설계된 펀드로서 거래소에 상장되어 주식처럼 거래되는 펀드를 말한다.
> ① 주가연계증권(Equity Linked Securities)는 옵션 등을 이용해 만기를 정해놓고 만기까지 일정 조건을 충족하면 정해진 수익률을 제공하는 상품을 말한다.
> ③ 금리스와프(Interest Rate Swap)는 금리 변동 위험을 분산하거나 차입 비용 절감을 위해 이자율로 나타나는 차입 조건을 상호교환하기로 약정하는 거래를 말한다.
> ④ 신용부도스와프(Credit Default Swap)는 부도로 채권 또는 대출 원리금을 돌려받지 못할 위험에 대비한 신용파생상품을 말한다.

22 자사와 경쟁사 및 고객에게 제공 가능한 가치를 분석하여 기업의 내·외부 핵심 요소를 도출하고 전략에 활용하는 도구는?

① HRM

② MBO

③ SWOT 분석

④ 3C 분석

TIP ① 기업에 필요한 인력을 발굴하고 교육·개발하여 그들을 효율적으로 관리하는 인적자원관리를 말한다.
② 경영목표관리이다. 조직의 상·하위계층 구성원들이 참여하여 조직과 구성원의 목표를 설정하고 그에 따른 생산 활동을 수행한 뒤, 측정·평가함으로써 관리의 효율을 높이는 총체적인 조직관리체제이다.
③ 조직 내부의 강점과 약점을 조직 외부의 기회와 위협요인과 대응시켜 전략을 개발하는 기법으로, SO(강점 – 기회)전략, ST(강점 – 위협)전략, WO(약점 – 기회)전략, WT(약점 – 위협)전략이 있다.

23 국제은행 간 통신협회 결제망으로 외국환거래의 데이터 통신망을 구축하기 위해 설립된 국제협회는?

① Fed

② S&P

③ AMEX

④ SWIFT

TIP ④ 세계은행 간 금융데이터 통신협회의 약칭으로, 세계 각국의 금융기관을 중심으로 데이터를 송신한다. 데이터통신 조직으로서 자금결제능력은 없다.
① 미국 연방준비제도로, 우리나라의 한국은행처럼 미국의 중앙은행이다.
② 미국의 신용평가회사이다. 세계적인 신용과 금융분석 및 신용등급기관으로, 무디스·피치와 함께 세계 3대 신용평가기관으로 꼽힌다.
③ 뉴욕증권거래소와 함께 미국을 대표하는 증권거래소로, 세계 5대 증권거래소 가운데 하나이다. 상대적으로 뉴욕증권거래소보다 상장 조건이 덜 까다로운 편이다.

Answer 22.④ 23.④

24 긴급조정권에 관련된 옳은 설명을 모두 고르시오.

> ㉠ 긴급조정 기간 동안 파업을 제외한 쟁의행위를 제한한다.
> ㉡ 긴급조정 공표로부터 30일 동안 쟁의행위를 재개할 수 없다.
> ㉢ 긴급조정이 공표되면 공표 다음날부터 쟁의행위를 중지하여야 한다.
> ㉣ 노동부장관의 결정에 따라 중앙노동위원회에서 조정한다.
> ㉤ 긴급조정권이 발동 이후 15일간 조정에 들어간다.

① ㉠㉡㉢
② ㉡㉢㉣
③ ㉡㉣㉤
④ ㉢㉣㉤

TIP ㉠ 긴급조정 기간인 30일 동안에는 파업 등 모든 쟁의행위를 할 수 없으며, 이를 어길 시 불법으로 간주하여 2년 이하의 징역 또는 2,000만 원 이하의 벌금형에 처해질 수 있다. 긴급조정권이 발동된 이후 중앙노동위원회에서는 파업을 해결하기 위한 조정을 바로 개시하게 하며 그 기간은 15일로 한다.
㉢ 긴급조정이 공표되면 공표 즉시 쟁의행위를 중지하여야 한다.

25 BIS(국제결제은행)에 대한 설명으로 옳지 않은 것은?

① 1930년 헤이그 협정을 모체로 설립되었다.
② 세계에서 두 번째로 오래된 국제금융기구이다.
③ BIS 자기자본비율은 바젤위원회에서 정한다.
④ 은행이 유지해야 할 최저 수준의 BIS 자기자본비율은 8%이다.

TIP ② BIS(국제결제은행)는 세계에서 가장 오래된 국제금융기구로서 중앙은행 간 정책협력을 주요기능으로 한다.
※ **바젤위원회**(BCBS)
1974년 11개 국가의 중앙은행 총재들이 설립한 국제금융감독기구로서 은행의 BIS 자기자본비율 등 국제표준을 제정하고 은행의 건전성을 규율하기 위한 국제협력의 장을 제공하고 있다. BIS 자기자본비율은 위험가중자산 대비 자기자본비율로 산출하는데, 6 ~ 8%는 경영개선 권고, 2 ~ 6% 경영개선 요구, 2% 미만은 경영 개선을 명령한다. 은행이 유지해야 할 최저 수준은 8%이다.

26 나프타(NAFTA)를 대체하는 미국 · 캐나다 · 멕시코 간 무역 협정은?

① USMCA
② RCEP
③ CPTPP
④ FTA

> **TIP** ① 미국 · 캐나다 · 멕시코 등 북미의 3개국으로 구성된 자유무역협정이다. 2017년 NAFTA(북미자유무역협정) 재협상을 시작했으나 합의에 실패했고, 2018년 개정 협상을 재개하며 북미 3국의 새로운 무역협정의 명칭을 미국 · 멕시코 · 캐나다 협정이라고 명명했다.
> ② 역내포괄적경제동반자협정으로, 동남아시아국가연합(ASEAN) 10개국과 한 · 중 · 일 3개국, 호주 · 뉴질랜드 등 15개국이 참여한다. 우리나라와 일본이 체결한 첫 FTA이다.
> ③ 포괄적 · 점진적 환태평양경제동반자협정으로, 기존에 미국과 일본이 주도하던 TPP에서 미국이 빠지면서 아시아 · 태평양 11개국이 새롭게 추진한 경제동맹체다. 다양한 분야의 제품에 대한 역내 관세를 전면 철폐하는 것을 원칙으로 한다.
> ④ 자유무역협정으로, 국가 간 상품의 자유로운 이동을 위해 모든 무역 장벽을 완화하거나 제거하는 협정을 말한다.

27 공유경제에 해당하는 서비스는?

① 정해진 시간만큼 자전거를 대여하여 이용한다.
② 보유한 집이나 차를 자신이 사용하지 않을 때 타인이 이용할 수 있도록 한다.
③ 택시 승객과 기사를 중개하여 승객이 택시를 손쉽게 이용할 수 있도록 한다.
④ 개인별 맞춤 서비스를 매달 결제하여 구독한다.

> **TIP** ④ 구독경제에 대한 설명이다. 구독경제란 이용 기간만큼 비용을 지불하는 개념으로 기업이나 공급자는 개인별 맞춤형 서비스를 개개인에게 제공한다. 대표적으로 OTT서비스가 있다. 공급자(기업)가 제품 또는 서비스 자체의 판매방식을 구독방식으로 변화하여 소비자가 일정 기간 동안 제품 또는 서비스를 경험하는 것이다.
> ①②③ 공유경제는 소비자가 중개플랫폼을 통해 제품 또는 서비스를 이미 가지고 있는 보유자와 거래하여 일정 기간 동안 제품 또는 서비스를 경험하는 것이다.
>
> ※ 공유경제
> 플랫폼 등을 활용해 자산 · 서비스를 다른 사람과 공유하여 사용함으로써 효율성을 높이는 경제모델이다. 개인, 기업, 공공기관 등이 유휴자원을 일시적으로 공유하는 활동도 공유경제에 포함된다. 세계 대비 우리나라의 공유경제 시장은 작으나, 20 ~ 30대의 참여도 (55%)가 높고, 40대 이상의 관심도(64.7%)도 높다.

Answer 26.① 27.④

28 COFIX에 대한 설명으로 옳지 않은 것은?

① 정보제공 은행들의 자금조달금리를 가중평균하여 산출한 자금조달비용지수를 의미한다.

② COFIX 정보제공 특수은행은 농협은행, 중소기업은행이 있다.

③ 콜금리 대신 도입된 은행권의 대출 기준금리이다.

④ 산출 대상 수신상품에 후순위채와 전환사채까지 포함한다.

> **TIP** ④ 산출 대상 수신상품은 정기예금, 정기적금, 상호부금, 주택부금, 양도성예금증서, 환매조건부채권매도, 표지어음매출, 금융채(후순위채 및 전환사채 제외)이다.
> ① 정보제공 은행들(총 8개)의 자금조달금리를 가중평균하여 산출한 자금조달비용지수로, 신규취급액기준 COFIX, 잔액기준 COFIX, 신 잔액기준 COFIX, 단기 COFIX로 구분하여 공시된다.
> ② 정보제공은행은 시중은행(신한은행, 우리은행, SC제일은행, 하나은행, 국민은행, 한국씨티은행), 특수은행(농협은행, 중소기업은행) 총 8개 은행이다.
> ③ 콜금리를 대신하여 2010년 2월 도입되었다.

29 MZ세대에 관한 설명으로 옳지 않은 것은?

① 1990년대 중반부터 2000년대 초반에 출생한 세대다.

② 오프라인보다 온라인이 익숙한 세대다.

③ 집단보다는 개인의 행복을 소유보다는 공유를 중시하는 특징이 있다.

④ SNS를 기반으로 유통시장에서 강력한 영향력을 발휘하는 소비 주체이다.

> **TIP** ① 1980년 초반부터 2000년대 출생한 밀레니얼 세대와 1990년대 중반부터 2000년대 출생한 Z세대를 통칭하여 MZ세대라고 한다.

30 기업이 지속가능한 경험을 위해 친환경, 사회적, 지배구조를 고려하여 사회적 책임을 다하는 기업의 경영 철학은?

① CSR
② SDGs
③ ESG
④ HRD

> **TIP** ① 기업의 사회적 책임경영(Corporate Social Responsibility)으로 직·간접적 이해 관계자에 대해 법적·윤리적 책임 등을 감당하는 경영 기법이다. 주로 자선이나 기부, 환경보호 등의 사회공헌 활동으로 나타난다.
> ② 지속가능한 개발 목표로 2016년부터 2030년까지 시행되는 유엔과 국제사회의 최대 공동목표이다. 총 17가지 주요 목표와 169개 세부목표로 구성되어 있으며 유엔에서는 공식적으로 "Global Goals"이라고 한다.
> ④ 인적자원개발로 조직 내 성과, 역량 및 변화 가능성을 강화하기 위해 수행되는 활동이다.

Answer 28.④ 29.① 30.③

31 1905년에 일본이 한국의 외교권을 빼앗기 위해 강제적으로 맺은 불평등 조약은?

① 을사늑약

② 정미 7조약

③ 강화도조약

④ 제물포조약

TIP ② 1907년에 일제가 우리나라의 주권을 빼앗기 위해 강요한 조약으로, 정미년에 맺은 7개 항목의 조약이라는 뜻에서 정미 7조약 (한일신협약)이라고 한다.
③ 1876년에 조선과 일본 사이에 체결된 최초의 근대적 국제조약으로, 일본이 군사력을 동원하여 강압적으로 체결한 불평등조약이다.
④ 1882년에 임오군란으로 발생한 일본의 피해보상문제 등을 다룬 조선과 일본 사이에 체결한 조약이다.

32 대한민국 임시정부에 대한 설명으로 옳은 것은?

① 3·1운동을 지원했다.

② 김구를 초대 대통령으로 추대하였다.

③ 좌익과 우익의 세력이 합작하여 결성된 항일단체이다.

④ 한국광복군을 창설했다.

TIP ① 3·1운동 이후 원활하고 독립국가 건설 목적으로 조직되었다.
② 대한민국 임시정부 초대 대통령은 이승만이다.
③ 1927년에 결성된 신간회에 대한 설명이다. '민족 유일당 민족협동전선'이라는 표어 아래 민족주의를 표방하고 민족주의 진영과 사회주의 진영이 제휴하여 창립되었다.

33 조선시대에 공물을 쌀로 통일하여 바치게 한 세금 제도로 옳은 것은?

① 대동법

② 영정법

③ 균역법

④ 호포법

TIP ② 조선 후기에 시행된 전세 징수법으로 토지 1결당 미곡 4두를 징수하였다.
③ 조선 후기 영조 때 군역 부담을 경감하기 위해 만든 세법이다.
④ 조선 후기에 양반과 평민 구분 없이 집집(戶)마다 군포를 내도로 한 세금 제도이다.

Answer 31.① 32.④ 33.①

✳✳✳

34 국제회담이 진행된 시기의 순서를 바르게 나열한 것은?

> ㉠ 카이로회담 ㉡ 모스크바 3국 외상 회의
>
> ㉢ 미소공동위원회 ㉣ 얄타회담
>
> ㉤ 포츠담선언

① ㉠ → ㉡ → ㉢ → ㉤ → ㉣ ② ㉠ → ㉣ → ㉤ → ㉡ → ㉢

③ ㉡ → ㉣ → ㉤ → ㉢ → ㉠ ④ ㉢ → ㉡ → ㉠ → ㉣ → ㉤

> **TIP** ③ '㉠ 카이로회담(1943) → ㉣ 얄타회담(1945. 2.) → ㉤ 포츠담선언(1945. 7.) → ㉡ 모스크바 3국 외상 회의(1945. 12.) → ㉢ 미소 공동위원회(1946)' 순으로 진행되었다.
>
> ※ 국제회담
> - ㉠ **카이로회담**(1943) : 제2차 세계대전 때 이집트의 카이로에서 개최된 회담으로, 세계대전의 수행과 전후(戰後) 처리를 협의하기 위해 열렸다.
> - ㉡ **모스크바 3국 외상 회의**(1945. 12.) : 모스크바에서 미국·영국·소련의 3개국이 제2차 세계대전의 전후(戰後)문제 처리를 위해 소집한 외상 회의이다. 이 회의에서 한국에 임시 민주 정부를 수립하고 미·영·중·소에 의한 최고 5년간의 한반도 신탁 통치 등을 결정하였다.
> - ㉢ **미소공동위원회**(1946) : 모스크바 3국 외상 회의 합의에 따라 설치된 한국 문제 해결을 위해 열린 미·소 양국 대표자 회의다.
> - ㉣ **얄타회담**(1945. 2.) : 제2차 세계대전 종반에 소련 얄타에서 미국·영국·소련의 수뇌들이 모여 패전국에 대한 처리, 국제 연합 의 창설, 소련의 대일(對日) 참전 따위에 관하여 협의하였으며 얄타 비밀 협정을 체결하였다.
> - ㉤ **포츠담선언**(1945. 7.) : 미국·영국·중국의 3개국 대표가 포츠담에 모여 일본의 항복 조건과 일본 점령지의 처리에 관하여 발표한 선언이다.

35 고려 현종 때 거란의 침입을 막아내고 국난을 극복하고자 간행한 것은?

① 속장경

② 초조대장경

③ 팔만대장경

④ 직지심체요절

> **TIP** ② 초조대장경은 현종 때 거란의 퇴치를 염원하며 편찬하였으나, 몽골의 침입 때 소실되었다.
> ① 초조대장경을 보완하기 위해 교장도감을 설치하여 속장경을 간행하였는데, 몽골의 침입 때 소실되었다.
> ③ 판수가 8만여 개에 달하고 8만 4천 번뇌에 해당하는 8만 4천 법문을 실었다고 하여 팔만대장경이라고 부른다. 몽골이 침입하자 불교 힘으로 물리치기 위해 당시 무신 집권자였던 최우의 지휘하에 만들어졌다.
> ④ 세계 최초로 고려에서 발명한 금속을 이용한 인쇄술로 만든 책이다. 금속활자로 인쇄된 책 중 가장 오래된 것으로 2001년 유네스코 세계 기록 유산에 등재되었다.

Answer 34.② 35.②

36 다음에서 설명하는 국가의 법률 제도로 옳은 것은?

> - 영고라는 제천행사가 12월에 열렸다.
> - 여러 가(加)들이 사출도를 별도로 주관하였다.
> - 은력(殷曆)을 사용하였다.
> - 순장하는 장례문화와 형사취수제라는 혼인풍속이 있었다.

① 서옥제
② 족외혼
③ 8조법
④ 1책 12법

TIP ④ 설명하는 국가는 부여. 부여는 도둑질을 하다가 걸리면 12배를 배상하도록 하는 1책 12법이 있었다. 1책 12법으로 노비(계급)이 발생하고, 화폐를 사용하며 사유재산을 중시한다는 것을 알 수 있다.
　① 고구려의 혼인 제도로 여성의 집에 서옥을 짓고 사위를 머무르게 한 제도이다.
　② 조상이 같은 씨족끼리는 결혼을 하지 않는 제도로 동예의 혼인 제도이다.
　③ 고조선의 법으로 현재 8조항 중 3조항만 전해지고 있다. '남을 죽인 사람은 사형에 처한다', '남을 때려 다치게 한 사람은 곡식으로 보상한다', '남의 물건을 훔친 사람은 그 물건 주인의 노예가 되어야 한다. 풀려나려면 50만 전을 내야 한다' 내용으로 생명중시, 노동력 중시, 사유재산 중시를 알 수 있다.

37 광복이후 최초의 남북정상회담에서 발표한 선언은?

① 6·15 남북 공동 선언
② 10·4 남북 공동 선언
③ 9·19 평양 공동 선언
④ 4·27 판문점 선언

TIP ① 2000년 6월 15일에 발표한 제1차 정상회담 후 발표한 남북 공동 선언으로, 광복 이후 남북 최고지도자가 합의하여 발표한 최초의 선언이다.
　② 2007년 제2차 남북정상회담에서 채택된 공동 선언으로, 6·15 공동선언 적극 구현 및 상호 존중과 신뢰의 남북관계로 전환 등을 골자로 한다.
　③ 2018년 9월에 열린 제3차 남북정상회담에서 발표한 공동 선언으로 비핵화 분야, 군사분야, 경제 분야, 이산가족 분야, 문화 체육 분야에 대한 양국 정상 간 합의 내용이 포함되어 있다.
　④ 2018년 4월 판문점 평화의 집에서 발표한 남북정상회담 합의문이다.

Answer　36.④　37.①

38 7 · 4 남북 공동성명에 대한 설명으로 옳지 않은 것은?

① 분단 후 최초 통일 성명이다.

② 통일의 3대 원칙을 천명하였다.

③ 한반도 비핵화를 선언하였다.

④ 서울과 평양에서 동시 발표되었다.

> **TIP** ③ 7 · 4 남북 공동성명은 1972년에 서울과 평양에서 동시에 발표된 성명으로 통일의 3대 원칙 자주 · 평화 · 민족대단결을 골자로 하였다.

39 유신헌법 내용으로 옳은 것은?

① 대통령의 중임을 폐지한다.

② 직선제로 대통령을 선출한다.

③ 대통령에게 긴급조치권을 부여한다.

④ 대통령은 국회를 해산할 수 없다.

> **TIP** ③ 대통령에게 헌법효력까지도 일지 정지 시킬 수 있는 긴급조치권을 부여한다.
> ① 대통령의 임기는 6년으로 하되 중임 제한을 폐지한다.
> ② 통일주체 국민회의에서 간선제(간접선거)로 대통령을 선출한다.
> ④ 대통령에게 국회해산권 및 국회의원 1/3 임명권을 부여한다.

Answer 38.③ 39.③

40 다음 밑줄 친 '전투'가 있었던 시기로 옳은 것은?

영양왕(嬰陽王)이 즉위하자 온달(溫達)이 아뢰었다. "우리 한북(漢北)의 땅을 신라가 빼앗아 군현(郡縣)으로 삼았습니다. 백성들이 가슴 아파하고 원망하면서 한시도 부모의 나라를 잊은 적이 없습니다. 저를 어리석고 못나다 생각하지 마시고 저에게 군사를 주신다면 반드시 우리 땅을 되찾아서 돌아오겠습니다." 왕이 온달의 청을 허락하였다. 온달은 출전에 즈음하여 맹세하며 말하기를, "계립현(鷄立峴)·죽령(竹嶺)의 서쪽 지역을 다시 우리의 땅으로 되돌려 놓지 못한다면, 나는 다시 돌아오지 않겠다!"라고 하였으나, 출전하여 신라군과 아단성(阿旦城) 아래에서 '전투'하다가 날아오는 화살에 맞아 결국 쓰려져 죽었다.

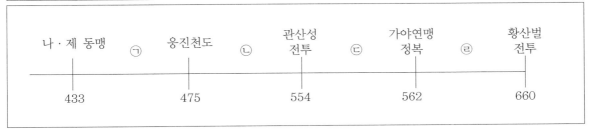

① ㉠

② ㉡

③ ㉢

④ ㉣

TIP 밑줄 친 '전투'는 6세기 아차산성 전투(590년)이다. 나·제 동맹이 고구려를 공격하고 이후 신라가 한강을 차지하였는데, 고구려 영양왕 때 온달 장군이 신라가 차지했던 한강 유역을 빼앗고자 출정했다가 아차산성 전투에서 전사한다.

Answer 40.④

PART

02

일반사회
chapter.01 정치와 법

01 민주정치와 법

01 정치의 의미와 기능

(1) 정치의 본질

① 정치의 의미
- ㉠ 일상적 의미 : 소수 정치인이나 고위 공무원에 의하여 이루어지는 정치를 의미한다.
- ㉡ 본질적 의미 : 개인·집단 간의 갈등을 해결해 나가는 과정을 의미한다.
- ㉢ 정치의 기능 : 갈등을 해소하고 사회의 안정을 이룰 수 있다.

② 참여의 여건
- ㉠ 정치 참여자 : 소수의 특정 계층에서 다양한 계층으로 확대되었다.
- ㉡ 갈등의 평화적 해결 : 참여자들 간의 타협, 법과 제도를 통한 해결 등이 있다.

③ 참여의식
- ㉠ 정치참여의 의의 : 시민이 주인인 민주사회에서의 정치과정은 시민의 의사에 따라 움직여야 한다.
- ㉡ 정치적 무관심 : 소수집단에 의한 정치는 독재정부를 출현시킬 수 있다.
- ㉢ 우리나라의 정치참여 : 과거 시민은 정치지배의 대상으로 인식되어 왔으나, 오늘날에는 시민의 참여의식이 개선되고 있다.

(2) 정책결정과 결정의 정당성

① **정책결정** … 공공목표의 달성 및 공공문제의 해결을 위한 정부의 활동방향을 뜻한다.

② **정책결정의 정당성**
- ㉠ 의의 : 일부 집단이 아닌 대다수 시민의 이익 또는 공익에 부합하도록 정책결정을 하여야 한다.
- ㉡ 부당한 정책결정에 대한 저항권
  - 저항권 행사의 요건 : 정부가 시민의 의사에 배치되는 정책결정을 내렸을 경우, 시민은 주권자로서 저항권을 행사할 수 있으며, 이는 로크의 저항권 사상을 근거로 한다.
  - 저항권 행사의 유의점 : 저항권 행사는 국가권력의 행사가 불법이라는 것이 객관적으로 명백할뿐만 아니라, 그것을 구제할 수 있는 다른 방법이 없는 경우에 최후의 수단으로 이용되어야 한다.

(3) 정치의 기능

① **사회적 갈등 해결 및 질서유지** ⋯ 홉스에 따르면 자연 상태는 '만인의 만인에 대한 투쟁 상태'이며 국가는 이러한 상태를 극복하기 위한 인위적이고 정치적인 산물로, 국가 작용인 정치 역시 이러한 기능을 한다고 본다.

② **지배와 통제** ⋯ 근대 시민사회의 성립 이후 20세기 초까지는 입법 · 사법 · 행정 작용을 중심으로 국가의 정치 기능을 이해하였다.

③ **정부 정책의 감시와 비판 및 정치적 의사 형성** ⋯ 시민단체 등 여러 집단의 정치 참여가 활발한 오늘날에는 다양한 정치의 기능이 생겨나고 있다.

④ **규범적 기능** ⋯ 사회적 조건을 개선하고 바람직한 비래의 비전을 제시한다.

02 ▶ 민주주의의 원리와 유형

(1) 민주주의의 이념

① 민주주의의 의미

㉠ **민주주의** : 고대 그리스어의 demos(민중)와 kratos(권력)의 합성어로, 다수의 민중이 지배하기도 하고 지배받기도 하는 정치형태를 의미한다.

㉡ **고대 그리스 아테네의 민주주의**
  • 민회와 평의회를 통한 직접 민주정치가 이루어졌다.
  • 아테네의 직접 민주정치는 소규모 공동체였기 때문에 가능했다.
  • 여자와 노예 그리고 외국인은 정치에 참여할 수 없는 제한된 민주주의였다.

㉢ **근대 민주주의**
  • 시민혁명 이후 민주주의로 기본적 인권이 보장되는 실천원리로 작용하였다.
  • 재산소유정도에 따라 선거권이 결정되어 다수의 노동자, 농민, 빈민들의 정치참여가 제한되었다.

㉣ **오늘날의 민주주의**
  • 국가 의사결정을 국민의 합의에 두는 특정한 정치형태라는 의미(정치형태로서의 의미)
  • 자유, 평등과 같은 기본이념을 민주적 방식으로 실현시킨다는 의미(이념실현으로서의 의미)
  • 국민의 정신적 자세, 생활태도, 행동양식 등을 민주적으로 수행하는 생활양식이라는 의미(생활양식으로서의 의미)

② 자유와 평등

㉠ **사회계약설** : 자연법론자들에 의하여 주장된 것으로 국가가 결성되기 이전의 상태에서 개인은 아무런 제약이나 차별 없이 평등했으며, 국가의 결성은 자유 · 평등한 사람들 간의 계약에 의해 이루어졌다는 것으로, 권력보다 자유를 우선시했다.
  • **홉스** : 인간본성은 이기적이어서 '만인에 대한 만인의 투쟁' 상태이므로, 자기보전을 위해 동의를 하고 권리를 국가에 양도하는 것이다.
  • **로크** : 시민의 권리가 탐욕스런 사람에 의해 침해당하는 것을 방지하기 위해 계약을 맺고 국가를 구성하는 것이다.

• 루소 : 자신의 잠재력을 최대한 발휘하기 위해 자발적으로 정치공동체에 참여하며, 시민은 양도하거나 나눌 수 없는 주권을 행사한다.

구분	홉스	로크	루소
인간의 본성	이기적이고 악한 존재 (성악설)	환경과 선택에 따라 결정 (성무 선악설)	선한 성품을 가진 존재 (성선설)
자연상태	만인의 만인에 대한 투쟁 상태	극단적 투쟁은 없으나 갈등 상존	자유와 평등 존재
사회계약의 형태	전부 양도 포기설	부분(일부) 양도설	양도 불가설
주권이론	군주 주권론	국민주권론(대의제)	국민주권론(직접 민주주의)
국가형태	절대 군주국(전제 군주정치)	입헌 군주국(대의 민주주의)	민주 공화국(직접 민주주의)
저항권	인정하지 않음	인정	언급 없음

ⓛ **자유권의 발달** : 자연권을 근거로 신앙, 양심의 자유가 요구되었다.
ⓔ **자유권의 변천** : 소극적 자유에서 적극적 자유로 변화하였다.
ⓡ **평등권의 변천** : 신 앞에서의 평등에서 법 앞에서의 평등으로 변화하였다.
ⓜ **실질적 평등** : 기회의 균등, 능력에 따른 평등을 의미한다.

(2) 민주주의와 기본권

① **기본권**
ⓗ **인간존중** : 인간이라는 그 자체만으로도 존중되어야 한다.
ⓛ **기본적 인권** : 프랑스인권선언, 세계인권선언 등이 대표적이다.

② **기본권의 변천**
ⓗ **자유권적 기본권** : 프랑스인권선언의 영향을 받아 국가권력으로부터 개인의 자유를 보장하고자 한 것으로 신체의 자유, 종교의 자유, 재산권의 보장 등이 그 핵심이다.
ⓛ **사회권적 기본권** : 산업혁명 이후 인간적인 삶을 누리지 못하는 노동자가 생겨나면서 관심을 갖게 되었으며, 사회 혼란을 막고, 사회적 약자를 보호하고자 한 것이다. 독일의 바이마르 헌법에서 최초 규정되었으며, 교육의 권리, 근로의 권리, 사회보장을 받을 권리 등을 그 기본으로 한다.
ⓔ **참정권** : 정치적으로 소외되었던 시민들의 지속적인 선거권 획득을 위한 운동의 결과로 20세기에는 보통선거가 확립되었다.

(3) 민주주의의 운영원리

① 다수결의 원리

    ㉠ 소수의 판단보다 다수의 판단에 따르는 것이 보다 합리적이라는 가정 아래 다수결의 원리가 채택되고 있다.

    ㉡ 중우정치나 다수의 횡포가 될 수 있으므로 소수의견을 존중해야 한다.

② 비판, 타협, 관용

    ㉠ 비판 : 보다 창조적인 것을 낳기 위한 인고의 과정으로서, 민주사회에서는 빼놓을 수 없는 생활태도이다.

    ㉡ 타협 : 구체적인 목적에 대한 각자의 처지를 서로 조정함으로써 대립관계를 해소하는 기술이다.

    ㉢ 관용 : 타인과의 공존을 인정하고, 다른 사람의 의견을 수용하는 등 능동적이고 개방적인 자세를 말한다.

(4) 민주주의의 유형

① 직접 민주주의와 대의 민주주의

    ㉠ 직접 민주주의 : 공동체의 정치적 의사를 토론을 통해 시민이 직접 결정하는 방식으로 고대 그리스의 아테네가 그 기원이다. 모든 국민에게 참정권을 부여하는 오늘날과 달리 여자, 노예, 외국인 등에게는 시민권을 부여하지 않아 제한된 민주주의라는 평가를 받는다.

    ㉡ 대의 민주주의 : 국민의 대표를 선출하여 입법부를 구성하고 입법부에서 국가 정책에 관한 주요 사항을 결정하는 방식으로, 국민의 대표인 의회를 통해 주권을 행사한다는 점에서 의회 민주주의 또는 간접 민주주의라고도 한다.

② 참여 민주주의 … 오늘날에는 시민단체 등 비정부 기구의 정치와 현상 및 개인 또는 소집단 차원에서 자발적으로 정치에 참여하여 정치적 의사결정에 영향을 미치기도 한다.

③ 전자 민주주의 … 인터넷 등 전자매체를 이용하여 정치과정에 직접 참여하는 민주주의로, 사이버 민주주의, 정보 민주주의, 원격 민주주의 등의 개념이 포함된다.

03 ▶ 민주정치의 발전

(1) 아테네의 민주정치

① 직접 민주정치

    ㉠ 민회 : 아테네 최고의 주권기구로, 법제정 및 정책의 심의 결정을 담당하였다.

    ㉡ 추첨제, 수당제, 중임제한 등을 통해 아테네의 시민들은 가문, 재산 등에 관계없이 모든 시민이 국정에 참여할 수 있었다.

    ㉢ 도편추방제 : 오늘날 국민소환방식에 해당하는 도편추방제를 실시하여 독재정치의 출현을 막고 시민들이 직접 정치를 통제할 수 있는 수단으로 활용하였다. 하지만 점차 정적제거의 수단으로 악용되는 폐해가 발생하기도 하였다.

② **제한 민주정치** … 일정한 연령(만18세)에 도달한 성인 남자만이 정치에 참여할 수 있었으며, 여자와 노예, 외국인은 정치에 참여할 수 없었다.

(2) 시민혁명의 의미와 배경

① **의미** … 봉건 사회 내부에서 성장한 신흥 시민 계급인 부르주아가 중심이 되어 절대왕정을 타도하고 국가 권력을 장악한 역사적 변혁으로, 이를 통해 시민사회가 성립되었다.

② **자본주의적 경제의 발전** … 자본주의의 발달로 부르주아의 영향력이 커지면서 자유와 평등을 보장하는 제도를 요구하였다.

③ **계몽사상** … 절대군주제에 대한 비판과 과거의 폐단을 극복하기 위한 합리적인 국가 건설의 사상적 바탕을 이루었다.

④ **로크의 사회계약설** … 권력의 원천을 국민의 동의에 두고 국민과 정부의 계약에 의해 국가권력이 구성된다고 주장하였다.

⑤ **천부인권설** … 인간은 태어나면서부터 불가침의 자연법상의 권리를 갖고 있다는 관점이다.

⑥ **입헌주의** … 기본적 인권을 보장하고 국가 권력의 분립을 규정한 헌법을 제정하여 국가를 운영하자는 이념이다.

(3) 근대 민주정치의 특징과 한계

① **특징**
  ㉠ 간접 민주정치의 지향
  ㉡ 정치형태로서의 의미만 가지고 있었던 기존의 민주주의 이념에 자유와 평등과 같은 기본적 인권이 보장되는 새로운 실천원리라는 의미가 추가
  ㉢ 법치주의 확립 및 국민주권 구현
  ㉣ 개인주의와 자유주의의 확산

② **한계**
  ㉠ 여전히 시민권은 부르주아들로 한정
  ㉡ 경제적 부에 따라 선거권을 차등 분배→19세기 노동자와 농민에 의한 선거권 확대운동에 영향

  ⓒ CHECK POINT 세계 3대 시민혁명과 3대 인권선언
    ㉠ 영국의 명예혁명 & 권리장전(1689)
    ㉡ 미국 독립혁명 & 독립선언서(1776)
    ㉢ 프랑스 대혁명 & 인권선언문(1789)

04 정치권력과 법치주의

(1) 정치권력의 의미와 성격

　① 의미 : 공동체의 목적을 실현하기 위해 국가가 행사할 수 있는 강제력으로, 사회에서 발생하는 이해관계의 대립을 조정한다.

　② 정치권력의 성격

　　㉠ 포괄성 : 사회 구성원 전체에게 적용

　　㉡ 강제성 : 개인의 의사와 관계없이 행사

　　㉢ 지속성 : 권력의 소재와 관련 없이 지속됨

　　㉣ 정당성 : 국민들로부터 위임된 정당한 권력

(2) 정치권력의 정당성

　① 의미 … 정부의 결정이 시민이 합당한 것으로 수용하는 것으로 국민의 자발적 동의와 지지를 통해 형성한다. 정당성이 없는 정치권력은 진정한 정치권력으로 볼 수 없다.

　② 정당성 확보 요건

　　㉠ 실질적으로 합법적이고 도덕적인 권력획득 및 행사 · 유지가 이루어져야 한다.

　　㉡ 권력에 대한 국민의 지속적 감시와 비판이 필요하다.

　③ 정당성과 도덕성의 관계 … 정치권력이 도덕성을 확립하면 국민의 동의와 지지를 얻게 되고, 이 때 정당성 확보가 가능하다.

　④ 정당성과 합법성의 관계 … 정당성을 확보하지 못하고 법적 근거만을 가진 채 국민을 지배하면 형식적 합법성만을 가진 권력이 된다. 실질적 합법성을 가진 권력이 되기 위해서는 법적 근거가 요구된다.

　⑤ 정치권력에 대한 저항권 행사

　　㉠ 저항권 : 정당하지 못한 정치권력이나 정부정책에 대해 주권자로서의 시민이 불신임하고 거부할 수 있는 권리

　　㉡ 유래 : 로크의 사회계약설에서 유래하며 미국의 독립전쟁이나 프랑스 시민혁명의 사상적 배경을 둔다.

(3) 법치주의의 의미와 기능

　① 법치주의의 의미 … 국가가 국민의 자유와 권리를 제한하거나 국민에게 새로운 의무를 부과할 때, 객관적인 기준으로서 법에 의하거나 법에 근거가 있어야 한다는 원리로, 권력 통제를 통해 국민의 자유와 권리를 보장하는 것이 목적이다.

　② 기능 … 국가 권력의 발동 및 국가 권력의 제한과 통제의 근거가 된다.

③ 법치주의의 유형
  ⊙ 형식적 법치주의 : 법치주의의 속성 중 형식적 측면만을 고려하여 법의 형식에 따라 통치가 이루어지면 법의 목적이나 내용은 문제 삼지 않는 경우로 "악법도 법"이라는 논리가 도출된다. 통치의 정당성을 무시하여 합법적인 독재를 가능하게 하며 법에 의한 지배(rule by law)로 표현한다.
  ⊙ 실질적 법치주의 : 법의 형식뿐만 아니라 그 목적과 내용도 정의에 합치되어야 한다는 것으로 "악법은 법이 아니다"는 논리가 도출된다. 이러한 실질적 법치주의는 헌법재판제도, 행정재판제도, 사법권의 독립 등으로 구체화된다. 이는 통치자를 비롯한 모든 사람이 법에 종속되는 것을 나타내며 법의 지배(rule of law)로 표현한다.

 법치주의의 비교

구분	형식적 법치주의	실질적 법치주의
등장배경	기본권 보장의 제도적 장치 필요	국민의 기본권 침해 증대
원리	• 의회가 제정한 법률에 의한 지배 • 법을 도구로 한 합법적 독재 • 법률 만능주의	인간존엄, 실질적 평등 등의 정의 실천을 내용으로 하는 통치원리
내용	• 통치의 합법성 중시 • 정당성 무시 • 히틀러의 수권법 • 박정희의 유신헌법 • 형식적 법치주의는 의회가 제정한 법률의 목적이나 내용을 문제 삼지 않으며, 법률만능주의, 법실증주의와 관련이 있고 자연법의 한계를 극복하고자 함	• 합법성 및 정당성의 강조 −권력 분립 제도, 헌법 재판 제도 −행정 재판 제도, 탄핵 제도 −선거 제도, 의회제도 −사법권의 독립, 복수 정당제도 −언론, 출판, 집회, 결사의 자유, 저항권 • 실질적 법치주의에서 헌법에 위배되는 법률은 그 효력이 인정되지 않음

01 출제예상문제

1 우리 헌법의 기본원리의 하나인 자유 민주주의의 필수적인 내용을 옳게 고른 것은?

> ㉠ 권력의 분립과 견제   ㉡ 국민의 인간다운 생활
> ㉢ 법치주의   ㉣ 사법권의 독립
> ㉤ 최저임금제 시행

① ㉠㉡㉢   ② ㉠㉢㉣
③ ㉡㉢㉣   ④ ㉡㉣㉤

> ✔ **해설** 자유 민주주의의 필수적인 내용 … 인간의 존엄과 가치를 존중하기 위한 기본적 인권의 보장, 상향식(上向式) 의사형성과정의 보장, 권력의 분립과 견제, 법치주의, 법률에 의한 행정, 사법권의 독립 등이다.
> ㉡㉤ 복지국가의 지향원리이다.

2 다음의 주장이 비판하고 있는 사항을 보완하기 위해 가장 적절한 방안은?

> • 의사는 대표될 수 없다.
> • 투표하기 전에는 자유로우나 투표가 끝나면 노예가 된다.

① 중요한 국가정책은 국민투표를 실시한다.
② 진정한 자유를 위해서는 정부가 존재하지 않아야 한다.
③ 인간존중을 위하여 권력분립제도를 채택한다.
④ 선거제도를 적극적으로 활용한다.

> ✔ **해설** 제시된 내용은 루소의 간접 민주정치에 대한 비판으로 현대 민주정치는 이를 보완하기 위하여 직접 민주정치제도를 보충적으로 채택하고 있다. 종류로는 국민투표, 국민소환, 국민발안 등이 있는데 우리나라는 국민투표제만을 실시하고 있다.

Answer   1.②   2.①

3 고대 그리스 아테네의 민주정치에 대한 설명으로 옳은 것은?

① 고대 그리스의 민주정치는 이미 주어진 것으로서의 공동체를 전제하는 것이 아니고, 사회를 새로이 구성하는 원리로서의 성격이 두드러진다.

② 고대 그리스에서는 선거에 의해 공직자를 결정하였으며, 우연에 의한 추첨제, 윤번제 등은 비민주적으로 간주되어 널리 이용되지 못하였다.

③ 소크라테스를 죽게 한 민주정치의 실패를 경험한 플라톤은 철인정치를 주장하면서 민주정치에 부정적이었다.

④ 고대 그리스에는 많은 폴리스가 존재했고 민주정치란 여러 정치형태 중의 하나에 불과하였지만, 민주주의의 이념인 자유와 평등은 보편적 원리로 그리스 전체를 지배하였다.

> **✓해설** ① 그리스의 도시국가는 농촌과 대립되는 도시도 아니고, 오늘날의 주권국가와도 다른 시민공동체였다.
> ② 공직자를 추첨제로 선임하고 윤번제를 적용하였기 때문에, 아테네 시민들은 대부분 일생에 한 번 정도는 공직을 맡을 수 있었다.
> ④ 아테네에서 시민이란 18세 이상의 성인남자에 한하였고, 부녀자와 외국인에게는 참정권이 없었으며 노예는 제외되어 있었다.
> ※ 직접 민주정치
>   ㉠ 도시국가의 구성형태
>   • 도시국가의 성격 : 시민공동체
>   • 도시국가의 규모 : 소규모 공동체
>   • 시민 : 외적의 방어, 공무의 집행, 재판 등의 공적인 일에 종사(18세~20세 이상의 남자에게만 시민권 부여)
>   • 노예 : 농토의 경작
>   ㉡ 아테네의 직접 민주정치
>   • 시민 전원이 참여(실제 시민이란 18세 이상의 성인남자로, 부녀자와 외국인에게는 참정권이 없었으며 노예는 제외)
>   • 윤번제 적용
>   • 다스리는 사람과 다스림을 받는 사람이 동일

Answer 3.③

4 다음의 내용에서 철수에게 필요한 민주적 생활양식은?

> 철수는 자신의 주장만이 절대적으로 옳다는 것을 보여 주려고 소신을 빙자하여 남을 도외시하였다.

① 상대주의 + 타협원리
② 관용주의 + 개방주의
③ 주인의식
④ 다원주의

✔해설 상대주의와 타협
ㄱ 상대주의 : 나의 생각만이 절대적이라고 생각하지 않고, 각자의 인격과 견해를 서로 존중하면서 비판과 관용을 통하여 각 개인이나 집단 간의 이해를 조정해 나가는 것이다.
ㄴ 타협 : 구체적 목적에 대한 각자의 처지를 조정하여 대립을 해소하는 기술로서 원만한 문제해결과 올바른 인간관계의 수립과정이다.

5 "의사는 대표될 수 없다."라고 하여 간접 민주정치를 비판하고 직접 민주정치를 옹호한 철학자는?

① 로크
② 루소
③ 홉스
④ 몽테스키외

✔해설 홉스, 로크, 루소의 비교

구분	홉스	로크	루소
인간의 본성	성악설(이기적, 충동적)	백지설(자연 빛으로서의 이성)	성선설(이성, 박애)
자연상태	투쟁, 고독	자유, 평등→자연권유지 불완전	자유, 평화→불평등관계
옹호체제	절대군주제	제한군주체제, 입헌군주제	국민주권주의, 직접 민주정치
사회계약	• 전부양도설 • 자연권의 전면적 양도 • 각 개인의 자연권 포기	• 일부양도설 • 자연권을 국가나 국왕에게 신탁 • 자연권의 보장	• 모든 사람의 의지를 종합·통일 • 공동합의로 자연권 위임, 시민적 자유 획득(교환설) • 모든 사람들의 자연에의 복귀

① 로크는 간접 민주정치와 2권분립을 주장했다.
③ 홉스는 군주주권설을 주장했다.
④ 몽테스키외는 3권분립을 주장했다.

6 다음 중 평등의 성격을 옳게 나열한 것을 고르면?

> ㉠ 상대적   ㉡ 비례적
> ㉢ 실질적   ㉣ 절대적
> ㉤ 비교적   ㉥ 형식적

① ㉠㉡㉢   ② ㉡㉢㉣
③ ㉢㉡㉥   ④ ㉢㉣㉤

> ✔해설 평등
> ㉠ 개념 : 누구든지 성별, 종교, 사회적 신분 등 불합리한 이유 때문에 차별을 받아서는 안된다는 것을 의미한다. 상대적·비례적 평등을 실현하도록 노력해야 한다.
> ㉡ 법 앞의 평등의 의미 : 법적으로 차별대우를 받지 않는다는 뜻으로 인격의 평등, 기회의 균등, 능력에 따른 평등, 곧 합리적 차별대우를 말한다.

7 다음 중 정치권력의 정당성에 중요한 요소는?

① 국민의 동의와 지지   ② 경제발전
③ 경제적인 독창성 형성   ④ 정치질서의 안정

> ✔해설 정치권력의 정당성 요소
> ㉠ 정치권력을 정당하게 행사하려는 신념이 있어야 한다.
> ㉡ 국민이 그 권력을 정당한 것으로 동의하고 지지하여야 한다.
> ㉢ 집권층은 국민의 기본적 인권을 보장해야 한다.
> ㉣ 국민이 자율적으로 정치권력을 규제할 수 있어야 한다.

8 다음 중 복지국가를 실현하고자 할 때 제한을 가장 많이 받는 자유권은?

① 언론·출판·집회·결사의 자유   ② 신체적 활동의 자유
③ 직업선택과 거주이전의 자유   ④ 재산권 행사의 자유

> ✔해설 재산권 행사
> ㉠ 재산권 행사 : 재산권의 행사는 공공복리에 적합하도록 하여야 한다.
> ㉡ 배경 : 종래에는 재산권이 자유이며 권리라고만 생각되어 왔으나, 현대복지국가에 있어서 재산은 사회가 그에게 위탁해 둔 것이라는 신탁사상이 대두하게 되었다.

Answer 6.① 7.① 8.④

******** PART 02. 일반사회 - 01. 정치와 법

9 다음 중 대의정치에 대한 설명으로 거리가 먼 것은?

① 국민의 대표자가 국가를 운영한다.

② 국민의 정치적 무관심을 초래할 수 있다.

③ 국민자치의 원리를 가장 충실히 반영한다.

④ 국민의 의사가 정확히 전달되기 어렵다.

> **✔해설** 대의정치(간접 민주정치) … 국민이 선출한 대표자가 국가를 운영하는 방식으로, 민주정치를 효율적으로 실현하는 방법의 하나이다. 단점으로 국민의 의사가 정확히 전달되기 어려운 점이 있고, 직접 국정에 참여하지 못하므로 국민의 정치적 무관심을 초래할 수도 있다. 단점의 보완방법으로는 직접 민주정치방법의 도입, 지방자치제도의 병행 등이 있다.

10 다음 중 민주정치제도의 원리와 그 설명이 옳지 않은 것은?

① 권력분립의 원리 – 견제와 균형의 관계를 유지한다.

② 대표의 원리 – 선거구민의 의사를 그대로 전달한다.

③ 입헌주의의 원리 – 헌법에 따라 정치를 한다.

④ 지방자치의 원리 – 중앙정부와 지방자치의 상호견제로 권력을 분산한다.

> **✔해설** 대표와 대리의 구분
> ㉠ 대표 : 선거구민을 대표해서 국정에 참가하는 사람으로, 국민 전체의 이익을 위해 스스로의 양심에 따라 판단하며 선거구민의 이해관계에 의해서 구속받지 아니한다.
> ㉡ 대리 : 선거구민의 의사를 그대로 전달하는 사람이다

11 아테네에서 직접 민주정치가 탄생할 수 있었던 요건과 관계가 적은 것은?

① 민회가 통치기구의 중심이었다.

② 다른 도시국가보다 영토가 크고 인구가 많았다.

③ 여자, 노예, 어린이, 외국인 등은 참정권이 없었다.

④ 시민은 독립적 농민으로 보통은 경작을 하였다.

> **✔해설** ② 인구가 많거나 국가의 영토가 크면 국민의 직접참여가 현실적으로 불가능하다.

Answer   9.③   10.②   11.②

12 다음 글을 읽고 내용과 관계가 있는 것을 모두 고르면?

> 사회가 발전해감에 따라 국민의 활동은 정치, 경제, 사회문화, 교육 등 많은 분야로 세분화되고 기능이 전문화되어 가고 있다. 다원주의는 이들 각 활동분야가 각각 자율성을 유지해 가면서 다른 분야에 예속되지 않을 것을 보장하자는 원리이다. 따라서 민주정치이념을 제대로 실현하려는 사회는 제도적으로 다원주의를 보장하여야 한다.

> ㉠ 경제적 부는 민주주의의 중요한 토대이다.
> ㉡ 다원주의의 인정은 권력의 집중화를 막는다.
> ㉢ 다양한 이익들의 사회적 조화는 가능하다.
> ㉣ 모든 개인은 사회적 기본권을 가진다.
> ㉤ 민주주의는 올바른 상대주의에 입각하고 있다.

① ㉠㉡㉢   ② ㉠㉢㉤
③ ㉡㉢㉤   ④ ㉢㉣㉤

> ✔해설 다원주의는 철학상의 다원론에서 나온 것으로, 사회를 구성하는 여러 요소들은 서로 독립적이어서 다른 것으로 환원될 수 없다는 사상이다.

13 홉스, 로크, 루소 등 사회계약론자들이 주장한 사회계약설의 공통점은?

① 인간의 본성이 악하다는 점을 인정하였다.
② 자연상태에서는 천부인권의 보장이 불가능했다.
③ 국가의 권력이 시민과의 계약에서 유래하였다.
④ 시민들의 주권은 주거나 빼앗을 수 없다는 것을 인정하였다.

> ✔해설 사회계약론자의 공통점은 자연상태와 사회상태를 분류한 점과 국가권력이 시민과의 계약으로 유래했다고 보는 점 등이다.

Answer 12.③ 13.③

14 다음 중 자치원리에 대한 설명으로 옳은 것은?

① 국민자치원리에 가장 충실한 것은 직접 민주정치제도이다.

② 인구가 적고 영토가 비교적 큰 나라에서는 간접 민주정치의 가능성이 크다.

③ 자치원리는 시민이 직접 주권을 행사하는 경우만 해당된다.

④ 최근 정보통신과 대중매체의 발달로 간접 민주정치제도가 생겨났다

> ✔해설 자치원리는 직접 민주정치제도와 간접 민주정치제도가 있으며 자치의 원리에 충실한 것은 직접 민주정치이다.

15 근대 민주주의국가의 정치권력을 정당화하는 주장을 바르게 묶은 것은?

> ㉠ 국가의 최고 권력인 주권은 법률이 아니라 도덕에 의해서 제약된다.
> ㉡ 시민에게서는 공공복지를 증진시키지 못하는 정권을 지지할 의무가 없다.
> ㉢ 대부분의 정치변화는 소수에 의하여 이루어지며 시민들은 이에 대해 합리적 판단을 하지 못한다.
> ㉣ 모든 사람은 생명, 자유 및 재산에 대한 권리를 갖는다.
> ㉤ 많은 사람들이 정치에 관심을 갖고 참여할 때 가장 좋은 정부가 된다.

① ㉠㉡㉢　　　　　　　　　　② ㉠㉢㉣

③ ㉡㉢㉣　　　　　　　　　　④ ㉡㉣㉤

> ✔해설 근대 이전의 시민은 참정권이 제한된 지배의 대상이 되어 자유롭게 정치생활을 하지 못했지만, 근대의 시민은 적극적으로 사회의 주도권을 장악할 만큼 정치·사회생활의 주체로 등장하여 경제적으로는 자유방임을, 사회적으로 자유와 평등을 요구하게 되었다(로크의 사회계약설).

Answer 14.① 15.④

02 민주정치의 과정과 참여

01 정부 형태와 정치 제도

(1) 의원내각제

① 의미 … 행정권을 담당하는 내각이 입법부인 의회의 신임에 의해 구성되고 존립되는 정부 형태로, 입법부와 행정부가 밀접한 관계를 가지고 국정을 운영한다.

② 특징 … 의회 다수당의 대표가 수상이 되어 내각을 구성하고 내각은 행정권을 담당한다. 내각과 의회는 법률안제출권 및 의회발언권에 대한 권리가 있으며 서로 연대책임을 지는 등 기능상 협동관계이다.

③ 의원내각제의 장·단점
  ㉠ 장점
    • 내각이 국민의 대표 기관인 의회에 그 존립과 존속을 의존하게 되므로 민주적 요청에 가장 적합하다.
    • 내각이 의회에 연대 책임을 지므로 책임정치를 시행할 수 있다.
    • 의회와 내각이 대립하는 경우 불신임 결의와 의회해산으로 정치적 대립을 신속하게 해결할 수 있다.
  ㉡ 단점
    • 군소정당의 난립 또는 정치인의 타협적 태도가 결여된 상황에서는 연립정권의 수립과 내각에 대한 빈번한 불신임 결의로 정국의 불안정이 초래될 수 있다.
    • 의회가 정권획득을 위한 투쟁의 장소가 될 수 있다.
    • 정부가 의회의 의중을 살펴서 연명을 도모하려 하므로, 국민을 위한 강력하고 계속적인 정치가 어렵다.

(2) 대통령 중심제

① 의미 … 국민이 선출한 대통령이 일정한 임기동안 책임지고 행정권을 담당하는 제도로, 대통령이 국가의 대표인 동시에 행정부의 수반으로 그 권한을 행사한다.

② 목적 … 권력 집중으로 인한 자의적 전제를 방지하고 국민의 자유와 권리를 최대한 보장한다.

③ 대통령제의 일반적인 특징(우리나라 대통령제와는 다름)
  ㉠ 대통령의 지위는 국가 원수이자 행정부의 수반이다.
  ㉡ 내각 또는 각료는 대통령에 의하여 임명되며, 대통령에게 책임을 져야한다.
  ㉢ 권력분립의 원칙상 입법부와 행정부가 서로 다른 부를 제압하는 일을 방지하기 위해 각료는 의원을 겸직할 수 없다.
  ㉣ 입법, 행정, 사법의 3권이 완전히 독립된 동격의 기관으로 분리되어 있다.

④ 대통령 중심제의 장·단점
    ㉠ 장점
      • 대통령이 임기 중에 국회로부터 책임 추궁을 당하지 않기 때문에 대통령의 임기 동안에는 정국의 안정성을 유지한다.
      • 소수당의 후보가 대통령으로 당선될 수 있기 때문에, 의회 다수당의 횡포를 방지할 수 있다.
    ㉡ 단점
      • 행정부와 입법부의 마찰시 원만한 해결을 위한 제도적 장치가 없다.
      • 대통령 권한의 비대화로 인하여 독재의 위험성이 있다.

(3) 이원집정부제(이원정부제)

① 개념 : 대통령제와 의원내각제적 요소를 혼합한 정부형태로 현대적 의미에서는 프랑스의 5공화국 정부형태를 예로 들 수 있다.

② 운영상의 특징
    ㉠ 대통령과 의회 의원을 국민이 직접 선출
    ㉡ 대통령과 총리의 권한이 법적으로 구분되어 두 개의 중심부가 존재
    ㉢ 평상시 : 수상(총리) 중심으로 운영되며 대통령은 외교, 국방 문제 등 대외적 상징성을 표상
    ㉣ 비상시 : 대통령의 비상 권한에 따라 실질적 영향력 행사
    ㉤ 대통령은 수상임명권과 의회 해산권을 보유하고 의회는 내각불신임권은 있지만 대통령에 대한 불신임은 불인정
    ㉥ 대통령이 소수당에서 소속돼 있을 경우 다수당 소속의 총리를 임명함으로써 동거정부 수립 가능

(4) 우리나라의 정부 형태

① **대통령 중심제** … 입법부와 행정부의 구성이 엄격히 분립되어 있다.
    ㉠ 행정권은 대통령을 수반으로 하는 정부에 속한다〈헌법 제66조 제4항〉.
    ㉡ 법률안에 이의가 있을 때에는 대통령은 15일 이내에 이의서를 붙여 국회로 환부하고, 그 재의를 요구할 수 있다〈헌법 제53조 제2항〉.
    ㉢ 입법권은 국회에 속한다〈헌법 제40조〉.

② **의원내각제적 요소 가미**
    ㉠ 국무총리제
    ㉡ 행정부의 법률안 제출권
    ㉢ 국회의원의 각료 겸직 가능
    ㉣ 국무 위원의 국회 출석 발언권
    ㉤ 국무 회의에서 국정 심의
    ㉥ 국회의 동의에 의한 국무총리 임명
    ㉦ 국회의 국무총리와 국무위원 해임 건의권

02 선거

(1) 민주정치와 선거

① 선거

　㉠ 대의민주제 : 국민이 직접 국정에 참여하는 것이 아니라, 선거를 통해 선출된 대표자가 국정을 담당하는 것을 말한다.

　㉡ 민주정치와 선거 : 선거는 국민이 정책결정과정에 참여하는 기본적인 행위이며, 주권을 행사하는 기본적인 수단이 된다.

　㉢ 선거권의 행사

　　• 국정참여의 기회 : 선거는 국민이 국가 정책결정과정에 참여할 수 있는 중요한 기회이다.

　　• 국민의 권리와 의무 : 선거권의 행사는 국민으로서의 권리인 동시에 의무이다.

② 선거의 기능 … 대표자 선출 기능, 정당성 부여 기능, 대표자 통제 기능, 주권의식 향상 기능 등이 있다.

③ 공명선거의 필요성

　㉠ 민주선거의 4원칙

　　• 보통선거 : 일정한 연령에 달하면 어떤 조건에 따른 제한이 없이 선거권을 주는 제도로 제한선거와 대비된다.

　　• 평등선거 : 투표의 가치에 차등을 두지 않는 제도로 차등선거와 대비된다.

　　• 직접선거 : 선거권자가 대리인을 거치지 않고 자신이 직접 투표소에 나가 투표하는 제도로 대리선거와 대비된다.

　　• 비밀선거 : 투표자가 누구에게 투표했는지 알 수 없게 하는 제도로 공개선거와 대비된다.

　㉡ 공명선거의 필요성 : 민주정치의 정착을 위해서 반드시 요구된다.

(2) 우리나라의 선거제도

① 선거방식

　㉠ 대통령 선거제도 : 제6공화국 이후 국민의 직접선거로 선출한다.

　㉡ 국회의원 선거제도 : 제6공화국 이후 소선거구제를 채택하였다.

구분			특징
대통령 선거			전국을 선거구로 하여 상대 다수 대표제에 따라 선출
총선거 (국회의원 선거)	지역구 선거		소신기구제, 상대 다수 대표제
	전국구 선거		정당 명부식 비례대표제
지방선거	지방 자치 단체장 선거	광역 자치 단체장	특별시, 광역시, 도에서 상대 다수 대표제에 따라 선출
		기초 자치 단체장	시, 군, 구에서 상대 다수 대표제에 따라 선출
	지방의회 의원 선거	광역의원	지역 대표 : 소선거구제, 상대 다수 대표제
			비례 대표 : 광역 단위 정당 득표율 적용
		기초의원	지역 대표 : 중선거구제, 소수 대표제
			비례 대표 : 기초 단위 정당 득표율 적용
	특별 자치제 선거		교육감 선거, 교육의원 선거

② 선거관리위원회 … 정치적으로 중립적인 국가기관의 기능을 담당하며 선거, 국민투표의 공정한 관리 및 정치자금의 사무 등을 처리한다.

③ 선거공영제

　　㉠ 개념 : 선거 과정을 국가가 관리하고, 선거 비용의 일부를 국가 또는 지방 자치 단체가 부담하는 제도

　　㉡ 목적 : 선거 과열을 방지하고 선거 운동의 기회 균등보장

④ 선거구제

　　㉠ 선거구 법정주의 : 특정 정당이나 인물에게 유리하도록 선거구를 획정하는 게리맨더링을 방지하고, 유권자의 의사를 공정하게 반영하기 위해 선거구를 국회에서 법률로 확정하도록 하는 것을 의미한다.

　　✔CHECK POINT　게리맨더링(gerrymandering) … 특정 정당이나 후보자에게 유리하도록 선거구를 인위적으로 재조정하는 것으로 1812년 매사추세츠 주지사 게리(Gerry)가 선거구를 재조정했는데, 그 모양이 마치 샐러맨더(salamander)와 유사하다고 한 데에서 유래하였다.

　　㉡ 선거구제의 종류

구분		소선거구제	중 · 대선거구제
개념		• 한 선거구에서 한명의 대표자 선출 • 다수대표제와 결합	• 한 선거구에서 두 명 이상의 대표자 선출 • 소수대표제와 결합
장점		• 다수당 출현용이 → 정국 안정 • 지역적으로 협소하여 선거비용 절감 • 선거단속 용이 • 유권자는 인물 파악용이(인물중심의 선거로 투표율이 상대적으로 높아짐) • 투표결과 집계 용이	• 전국적 인물 당선 용이 • 신인의 진출 가능 • 사표 감소 • 군소정당 진출 용이 • 지역주의 완화
단점		• 지방세력가에 유리, 전국적 인물에 불리 • 신인 진출 곤란 • 사표 증가 • 연고주의 폐단 • 대정당에만 유리 • 선거인의 후보자 선택 범위 제한	• 선거비용의 증가 • 후보자의 난립으로 인물 파악 곤란 • 선거단속 어려움 • 전국적 지명도만으로 당선 가능 • 당선자 간의 득표 격차 발생

⑤ 대표결정 방식

　　㉠ 다수대표제 : 최다 득표자 한 명을 대표로 선출하는 제도로 소선거구제와 결합

　　㉡ 소수대표제 : 소수 득표자에게도 당선의 기회가 부여되며 대선거구제와 결합

　　㉢ 비례대표제 : 득표수에 따라 각 정당의 의석을 배정하는 제도로 정당 득표율에 비례해서 대표자를 배분

(3) 선거문화와 민주정치

① 우리나라의 선거 실상

　　㉠ 과거의 선거 : 국민의 정부 선택보다 정치적 정당성에 더 큰 의의를 부여하였으며, 선거풍토의 타락 등이 문제점이었다.

　　㉡ 현재의 선거 : 국민의 의식수준과 정부의 개혁의지가 향상되었다.

② 바람직한 선거문화

　　㉠ 국민의식의 중요성

　　　• 올바른 선거문화풍토의 조성 : 선거문화는 입후보자와 유권자의 의식이나 행동방식에 의해 결정된다.

　　　• 입후보자의 선거의식 : 법 준수, 국민의 선거에 대한 관심과 합리적 판단이 요구된다.

　　　• 유권자의 선거의식 : 유권자가 행사하는 표는 국가의 운명을 좌우하는 중요한 정치적 의사표시이므로 소중하게 행사하고, 선거 후에도 계속해서 국정활동을 감시해야 한다.

　　㉡ 공명한 선거와 정치발전

　　　• 민주정치의 발전과 선거 : 공명한 선거의 실시는 어느 국가든 민주정치 발전을 위하여 반드시 거쳐야 하는 과정이다.

　　　• 국가권력의 정당성과 선거 : 국민의 자유로운 의사결정과 후보자들의 공정한 경쟁을 통해서 대표가 선출되고 정부가 구성될 때, 국가권력의 정당성이 확립되고 민주정치는 발전하게 된다.

　　　• 민주정치의 확립과 선거 : 선거기능이 제대로 발휘될 때, 참다운 의미의 민주정치가 확립되었다고 할 수 있다.

03 정당·이익집단과 시민단체

(1) 민주정치와 정당

① 정당의 의의와 역할

　　㉠ 정당 : 정치적 견해를 같이하는 사람들이 정권을 획득함으로써 자신들의 정강을 실현하는 것을 목적으로 조직한 단체를 말한다.

　　㉡ 정당의 기능 : 대표자 선출, 여론 형성, 정부와 의회의 매개역할을 담당한다.

② 민주국가의 정당제도

　　㉠ 원칙 : 일반적으로 복수정당제를 채택한다.

　　㉡ 분류 : 일당제, 양당제, 다수정당제 등이 있다.

ⓥ CHECK POINT 양대정당제와 다수정당제의 비교

구분	양대정당제	다수정당제
장점	• 정국이 안정됨 • 책임정치가 가능 • 정권의 평화적 교체가 원활	• 국민 각층의 의견 반영 가능 • 소수자의 이익도 보장 • 정당 간 대립 시 제3자가 중재
단점	• 국민 각층의 의견 반영 곤란 • 다수당 횡포 → 소수 이익의 보장 곤란 • 양당 충돌 시 해결 곤란	• 정국 불안 가능성(프랑스 제3·4공화국) • 강력한 정책 실현 곤란

③ **정당정치와 정치자금** … 정치자금의 공개 및 양성화로 돈 안 드는 선거풍토 정착, 정치자금의 자발적 지원 등이 요구된다.

④ **한국 정당정치의 발전과제**

　　㉠ 한국 정당정치의 특성 : 짧은 정당의 수명, 국민의사의 불충분한 반영, 비민주적 구조 등

　　㉡ 발전과제 : 이념과 정책을 중시하는 정치풍토가 조성되어야 한다.

(2) 민주정치와 이익집단

① 이익집단과 정치과정
- ㉠ 이익집단(압력단체) : 이해관계를 공유하는 사람들이 공동의 이익을 실현하기 위하여 정부의 정책에 영향력을 행사하려는 집단이다.
- ㉡ 정당과의 관련성 : 이익집단은 그들이 추구하는 이익을 실현하기 위해 정당을 이용하며, 정당은 지지기반을 확보하기 위해 이익집단과 결합한다.

② 이익집단의 출현원인과 종류
- ㉠ 출현원인 : 이익의 다원화, 지역대표의 결함보완, 민주정치의 발달, 정부기능의 통제필요 등이 있다.
- ㉡ 종류
  - 친목을 목적으로 하는 집단 : 정치성 정도가 낮으며, 스포츠클럽, 친목회, 동호회 등이 있다.
  - 특정한 신분의 이익을 목적으로 하는 집단 : 정치적으로 압력을 행사하며 노동자조합, 농민조합, 전문가집단 등이 있다.
  - 특정한 이익을 목적으로 하는 집단 : 정치적으로 압력을 행사하며 환경단체 등 각종 시민단체가 있다.

③ 이익집단의 이익실현
- ㉠ 이익집단의 목표달성 : 구성원들의 적극적인 활동과 지도력이 요구된다.
- ㉡ 이익실현의 방법 : 정부에 직접적으로 압력을 행사하거나 여론을 형성하여 정부가 이익집단의 요구를 인식하고 받아들이게 하는 간접적 방법이 있으며, 개인적 친분을 활용하거나 대표단을 파견하는 등 여러 가지 방법을 이용한다.

④ 공익과 이익집단
- ㉠ 공익을 위한 이익집단 : 정치과정에서 경제적, 사회적, 직업적으로 나타나는 특수한 이익들을 그 성격에 따라 골고루 대표하는 역할을 수행한다.
- ㉡ 공익을 저해하는 이익집단 : 소수의 이익을 보호하기 위한 집단이다.

(3) 시민단체의 특징과 과제

① 등장 : 참여 민주주의가 등장하면서 시민의 정치참여가 활성화되고, 이에 따라 정치뿐만 아니라 경제, 환경, 인권, 복지 등 다양한 분야에 대한 요구가 증가하였다. 그러나 이처럼 다양한 요구를 수용하기 위해서는 정부와 정치권의 능력에 한계가 있었고, 이에 시민은 자발적으로 단체를 만들어 정치과정에 참여하였다.

② 특징 : 시민 단체는 공공선과 공익 추구를 목적으로 한다는 점에서 단체 구성원의 이익 추구를 목적으로 하는 이익집단과 구별되는 특징을 가진다.

구분	정당	이익집단	시민단체
정권 획득을 목적으로 하는가?	○	×	×
정치적 책임을 지는가?	○	×	×
공익을 추구하는가?	○	×	○
정부의 정책결정에 영향력을 행사하는가?	○	○	○

③ 영향력과 과제

    ㉠ 시민 단체는 정치권력의 집중과 남용을 감시하고, 부정부패 척결, 깨끗한 선거문화 조성 등 정치 민주화에 이바지 하였으며, 그린피스, 유니세프 등 국제 연대 활동에 적극 참여한다.

    ㉡ 그러나 최근에는 시민의 자발적인 참여가 점점 줄어들어 시민 단체의 활동이 위축되는 경향이 있다. 또한 단체 운영에 필요한 회비와 후원금도 부족한 상황이다.

04 여론

(1) 여론과 여론정치

① **여론** … 쟁점에 대해 다수의 사회구성원들이 가지는 공통된 의견을 말한다.

② **여론의 중요성과 기능**

    ㉠ **여론의 중요성**

      • 민주주의가 발전하면서 대중매체의 발달에 따라 점차 그 중요성이 확대되고 있다.

      • 여론의 중요성을 강조한 격언과 우리나라 학자

        – 서양 : 민중의 소리는 신의 소리다.

        – 동양 : 민심은 곧 천심(天心)

        – 이율곡, 정약용, 조광조

    ㉡ **여론의 기능** : 정치의 방향을 제시하는 정치적 기능, 문화적 기능, 집단행동의 통일성을 확보하는 통일적 기능 그리고 구성원들이 느끼는 심리적 안정감의 기능이 있다.

③ **여론과 사회 안정**

    ㉠ 사회구성에 관련된 본질적인 문제 : 기본권 보장, 언론의 자유 등이 있다.

    ㉡ 민주사회의 다양한 의견 : 대화와 타협으로 해결한다.

    ㉢ 이익집단과 정당의 활동 : 대화와 타협을 주도하고, 국민을 설득하고자 노력한다.

④ **여론정치**

    ㉠ 정당, 언론 등의 의견집단이 여론 형성을 주도한다.

    ㉡ **여론정치** : 국민의 여론을 파악하여 정책에 반영하는 정치를 뜻한다.

    ㉢ **여론의 문제점** : 여론은 조작가능성 등 내재적 취약성을 가지며, 소수의 의견이 여론이 될 수 있으며, 선전에 의해 왜곡될 수 있다.

(2) 여론과 언론

① **민주정치와 언론의 자유**

    ㉠ **언론의 여론 형성에의 역할** : 사회적 사실을 신속 · 정확하게 전달하고 사회적 쟁점을 규정하며 해설과 비판 등을 제공한다.

    ㉡ **언론의 국민여론 조작** : 정치세력의 선전도구로 전락하거나 허위사실을 유포하기도 한다.

    ㉢ **언론의 자유** : 정치권력에 대한 비판 기능(감시역할 수행), 엄밀하고 정확한 보도로 사건이 재발하지 않도록 감시하는 역할을 수행한다.

② 언론의 책임 ··· 언론은 공정성 · 정확성 · 신속성을 확보하고 공익을 위해 기능해야 하며, 시민은 언론에 대해 비판과 감시를 해야 한다.

05 정치참여와 정치문화

(1) 정치과정에의 참여

① 정치참여의 중요성
  ㉠ 정치참여 : 국민은 선거, 언론매체, 정당, 단체 등을 통해 정치에 참여할 수 있다.
  ㉡ 정치참여는 민주정치를 위한 전제조건이 된다.
  ㉢ 시민 스스로가 다스림과 동시에 다스림을 받는다는 원리에 근거한다.

② 정치참여의 방법과 요건
  ㉠ 투표 : 가장 보편적 · 적극적 · 기본적인 정치참여의 방법으로 거의 모든 국가에서 실시하고 있다.
  ㉡ 기타 정치참여방법 : 정치에 대한 토론, 선거운동에 직접 참여, 정당활동, 여론 형성, 청원, 집회나 시위 등이 있다.
  ㉢ 진정한 정치참여의 요건
    • 개인의 이익뿐만 아니라 정치 공동체의 이익에 기여하여야 한다.
    • 정당한 절차를 거쳐 확정된 법이나 정책을 준수하면서 참여한다. 자신의 의사와 다르거나 자신의 이익에 배치된다는 이유로 법을 지키지 않거나 따르지 않는 것은 민주정치에 역행하는 행위이다.

③ 정치 참여의 긍정적 기능과 부정적 기능

긍정적 기능	부정적 기능
• 대의정치의 보완 • 시민의 이익 증대 • 시민의 주체 의식 신장	• 과도한 참여로 사회 안정 파괴 • 비전문가에 의한 비합리적 결정

(2) 참여와 정치발전

① 대의 민주정치와 참여
  ㉠ 시민참여의 한계 : 시민은 대표선출이나 투표 이외에는 영향력을 행사하기 어려우며, 그 표현방식에도 한계가 있다.
  ㉡ 대의 민주정치의 위기 : 시민의 대표로서 공공의사결정을 책임져야 할 입법부가 사회문제를 직접 해결하지 못하고, 행정부가 공공의사결정을 실질적으로 좌우하게 되는 현상이 발생하였다.
  ㉢ 시민참여의 증가 : 민주주의 사회의 위기의식이 확산되면서 정치참여가 확산되었다.

② 정치적 무관심
  ㉠ 정치적 무관심의 원인 : 현대 정치과정의 거대화 복잡화로 인한 대중의 소외감, 물질적 소비문화, 업무의 과중으로 인한 무력감 등

ⓛ 정치적 무관심의 유형

무(無)정치적 무관심	• 전통형 무관심 : 정치는 모든 국민이 하는 행위가 아니라 일부 특권층만 하는 행위라고 체념하는데서 오는 무관심 • 현대형 무관심 : 보통선거의 실시로 대중이 정치의 주체가 되었고 대중 매체를 통해 많은 정치적 정보를 가지고 있음에도 불구하고 정치에 무관심한 경우로써 정치 참여로 얻어지는 결과가 다른 활동으로 얻어지는 결과에 비해 낮다고 판단되므로, 정치에 관심을 보이지 않는 것
탈(脫)정치적 무관심	• 지난 날 정치에 큰 기대를 가졌거나 참여했는데, 그 기대나 욕구가 좌절되어 심한 환멸과 무력감으로 나타나는 무관심 • "정치인은 다 도둑놈이야! 그 놈이 그놈이야! 투표는 해서 뭘해, 다 뻔한데!" 등의 냉소적 반응
반(反)정치적 무관심	• 개인의 사상, 신념이 추구하는 가치가 정치와 반대된다고 판단함으로써 생기는 무관심 • 극단적이고 소수적 사상을 가진 사람들, 개인주의적 무정부주의자나 종교적 신비주의자 • "이번엔 나의 사상과 맞지 않는 정당이 집권했어. 관심 끌래.", "조금 있으면 신의 심판이 오는데 정치가 무슨 필요가 있어?"

ⓒ 정치적 무관심의 결과
  • 정당정치와 의회 정치의 침체 현상을 가져오게 할 위험성이 있다.
  • 정치적 부패를 가져오게 할 위험성이 있다.
  • 자의적인 지배와 권력 남용이 심화되어 독재권력이 등장할 수 있다.

③ 참여와 정치발전
  ㉠ 정치발전 : 사회의 공공문제를 해결할 수 있는 정치체제의 능력이 신장되는 것을 말한다.
  ㉡ 정치발전의 조건 : 정부의 정책결정능력의 강화, 정부 조직구조와 기능의 분화, 국민통합, 참여의 활성화 등이 있다.
  ㉢ 정치발전과 참여 : 정치참여가 활성화되어야 정치가 발전할 수 있다.

④ 참여의 한계와 안정
  ㉠ 참여의 궁극적 목표 : 다수 시민의 이익, 즉 공익증진에 기여하는 것이다.
  ㉡ 과도한 참여의 부작용 : 참여는 공익증진을 위한 바람직한 수단이지만, 대중의 과도한 참여는 사회 및 정치의 갈등을 가져오기도 한다. 따라서 참여와 안정의 조화가 필요하다.

(3) 정치문화

① 정치문화

㉠ 정치문화 : 시민들의 정치생활양식, 정치와 정부에 대하여 시민들이 지니고 있는 태도 및 가치관을 의미한다.

㉡ 정치문화의 유형

• 향리형 정치문화 : 정치적 역할이 미분화된 전근대적 전통사회에서 보이는 정치문화로, 정치적 의식과 참여정도가 모두 낮다.

• 신민형 정치문화 : 중앙집권적 권위주의사회에서 두드러진 정치문화로 정치적 의식은 높으나 참여정도가 낮다.

• 참여형 정치문화 : 민주사회의 특징적인 정치문화로, 정치적 의식과 참여정도가 모두 높다.

② 정치문화와 정치발전

㉠ 정치문화와 정치발전과의 관계 : 정치발전을 이루기 위해서는 정치제도와 그 나라의 독특한 정치문화가 서로 조화를 이루어야 한다.

㉡ 우리나라의 정치발전 : 권위주의적 요소가 혼재되어 있으나 점차 참여형 정치문화로 개선되고 있다.

02 출제예상문제

1 의원내각제의 특성에 대한 설명으로 옳은 것은?

① 내각이 의회에 존립을 의존하게 되므로 민주적 요청에 부적합하다.
② 의회와 내각이 대립하는 경우 신속한 해결이 불가능하다.
③ 내각이 의회에 연대 책임을 지므로 책임정치를 시행할 수 있다.
④ 의회가 정권획득의 투쟁의 장소로 변질될 우려가 적다.

✔ 해설　① 내각이 국민의 대표 기관인 의회에 그 존립과 존속을 의존하게 되므로 민주적 요청에 가장 적합하다.
　　　　하다.
　　　　② 의회와 내각이 대립하는 경우 불신임 결의와 의회해산으로 정치적 대립을 신속하게 해결할 수 있다.
　　　　④ 의회가 정권획득을 위한 투쟁의 장소가 될 수 있다는 점이 의원내각제의 단점이다.

2 다음은 어느 정치 참여 주체의 가상 활동일지이다. 이 참여 주체로 적절한 것은?

> 1월 : 국회의원 선거 공약 발표
> 3월 : 국회의원 선거에 참여
> 7월 : ○○법 개정을 위한 서명 운동 시작
> 8월 : 여의도 공원에서 홍보 대회
> 9월 : 여의도 공원에서 장외 집회
> 11월 : 예산안 심의에 참여

① 정당　　　　　　　　　　　② 언론
③ 감사원　　　　　　　　　　④ 시민 단체

✔ 해설　정당은 대표자를 선출하고, 여론을 형성하며, 정부와 의회의 매개역할을 담당한다.

Answer　1.③　2.①

3 다음 중 정당과 압력단체의 내용으로 옳지 않은 것은?

① 압력단체는 입법이나 정책결정에 혼란을 가중시키는 단점이 있다.

② 정당은 특수이익을 목적으로 하나 압력단체는 정권획득을 목표로 한다.

③ 정당은 정책에 대해 정치적 책임을 지지만 압력단체는 책임을 지지 않는다.

④ 정당은 국민전체의 이익을 추구하나 압력단체는 특정한 직업적 이익을 추구한다.

> **✔해설** ② 정당은 정권획득을 위하여 국민전체의 이익을 추구하지만 압력단체는 특정한 이익을 추구한다.
> ※ 압력단체(이익집단)와 정당
> ㉠ 공통점 : 정부의 정책결정에 영향력을 행사한다.
> ㉡ 차이점
> • 압력단체 : 자신들의 특수한 이익을 추구하는 것이 목표이다.
> • 정당 : 선거에 승리하여 정권을 획득하는 것이 목표이며, 사회 구성원 모두에게 영향을 주는 광범
> 위한 영역에 관심을 둔다.
> ㉢ 관련성 : 압력단체는 정당을 이용해 자신들의 이익추구를 실현하고 정당은 지지기반을 넓히기 위해
> 이익집단을 활용한다.

4 다음 글과 같은 상황에서 나타날 수 있는 국민의 정치적 행동을 가장 적절하게 추론한 것은?

> 민주국가의 헌법은 사람에 의한 지배가 아닌 법에 의한 지배를 규정함으로써 권력의 절대화를 막아
> 국민의 기본적 인권을 보장하려 하고 있다. 그러나 만일 국민의 자유와 권리를 지켜주기보다는 침해
> 하고 제한하는 것으로만 일관한다면 그러한 법 집행은 불신의 대상이 되며 나아가 국민은 법으로부터
> 멀어지고 정치적 불만이 점점 커지게 되는 것이다.

① 입법활동의 공정성을 촉구한다.

② 사법부의 조직개편을 요구한다.

③ 행정체계의 형평성을 비판한다.

④ 정치권력의 정당성을 문제삼는다.

> **✔해설** 정부권력의 정당성이 부족하다는 것은 국민들의 지지와 동의가 부족하다는 것이다.

Answer 3.② 4.④

5 다음 중 정치문화의 유형에 대한 설명으로 옳은 것은?

① 정치문화는 나라마다 전통에 의해 뚜렷이 나타난다.

② 선진국은 일반적으로 참여형 정치문화의 속성이 강하게 나타난다.

③ 민주정치의 발전을 위해서는 정치문화가 신민형으로 변화하는 것이 바람직하다.

④ 정치에 관심을 가지고 적극적으로 참여하는 태도를 지니는 정치문화를 향리형 정치문화라 한다.

> ✔해설 대부분 선진국일수록 참여형 정치문화의 속성이 강하고 후진국일수록 신민형이나 향리형 정치문화의 속성이 강하다.
> ※ 정치문화의 유형
> ㉠ 향리형 : 전근대적 전통사회에 나타나며 후진국형이다. 스스로 정치에 참여할 수 있다고 기대하지 않으며, 참여에도 소극적인 유형이다.
> ㉡ 신민형 : 중앙집권적 권위주의 사회에 나타나며 후진국형이다. 공동체에 대한 의식은 있으나 능동적으로 참여하지는 않는 유형이다.
> ㉢ 참여형 : 민주사회에 나타나며 선진국형이다. 공동체에 대한 명확한 인식과 정치 참여에도 능동적인 유형이다.

6 다음의 내용들이 추구하는 공통적인 목적은?

> • 선거공영제
> • 보통선거, 평등선거, 직접선거, 비밀선거
> • 선거구법정주의

① 후보자의 난립예방

② 기회권의 평등

③ 공정한 선거관리

④ 돈 안 드는 선거풍토로 개선

> ✔해설 ③ 제시된 내용들은 선거과정의 공정성을 확보하기 위해서 필요한 것들이다.

Answer 5.② 6.③

7 다음 자료는 정치과정에서의 참여자의 영향력에 대한 국민들의 의견을 나타내고 있다. 이 자료를 통해 볼 때, "민주주의가 점차 신장되고 있다."는 주장을 뒷받침할 수 있는 근거로 가장 적절한 것은?

(단위 : %)

참가자 \ 연도	1980년	1990년	참가자 \ 연도	1980년	1990년
군부	32.3	12.6	재벌	3.7	14.3
학생	28.5	18.0	중산층	3.3	4.4
국회의원	13.1	23.1	종교인	1.1	1.5
언론인	6.3	6.2	노동조합	0.3	1.8
지식인	4.8	4.1	기타	2.7	2.8
재야세력	3.9	11.2	계	100.0	100.0

응답자수(명) 1980년 − 1,497 / 1990년 − 1,523

① 재벌들의 로비활동 영향력이 줄어들고 있다.
② 국회의원의 정치적 영향력이 가장 크게 증가되었다.
③ 노동자와 여성들의 정치참여욕구가 증가하고 있다.
④ 정치적 영향력을 갖는 참여집단들이 다양화되고 있다.

> ✔해설 자료에서 보면 정치참여자의 영향이 1980년에는 군부, 학생 등에 편중되어 있었으나 1990년에는 그 두 집단의 영향력은 줄어들고 다른 집단들의 영향력이 늘어나는 것을 볼 수 있다. 따라서 정치과정에 참여하는 집단들이 다양해지고 있고, 이는 그만큼 민주주의가 신장되고 있음을 알 수 있는 근거가 되는 것이다.

8 다음 중 국민의 의견이 국정에 반영되기 위한 방법으로 옳지 않은 것은?

① 집회나 시위
② 정치토론회 개최
③ 이익집단의 이익 실현
④ 언론 및 출판에 대한 강제

> ✔해설 ④ 모든 국민은 언론 및 출판의 자유와 집회 및 결사의 자유를 가진다〈헌법 제21조〉.

Answer 7.④ 8.④

9 시민의 정치참여가 정치발전에 크게 이바지한 것과 관계가 없는 것은?

① 참여는 대의민주정치를 보완하는 기능을 한다.

② 참여는 시민의 이익을 적극적으로 옹호하고 증진시킨다.

③ 참여는 시민의 주권의식을 증대시켜 정치발전의 기틀을 이룰 수 있다.

④ 시민들의 많은 참여는 정책결정에 혼란을 가중시킨다.

> ✔해설 정치참여의 방법
> ㉠ 선거에의 참여 : 국민은 누구나 선거에 참여한다.
> ㉡ 직접적으로 정치담당 : 스스로 정치인이 되어 정책결정과정에 참여할 수 있다.
> ㉢ 언론매체를 통한 참여 : 잡지나 신문, 방송 등을 통해 정부의 정책을 지지하거나 비판할 수 있다.
> ㉣ 정당, 단체를 통한 참여 : 정당이나 단체를 결성하여 자신의 정치적 의사를 실현할 수 있다.

10 어떤 나라가 선거구마다 5인의 대표자를 선출하던 방식에서 선거구마다 1인의 대표자를 선출하는 방식으로 변경하였을 때 예상되는 결과로 옳은 것은?

① 국민의 다양한 의사가 잘 반영될 것이다.

② 양당제의 확립이 용이해질 것이다.

③ 사표가 감소할 것이다.

④ 소수당에 유리해 정국의 불안이 우려된다.

> ✔해설 대선거구제와 소선거구제의 장·단점
>
> | 구분 | 대선거구제 | 소선거구제 |
> |------|-----------|-----------|
> | 대표자수 | 4인 이상의 다수인을 선출 | 1선거구에서 1인의 대표선출 |
> | 장점 | • 사표의 감소(비례대표제와 결부된 경우)
• 부정선거 가능성 감소
• 인물선택의 폭 증대
• 소수자를 보호할 수 있음 | • 양당제가 확립되어 정국안정 도모
• 선거관리 용이, 선거비용 절약
• 후보자에 대한 인물파악 용이
• 투표율이 높음 |
> | 단점 | • 군소정당의 쉬운 출현으로 정국불안의 조장 우려
• 선거비용이 많이 들고 관리가 어려움
• 후보자 식별 곤란, 선거인의 무관심 | • 사표발생률이 높고, 소수당에 불리
• 의원의 질적 저하 초래
• 부정선거의 위험성이 많음
• 게리맨더링의 가능성 |

Answer 9.④ 10.②

11 대중 민주주의에 기여하게 된 선거제도로 옳은 것은?

> 근대에는 중소상공업자들이 정치세력의 주체였다. 현대는 정치세력의 주체가 표면적으로 대중으로 옮아갔다. 그래서 각종 정책결정에 대중의 의사가 중요한 결정요소가 되었다.

① 직접선거   ② 평등선거

③ 보통선거   ④ 비밀선거

> ✔ 해설 보통선거 … 일정 연령에 도달한 사람은 성별·재산·종교·교육에 관계없이 누구나 선거를 할 수 있는 제도이다. 이것 때문에 정치인은 뭇사람들(대중)을 정치적 계산에 넣을 수밖에 없게 되었다. 반면, 대중은 특정세력이나 권력집단에 의해 의사결정을 쉽게 바꾸는 경향이 있어 언론 등 여론형성매체의 힘을 기하급수적으로 키우는 결과를 낳았다.
> ※ 신문이나 방송매체를 입법부, 사법부, 행정부와 견주어 제4부라고 부르기도 한다.

12 민주국가에서의 정당의 성격으로 옳지 않은 것은?

① 정권획득의 목표를 공개적으로 내세운다.

② 여론을 형성·조직화함으로써 국정을 지지·통제한다.

③ 전국적 조직과 함께 활동이 상의하달방식을 취한다.

④ 국민적 이익을 추구하며 정부구성능력을 보유해야 한다.

> ✔ 해설 정당
> ㉠ 정당의 뜻 : 정당은 정치적 견해를 같이 하는 사람들이 정권을 획득함으로써 자신의 정강을 실현할 것을 목적으로 모인 단체이다.
> ㉡ 정당정치 : 현대민주정치는 대의정치이며, 대의정치는 정당을 통하여 이루어지므로 민주정치를 정당정치라고도 한다.
> ㉢ 정당의 성격 및 기능
> • 정권획득을 목표로 하고 그것을 공개적으로 내세움
> • 조직이 민주적이며 국민전체의 이익을 도모한다는 정강을 가짐
> • 국민여론을 형성하고 조직화하여 정부에 전달함
> • 정부와 의회 간의 매개역할

Answer   11.③   12.③

13 헌법재판소가 다음과 같은 결정을 내린 것은 민주선거의 4대 원칙 중 어떤 원칙에 위배되기 때문인가?

> '경기 안양시 동안구 선거구'의 경우 전국 선거구의 평균인구수로부터 +57%의 편차를 보이고 있으므로, 그 선거구의 획정은 국회의 재량의 범위를 일탈한 것으로서 청구인의 헌법상 보장된 선거권 및 평등권을 침해하는 것임이 분명하다.

① 비밀선거 ② 평등선거
③ 직접선거 ④ 보통선거

 선거구 획정에 관하여 국회의 광범한 재량이 인정되지만 그 재량에는 평등선거의 실현이라는 헌법적 요청에 의하여 일정한 한계가 있을 수밖에 없는 바, 선거구 획정에 있어서 인구비례원칙에 의한 투표가치의 평등은 헌법적 요청으로서 다른 요소에 비하여 기본적이고 일차적인 기준이기 때문에, 합리적 이유 없이 투표가치의 평등을 침해하는 선거구 획정은 자의적인 것으로서 헌법에 위반된다[헌재 2001.10.25, 2000헌마92·240(병합)].
① 투표자가 누구에게 투표했는지 알 수 없게 하는 제도이다.
② 투표의 가치에 차등을 두지 않는 제도이다.
③ 선거권자가 대리인을 거치지 않고 자신이 직접 투표 장소에 나가 투표하는 제도이다.
④ 일정연령에 도달한 사람은 어떤 조건에 따른 제한없이 누구나 선거를 할 수 있는 제도이다.

14 현재 우리나라가 채택하고 있는 국회의원선거방법으로 옳지 않은 것은?

① 지역대표제 ② 선거구법정주의
③ 소수대표제 ④ 소선거구제

 ① 지역적 구성을 표준으로 하여 선거구를 설정하고 그 안에서 대표자를 선출하는 선거방법으로 지역구 의원이 선출된다.
② 선거구를 특정한 정당이나 후보자에게 유리한 일이 없도록 하기 위해, 선거구를 국회가 법률로써 정하는 제도이다.
③ 득표순위에 따라 대표자를 선출할 수 있는 제도로 대선거구제를 전제로 한다.
④ 한 선거구에서 다수표를 얻은 한 사람의 대표를 선출하는 제도로 다수대표제와 결합되며 우리나라에서 사용되는 선거방법이다.

Answer 13.② 14.③

15 선거에 대한 다음 내용 중 옳지 않은 것은?

① 오늘날 다원화된 사회의 요구에 부응하여, 지역대표제 외에 직능대표제를 병용하기도 한다.

② 오늘날 대중민주주의의 실현에 기여한 선거원칙으로는 평등선거를 들 수 있다.

③ 국회의원 선거소송은 3심제의 예외로 대법원 1심 판결로 한다.

④ 선거공영제는 선거운동의 기회균등과 선거비용의 국가부담을 원칙으로 한다.

> ✔해설 ② 보통선거는 선거민의 사회적 신분이나 재산·지위에 관계없이 모든 사람(19세 이상)에게 선거권 및 피선거권을 인정하는 제도로 현대대중민주주의의 실현에 기여하였다.

16 다음 중 현재 우리나라 국회의원선거에서 채택되고 있는 제도를 모두 고르면?

㉠ 소선거구제	㉡ 중선거구제
㉢ 소수대표제	㉣ 다수대표제
㉤ 비례대표제	㉥ 선거공영제
㉦ 직능대표제	

① ㉠㉢㉤㉥

② ㉠㉣㉤㉥

③ ㉠㉣㉥㉦

④ ㉡㉣㉤㉥

> ✔해설 지역구의원은 지역대표제, 다수대표제(소선거구제)를, 전국구의원은 비례대표제를 채택하고 있고, 선거 공영제는 국가 또는 지방자치단체가 선거를 관리하는 제도이다.

17 다음 중 선거구법정주의를 채택하는 근본적인 이유는?

① 선거비용을 국가가 부담하여 선거의 공정을 기하기 위해

② 투표 등 선거절차를 간편화하기 위해

③ 군소정당의 난립을 방지하기 위해

④ 특정한 정당에게 유리한 일이 없도록 하기 위해

✔해설 선거구법정주의 … 선거구가 특정한 정당이나 후보자에게 유리한 일이 없도록 하기 위해 선거구를 국회가 법률로써 정하는 것으로, 대부분의 국가가 이 제도를 채택하고 있다.

18 다음 중 바람직한 정치참여의 태도는?

① 권리를 정당하게 행사하면서 의무를 성실히 이행한다.

② 사회를 위해서는 권리를 포기할 수 있다.

③ 의무수행보다 정당한 권리를 행사한다.

④ 자유보다는 먼저 책임을 완수해야 한다.

✔해설 정치참여
㉠ 의미 : 민주정치의 참여란 모든 개인이 자신의 권리를 충분히 행사하면서 의무를 성실하게 이행하는 일이다. 이러한 참여의식은 비단 권리행사에만 국한되는 것이 아니고, 민주시민으로서 지켜야 할 필수적인 것이다.
㉡ 방법 : 선거, 정당 및 사회단체의 구성, 대중매체를 통한 지지 · 비판 등을 통해서 참여한다.

Answer 17.④ 18.①

19 현대 민주정치의 과정에서 보기의 용어들이 공통적으로 관련이 있는 것은?

> ㉠ 선거 ㉡ 정당
> ㉢ 언론 ㉣ 압력단체
> ㉤ 대중운동

① 정책심의기관이다.

② 정책집행기관이다.

③ 시민운동의 일환이다.

④ 국민의 참여수단이다.

> ✔해설 현대민주정치의 과정에서 국민들은 다양한 방법과 절차로 정치에 참여하고 있다.

20 현대사회에서 정치적 무관심이 확대되는 원인은?

① 경제적 부의 증대

② 대중매체의 발달

③ 정치과정의 비대화와 복잡화

④ 국민들의 의식상승

> ✔해설 현대사회는 복잡화, 세분화, 다양화의 영향으로 정치과정에 변화를 가져왔다.

Answer 19.④ 20.③

03 우리나라의 헌법

01 우리나라 헌법의 기초 이해

(1) 헌법의 의미와 특징

① 고유한 의미의 헌법 : 국가의 최고 기관을 조직·구성하는 근본이 되고, 하고 이들 기관의 행위 및 상호관계를 규정한다.

② 근대적·입헌주의적 의미의 헌법 : 근대적 의미의 헌법이 국가 권력을 조직하는 측면보다는 국가 권력을 제한하는 면에 더욱 중점을 둔다면 입헌주의적 의미의 헌법은 국민주권의 원칙, 기본권보장의 원칙, 권력분립의 원칙에 초점을 맞춘다.

③ 현대적 의미의 헌법 : 국민에게 인간다운 생활을 보장하고 나아가 국민의 복지 향상에 치중하며 실질적 평등의 보장을 중시하고 있다.

④ 헌법의 의의

구분		내용
정치적 의의		• 헌법의 내용과 목적이 국가의 청설이라는 정치적 성격을 지님 • 정치활동을 주도하며 사회 통합을 실현
법적의의	최고 규범	• 모든 법령의 제정 근거 • 법령의 정당성 평가
	조직 수권규범	국가 통치 조직에 권한을 부여
	권력 제한 규범	• 국가 권력의 분립과 상호 견제 • 국민의 기본권을 실질적으로 보장

⑤ 특징 : 현행 헌법은 1948년 7월 17일 제정 이후 1987년 6월 민주 항쟁을 계기로 9차 개정이 이루어졌으며, 대통령 국민 직선제, 국회 권한 강화, 헌법 재판소 신설, 사생활의 비밀과 자유, 연좌제 금지, 형사 피고인의 무죄 추정, 구속 적부 심사 청구권의 확대, 환경권, 평생`교육권 등을 명시하여 보장하고 있다.

(2) 헌법의 개정

① 개념 … 헌법의 개정이란 헌법에 규정된 개정절차에 따라 헌법의 기본적 동일성을 유지하면서 의식적으로 수정, 삭제, 증보함으로써 헌법에 변경을 가하는 작용이다.

② 대한민국 헌법의 개정 절차

   ㉠ 제안 : 국회 재적 의원 과반수 또는 대통령의 발의로 제안

   ㉡ 공고 : 제안된 헌법 개정안은 대통령이 20일 이상의 기간 동안 공고

   ㉢ 의결 : 국회는 헌법 개정안이 공고된 날로부터 60일 이내에 의결하여야 하며, 국회의 의결은 재적의원 3분의 2 이상의 찬성 필요

   ㉣ 국민투표 : 국회가 의결한 후 30일 이내에 국민투표에 붙여 국회의원 선거권자 과반수의 투표와 투표자 과반수의 찬성 필요

   ㉤ 공포 : 국민투표에 의하여 찬성을 얻은 때에는 헌법 개정은 확정되며, 대통령은 즉시 공포

(3) 우리나라 헌법 기본 원리

① **국민주권주의** … 국가의 의사를 결정하는 최고 권력인 주권이 국민에게 있다.

   ㉠ 국민자치 : 대의 민주주의, 간접 민주주의의 채택

   ㉡ 공정한 선거제도 : 국민주권주의의 확립을 위한 가장 기초적인 제도이다.

   ㉢ 수평적인 권력 분립 : 입법, 사법, 행정의 3권 분립

   ㉣ 수직적인 권력 분립 : 지방자치제도의 실시

   ㉤ 복수정당제도의 도입 : 국민들의 다양한 정치적 견해가 반영

   ㉥ 근거조항

     • 대한민국은 민주 공화국이다〈헌법 제1조 제1항〉.

     • 대한민국의 주권은 국민에게 있고 모든 권력은 국민으로부터 나온다〈헌법 제1조 제2항〉.

② **자유 민주주의** … 개인의 자유를 옹호하고 존중하는 '자유주의'와 국가 권력 창출과 권력의 정당성이 국민의 합의에 의해 이루어진다는 '민주주의'가 결합된 원리이다.

   ㉠ 기본적 인권의 보장 : 인간의 존엄성과 인격의 존중

   ㉡ 권력분립의 원리, 책임정치의 원리

   ㉢ 법치행정 : 행정은 법률에 근거가 있는 경우에 법률에 규정된 절차에 따라 행해야 한다.

   ㉣ 정당 활동의 자유의 보장 : 우리 헌법은 복수 정당제와 더불어 정당의 설립과 활동의 자유를 보장

   ㉤ 자유 민주주의 실현을 위한 제도 : 소극적인 방법으로는 표현의 자유와 언론의 자유 보장, 정치과정의 공개, 민주적 정당제도의 보장 등이 있으며, 적극적인 방법으로는 탄핵제도, 위헌법률심사제도, 헌법소원제도, 위헌 정당 강제 해산제도, 저항권의 행사 등이 있다.

   ㉥ 근거조항

     • 헌법 전문 : 자율과 조화를 바탕으로 자유 민주적 기본 질서를 더욱 확고히 하여…….

     • 정당은 그 목적, 조직과 활동이 민주적이어야 하며……〈헌법 제8조 제2항〉.

     • 정당의 목적이나 활동이 민주적 기본 질서에 위배될 때에는 정부는 헌법재판소에 그 해산을 제소할 수 있고, 정당은 헌법 재판소의 심판에 의하여 해산된다〈헌법 제8조 제4항〉.

     • 누구든지 법률에 의하지 아니하고는 체포, 구속, 압수, 수색 또는 심문을 받지 아니하며, 법률과 적법한 절차에 의하지 아니하고는 처벌, 보안 처분 또는 강제 노력을 받지 아니한다〈헌법 제12조 제1항〉.

③ **복지국가의 원리** … 인간의 존엄성을 유지할 수 있는 기본적 생활을 보장하고, 국민의 생활여건을 개선하는 것이 국가의 책임이며, 그것에 대한 요구가 국민의 정당한 권리로 인정된다는 원리이다.

㉠ **사회적 기본권의 규정** : 인간다운 생활을 할 권리, 사회 보장 제도를 통해 실질적 구현

    ㉡ **재산권의 제한** : 재산권이 무제한적으로 보장되는 권리가 아니라 사회적 구속성을 가지고 있음을 명시

    ㉢ **시장경제질서의 원리를 원칙으로 하되, 경제의 민주화를 위한 국가의 규제와 조정을 정당화**

    ㉣ **근거조항**

- 헌법 전문 : …정치 · 경제 · 사회 · 문화의 모든 영역에서 각인(各人)의 기회를 균등히 하고, 능력을 최고도로 발휘하게 하며, 자유와 권리에 따르는 책임과 의무를 완수하여 안으로는 국민 생활의 균등한 향상을 기하고…….
- 모든 국민은 인간다운 생활을 할 권리를 가진다〈헌법 제34조 제1항〉.
- 국가는 사회보장, 사회복지의 증진에 노력할 의무를 진다〈헌법 제34조 제2항〉.
- 재산권의 행사는 공공복리에 적합해야 한다〈헌법 제23조 제2항〉.
- 국가는 균형 있는 국민 경제의 성장 및 안정과 적정한 소득의 분배를 유지하고 시장의 지배와 경제력의 남용을 방지하며 경제 주체 간의 조화를 통한 경제의 민주화를 위하여 경제에 관한 규제와 조정을 할 수 있다〈헌법 제119조 제2항〉.

④ **문화국가의 원리** … 국가가 국민의 교육, 과학 및 생활을 보장하여 사회와 문화 발전을 적극 도모한다는 원리이다.

    ㉠ **의의** : 국가로부터 문화의 자율성을 보장하면서 국가가 문화를 형성하고 보호하는 이중적인 의미를 갖는다.

    ㉡ **문화국가를 실현하기 위한 원칙**

- 문화의 자율성을 보장 : 국가는 문화에 대하여 중립성을 지켜야 하며 간섭해서는 안 된다.
- 국가는 문화를 보호 · 육성하기 위한 경제적 지원을 책임진다.
- 문화적 기본권을 보장한다.

⑤ **국제 평화주의** … 국제 협조와 국제평화의 지향을 이념적 기반으로 하려는 원리이다.

    ㉠ **국제평화주의와 침략전쟁의 부인** : 적의 직접적 공격을 격퇴하기 위한 방위전쟁(자위전쟁)은 인용

    ㉡ **국제법 존중주의** : 우리나라가 가입한 조약과 일반적으로 승인된 국제법규가 국내법과 같은 효력을 가진다는 의미

    ㉢ **외국인의 법적 지위 보장** : 상호주의(상대국의 자국민 보호 정도에 맞추어 상대국 국민의 보호 수준을 결정하려는 입장)의 원리에 따라 규정

    ㉣ **근거조항**

- 헌법 전문 : …밖으로는 항구적인 세계평화와 인류 공영에 이바지함으로써…….
- 대한민국은 국제 평화의 유지에 노력하고 침략적 전쟁을 부인한다〈헌법 제5조 제1항〉.
- 헌법에 의하여 체결 · 공포된 조약과 일반적으로 승인된 국제법규는 국내법과 같은 효력을 가진다〈헌법 제6조 제1항〉.
- 외국인은 국제법과 조약이 정하는 바에 의하여 그 지위가 보장된다〈헌법 제6조 제2항〉.

⑥ **평화통일의 원리** … 자유 민주적 기본질서에 입각하여 평화적 통일을 추구한다는 원리이다.

　ⓐ 우리나라의 국가적 목표인 동시에 헌법의 기본원리이다.

　ⓑ 근거조항

- 자유 민주적 기본 질서에 입각한 평화적 통일 정책을 수립하고 이를 추진한다〈헌법 제4조〉.
- 대통령은 조국의 평화적 통일을 위한 성실한 의무를 진다〈헌법 제66조 제3항〉.
- 대통령은 필요하다고 인정할 때에는 외교 · 국방 · 통일 기타 국가 안위에 관한 중요 정책을 국민투표에 붙일 수 있다〈헌법 제72조〉.
- 평화통일 정책의 수립에 관한 대통령의 자문에 응하기 위하여 민주 평화 통일 자문회의를 둘 수 있다〈헌법 제92조 제1항〉.

02 　기본권의 보장과 제한

(1) 국민의 기본권

① **기본권** … 우리 헌법은 천부인권 사상을 표현한 헌법 제10조와 실정법 사상을 표현한 헌법 제37조 제2항을 두어 둘 간의 조화를 이루고 있다.

② **기본권의 내용**

　ⓐ 일반적이고 원칙적 규정〈헌법 제10조〉

- 인간으로서의 존엄과 가치 존중
- 행복추구권

　ⓑ **평등의 권리** : 본질적으로 기본권으로 "모든 국민은 법 앞에서 평등하다〈헌법 제11조 제1항〉."의 평등은 누구든지 성별, 종교, 사회적 신분 등에 의해 차별받지 않는 상대적 · 비례적 · 실질적 평등을 의미한다.

　ⓒ **자유권적 기본권** : 평등권과 더불어 본질적인 기본권으로 국가권력으로부터의 개인의 자유를 보장하며, 핵심적이고 소극적이며 포괄적인 권리이다. 종류로는 신체의 자유, 거주 · 이전의 자유, 직업선택의 자유, 주거의 자유, 사생활 비밀과 자유의 불가침, 통신의 자유, 양심의 자유, 종교의 자유, 언론 · 출판 · 집회 · 결사의 자유, 학문과 예술의 자유, 재산권보장 등이 있다.

　ⓓ **참정권** : 민주국가에 있어서 국민이 국가의 정치에 참여할 수 있는 능동적 권리로 공무원 선거권, 공무 담임권, 국민 투표권 등이 있다.

　ⓔ **사회적 기본권** : 인간다운 생활을 위해 국가에 대하여 어떤 보호나 생활수단의 제공을 요구할 수 있는 적극적 권리이며 열거적 권리(개별적 권리)로 인간다운 생활을 할 권리, 교육을 받을 권리, 근로의 권리, 근로자의 노동 3권, 환경권, 혼인 · 가족 · 모성 · 보건에 관한 권리 등이 있다.

　ⓕ **청구권적 기본권** : 국민의 침해당한 기본권의 구제를 국가에 대해 청구하는 적극적 권리이며 기본권을 보장하기 위한 수단적 기본권으로 청원권, 재판청구권, 형사보상청구권, 국가배상청구권, 범죄피해자의 국가구조청구권 등이 있다.

(2) 기본권 보장을 위한 제도와 기본권의 제한

① 기본권 침해의 법적 구제

구분		내용
청원제도		• 국민이 국가기관에 대해서 의견을 표명하거나 희망을 요구하는 것 • 청원의 대상 : 행정기관, 입법기관, 법원 등
위헌법률 심판제도		• 헌법재판기관이 법률이 헌법에 위반되는지의 여부를 심사하여 헌법에 위반되는 것으로 인정되는 경우 그 법률의 효력을 상실하게 하는 제도 • 위헌법률심판제청권자는 법원으로, 법원이 위헌법률심사제청권을 행사하려면 현재 재판 중인 구체적인 사건에서 판단기준이 되는 법률의 위헌여부가 재판의 결과에 영향을 끼치는 경우여야 한다. • 위헌결정 시 즉시 효력이 상실되지만, 헌법불합치결정 시에는 법이 개정 될 때까지 한시적 효력이 있다.
행정쟁송제도		행정청의 위법, 부당한 처분으로 인해 권리를 침해당한 사람이 이의 시정을 구하는 제도로 행정심판과 행정소송 등이 있다.
헌법소원	권리구제형 헌법소원	공권력의 행사 또는 불행사로 인하여 헌법에 보장된 기본권을 침해당한 국민이 그 권리를 구제 받기 위하여 헌법재판소에 직접 심판을 청구하는 헌법소원
	위헌법률 심사형 헌법소원	위헌적 법률로 인하여 기본권을 침해당한 국민이 법원에 위헌법률심판제청을 해줄 것을 신청하였으나 법원이 이를 기각한 경우 직접 헌법재판소에 심판을 청구하는 헌법소원

② 기본권의 제한

구분	내용
목적상	• 국가안전보장, 질서유지, 공공복리를 위한 경우에만 기본권을 제한할 수 있다. –국가안전보장 : 외부로부터 국가의 독립, 영토의 보전, 헌법에 의해 설치된 국가 기관의 유지 –질서유지 : 타인의 권리 유지, 도덕질서 유지, 사회 공공질서 유지를 포함한 공공의 질서 유지 –공공복리 : 국가 구성원 전체를 위한 행복과 이익
형식상	• 원칙 : 기본권 제한은 국회가 제정한 법률에 의해야만 한다. • 예외 : 대통령의 긴급명령, 긴급 재정 경제 명령으로도 기본권을 제한할 수 있으며, 비상계엄 시에는 영장제도나 언론·출판·집회·결사의 자유에 대한 특별조치가 가능하다.
방법상	• 과잉금지의원칙 : 국가의 권력은 무제한적으로 행사되어서는 안 되며, 이는 반드시 정당한 목적을 위하여 필요한 범위 내에서만 행사되어야 한다. • 국가 권력이 기본권을 제한할 때에는 목적의 정당성, 방법의 적정성, 피해의 최소성, 법익균형성을 지켜야 한다. • 기본권을 제한할 때 기본권의 본질적인 내용은 침해할 수 없다.

03 ▶ 국가 기관의 구성과 기능

(1) 국회

① 국회의 구성과 운영

㉠ 국회의 성격 : 국민의 대표기관, 회의제 입법기관, 민주정치의 핵심기관, 국정의 통제기관

㉡ 국회의 구성 : 단원제와 양원제가 있으며, 현재 우리나라는 단원제를 채택하고 있다.

CHECK POINT 국회 구성방식

구분	단원제	양원제
의의	• 국회를 한 개의 합의체로 구성 • 우리나라, 덴마크, 뉴질랜드 등	• 두 개의 합의체로 구성하여 일치된 의견을 의결 • 미국, 일본, 영국 등
장점	• 신속, 비용절약 • 책임 소재의 명백	• 의회 다수파의 횡포 방지 • 직능 대표제 도입용이 • 의회와 정복의 충돌완화
단점	• 경솔한 입법가능 • 다수파의 횡포 견제 곤란 • 의회와 정부 충돌 시 조정 곤란 • 직능대표제 도입곤란	• 비용낭비, 처리지연 • 책임 전가 • 급진적 개혁방해 • 상원의 보수화·반동화 우려

㉢ 우리나라 국회의 구성

• 국회의 구성 : 선거에 의해 선출되는 임기 4년의 지역대표(지역구의원)와 각 정당의 득표율 등에 비례하여 선출되는 비례대표의원(전국구의원)으로 구성된다.

• 국회의 기관 : 의장 1인과 부의장 2인, 교섭단체, 각종 위원회가 마련되어 있다.

㉣ 국회의 의사결정

• 일반 의결 정족수 : 재적의원 과반수의 출석과 출석위원 과반수의 찬성으로 의결, 가부동수일 경우 부결

• 특별의결 정족수

–대통령 거부 법률안의 재의결 : 재적의원 과반수 출석, 출석의원 2/3 이상 찬성

–헌법개정안의결, 국회의원제명, 대통령 탄핵소추 의결 : 재적의원의 2/3 이상 찬성

–계엄해제요구, 국회의장 및 부의장선거 : 재적의원 과반수 찬성

–대통령 선거에서 투표자가 2인일 경우 : 재적의원 과반수 출석, 출석의원 다수 찬성

–대통령 이외의 탄핵소추발의 : 재적의원 1/3 이상 발의, 재적의원 과반수의 찬성

–임시국회의 집회요구 : 재적의원 1/4 찬성

–국회 의사정족수 : 재적의원 1/5 찬성

–국회 의사비공개결정 : 출석의원 과반수 찬성

CHECK POINT 캐스팅 보트(Casting Vote) ⋯ 표결이 가부동수일 경우 의장의 결정 투표권으로 우리나라는 채택하지 않았다.

⑩ **국회의 회의**
　　　• 의사공개의 원칙 : 국회의 회의는 공개한다. 단, 국가의 안정보장을 위해서라면 공개하지 않을 수도 있는데 이때에는 출석의원 과반수의 찬성이나, 의장의 결정이 필요하다.
　　　• 회기계속의 원칙 : 국회의 한 회기 중에 의결하지 못한 안건에 대하여 회기가 끝났더라도 폐기하지 않고 다음 회기에서 계속해서 심의하는 원칙으로 국회의원의 임기가 만료된 때에는 적용되지 않는다.
　　　• 일사부재의의 원칙 : 국회에서 부결된 안건은 같은 회기 내에 다시 제출할 수 없는 원칙으로 소수파의 의사 진행 방해를 방지하기 위한 것이다.

　　✅ CHECK POINT　필리버스터(filibuster) … 합법적으로 의사진행을 방해하는 행위로 오랜 시간 발언, 투표의 지연, 유회 · 산회 동의, 불신임안의 제출 등의 방법이 있다.

　　㉣ **국회의 회기**
　　　• 정기회(100일 이내) : 매년 9월 1일 집회, 다음 연도의 예산안 심의 · 확정, 법률안 및 기타 안건 처리 등
　　　• 임시회(30일 이내) : 대통령 또는 국회재적의원 4분의 1 이상의 요구 시

② **국회의 입법과정**
　　㉠ **국회의 권한** : 국민의 대표기관으로서 국회가 지니는 가장 대표적인 권한은 헌법개정권한을 포함한 입법권을 행사하는 것이다.
　　㉡ **입법과정**
　　　• 제안 : 제안권자는 국회의원 · 정부, 국회의원은 10인 이상의 찬성 필요, 정부는 국무회의 심의를 거쳐 대통령이 서명하고, 국무총리 · 관계 국무위원이 부서
　　　• 회부 : 국회의장은 법률안이 제출되면 이를 인쇄하여 의원에게 배부하고 본회의에 보고한 후 소관 상임위원회에 회부하여 심사
　　　• 상임위원회 심사
　　　• 법제사법위원회의 체계 · 자구 심사
　　　• 전원위원회 심사
　　　• 본회의 심의 · 의결
　　　• 정부이송 : 국회에서 의결된 법률안은 정부에 이송되어 15일 이내에 대통령이 공포
　　　• 대통령의 거부권 행사 : 법률안에 이의가 있을 때에는 대통령은 정부 이송 후 15일 이내에 이의서를 붙여 국회로 환부하고, 그 재의를 요구할 수 있음. 재의 요구된 법률안에 대하여 국회가 재적의원 과반수의 출석과 출석 의원 3분의 2 이상의 찬성으로 전과 같은 의결을 하면 그 법률안은 법률로서 확정. 정부이송 후 15일 이내에 대통령이 공포하지 않거나 재의요구를 하지 않은 경우 그 법률안은 법률로서 확정
　　　• 공포 : 대통령은 법률안이 정부에 이송된 지 15일 이내에 공포하여야 함. 재의결에 의해 법률로 확정된 후 5일 이내에 대통령이 이를 공포하지 않을 경우 국회의장이 공포. 법률은 특별한규정이 없으면 공포한 날로부터 20일을 경과함으로써 효력 발생
　　㉢ **거부권** : 대통령은 이송된 날로부터 15일 이내에 국회에 보내어 재의결을 요구할 수 있고, 재의결한 법률은 다시 거부할 수 없으며, 5일 이내에 공포하여야 한다.

③ **국회의 권한과 기능**
　　㉠ **국회의 권한**
　　　• 입법에 관한 권한 : 법률안 제안 · 의결 · 공포권, 헌법개정안의 제안 · 의결권, 조약 체결 · 비준에 대한 동의권 등을 갖는다.

- 재정에 관한 권한 : 조세법률제정권, 예산안의 심의·확정권, 결산심사권 등을 갖는다.
- 일반 국무에 관한 권한 : 중요 공무원 임명에 대한 동의권, 중요 헌법기관의 구성권, 국정조사·감사권, 계엄해제요구권, 탄핵소추의결권 등을 갖는다.
ⓛ 국회의원의 특권 : 면책특권, 불체포특권 등이 있다.

(2) 행정부

① 행정과 법치행정

ㄱ 행정 : 법률을 집행하고 국가목적이나 공익을 적극적으로 실현하기 위해서 여러 가지 정책을 세우고, 실현하는 국가작용을 의미한다.

ㄴ 현대복지국가의 정부업무 : 효율성이 강조되며 전문적 행정 관료가 주도한다.

ㄷ 법치행정 : 행정권도 법의 구속을 받고, 법을 준수해야 한다는 것을 의미한다.
- 필요성 : 적법성, 타당성, 정당성을 갖춘 행정을 도모한다.
- 한계점 : 법치행정이 단순히 규칙에 의한 행정 또는 행정에 의한 지배로 타락되어서는 안 된다.

② 행정부와 대통령

ㄱ 행정부의 조직과 권한
- 행정부 : 법률과 정책의 내용을 구체적으로 집행하는 국가기관이다.
- 국무총리 : 국회의 동의를 얻어 대통령이 임명한다.
- 국무회의 : 국정의 최고 심의기관으로, 대통령의 신중한 권한행사와 국정통일을 위해 주요 정책을 심의한다.
- 감사원 : 합의제 기관으로서, 대통령에 소속된 헌법상의 필수기관이다.
 - 권한 : 국가의 세입·세출의 결산, 국가 및 법률이 정한 단체에 대한 회계검사권과 행정기관 및 공무원에 대한 직무감찰권이 있다.
 - 특징 : 형식상 대통령에 소속되어 있지만, 직무에 관해서는 독립적인 지위를 갖는 기관이다.

ㄴ 대통령의 지위와 권한
- 대통령의 지위 : 행정부수반으로서의 지위와 국가원수로서의 지위가 있다.
- 대통령의 권한
 - 행정부수반으로서의 권한 : 행정의 최고지휘감독권, 국군통수권, 공무원임면권, 대통령령발포권, 법령집행권 등
 - 국가원수로서의 권한
  · 대외적 국가대표권 : 조약체결·비준권, 외교사절의 신임·접수·파견권, 선전포고와 강화권 등
  · 국가·헌법수호권 : 긴급재정·경제처분 및 명령권, 계엄선포권, 위헌정당해산제소권 등
  · 국정조정권 : 국민투표부의권, 헌법개정안제안권, 임시국회소집요구권 등
  · 헌법기관구성권 : 일정한 헌법기관의 구성

ㄷ 대통령의 의무와 특권
- 대통령의 권한수행 : 대통령은 국가의 원수로서, 개별적인 행정업무를 넘어서 국가적 차원의 정치적 판단을 기초로 헌법적 권한을 수행하게 된다.
- 대통령의 권한행사방식 : 국무회의의 심의, 국회의 동의와 승인, 문서와 부서, 자문기관의 자문 등을 통해서 행해진다.

- 대통령의 신분상 특권 : 중죄가 아닌 경우 대통령 지위를 보장하여 책임을 완수하게 하기 위해 주어진다.
  - 형사상의 소추 : 대통령은 내란 또는 외환의 죄를 범한 경우를 제외하고는 재직 중 형사상의 소추를 받지 아니한다.
  - 민사상의 소추 : 재직 중에 민사상의 소추는 받을 수 있으며, 재직 중에 범한 범죄에 대해서 퇴직 후에 소추할 수 있다.
- ㉣ 행정의 견제와 통제
  - 현대복지국가 : 행정권력의 비대화현상이 초래된다.
  - 행정권력 비대화의 통제 : 민주적 통제의 필요성이 요청된다.

(3) 법원과 헌법재판소

① 사법권
   - ㉠ 사법의 의의
     - 사법 : 국가통치기능의 하나로서, 무엇이 법인가를 판단하고 선언하는 작용을 일컫는 말이다.
     - 법원 : 사법권을 가지며, 삼권분립의 기초 위에서 국민의 권익과 자유를 보호하려는 국가작용을 실천하는 국가기관이다.
     - 심급제도의 운용 : 공정하고 정확한 재판을 하기 위해 심급제도를 두어 여러 번 재판을 받을 수 있도록 하고 있다.
   - ㉡ 사법권의 독립
     - 사법권 독립 : 재판의 독립을 의미한다.
     - 사법권 독립의 의의 : 행정권의 영향을 배제하고 독립된 법원이 법과 양심에 따라 공정하고 정당한 재판을 하는 것을 의미한다.
     - 사법권 독립의 내용 : 헌법적 규정(독립의 원칙), 법의 독자성 요구(기본권의 실현), 법 적용의 공평성(정의 구현) 등이 있다.

② 법원의 조직과 재판
   - ㉠ 법관의 자격과 지위
     - 재판의 독립 : 구체적인 재판에서 법관의 독립으로 발현된다.
     - 재판의 독립 내용
     - 법관의 임기 : 헌법으로 규정한다.
     - 법관의 자격 : 법률로 정하도록 규정한다.
     - 법관의 독립 : 법관은 헌법, 법률, 양심에 따라 심판할 의무를 지닌다.
     - 법관의 임명절차 : 헌법으로 규정한다.
   - ㉡ 법원의 조직 … 대법원, 고등법원, 지방법원 및 지방법원지원, 가정법원, 특별법원 등이 있다.
   - ㉢ 재판의 종류
     - 재판의 종류 : 민사재판, 형사재판, 행정재판, 선거재판
     - 민주재판제도의 2대 원칙 : 공개재판주의, 증거재판주의
     - 법원의 권한 : 재판에 관한 권한, 명령·규칙·처분심사권, 위헌법률심사제청권, 법원의 자율권(규칙 제정권, 법원 행정권)

③ 헌법재판소의 기능과 구성

　㉠ 헌법재판의 기능
　　• 헌법의 보호
　　• 국민의 자유와 권리를 보장 : 통치권 행사의 합헌성과 정당성의 확보
　　• 권력 통제 기능 : 통치권의 행사가 헌법 질서와 조화를 이룰 수 있도록 권력을 견제하도록 하는 기능

　㉡ 헌법재판소의 구성
　　• 헌법재판소의 재판관 : 9명 (대통령, 대법원장 3명 지명, 국회에서 3명 선출)
　　• 헌법재판소의 재판관은 정치적 중립성을 지키기 위하여 정당 가입과 정치 활동이 금지
　　• 헌법재판소 임기는 6년이며, 연임제한이 없으며, 신분 보장을 위해 탄핵 또는 금고 이상의 형의 선고에 의하지 않고는 파면되지 않는다.

④ 헌법재판소의 권한

　㉠ 위헌법률심판권 : 헌법 재판 기관이 법률이 헌법에 위반되는지의 여부를 심사하여 헌법에 위반되는 것으로 인정되는 경우 그 법률의 효력을 상실하게 하는 제도이다.
　㉡ 헌법소원심판권 : 국가 기관의 공권력의 행사로 인하여 헌법상 보장된 국민의 기본권이 침해된 경우 헌법 재판소에 재판 청구를 하여 그 침해의 원인이 된 공권력의 행사를 취소할 수 있는 제도이다.
　㉢ 탄핵심판권 : 국회가 탄핵 소추를 결의하면 헌법재판소가 그 공무원의 탄핵 여부를 심판하는 제도를 말한다.
　㉣ 기관 간 권한 쟁의 심판권 : 국가기관 상호 간, 국가기관과 지방자치단체, 지방자치단체상호 간에 다툼이 있는 경우 이를 조정하고 권한과 의무의 한계를 확인하는 것이다.
　㉤ 위헌 정당 해산 심판권 : 정당의 목적이나 활동이 민주적 기본질서에 위배되는지를 심판하여 해산시킬 수 있는 권한→위헌 정당 해산 절차를 헌법 재판소의 판결을 거쳐야만 할 수 있도록 한 것은 오히려 정당 활동의 자유를 보장하기 위한 방편

03 출제예상문제

1 다음 중 우리나라 헌법의 기본권에 대한 사상은?

① 실정법은 부당한 자연법을 개정하는 기준이 된다.

② 실정법상 권리와 천부인권(자연법)의 조화로 보고 있다.

③ 실정법보다 자연법이 항상 우선한다.

④ 자연법보다 실정법을 중시하고 있다.

> ✔해설 ① 자연법은 실정법이 지향하는 보편적 기준으로 실정법을 제정하거나 개정하는 기준이 된다.
> ③④ 자연법의 정신은 실정법을 통해서 구체화되고 실정법의 내용은 자연법에 근거해야 한다.
> ※ 헌법 제10조와 제37조 제2항
> ㉠ 헌법 제10조 : 모든 국민은 인간으로서의 존엄과 가치를 가지며, 행복을 추구할 권리를 가진다. 국가는 개인이 가지는 불가침의 기본적 인권을 확인하고 이를 보장할 의무를 진다.
> ㉡ 헌법 제37조 제2항 : 국민의 모든 자유와 권리는 국가안전보장, 질서유지 또는 공공복리를 위하여 필요한 경우에 한하여 법률로써 제한할 수 있으며, 제한하는 경우에도 자유와 권리의 본질적인 내용을 침해할 수 없다.

2 기본권 보장을 위한 기본권에 속하는 것은?

① 공무담임권

② 언론 · 출판 · 집회 · 결사의 자유

③ 환경권

④ 재판청구권

> ✔해설 청구권적 기본권
> ㉠ 성격 : 침해당한 기본권의 구제를 국가에 대해 청구하는 적극적 권리로서, 그 자체가 권리의 목적이 아니라 다른 기본권을 보장하기 위한 수단적 성격의 기본권이다.
> ㉡ 내용 : 청원권, 재판청구권, 형사보상청구권, 국가배상청구권, 구속적부심사청구권, 변호인의 조력을 받을 권리, 타인의 범죄행위로 인한 피해에 대해 국가구조를 받을 권리 등이다.

Answer 1.② 2.④

3 인간이 누려야 할 기본권의 궁극적인 목적은?

① 법 앞에서의 평등
② 정치에의 능동적인 참여
③ 침해당한 권리의 구제
④ 인간으로서의 존엄과 가치 존중

> ✔해설 ④ 우리 헌법은 천부인권 사상을 표현한 헌법 제10조와 실정법 사상을 표현한 헌법 제37조 제2항을 두
> 어 둘 간의 조화를 이루고 있다. 기본권에 대한 일반적이고 원칙적인 규정으로 헌법 제10조에서는 '모든
> 국민은 인간으로서의 존엄과 가치를 가지며, 행복을 추구할 권리를 가진다. 국가는 개인이 가지는 불가
> 침의 기본적 인권을 확인하고 이를 보장할 의무를 진다.'라고 정의하고 있다.

4 다음 법 규정에 공통적으로 나타나는 민법의 기본 원칙으로 가장 적절한 것은?

> • 민법 제2조 제1항 : 권리 행사와 의무의 이행은 신의에 좇아 성실히 하여야 한다.
> • 민법 제103조 : 선량한 풍속 기타 사회 질서에 위반한 사항을 내용으로 하는 법률 행위는 무효로
> 한다.

① 무과실 책임주의
② 자기 책임의 원칙
③ 계약 공정의 원칙
④ 사적 자치의 원칙

> ✔해설 . 민법의 기본원칙
>
> | 구분 | 근대 민법 | 현대 민법 |
> |---|---|---|
> | 기본
원칙 | • 소유권절대의 원칙(사유재산권 존중의 원칙)
• 사적자치의 원칙(계약자유의 원칙)
• 자기책임의 원칙(과실책임의 원칙) | • 소유권 공공의 원칙
• 계약 공정의 원칙(신의성실의 원칙)
• 무과실책임의 원칙 |
>
> ③ 진정한 의사 뿐 아니라 계약 내용의 공정성도 고려하게 되었다.

Answer 3.④ 4.③

5 기본권 침해시 국가기관에 취할 수 있는 행동에 관한 설명 중 옳은 것은?

① 청원 – 국가기관에 문서로 한다.
② 헌법소원 – 대법원에 청구한다.
③ 행정소송 – 행정기관에 청구한다.
④ 행정상 손해배상 – 적법한 행정행위에 의해 가해진 손해를 전보하여 주는 것이다.

> **✔ 해설** ② 헌법소원은 헌법재판소에 구제를 청구한다.
> ③ 행정소송은 법원에 구제를 청구한다.
> ④ 행정상 손해배상은 위법한 행정행위에 의해 가해진 손해를 전보하여 주는 것이다.

6 다음 중 법률로 정하는 것이 아닌 것은?

① 조세의 종목과 세율
② 국회의원의 선거구
③ 계약의 종류와 내용
④ 행정각부의 설치

> **✔ 해설** ① 조세법률주의〈헌법 제59조〉
> ② 선거구법정주의〈헌법 제41조 제3항〉
> ③ 미풍양속에 위배되지 않으면 사인 간에 자유로이 정할 수 있다.
> ④ 정부조직의 입법화〈헌법 제96조〉

7 법적용의 우선순위가 옳지 않은 것은?

① 공법은 사법에 우선한다.
② 특별법은 일반법에 우선한다.
③ 상위법은 하위법에 우선한다.
④ 신법은 구법에 우선한다.

> **✔ 해설** ① 공법·사법의 분류는 법이 규율하는 실체에 따른 것이므로 공법과 사법 간에는 서로에 대한 우선순위가 적용되지 않는다.
> ※ 법적용의 우선순위
> ㉠ 신법우선의 원칙 : 동일한 사항에 대하여 신법과 구법의 내용이 상호 저촉되는 경우 그 범위 안에서 구법은 효력을 상실하고 신법이 우선하여 적용된다.
> ㉡ 특별법우선의 원칙 : 일반법과 특별법이 서로 충돌할 때에는 특별법이 우선하여 적용된다.
> ㉢ 상위법우선의 원칙 : 상위법과 하위법이 상호 저촉하는 경우에 상위법이 우선하여 적용된다(헌법 > 법률 > 명령 > 자치법규).

Answer   5.① 6.③ 7.①

8 법의 이념에 대한 내용으로 옳지 않은 것은?

① 자연법의 정신은 실정법을 통해 구체화되고 실정법의 내용은 헌법에 근거하여 그 타당성을 인정받을 수 있다.

② 정의는 오늘날의 평등·공정 및 기본적 인권의 존중 등으로 파악되는 것이 일반적인 경향이다.

③ 합목적성이란 그 국가와 사회가 추구하는 법적 가치와 목표를 말한다.

④ 법적 안정성을 위해서는 법의 내용이 명확하고 자주 변경되어서는 안되며, 국민의 법의식에 합당해야 한다.

> ✔해설 ① 자연법의 정신은 실정법을 통해서 구체화되고 실정법의 내용은 자연법에 근거하여 그 타당성을 인정받는다.
> ※ 법의 이념(법의 목적)
> ㉠ 정의
> • 사회의 평화·번영·안정의 필요조건
> • 오늘날에는 평등·공정 및 기본적 인권의 존중 등으로 파악
> • 사회구성원 개개인의 인간으로서의 존엄과 가치를 최대한 보장, 사회공동체의 조화와 복리증진을 실현
> ㉡ 합목적성 : 국가와 사회가 전체적으로 어떤 가치를 추구하는 것이 이상적인가를 예상하고 그것에 맞추어 방향을 설정
> ㉢ 법적 안정성
> • 국민들이 법에 따라 안심하고 생활할 수 있는 것
> • 법의 내용이 명확하고, 함부로 변경되지 않으며, 국민의 의식에 합당해야 함

9 법의 이념 중의 하나인 합목적성을 지나치게 강조한 것은?

① 악법도 법이다.

② 국민이 원하는 것은 곧 법이다.

③ 법의 극치는 부정의 극치이다.

④ 세상이 망하여도 정의를 세우라.

> ✔해설 합목적성 … 국가와 사회가 전체적으로 어떤 가치를 추구하는 것이 이상적인가를 예상하고 그것에 맞추어 방향을 설정하는 것을 말한다.
> ①③ 법의 안정성을 설명한 말이다.
> ② 국민이 원하는 것은 법의 질서조율기능이지 법 그 자체는 아니다.
> ④ 정의를 설명한 말이다.

Answer 8.① 9.②

10 국가형벌권의 한계를 제시하여 그 남용을 방지함으로써 국민의 인권을 보장하기 위한 형법의 가장 중요한 기본원칙은?

① 관습형벌의 배제　　　　　　　② 죄형법정주의
③ 일사부재리의 원칙　　　　　　④ 형벌불소급의 원칙

> ✔ 해설　죄형법정주의
> ㉠ 의의 : 공동생활의 질서를 해하는 행위인 범죄와 이에 대한 제재인 형벌의 내용을 미리 법률로 정해야 한다는 원칙이다. 죄형법정주의는 국가형벌권의 한계를 제시하여 그 남용을 방지함으로써 국민의 인권을 보장한다.
> ㉡ 죄형법정주의의 파생원칙 : 관습법 적용의 금지, 유추해석의 금지, 형벌불소급의 원칙, 절대적 부정기형의 금지 등이 있다.

11 다음 보기의 설명에 해당하는 것은?

> 일정한 기준 이하의 빈곤자에게 보험료를 부담할 수 없는 사람의 보호를 전적으로 국가가 맡아 부조하는 것이다.

① 의료보호　　　　　　　　　　② 국민연금
③ 고용보험　　　　　　　　　　④ 국민건강보험

> ✔ 해설　① 의료보호제도는 1977년 의료보호법의 제정으로 그 보호내용이 확대되고 보호의 질적 개선이 이루어졌으며, 1986년부터는 저소득층에까지 확대 실시하고 있다.
> ②③④ 사회보험제도이다.

12 인터넷상의 주민번호 도용 등 개인정보를 도용하는 문제에 관해 국가가 입법을 마련할 경우 이는 무엇을 위한 정책인가?

① 정보화의 발전　　　　　　　　② 정보화의 안전화
③ 사생활 보호　　　　　　　　　④ 공공기관의 보호

> ✔ 해설　개인정보(사생활) 보호를 위함이다.

Answer　10.②　11.①　12.③

13 다음 중 '법의 사회화' 또는 '사법의 공법화'현상과 관련하여 나타난 법에 해당하는 것은?

① 행정법
② 노동법
③ 민사소송법
④ 형사소송법

> **✔해설** 사회법 … 자본주의의 문제점을 합리적으로 해결하기 위하여 비교적 근래에 등장한 법으로 사법과 공법의 성격을 모두 가지고 있는 법이다(노동법, 경제법, 사회보장법 등).

14 법을 공법, 사법, 사회법으로 분류할 때 분류의 기준은?

① 법을 규율하는 내용
② 법의 효력이 미치는 범위
③ 법을 규율하는 생활의 실체
④ 법의 제정주체

> **✔해설** 법의 분류
> ㉠ 법을 규율하는 내용에 따라 실체법, 절차법으로 분류한다.
> ㉡ 법의 효력이 미치는 범위에 따라 일반법, 특별법으로 분류한다.
> ㉢ 법을 규율하는 생활의 실체에 따라 공법, 사법, 사회법으로 분류한다.
> ㉣ 법의 제정주체와 효력이 미치는 지역적 범위에 따라 국내법, 국제법으로 분류한다.

15 국민의 의무를 헌법에 규정하고 있는 근본적인 목적은?

① 국가의 목적달성을 위하여
② 헌법에 규정이 없는 새로운 의무를 부과하지 못하도록 하기 위해서
③ 국민 모두가 국민의 도리를 다하게 하기 위하여
④ 국민에게 의무의 중요성을 인식시키기 위하여

> **✔해설** 국민의 기본적 의무를 헌법에 규정하고 있는 것은 국민에게 의무를 강조하자는 데에 그 뜻이 있는 것이 아니라 헌법에 규정된 경우와 헌법이 정하는 방법과 절차에 의하지 아니하고는 새로운 의무를 부과하지 못하게 하려는 데 원래의 목적이 있다.

Answer 13.② 14.③ 15.②

16 다음 중 사회법에 속하는 것은?

① 행정소송법   ② 국가배상법

③ 형사보상법   ④ 의료급여법

> **✔해설** 사회법의 종류
> ㉠ 노동법 : 근로기준법, 노동조합 및 노동관계조정법, 노동위원회법
> ㉡ 경제법 : 독점규제 및 공정거래에 관한 법률
> ㉢ 사회보장법 : 국민기초생활보장법, 의료급여법, 산업재해보상보험법

17 "사회 있는 곳에 법이 있다."라고 할 때의 법이 내포하고 있는 뜻은?

① 종교적 규범을 의미한다.
② 모든 사회의 규범을 의미한다.
③ 국가의 최고규범인 헌법을 의미한다.
④ 국가기관에 의해 성문화된 실정법을 의미한다.

> **✔해설** "사회 있는 곳에 법이 있다." … 인간의 사회생활과 규범과의 관계를 잘 설명해 주고 있는 법언으로 인간이
> 공동생활을 영위하기 위해서는 무엇인가 통일적인 사회질서가 존재하지 않으면 안 된다는 의미이다. 여
> 기에서 법은 일체의 사회규범을 뜻한다.

18 다음 중 법과 다른 사회규범을 구별하는 기준은?

① 국가안전보장의 이상 여부
② 사회질서유지 기능의 여부
③ 자연법 기본원리의 포함 여부
④ 국가에 의한 강제적 제재 여부

> **✔해설** 법은 정의의 실현을 목적으로 하여 타율성에 기초한 강제성이 있지만 사회규범은 자율성과 선의의 실현이
> 목적이다.

Answer   16.④   17.②   18.④

19 법적 안정성이 유지되기 위한 요건과 관계가 없는 것은?

① 법은 영원불변이어야 한다.

② 법의 내용이 명확해야 한다.

③ 법이 실제로 실현가능해야 한다.

④ 법이 쉽게 변경되지 않아야 한다.

> ✔해설 법적 안정성의 유지조건
> ㉠ 내용이 명확해야 한다.
> ㉡ 법이 쉽게 변경되어서는 안 된다.
> ㉢ 법이 실행 가능한 것이야 한다.
> ㉣ 법은 국민의 법의식과 합치되어야 한다.

20 다음 법 규정들이 공통적으로 추구하는 법이념으로 가장 적절한 것은?

> • 민법 제162조 제1항 : 채권은 10년간 행사하지 아니하면 소멸 시효가 완성된다.
> • 헌법 제13조 제1항 : 모든 국민은 행위 시의 법률에 의하여 범죄를 구성하지 아니하는 행위로 소추되지 아니하며, 동일한 범죄로 거듭 처벌받지 아니한다.

① 정의

② 정당성

③ 합목적성

④ 법적 안정성

> ✔해설 법적 안정성 … 법에 의하여 보호 또는 보장되는 사회생활의 안정성을 의미하며 법이 자주 변경되면 사회 안정을 해치게 되므로 법의 제정은 신중하게 이루어져야 한다.
> ① 정의란 같은 것은 같게, 다른 것은 다르게 취급한다는 추상적 이념이다.
> ③ 합목적성은 같은 것과 같지 않은 것을 구별하게 해 주는 구체적 기준이 된다.

04 개인생활과 법

01 민법의 기초 이해

(1) 민법의 의미

① 공법(公法)과 사법(私法)의 구분
- ㉠ **공법** : 국가와 같은 공적 기관이 개입하여 사회질서 및 공공의 생활을 규율하는 법으로, 헌법, 형법, 행정법 등이 이에 해당한다.
- ㉡ **사법** : 개인 간의 법적 관계를 규율하는 법으로, 민법, 상법 등이 이에 해당한다.

② **민법** : 개인 간의 법적 관계를 규율함에 있어 일반적으로 적용되는 법으로, 로마 제국 시대의 시민법이 유럽으로 보급되고, 시민 혁명을 거치면서 형성되었다.

(2) 민법의 원칙

① 근대 민법의 3대 원칙
- ㉠ **소유권 절대의 원칙(사유 재산권 존중의 원칙)** : 개인의 사유 재산에 대한 절대적 지배를 인정하며, 국가나 타인의 간섭을 배제한다.
- ㉡ **사적 자치의 원칙(계약 자유의 원칙)** : 계약 체결 여부, 상대방 선택, 계약 내용 형성 등 개인은 자신의 자유로운 의사에 기초하여 법률관계를 형성할 수 있다.
- ㉢ **과실 책임의 원칙(자기 책임의 원칙)** : 개인이 타인에게 끼친 손해에 대해서는 고의 또는 과실이 있을 때만 책임을 지며, 타인의 행위에 대해서는 책임을 지지 않는다.

② 근대 민법의 3대 원칙의 실천에 따른 제약
- ㉠ 법률행위나 계약이 강행 법규, 선량한 풍속, 그 밖의 사회 질서에 반하면 무효이다.
- ㉡ 채무의 이행에는 신의와 성실이 요구된다.
- ㉢ 소유권의 행사에는 법률의 제한이 따르며, 소유권을 타인에게 해를 끼칠 목적으로 행사할 수 없다.

③ 현대 민법의 3대 기본 원리

구분	내용
소유권 공공의 원칙	• 개인의 재산권은 법에 의해 보장되지만, 사회 전체의 이익을 위해 그 권리의 행사가 제한될 수 있음 • 근거조항 : 재산권의 행사는 공공복리에 적합하도록 하여야 한다〈헌법 제23조 제2항〉.
계약 공정의 원칙	• 공정성을 잃은 계약은 법의 보호를 받을 수 없음 • 근거조항 : 당사자의 궁박(窮迫), 경솔 또는 무경험으로 인하여 현저하게 공정을 잃은 법률행위는 무효로 한다〈민법 제104조〉.
무과실 책임의 원칙	과실이 없는 경우에도 일정한 상황에 대해서는 관계있는 자에게 책임을 물을 수 있음

02 법률상 각종 능력

(1) 권리 능력의 발생과 소멸

① 권리 능력 … 권리와 의무의 주체가 될 수 있는 지위 또는 자격으로써, 권리 능력자는 자연인과 법인이 있다.

② 자연인의 권리 능력 발생

㉠ 발생 : 모든 자연인은 출생과 더불어 사법상의 권리 능력을 갖게 된다.

㉡ 사람으로 출생한 것으로 족하고 가족관계등록법에 따른 출생 신고와 무관하다.

③ 자연인의 권리 능력 소멸

㉠ 발생 : 사망과 더불어 자연인의 권리 능력이 소멸된다.

㉡ 사망 시점 : 의학적인 사망 진단에 의해 이루어진다.

④ 법인(法人)의 권리능력

㉠ 의미 : 법에 의하여 권리 능력이 부여되어 있는 사단(社團)과 재단(財團)

㉡ 종류 : 공법인, 사법인, 사단법인, 재단법인, 영리법인, 비영리법인

㉢ 권리능력의 발생 : 설립 등기와 함께 권리 능력을 갖게 됨

㉣ 권리능력의 범위 : 정관(定款)의 범위에서 권리 능력을 가짐 → 자연인 보다는 좁은 범위

㉤ 권리능력의 소멸 : 해산등기

(2) 의사 능력

① 의미 … 법률행위를 함에 있어서 행위의 의미와 결과를 합리적으로 판단하여 정상적인 의사결정을 할 수 있는 정신적 능력 또는 지능을 말한다.

② 의사무능력자의 법률행위 … 젖먹이, 정신병자, 술에 만취한 자 등 → 원칙적으로 무효이다.

③ 문제점 … 의사능력은 법률행위를 할 개별적인 경우의 실질적 판단 능력을 의미하므로 어느 특정인이 어떤 행위를 할 때에 의사능력을 갖고 있는지 판단하기 어렵다.

(3) 행위 능력

① 의미 … 단독으로 완전히 유효한 법률행위를 할 수 있는 지위 또는 자격을 말한다.

② 필요성 … 법률 행위의 효과를 무효화하려면 행위 당시 의사 능력이 없음을 매번 증명해야 한다.

③ 행위능력제도 … 객관적 · 획일적 기준에 의해 의사 능력을 객관적으로 획일화한 제도이다.

(4) 행위무능력자(無能力者) 제도

① 행위무능력자 제도의 의미

  ㉠ 목적 : 행위무능력자가 단독으로 행한 법률 행위를 취소할 수 있게 함으로써 행위무능력자를 보호하고
  자 위함이다.

  ㉡ 적용 범위 : 재산상의 행위에만 적용되고 특별 규정이 있는 경우를 제외하고 가족법상의 행위에는 전혀
  적용되지 않는다.

  ㉢ 민법상 행위무능력자 : 연령, 법원의 선고에 의해 확정한다.

② 미성년자

  ㉠ 요건 : 만 19세 미만인 자(혼인의 경우에는 사법상의 법률관계에 있어서 성년으로 간주)

  ㉡ 법률 행위 : 원칙적으로 법정 대리인의 동의를 얻어 법률행위를 할 수 있음

  ㉢ 단독으로 한 법률 행위 : 미성년자 본인이나 법정 대리인이 취소할 수 있다.

  ㉣ 미성년자의 법정대리인이 갖는 권리 : 동의권, 취소권, 대리권 등이 있다.

  ✅ CHECK POINT 미성년자 단독 가능 행위
  ㉠ 단순히 권리만을 얻거나 의무만을 면하는 행위
  ㉡ 처분이 허락된 재산의 처분행위
  ㉢ 영업이 허락된 미성년자의 영업에 관한 행위
  ㉣ 혼인을 한 미성년자의 행위 (성년의제)
  ㉤ 유언행위(만 17세 이상)
  ㉥ 미성년자의 노동에 대한 자신의 임금 청구 행위
  ㉦ 자신이 행한 법률행위의 취소

② 성년후견인제도

  ㉠ 성년자의 인간으로서의 존엄성에 비추어 재산보호, 의료행위, 거주지 결정(요양) 등 실질적이고 효율적인
  보호를 제공할 수 있는 제도로 도입되었다.

  ㉡ 성년후견인제도는 성년후견, 한정후견, 특정후견, 임의후견으로 분류된다.

③ 행위무능력자와 거래한 상대방 보호 - 2차적 목적

  ㉠ 최고권 : 행위무능력자의 상대방이 행위무능력자 측에 대하여 그 법률행위를 취소할 것인지 말 것인지
  여부를 묻는 것을 말한다.

  ㉡ 철회권 : 무능력자와 체결한 계약은 추인이 있을 때까지 상대방이 그 의사표시를 철회할 수 있다.

  ㉢ 거절권 : 무능력자의 단독행위는 추인이 있을 때까지 상대방이 거절할 수 있다.

  ㉣ 취소권 제한 : 행위무능력자가 사술(거짓)로써 상대방으로 하여금 자신을 행위 능력자로 믿게 하거나
  법정대리인의 동의가 있는 것으로 믿게 한 경우→취소 불가

03 계약과 불법 행위

(1) 계약의 의미와 과정

① 계약의 의미와 특징

ㄱ 의미 : 계약이란 거래를 하고 관계를 맺기 위한 사람과 사람 사이의 일정한 합의 또는 약속을 말한다.

ㄴ 특징 : 기본적으로 계약 당사자들의 의사가 가장 중요하며, 당사자들이 원하는 대로 법적인 관계를 형성할 수 있는 계약 자유의 원칙을 가진다. 당사자의 합의만으로도 법적 효력이 인정되면 계약서가 반드시 요구되는 것은 아니다.

② 계약 성립의 조건

ㄱ 성립조건 : 자유로운 의사에 합치하며 사회 질서에 반하지 않고 일정한 형식을 갖출 경우 계약이 성립한다. 반사회적이거나 일정한 형식을 갖추지 못한 경우, 필요한 내용을 다 담지 못한 경우 법적 효력이 발생하지 않는다.

ㄴ 계약서 : 계약서에는 일반적으로 계약한 사람(대개 이름 외 주소나 주민등록번호 포함), 계약의 내용, 계약한 날짜를 명시하고 확인의 의미로 서명이나 도장을 찍는다.

ㄷ 공증 : 계약의 내용을 국가가 지정한 사람이 확인하는 제도로, 다툼 발생 시 법정에서 증거로 활용된다.

③ 미성년자와의 계약

ㄱ 원칙 : 미성년자는 행위 무능력자로 단독으로 법적 계약을 맺을 수 없으며 법정 대리인의 동의가 필요하다. 법정 대리인의 동의가 없는 계약은 취소할 수 있다.

ㄴ 예외 : 미성년자에게 처분이 허락된 재산의 처분, 허락된 영업에 관한 법률 행위, 단순히 권리만을 얻거나 의무를 면하는 행위, 임금의 청구, 혼인 이후의 민법상 법률 행위는 미성년자가 단독으로 할 수 있다.

ㄷ 거래 상대방 보호 : 미성년자를 보호하기 위한 제도로 인해 거래 상대방이 피해를 입는 것을 방지하기 위해 다음의 조치를 취할 수 있다.

• 최고(催告)권 : 미성년자의 상대방이 미성년자의 법정 대리인에 대해 계약 취소 여부를 묻고 기한 내에 확답이 없을 경우, 추인으로 간주하여 거래를 확정할 수 있다.

• 철회권 : 미성년자의 법정 대리인의 조치를 기다리지 않고 거래 자체를 철회할 수 있다.

• 취소권의 배제 : 미성년자가 변조나 위조 등과 같은 적극적인 사술(詐術) 행위로 법률 행위를 맺은 경우 미성년자의 법정 대리인의 취소권이 배제된다.

(2) 불법 행위의 이해

① **의미** … 고의 또는 과실로 위법하게 타인에게 손해를 입힌 가해자의 행위

② **성립 요건** … 가해 행위, 위법성, 고의 또는 과실, 손해의 발생, 가해 행위와 손해 간의 인과 관계, 책임 능력

③ **특수한 불법 행위** … 일반적인 불법 행위의 성립 요건과 달리 책임의 성립 요건이 경감되거나 타인의 가해 행위에 대해서도 책임을 지는 경우

책임무능력자의 감독자의 책임	다른 자에게 손해를 가한 사람이 미성년자, 심신상실자의 책임능력에 따라 책임이 없는 경우에는 그를 감독할 법정 의무가 있는 자가 그 손해를 배상할 책임이 있다. 다만, 감독의무를 게을리하지 아니한 경우에는 그러하지 아니하다〈민법 제755조 제1항〉.
사용자의 배상책임	타인을 사용하여 어느 사무에 종사하게 한 자는 피용자가 그 사무집행에 관하여 제삼자에게 가한 손해를 배상할 책임이 있다. 그러나 사용자가 피용자의 선임 및 그 사무 감독에 상당한 주의를 한 때 또는 상당한 주의를 하여도 손해가 있을 경우에는 그러하지 아니하다〈민법 제756조 제1항〉.
공작물 등의 점유자 · 소유자 책임	• 공작물의 설치 또는 보존의 하자로 인하여 타인에게 손해를 가한 때에는 공작물점유자가 손해를 배상할 책임이 있다. 그러나 점유자가 손해의 방지에 필요한 주의를 해태하지 아니한 때에는 그 소유자가 손해를 배상할 책임이 있다〈민법 제758조 제1항〉. • 동물의 점유자는 그 동물이 타인에게 가한 손해를 배상할 책임이 있다. 그러나 동물의 종류와 성질에 따라 그 보관에 상당한 주의를 해태하지 아니한 때에는 그러하지 아니한다〈민법 제759조 제1항〉.
공동불법 행위자의 책임	• 수인이 공동의 불법행위로 타인에게 손해를 가한 때에는 연대하여 그 손해를 배상할 책임이 있다〈민법 제760조 제1항〉. • 공동 아닌 수인의 행위 중 어느 자의 행위가 그 손해를 가한 것인지를 알 수 없는 때에도 전항과 같다〈민법 제760조 제2항〉.

(3) 손해 배상

① **의미** … 타인에게 입힌 손해를 전보(塡補)하고, 손해 발생 이전과 똑같은 상태로 회복시키는 것

② **손해 배상의 범위**
　㉠ 채무불이행으로 인한 손해배상은 통상의 손해를 그 한도로 한다.
　㉡ 특별한 사정으로 인한 손해는 채무자가 그 사정을 알았거나 알 수 있었을 때에 한하여 배상의 책임이 있다.

③ **손해 배상의 방법** … 금전 배상이 원칙이며, 명예훼손의 경우에는 손해 배상과 함께 사죄 광고 등과 같은 명예회복에 필요한 처분을 명할 수 있다.

04 **개인 간의 분쟁 해결**

(1) 개인 간의 분쟁 해결을 위한 간편한 절차

① 내용 증명 우편 … 우체국에서 발송인이 언제, 누구에게, 어떤 내용의 문서를 발송했는지 증명해주는 제도

② 민사 조정 제도 … 소송 이전에 법관이나 조정 위원회에서 타협안을 제시하여 당사자들이 수용하도록 하는 제도

③ 소액 사건 심판 … 3천만 원 이하의 작은 액수를 빌려 준 경우

(2) 민사 소송의 이해

① 민사 소송 … 개인 간의 문제에 대해 법원이 개입하여 분쟁을 해결·조정해주는 정식 절차로 가장 강제적인 분쟁 해결 수단이다.

② 절차

단계	내용
재산 확보	가압류 신청 등과 같이 채무자의 재산을 미리 확인하고 확보해 주는 조치
재판 및 판결	• 돈을 받을 권리가 있음을 법원으로부터 확인 • 객관적으로 증명할 수 있는 자료 제시 • 변호사의 도움을 받을 수 있음
강제 집행	• 국가의 힘을 빌려 권리를 실현 • 가압류된 재산을 매각하거나 채무자가 타인에 대해 가지고 있는 채권을 대신 행사 • 미리 공증을 받은 경우, 재판 절차 없이 바로 강제 집행 가능

(3) 분쟁을 해결하는 다른 방법

① 대안적 분쟁 해결 방법

㉠ 협상 : 분쟁 당사자들이 대화를 나누어 자율적으로 해결책 모색

㉡ 조정 : 분쟁과 관련이 없는 타인이 개입하여 당사자 간의 대화를 주선하는 경우로 주로 민사 사건에 활용

㉢ 중재 : 제3자에게 결정을 맡기는 해결 방식으로 법적 구속력이 있으며, 주로 언론 문제나 노동 문제의 해결에 활용

② 법률 구조 기관

㉠ 대한 법률 구조 공단 : 민사 사건과 형사 사건에 모두 관여하며 무료 법률 상담 등을 제공하는 비영리 공익 법인이다.

㉡ 한국 가정 법률 상담소 : 가정 문제를 비롯하여 법률문제 전반에 대한 상담 및 교육을 담당한다.

㉢ 대한 변호사 협회 : 현직 변호사들이 법률 상담을 제공하고 법률 구조 대상자를 선정하여 변호사 선임 및 소송에 필요한 각종 비용을 지원한다.

05 **생활 속의 법 –** ⑴ 가족관계와 법

⑴ 출생

① **출생시점** … 민법은 태아가 살아 있는 상태로 완전히 어머니의 몸 밖으로 나온 때를 출생시점으로 보는 완전 노출설의 입장을 취한다. 태아의 경우 상속, 불법 행위로 인한 손해 배상 청구 등의 경우에 예외적으로 권리 능력을 인정한다.

② **이름 짓기** … 한글 또는 한자 사용이 가능하며, 성을 제외하고 5자 이내로 제한한다.

③ **출생신고** … 출생증명서를 갖추고 주민 센터에서 신고하며, 출생 후 1개월 내에 신고하지 않으면 과태료가 부과된다.

④ **인지** … 혼인 외의 관계에서 태어난 자녀에 대해서는 아버지나 어머니가 자신의 자녀라고 인정하는 절차를 거쳐야 부모와 관련된 법적 권리를 보장받을 수 있다.

⑤ 입양의 경우 양자는 친자녀와 동등한 법적 권리를 가진다.

⑵ **결혼과 이혼**

① **결혼**

㉠ **결혼(법률혼)의 성립요건**

구분	내용
실질적 요건	• 혼인하겠다는 의사의 합치가 있어야 함 • 법적으로 혼인이 제한되는 친족 관계가 없어야 함 • 혼인 가능 연령(만 18세, 미성년자의 경우 부모의 동의 필요)에 도달해야 함
형식적 요건	혼인 신고

㉡ **사실혼과 동거** : 혼인 신고 없이 결혼 생활을 하는 사실혼의 경우 제한적 범위에서만 법적 보호를 받으며, 동거의 경우 법적 보호를 받지 못한다.

㉢ **결혼의 효력**
• 친족 관계의 발생
• 부부 동거, 부양, 협조, 정조를 지킬 의무 발생
• 성년의제 : 만 18~19세의 미성년자가 혼인하면 민법상 성인으로 간주되어 단독으로 법률 행위가 가능하다.
• 부부 간의 계약 취소권 : 부부사이에서 혼인 중에 맺은 계약은 언제든지 부부의 일방이 이를 취소 할 수 있다.
• 부부간의 일상 가사 대리권 : 가정생활에 필요로 하는 통상적 사무의 수행은 부부 서로가 상대방을 대리할 수 있다.

② **이혼**

㉠ **협의상 이혼** : 부부의 의사 합치에 의한 이혼으로 이유나 원인을 묻지 않는다. 이혼 의사 확인 후 자녀 양육 문제를 결정하고 법원에 서류를 제출하면, 이혼숙려기간 거쳐 가정 법원에서 이혼 의사 여부를 공적으로 확인한다. 3개월 이내에 등록기준지 또는 주소지 관할 구청에 신고하면 이혼의 과정이 완료된다.

ⓛ 재판상 이혼 : 부부관계가 파탄의 상태에 이르러 부부관계를 더 이상 유지할 수 없지만, 협의를 통한 이혼이 불가능 할 때 주소지 관할 법원에 이혼소송을 청구하여 판결로써 부부관계를 해소할 수 있다.

　　ⓒ 이혼의 효력
　　　• 혼인에 의해 성립한 부부 사이의 모든 권리와 의무, 친족관계 소멸
　　　• 부부 공동 재산에 대한 분할 청구권
　　　• 유책 배우자에 대한 위자료 청구 및 손해배상청구권 발생

(3) 사망과 상속

① **사망시점** … 사망시점에 대해서는 심장과 폐의 기능이 다하는 시점인 심폐 기능 정지설(민법에서의 일반설)과 뇌의 기능이 돌이킬 수 없는 손상으로 정지되는 시점인 뇌사설(제한적 인정)이 인정된다.

② **유언** … 유언자의 사망과 동시에 일정한 법률 효과를 발생시키기 위한 것으로 자필 증서, 녹음, 공정 증서, 비밀 증서 등과 같은 법에서 정한 형식이나 절차에 맞게 한 유언만 효력을 인정한다.

③ **상속** … 고인의 재산에 관한 권리와 의무가 배우자 및 일정한 범위의 친족에게 승계되는 것으로 재산뿐만 아니라 빚도 상속된다.

　　㉠ **종류**
　　　• 유언 상속 : 피상속인의 유언이 있을 경우 유류분(법정 상속인에게 법으로 보장되는 부분)을 제외하고 유언에 따름
　　　• 법정 상속 : 피상속인의 유언이 없을 경우 법에 정해진 대로 상속이 이루어짐

　　㉡ **상속인 보호**
　　　• 상속포기 : 법정 상속을 받지 않겠다는 표시
　　　• 한정승인 : 상속받을 재산 범위 내에서만 빚을 갚겠다는 표시
　　　• 상속 여부의 재결정 : 뒤늦게 피상속인의 빚이 재산보다 더 많다는 것을 알게 된 경우, 일정 기간 내에 상속 여부를 재결정 할 수 있다.

　　㉢ **상속 순위**

구분	상속인	비고
제1순위	직계 비속, 배우자	배우자의 경우 직계 비속이나 직계 존속이 있으면 공동으로 상속하며, 그렇지 않을 경우 단독 상속한다.
제2순위	직계 존속, 배우자	
제3순위	형제자매	
제4순위	4촌 이내의 방계 혈족	

　　㉣ **상속분과 기여상속분** : 성별, 결혼 여부 등에 관계없이 모두 균등하게 상속받으며, 배우자는 상속분의 50%를 더 받는다. 고인을 특별히 부양하였거나 고인의 재산 형성에 이바지한 공로가 인정되는 상속인에 대해서는 법에 정한 상속분보다 일정액을 더 상속받도록 기여상속분을 인정한다.

06 생활 속의 법 – (2) 부동산 관련 법

(1) 부동산 물권

① 물권법정주의

구분	내용
점유권	물건을 사실상 지배하고 있을 때, 그 상태를 보호해 주기 위한 권리
소유권	대표적 물권으로 물건을 직접적 및 배타적으로 사용, 수익, 처분하거나 그 밖의 방법으로 지배할 수 있는 권리
제한물권	• 물건의 한정된 면만 지배할 수 있는 권리 • 용익물권 : 타인의 물건(토지 또는 건물)을 일정 범위 내에서 사용, 수익할 수 있는 물권으로 지상권, 지역권, 전세권 등이 해당 • 담보물권 : 목적물을 자기 채권의 담보에 제공함을 목적으로 하는 물권으로, 유치권, 저당권 등이 해당

② 물권의 효력

  ㉠ 상호간의 우선적 효력 : 시간적으로 앞서서 성립한 물권은 뒤에 성립한 물권에 우선한다.

  ㉡ 물권과 채권간의 우선적 효력 : 동일물에 대하여 물권과 채권이 병존하는 경우에는 그 성립 시기에 관계없이 항상 물권이 우선한다.

③ 공시

  ㉠ 의미 : 물권의 변동은 거래의 안전을 위하여 당사자는 물론 제3자도 쉽게 그 변동관계를 알 수 있도록 해주는 것으로 언제나 외부에서 인식할 수 있는 방법을 수반해야 한다.

  ㉡ 공시의 방법

구분	물권의 공시	물권변동의 공시
동산	점유	인도
부동산	등기	등기

(2) 부동산 매매와 등기

① 등기 … 등기부라는 공적 장부에 부동산과 관련된 권리를 기재하는 것으로, 필요한 경우 다른 사람이 열람할 수 있으며 부동산의 거래는 등기부상에 내용이 기재되어야만 법적 효력이 발생한다.

② 등기부 등본의 구성 … 갑구와 을구에 관계없이 먼저 등기가 된 권리가 우선 보호된다.

구분	내용
표제부	소재지, 면적, 용도, 구조 등이 변경된 순서대로 기재
갑구	소유권에 관한 사항이 접수된 날짜순으로 기재
을구	저당권, 전세권 등 같은 소유권 이외의 권리에 관한 사항 기재

③ 부동산 거래의 절차
  ㉠ **탐색** : 위치, 가격 등을 탐색
  ㉡ **등기부 열람** : 토지나 건물의 소유자 확인, 권리설정관계의 유무 파악
  ㉢ **토지대장 열람** : 등기부와 다른 점 확인, 해당 구청에서 열람
  ㉣ **매매계약 체결** : 매도인이 실소유자가 맞는지 반드시 확인
  ㉤ **계약금 지불** : 계약서 작성 후 통상 매매가의 10%
  ㉥ **중도금 지급** : 계약일과 잔금일의 중간쯤 매매가의 40%
  ㉦ **잔금 지급** : 매매대상물을 인도하는 날, 등기서류 및 부동산 인수
  ㉧ **등기** : 신청서, 등기원인을 증명하는 서면, 매도인의 등기필증(집문서, 땅문서), 매매용 인감증명서 등을 첨부하여 지방법원관할 등기소에 신청

(3) **부동산 임대차**

① **의미** ··· 임대인이 임차인에게 건물이나 토지 등을 빌려 주고 임차인이 그 대가를 지급하기로 하는 계약으로, 통상적인 전월세 계약을 임대차 계약으로 볼 수 있다.

② **임대차 계약 시 주의사항**
  ㉠ 등기부 등본을 열람하거나 발급받아 계약 해지 시에 보증금을 안전하게 돌려받을 수 있는지를 확인
  ㉡ 등기부 등본에 기재가 안 된 선순위의 임차권자의 보증금이 얼마나 되는지, 해당 부동산이 경매될 경우 매각금액 예측
  ㉢ 잔금 지급 시에 주민 등록 전입신고를 하면서 임대차 계약서에 확정일자를 받음
  ㉣ 주택 임대차 보호법상의 대항력을 인정받으려면 현실로 주택을 인도받아야 함

③ **주택 임대차 보호법**
  ㉠ **목적** : 세입자의 주거 및 보증금의 회수를 보장하고, 과도한 집세 인상 등에서 세입자를 보호하기 위하여 제정
  ㉡ **대항력** : 계약 기간까지 그 주택에 거주할 수 있고, 계약기간이 지났더라도 임차 보증금을 돌려 줄때까지 계속 거주할 수 있는 권리
  ㉢ **우선변제권** : 임차 주택이 경매 처분될 경우 자신의 임대차 보증금을 후순위 저당권에 우선하여 우선 돌려받을 수 있는 권리
  ㉣ **계약기간특례** : 계약기간이 없거나 2년 미만으로 정한 임대차는 그 기간을 2년으로 본다. 또 임대인이 기간 만료 전 갱신 거절이나 조건 변경의 통지를 하지 않았을 경우 이전과 같은 조건으로 다시 계약한 것으로 본다.
  ㉤ **임차권 승계** : 임차인의 사실혼 배우자도 임차인이 사망한 경우 임차권을 승계할 수 있다.
  ㉥ **소액보증금 최우선 변제권** : 일정 범위의 소액 보증금은 다른 담보물권자보다도 우선하여 최우선으로 변제받을 수 있다.

04 출제예상문제

1 밑줄 친 ⊙, ⓒ에 대한 설명으로 옳은 것은?

> 갑과 을은 법률상의 부부이다. 혼인 생활을 유지하던 중 갑은 을의 심각한 부정행위를 알게 되어 을에게 ⊙ <u>협의상 이혼</u>을 요구하였다. 하지만 을은 이를 거절하였고, 이에 갑은 가정법원에 ⓒ <u>재판상 이혼</u>을 청구하였다.

① ⊙의 효력은 법원에서 이혼 의사 확인을 받은 즉시 발생한다.
② ⊙과 달리 ⓒ에서만 을은 갑에게 재산 분할을 청구할 수 있다.
③ ⊙, ⓒ 모두 법원을 거쳐야만 혼인 관계를 해소할 수 있다.
④ ⓒ은 법률로 정한 이혼의 사유나 원인을 필요로 하지 아니한다.

> ✔ **해설** ⊙의 협의상 이혼은 이유나 원인, 동기는 법적으로 규정되어 있지 않으며 이혼의사에 대한 합의를 필요로 한다. ⓒ의 재판상 이혼은 민법 제840조에 규정된 사유가 있어야 한다. 협의상 이혼은 부부가 판사 앞에 출석하여 협의이혼의사를 확인받아야 하며, 재판상 이혼은 조정 또는 이혼소송 절차를 통해 확정된다. ⊙, ⓒ 모두 법원을 거쳐야만 혼인 관계를 해소할 수 있다.
> ① ⊙의 효력은 법원에서 이혼 의사 확인 및 이혼 숙려 기간 진행, 가정법원의 협의이혼의사 확인, 행정관청에 이혼신고를 해야 효력이 발생한다.
> ② 재산 분할은 협의상 이혼, 재판상 이혼 모두 행사할 수 있다.
> ④ 재판상 이혼은 법률로 정한 이혼의 사유나 원인을 필요로 한다.

2 다음 밑줄 친 내용이 담고 있는 의미는?

> 민법 제2조는 "권리행사와 의무이행은 신의에 좇아 성실히 하여야 한다.", "권리는 남용하지 못한다."라고 규정하여 <u>신의성실</u>과 권리남용 금지의 원칙을 규정하고 있다.

① 정의와 형평   ② 도덕적 양심
③ 국가안전보장   ④ 법률

> ✔ **해설** 신의성실은 원래 사람의 행위나 태도에 대한 윤리적·도덕적 평가를 나타내는 말이지만, 민법 제2조의 신의성실은 구체적인 사건에서 객관적인 법률을 무차별적으로 적용함으로써 발생하는 부작용을 회피하기 위한, 즉 정의와 형평을 의미한다.

Answer   1.③   2.①

3 다음과 같은 판결의 근거가 될 수 있는 법의 원리는?

> 토지소유자가 자신의 친딸에게 그 소유의 대지 위에 건물을 신축하도록 승낙하여 딸이 건물을 짓고 소유권보존등기를 하였는데, 그 딸의 채권자의 강제경매신청에 의하여 그 건물을 경락받은 제3자에게 토지소유자가 지어서 얼마 되지 않은 건물의 철거를 요구하는 것은 특별한 사정이 없는 한 이 원칙에 어긋난다.

① 신의성실의 원칙　　　　　　　　② 권리남용금지의 원칙
③ 자력구제금지의 원칙　　　　　　④ 공공복리적합의 원칙

 민법 제2조 제1항의 "권리의 행사와 의무의 이행은 신의에 좇아 성실히 하여야 한다."는 규정은 민법 전체를 지배하는 원칙으로서 사권(私權)의 사회성·공공성으로부터 도출된다는 원칙이다. 따라서 채권자의 강제경매신청에 의하여 그 건물을 경락받은 제3자에게 토지소유자가 건물의 철거를 요구하는 것은 민법 제2조 제1항의 신의성실의 원칙에 위배된다고 할 수 있다(1991. 6. 11. 91다9299).

4 다음의 '권리내용' 진술에서 공통적인 성격으로 옳은 것은?

> • 타인소유 토지를 통행도로로 이용할 때 그 토지를 대상으로 생긴 권리
> • 타인의 토지를 빌려 건물을 신축할 때 빌린 토지에 대해서 건축주가 갖는 권리
> • 채무불이행으로 채무자의 집을 매각하여 충당키로 한 계약에서 채권자가 채무자의 집에 대해 갖는 권리

① 지역권, 청구권　　　　　　　　　② 채권, 소유권
③ 용익물권, 담보물권　　　　　　　④ 제한물권, 용익물권

 용익물권과 담보물권
　㉠ 용익물권 : 타인의 물건을 일정한 목적을 위하여 사용, 수익하는 것을 내용으로 하는 물권이다.
　　• 지상권 : 건물이나 수목을 소유하기 위하여 다른 사람의 토지를 이용하는 권리
　　• 지역권 : 자기집에 드나들기 위하여 다른 사람의 토지를 통행하는 경우와 같이 서로 인접한 토지에서 자기 편익을 위하여 다른 사람의 토지를 이용할 수 있는 권리
　　• 전세권 : 전세금을 지불하고 다른 사람의 부동산을 그 용도에 따라 사용, 수익할 수 있는 권리
　㉡ 담보물권 : 자기 채권을 확보하기 위해 다른 사람 소유의 물건에 제한을 가하는 물권이다.
　　• 유치권 : 다른 사람의 동산을 점유한 자가 그 물건 때문에 생긴 채권을 변제받을 때까지 그 물건을 자기의 지배하에 두는 권리
　　• 질권 : 채권의 담보로 받은 동산을 채권자가 가지고 있다가 채권의 변제가 없을 때에는 그 물건을 처분하여 우선변제를 받을 수 있는 권리
　　• 저당권 : 가옥을 담보로 하여 은행 등에서 돈을 빌려주는 경우와 같이 채권의 담보로 내놓은 부동산을 그 제공자의 사용·수익에 맡겨두면서 채권의 변제가 없을 때, 그 물건에서 다른 채권자보다 우선적으로 변제를 받을 수 있는 권리

Answer　3.①　4.③

5 다음 중 우리 민법상 민사에 관하여 법률에 규정이 없으면 제1차로 어느 것이 적용되는가?

① 관습법 ② 명령
③ 조례 ④ 조리

> ✔해설 민법은 개인 상호 간의 사적 생활관계를 규율하는 일반사법으로, 민사에 관하여 법률에 규정이 없는 경우에는 관습법의 적용을 받는다.

6 개인 간의 생활관계를 규율하는 법의 내용으로 설명이 옳은 것은?

① 물권이 변동될 때는 공시의 원칙에 따라 모두 등기해야 한다.
② 민사상의 분쟁해결은 자력구제의 원칙을 적용한다.
③ 전세권, 질권, 유치권 등은 모두 제한물권이다.
④ 채권의 발생은 계약으로 성립되고, 인도로써 소멸된다.

> ✔해설 ③ 제한물권 : 물권의 한정된 면만 지배할 수 있는 권리로서 용익물권(지상권, 지역권, 전세권), 담보물권(유치권, 질권, 저당권)이 있다.
> ① 물권변동 : 공시의 원칙에 따라 부동산은 등기, 동산은 인도한다.
> ② 민사상 분쟁해결 : 자력구제금지의 원칙이 적용된다.
> ④ 채권발생은 계약, 채권소멸은 변제로써 소멸된다.

7 다음 중 민법에 있어서 권리의 주체, 객체 및 법률행위에 대한 내용으로 옳은 것은?

① 물건이라 함은 유체물 및 전기, 기타 관리할 수 있는 자연물을 말한다.
② 법률행위는 누구나 자신의 창의와 책임하에 자유의사에 따라 행동하는 것을 원칙으로 한다.
③ 권리능력을 가진 자는 누구나 단독으로 법률행위를 할 수 있다.
④ 민법상 권리의 주체는 모든 자연인에 한한다.

> ✔해설 ① 민법에서 물건이라 함은 유체물 및 전기, 기타 관리할 수 있는 자연력을 말한다〈민법 제98조〉.
> ③ 법률행위는 당사자가 의사능력 및 행위능력을 가지고 있어야 한다.
> ④ 민법상 권리의 주체는 자연인과 법인이다.

Answer 5.① 6.③ 7.②

8 다음 중 원칙적으로 무효인 법률행위에 해당되는 것은?

① 착오에 의한 의사표시

② 사기나 강압에 의한 계약

③ 피한정후견인이나 피성년후견인

④ 지나치게 불공정한 계약

> ✔해설 원칙적으로 무효인 법률행위 … 사회질서에 반하는 계약, 지나치게 불공정한 계약, 강행법규를 위반한 계약, 선
> 량한 풍속을 해치는 계약
> ①②③ 취소법률행위이다.

9 미성년자의 매매행위는 완전한 효과를 발휘하기 어렵다. 이것을 정당화시켜주는 것으로 옳은 것은?

① 실현가능성이 희박한 행위이기 때문이다.

② 법률행위는 각 행위능력자의 책임하에 이루어져야 한다.

③ 매매행위는 권리와 의무의 변동을 가져오지 않는다.

④ 미성년자는 완전한 도덕적 인격을 갖추지 못하고 있다.

> ✔해설 법률행위를 함에 있어 각자는 자신의 창의와 책임하에 자유의사에 따라 하는 것을 원칙으로 하며, 법률
> 행위의 효력발생요건은 실현가능성, 적법성·사회적 타당성(인신매매 등의 계약은 무효), 자유로운 의사
> 결정(생명의 위협 때문에 체결한 계약은 무효), 행위능력자의 행위(미성년자, 한정치산자, 금치산자 등
> 의 법률행위는 무효) 등을 바탕으로 한다.

10 채무자 甲이 채권자 乙에게 채무를 이행하는 과정에서 이자문제로 의견이 상반되고 있다. 이때
가장 합리적인 문제해결의 방법은?

① 소송을 한다.

② 채권자가 자력구제 한다.

③ 신탁회사에 중재요청을 한다.

④ 당사자가 자체적으로 해결한다.

> ✔해설 사법상의 구제 … 개인과 개인 사이에 분쟁이 발생했을 때 당사자 간의 해결이 가장 합리적인 해결이라
> 할 수 있다.

Answer 8.④ 9.② 10.④

05 사회생활과 법

01 범죄의 성립과 형사 절차

(1) 형법의 의의

① **범죄와 형벌** … 범죄란 법률로 정해진 공권력을 동원해서라도 금지해야 하는 행동이며, 범죄가 저질러졌을 때 동원되는 공권력을 형벌이라고 한다.

② **죄형법정주의**

ㄱ **의미** : 어떤 행위가 범죄가 되고 그 범죄에 대하여 어떤 처벌을 할 것인가는 미리 성문의 법률로 규정되어 있어야 한다는 근대 형법의 최고 원칙으로, "법률이 없으면 범죄도 없고 형벌도 없다."라는 말로 요약될 수 있다.

ㄴ **목적** : 국가 형벌권의 확장과 남용 방지하여 국민의 자유와 인권 보장하기 위함이다.

ㄷ **원칙**

• 관습 형법 금지의 원칙 : 법관이 적용할 형벌에 관한 법은 반드시 성문의 법률이어야 하고, 관습법이나 불문법을 적용할 수 없다.

• 명확성의 원칙 : 형법에 의하여 금지되는 행위가 무엇인지, 또 그 행위로 부과될 형벌의 종류와 형기가 명확하여 누구나 알 수 있어야 한다.

• 유추 해석 금지의 원칙 : 법률에 규정되지 않은 사항에 대해 그것과 유사한 성질을 가지는 사항에 관한 법률을 자의적으로 해석하여 적용할 수 없다. 단, 행위자에게 유리한 유추해석은 가능하다.

• 형벌 효력 불소급의 원칙 : 형벌 법규는 그 시행 이후에 이루어진 행위에 대해서만 적용되고, 이전의 행위에까지 소급하여 적용할 수 없다. 단, 행위자에게 신법이 유리한 경우에는 신법을 적용한다.

• 적정성의 원칙 : 법률 자체가 적정해야 하고 범죄와 형벌 간에 균형이 이루어져야 한다.

③ **범죄 성립의 3요소**

ㄱ **구성 요건 해당성** : 구성 요건이란 형법의 규정에 범죄로 규정한 행위로, 즉 형벌 법규에 규정되어 있는 위법 행위의 정형을 말한다. 구성 요건에 해당하면 위법성이 추정된다.

• 객관적 요소(행위, 인과관계, 결과 등)와 주관적 요소(고의, 과실)가 필요하다.

• 살해행위, 재물절취 등이 해당한다.

ㄴ **위법성** : 구성 요건에 해당하는 행위가 전체 법질서로부터 부정적 가치판단이 내려지면 위법성이 인정된다. 단 구성 요건에 해당하는 행위 중 예외적으로 위법성이 인정되지 않는 위법성 조각 사유가 있으면 범죄가 성립하지 않는다.

위법성 조각 사유	근거조항
정당행위	법령에 의한 행위 또는 업무로 인한 행위 기타 사회상규에 위배되지 아니하는 행위는 벌하지 아니한다〈형법 제20조〉.
정당방위	자기 또는 타인의 법익에 대한 현재의 부당한 침해를 방위하기 위한 행위는 상당한 이유가 있는 때에는 벌하지 아니한다〈형법 제21조〉.
긴급피난	자기 또는 타인의 법익에 대한 현재의 위난을 피하기 위한 행위는 상당한 이유가 있는 때에는 벌하지 아니한다〈형법 제22조〉.
자구행위	법정 절차에 의하여 청구권을 보전하기 불능한 경우 그 청구권의 실행 불능 또는 현저한 실행 곤란을 피하기 위한 행위는 상당한 이유가 있는 때에는 벌하지 아니한다〈형법 제23조〉.
피해자의 승낙	처분할 수 있는 자의 승낙에 의하여 그 법익을 훼손한 행위는 법률에 특별한 규정이 없는 한 벌하지 아니한다〈형법 제24조〉.

ⓒ 책임성 : 어떠한 행위를 이유로 그 행위자가 사회적으로 비난받을 만한 책임이 있어야 하며, 행위자가 법 규범의 의미 및 내용을 이해하여 당해 행위를 법률이 금지하고 있다는 것을 인식할 수 있는 통찰 능력이 없는 경우나 행위 시의 구체적인 사정으로 보아 행위자가 범죄 행위를 하지 않고 적법행위를 할 것을 기대할 수 있는 가능성이 없는 경우에는 책임성 조각 사유가 된다. 심신미약자, 청각 및 장애인 등은 책임성 감경 사유에 해당한다.

④ 형벌과 보안 처분
  ㉠ 형벌의 종류

종류		내용
생명형	사형	범죄자의 생명을 박탈하는 형벌로, 형법 중에서 최고형
자유형	징역	범죄자를 교도소 내에 가두어 노역을 하게 하는 형벌
	금고	징역형과 마찬가지로 구금형에 해당하지만 교도소에서 노역을 시키지 않는다는 점에서 구별됨
	구류	1일 이상 30일 미만의 기간 동안 교도소 등의 수용 시설에 구금시키는 형벌
명예형	자격상실	• 법원으로부터 사형·무기징역·무기금고의 형의 선고가 있을 때에는 그 효력으로서 당연히 일정한 자격을 상실시키는 형벌 • 공무원이 되는 자격, 공법상의 선거권과 피선거권, 법률로 요건을 정한 공법상의 업무에 관한 자격, 법인의 이사, 감사 또는 기타 법인의 업무에 관한 검사역이나 재산 관리인이 되는 자격 등
	자격정지	일정 자격을 일정 기간 정지시키는 형벌
재산형	벌금	금전으로 과해진 형벌(5만 원 이상)
	과료	일정한 액수를 기준으로 벌금보다 상대적으로 가벼운 재산형(2천 원~5만 원 미만)
	몰수	유죄판결을 선고할 때 범죄 행위에 제공하였거나, 제공하려고 한 물건, 또는 범죄로 말미암아 생겼거나 범죄로 인해 취득한 물건, 그 밖에 이러한 물건의 대가로 취득한 물건을 범죄자의 수중으로부터 국가에 귀속시키는 형벌

ㄴ 보안처분 : 범죄로부터 사회를 방위하고 범죄자를 사회로 복귀시키기 위해 형벌과 함께 혹은 형벌을 대신하여 부과하는 예방적 조치이다. 책임을 전제로 하는 형벌과는 달리 장래의 범죄적 위험성을 기초로 하며, 보호관찰, 사회봉사, 수강명령, 치료 감호 등이 있다.

(2) 형사 절차의 이해

① 수사 절차와 피해자의 권리

ㄱ 수사의 의미와 절차 : 수사란 범죄가 저질러졌을 가능성이 있는 경우에 실제 범죄 행위 여부를 확인하는 활동으로, 피해자의 고소 또는 제3자의 고발로 수사가 개시되면, 입건 → 구속과 불구속 → 송치 → 구속 적부 심사를 거쳐 기소여부가 결정된다.

ㄴ 피의자의 권리 보호

• 무죄 추정의 원칙 : 피의자는 유죄 판결이 확정될 때까지 무죄로 추정한다.

• 진술 거부권(묵비권) : 피의자는 진술을 강요당하지 않을 권리가 있다.

• 변호인의 도움을 받을 권리 : 누구든지 변호인의 도움을 받을 권리가 있다.

• 구속 적부 심사 제도 : 체포, 구속된 피의자는 절차의 적법성을 심사해 줄 것을 법원에 신청할 수 있다.

• 미란다 원칙 : 체포 또는 신문 시 피의자에게 체포 및 구속 이유, 변호인의 도움을 받을 권리, 묵비권 행사의 권리 등을 고지해야 한다.

② 형사 재판 절차

ㄱ 기소와 불기소 : 기소란 피의자에게 혐의가 있어 유죄 판결을 기대하며 검사가 재판을 청구하는 것을 말한다. 불기소란 기소하지 않고 사건을 종결하는 것으로, 무혐의 처분이나 기소 유예 등이 이에 해당한다.

ㄴ 형사 재판의 절차 : 기소 → 법원 구성 → 재판의 시작 → 검사의 논거 → 피고인의 반박 → 심증 형성 → 법원의 선고

③ 형의 선고와 집행

ㄱ 형의 선고 : 피고인의 죄가 인정되는 경우 실형을 선고하거나 집행 유예, 선고 유예 등의 유죄 선고를 할 수 있으며, 기소한 사건에 대해 죄를 인정할 만한 증거가 없는 경우 무죄를 선고한다.

ㄴ 상소 : 제1심 판결 선고에 대한 이의 제기는 항소, 제2심 판결에 대한 이의 제기는 상고라고 한다.

ㄷ 형의 집행 : 징역형 또는 금고형의 경우 교도소에 수감한다. 교도소에 갇힌 수형자가 잘못을 뉘우치고 모범적으로 수감 생활을 하는 경우, 법원이 선고한 기간이 지나기 전에 임시로 석방하는 가석방 제도가 있다.

④ 즉결 심판과 국민 참여 재판

ㄱ 즉결 심판

• 20만 원 이하의 벌금형, 30일 이내의 구류형 등이 예상되는 경미한 범죄에 대하여 정식 재판 절차를 거치지 않고 판사가 그 자리에서 바로 형을 선고하는 절차로 즉결 심판 또는 줄여서 즉심이라고 한다.

• 즉결 심판 절차는 약식 절차와 달리 반드시 검사가 청구하지 않아도 되고 경찰서장의 청구에 의해 이루어질 수도 있다.

• 피고인은 즉결 심판에 이의가 있다면 정식 재판을 청구할 수 있다.

ⓛ 국민 참여 재판
- 일반 시민이 배심원으로 참여하여 유무죄에 관한 평결을 내리고, 유죄로 평결이 내려진 피고인에 대해 선고할 적정한 형벌을 담당 재판관과 토의하는 제도이다.
- 배심원은 만 20세 이상의 국민이면 누구나 가능하며(단, 전과자나 변호사·경찰관 등의 직업을 가진 사람은 예외), 배심원 평결의 효력은 재판부에 권고의 효력만 있다.

(3) 범죄 피해자의 보호와 형사 보상
① 범죄 피해자 구조와 보호
㉠ 범죄 피해자 구조 제도 : 범죄로 인해 사망, 상해 또는 재산상의 피해를 보고도 가해자를 알 수 없거나 가해자가 가난하여 피해를 보상받지 못하는 경우, 국가가 피해자 또는 유족에게 구조금을 지급한다. 단, 피해자와 가해자가 친족 관계이거나 범죄를 유발한 경우에는 제외한다.
㉡ 범죄 피해자 보호법 : 피해자 상담, 긴급 구호, 의료 및 경제적 지원 등의 정책 시행
㉢ 피해자 지원 센터 : 민간 주도로 범죄 피해자를 지원
② 형사 보상 및 명예 회복 제도
㉠ 형사 보상 제도 : 불기소 처분을 받거나 무죄 판결을 받은 사람에게 국가가 그에 대한 보상을 해주는 제도
㉡ 보상 청구
- 피고인 : 재판이 확정된 사실을 안 날로부터 3년, 재판이 확정된 날로부터 5년 이내에 무죄 판결을 한 법원에 청구
- 피의자 : 불기소 처분 통지를 받은 날로부터 3년 이내에 그 처분을 한 검사가 소속된 지검의 피의자 보상 심의회에 청구
㉢ 명예 회복 제도 : 형사 보상 제도에 대한 보완책으로 무죄 판결이 확정된 때로부터 3년 이내에 자신을 기소한 검사가 소속된 지검에 무죄판결 관련 재판서를 법무부 홈페이지에 게시해 줄 것을 청구할 수 있다.
③ 배상 명령 제도
㉠ 피해자가 형사 재판 과정에서 간단한 신청만으로 민사상 손해 배상 명령까지 받아낼 수 있는 제도이다.
㉡ 피고인의 재판이 진행 중인 법원에 2심 변론이 끝나기 전까지 배상 명령 신청서를 제출(형사 재판의 증인으로 출석하고 있는 경우에는 구두로도 신청 가능)하면 가능하다.
㉢ 배상명령을 신청할 수 있는 형사사건은 상해, 폭행, 과실치상, 강간·추행, 사기·공갈, 횡령·배임, 손괴 등 '소송촉진 등에 관한 특례법'에 규정된 사건과 가정보호사건 등 '가정폭력범죄의 처벌 등에 관한 특례법'에 규정된 범죄 등이 해당한다.
㉣ 배상명령에서 인정되지 못한 부분은 별도로 민사소송을 제기할 수 있다.

✳✳✳ ──────────────────────────────────────

02 ▶ **법치 행정과 행정 구제**

(1) 법치 행정과 시민 참여

① 행정의 원리

　㉠ 민주행정의 원리 : 국민 주권의 원리에 따라 행정은 국민 모두의 이익과 의사가 반영되는 방향으로 진행되어야 한다.

　㉡ 법치행정의 원리 : 행정기관의 행정 작용이 법에 위배되어서는 안 되며, 미리 정해진 법률에 의거하여 행정권이 발동되어야 한다.

　㉢ 복지 행정의 원리 : 행정은 국민의 소극적인 자유권 보호 작용에 머무르는 것이 아니라, 적극적으로 국민의 인간다운 생활을 보장해야 한다. 우리 헌법의 관련 규정으로, 인간다운 생활을 할 권리, 행복추구권, 사회권적 기본권의 보장, 국가의 사회 보장 의무 등이 있다.

　㉣ 사법 국가주의 : 국민의 권리 보호에 중점을 둔 것으로, 행정에 대한 재판을 행정 재판소에서 하는 행정 국가주의를 지양하고 행정에 대한 개괄적 사법심사를 인정한다.

　㉤ 지방 분권주의 : 지방 자치 단체는 주민의 복리에 관한 사무를 처리하고, 재산을 관리하며 법령의 범위 안에서 자치에 관한 규정을 제정할 수 있다〈헌법 제117조〉.

② 행정에의 시민 참여

　㉠ 거버넌스(governance) : 행정에 시민의 참여가 일반화되는 것으로, 전통적인 통치인 거버먼트(government)와 구별하여 부르는 용어

　㉡ 장점 : 분쟁의 예방, 효율적이고 합리적인 행정 작용 도모, 행정에 대한 민주적 통제

　㉢ 참여 방법 : 청문, 공청회, 의견 제출 등

③ 행정 정보 공개 제도

　㉠ 의의 : 국민의 알 권리 보장, 행정의 민주화 및 공정화 실현

　㉡ 한계 : 일반 회사가 아닌 공공 기관에만 청구 가능

(2) 다양한 행정 구제 제도

① 행정상 손해배상제도 … 국가 또는 공공단체의 위법한 행정작용으로 인하여 발생한 개인의 손해를 국가 등의 행정기관이 배상하여 주는 제도이다.

　㉠ 공무원의 위법한 직무행위로 인한 손해배상 : 국가나 지방자치단체는 공무원 또는 공무를 위탁받은 사인(이하 공무원)이 직무를 집행하면서 고의 또는 과실로 법령을 위반하여 타인에게 손해를 입히거나, 「자동차 손해배상 보장법」에 따라 손해배상의 책임이 있을 때에는 이 법에 따라 그 손해를 배상하여야 한다. 다만, 군인·군무원·경찰공무원 또는 예비군대원이 전투·훈련 등 직무 집행과 관련하여 전사·순직하거나 공상을 입은 경우에 본인이나 그 유족이 다른 법령에 따라 재해보상금·유족연금·상이연금 등의 보상을 지급받을 수 있을 때에는 이 법 및 「민법」에 따른 손해배상을 청구할 수 없다〈국가배상법 제2조〉.

ⓛ 영조물의 설치·관리상의 하자로 인한 손해배상 : 도로·하천, 그 밖의 공공의 영조물의 설치나 관리에 하자가 있기 때문에 타인에게 손해를 발생하게 하였을 때에는 국가나 지방자치단체는 그 손해를 배상 하여야 한다〈국가배상법 제5조〉.

② 행정상 손실보상제도 … 공공필요에 의한 적법한 공권력 행사에 의하여 개인의 재산에 가하여진 특별한 손해에 대하여 전체적인 평등부담의 견지에서 행하여지는 재산적 보상을 말한다.

　㉠ 손실보상의 요건 : 손실보상을 받기 위해서는 공공필요를 위해 재산권에 대해 적법한 공권력의 침해가 있고 이로 인한 개인이 특별한 희생이 있어야 한다.

　㉡ 손실보상의 기준 : 학설은 헌법 제23조 제3항에서 규정하고 있는 정당한 보상에 대하여 완전보상설과 상당보상설이 대립하고 있는데, 현재는 완전보상설이 다수설이라고 할 수 있다.

　㉢ 손실보상의 절차 및 방법 : 손실보상의 절차에 대해서는 일반법이 없고 각 단행법에서 당사자 간의 협의, 행정청의 재결, 또는 행정 소송에 의하는 경우 등을 개별적으로 규정하고 있다. 손실보상의 지급 방법은 금전보상을 원칙으로 한다.

　㉣ 손실보상에 대한 구제 : 재산권 수용 자체에 불복이 있는 경우 행정심판을 제기하여 이의신청을 하거나 행정소송을 제기할 수 있으며, 보상금의 액수에 대해서만 불만이 있는 경우, 공법상 당사자소송에 의해 토지소유자와 사업시행자가 대등한 관계에서 증액 또는 감액을 다툴 수 있다.

③ 행정 쟁송 … 행정상 법률관계에 있어서의 다툼을 심리·판정하는 절차이다.

　㉠ 행정 심판 : 행정기관이 행정법상의 분쟁에 대하여 심리·판정하는 절차이다.

　㉡ 행정 소송 : 법원이 행정법상의 분쟁에 대하여 심리·판정하는 절차이다.

　㉢ 행정심판과 행정소송

구분	행정심판	행정소송
본질	행정통제적 성격	행정구제적 성격
대상	위법·부당한 처분, 부작위	위법한 처분, 부작위
판정기관	재결청	법원
절차	약식쟁송	정식쟁송
제소기간	처분이 있음을 안 날로부터 90일, 처분이 있은 날로부터 180일 이내	• 행정심판을 거치는 경우 : 재결서의 정본을 송달받은 날로부터 90일, 재결이 있은 날로부터 1년 이내 • 행정심판을 거치지 않는 경우 : 처분 등이 있음을 안 날로부터 90일, 처분 등이 있은 날로부터 1년 이내
심리	구술·서면심리	구두변론
공개	비공개원칙	공개원칙
내용	적극적 변경 가능	소극적 변경(일부 취소)만 가능
종류	취소심판, 무효등확인심판, 의무이행심판, 당사자심판, 민중심판, 기관심판	취소소송, 무효등확인소송, 부작위법확인소송, 당사자소송, 민중소송, 기관소송
공통점	소송대상의 개괄주의, 불고불리의 원칙, 불이익변경금지의 원칙, 직권증거조사주의, 단기제소기간, 집행부정지원칙, 사정재결·사정판결	

(1) 청소년의 법적 지위와 권리

① 청소년 보호법상의 보호

　㉠ 목적 : 보편적 인권의 주체인 청소년이 경험과 판단 능력의 부족으로 유해 환경에 노출되거나 범죄의 피해자가 되는 것을 방지하기 위함

　㉡ 주요내용

　　• 만19세 미만의 청소년에게 술과 담배의 판매 금지

　　• 선량한 풍속을 해칠 우려가 있는 장소 출입 금지 및 풍기 문란 행위 규제

　　• 음란물(도서 및 음반)등 소지, 제작, 판매, 대여, 관람금지

② 청소년 근로의 보호

　㉠ 고용 가능 연령 : 만 15세 이상, 단 15세 미만이라도 고용노동부장관이 발급한 취직인허증이 있으면 고용 가능

　㉡ 근로기준법에서 보호대상이 되는 연소자(15세 이상 ~ 18세 미만의 미성년자)의 근로계약

　　• 근로계약 : 친권자나 후견인은 미성년자의 근로계약을 대리할 수 없다.

　　• 연소자 증명서 : 사용자는 18세 미만인 사람에 대하여는 그 연령을 증명하는 가족관계기록사항에 관한 증명서와 친권자 또는 후견인의 동의서를 사업장에 갖추어 두어야 한다.

　　• 임금의 청구 : 미성년자는 독자적으로 임금을 청구할 수 있다.

　　• 18세 미만의 미성년자의 근로시간 : 1일 7시간, 1주일에 35시간을 초과하지 못한다. 다만, 당사자 간의 합의에 의하여 1일에 1시간, 1주일에 5시간을 한도로 연장이 가능하다.

　　• 사용자는 임산부와 18세 미만자를 오후 10시부터 오전 6시까지의 시간 및 휴일에 근로시키지 못한다. 다만, 본인의 동의와 고용노동부장관의 인가를 받은 경우에는 가능하다.

③ 청소년 범죄 사건의 처리 … 청소년의 건전한 육성을 위해 성인보다 완화된 절차를 밟는다는 것이 특징으로, 형사 처분에 관한 특별 조치를 적용, 가정 법원 소년부에서 재판을 받는다.

　㉠ 결정 전 조사 제도 : 검사가 사건의 처분을 결정하기에 앞서 피의자의 주거지 또는 검찰청 소재지를 담당하는 보호 관찰소의 장, 소년 분류 심사원장, 소년원장 등에게 피의자의 품행, 경력, 생활환경 등에 대해 조사하는 제도

　㉡ 선도 조건부 기소 유예 : 사건의 죄질 및 범법 의도를 살펴 재범 가능성이 희박하다고 여겨지는 19세 미만의 청소년 범죄자에 예방 위원의 선도를 조건으로 기소를 유예하는 제도

(2) 학교생활과 법

① 학생의 권리와 의무

　㉠ 권리

　　• 인권 : 학생은 피교육자인 동시에 인권의 주체로, 학생을 포함한 학습자의 기본적 인권은 학교 교육 또는 사회 교육의 과정에서 존중되고 보호되어야 한다.

- 학습권 : 교육을 받을 수 있도록 국가의 적극적인 배려를 요구할 수 있는 적극적인 권리로, 교사의 수업을 수강할 수 있는 수학권, 학교 시설 이용권, 자치 활동권, 교육의 기회 균등권 등이 인정된다.
  - ㉡ 의무 : 교칙준수, 교원의 교육과 연구 활동 방해 금지, 학내 질서 유지 등
② 학생의 징계
  - ㉠ 징계의 사유
    - 품행이 불량하여 개전의 가망이 없다고 인정된 자
    - 정당한 이유 없이 결석이 잦은 자
    - 학칙을 위반한 자
  - ㉡ 징계의 종류 : 교내 봉사, 사회봉사, 특별 교육 이수, 1회 10일 이내 연간 30일 이내의 출석정지, 퇴학처분 (의무 교육 대상자 제외)
  - ㉢ 징계의 절차와 방법
    - 학교장은 학생의 인격이 존중되는 교육적인 방법으로 징계 결정
    - 사유의 경중에 따라 단계별로 적용하여 학생에게 개전의 기회 부여
    - 의견 진술권 : 해당 학생 또는 학부모에게 의견 진술의 기회 부여

04 소비자의 권리와 법

(1) 소비자의 권리
  ① 소비자기본법상의 소비자 권리
    - ㉠ 안전할 권리 : 물품 또는 용역으로 인한 생명·신체 또는 재산에 대한 위해로부터 보호받을 권리
    - ㉡ 알권리 : 물품 등을 선택함에 있어 필요한 지식 및 정보를 제공받을 권리
    - ㉢ 선택할 권리 : 물품 등을 사용함에 있어서 거래의 상대방, 구입 장소, 가격, 거래조건 등을 자유로이 선택할 권리
    - ㉣ 의견을 반영할 권리 : 소비생활에 영향을 주는 국가 및 지방자치단체의 정책과 사업자의 사업 활동 등에 대하여 의견을 반영시킬 권리
    - ㉤ 피해를 보상받을 권리 : 물품 등의 사용으로 인하여 입은 피해에 대하여 신속·공정한 절차에 따라 적절한 보상을 받을 권리
    - ㉥ 교육을 받을 권리 : 합리적인 소비 생활을 위하여 필요한 교육을 받을 권리
    - ㉦ 단체를 조직·활동할 권리 : 소비자 스스로의 권익을 증진하기 위하여 단체를 조직하고 이를 통하여 활동할 수 있는 권리
    - ㉧ 안전하고 쾌적한 소비생활 환경에서 소비할 권리
  ② 국가 및 지방자치단체와 사업자의 의무
    - ㉠ 국가 및 지방자치단체 : 소비자 관계 법령 마련 및 필요한 행정 조직을 정비하고, 소비자의 자주적 조직 활동을 지원해야 한다.

ⓒ **사업자** : 국가 정책에 적극적으로 협조하고 소비자의 의견을 수렴하며 소비자 피해 발생 시 신속하고 정당한 피해 보상이 될 수 있도록 노력해야 한다.

③ **한국 소비자원** ⋯ 소비자의 권익을 증진하고 소비 생활의 향상을 도모하며 국민 경제의 발전에 이바지하고자 국가가 설립한 전문 기관으로 소비자 상담 및 분쟁의 조정, 소비자 관련 정책 연구 및 건의, 소비자에 대한 교육 등을 담당한다.

(2) 소비자 권리의 보호

① **공정거래와 소비자 보호**

ⓐ **필요성** : 경제발전과 산업 구조 고도화, 기업 간의 과열 경쟁으로 인한 상품의 허위 · 과장 광고 등으로 인한 소비자의 피해가 증가하는 추세이다.

ⓑ **독점 규제 및 공정거래에 관한 법률** : 부당한 공동 행위 및 불공정 거래 행위 규제하여 자유롭고 공정한 경쟁을 촉진하고, 국민 경제의 균형 있는 발전 및 창의적 기업 활동의 보장, 소비자 보호 등의 근거가 된다.

② **소비자 피해의 구제**

ⓐ 품질 보증 기간 또는 유효 기간 이내의 제조, 유통 과정이나 용역의 이용 과정에서 발생한 소비자의 피해에 대하여 사업자가 행하는 수리나 교환, 환불이나 배상, 해약 등

ⓑ 당사자 간의 합의

ⓒ 민간 소비자단체를 통한 조정과 소비자 분쟁 조정위원회에 조정신청

ⓓ 한국소비자보호원에 피해구제신청

ⓔ 국가기관에 있는 소비자보호를 위한 기구를 통한 조정신청

ⓕ **민사소송** : 민사조정제도, 소액사건심판제도

③ **제조물 책임법과 리콜제도**

ⓐ **제조물 책임법** : 상품의 대량 생산 및 복잡한 유통 구조로 발생한 제조물의 결함으로 인한 피해에 대해 제조자나 유통 관여자에게 배상 책임을 강제하는 법으로, 사후적 구제방법의 성격을 가진다.

ⓑ **리콜제도** : 결함 있는 제품을 회수하여 무상으로 수리해 주거나 유통을 막는 제도로, 소비자 보호를 위한 사전적 예방 조치이다.

05 　**근로자의 권리와 법**

(1) 근로의 권리와 노동3권

① 근로권 ··· 근로의 능력과 의사를 가진 자가 사회적으로 근로할 수 있는 기회의 보장을 요구할 수 있는 권리

② 노동3권(근로3권)

　㉠ 단결권 : 근로자들이 자주적으로 노동조합을 설립할 수 있는 권리

　㉡ 단체교섭권 : 근로자가 근로 조건을 유지, 개선하기 위하여 조합원이 단결하여 사용자와 교섭할 수 있는 권리로, 노동조합이 합리적인 조건으로 교섭을 요청할 때 사용자는 정당한 이유 없이 이를 거부 또는 회피할 수 없다.

　㉢ 단체행동권 : 근로자가 사용자에 대해서 근로 조건에 관한 자기 측의 주장을 관철하기 위하여 단결권을 배경으로 각종 쟁의 행위를 할 수 있는 권리

(2) 근로자 권리의 보호

① 근로기준법

　㉠ 의미 : 최저 근로 조건을 정하고 감독관청으로 하여금 근로 감독을 실시하게 하여 근로자를 보호하려는 법으로, 개별적 근로관계에 있어서 근로자의 근로 조건과 그 밖의 생활 조건을 일정한 수준 이상으로 유지하는 것을 목적으로 한다.

　㉡ 기본원칙

　　• 최저 근로 기준 : 근로기준법에서 정하는 근로 조건은 최저 수준으로, 당사자는 이 기준을 이유로 근로 조건을 저하시킬 수 없다.

　　• 자유로운 합의 : 근로 조건은 근로자와 사용자가 동등한 지위에서 자유의사에 의해 결정해야 한다.

　　• 계약의 성실 이행 의무 : 근로자와 사용자는 단체협약, 취업 규칙과 근로 계약을 준수해야 하며 성실하게 이행할 의무가 있다.

　　• 차별 대우 금지 : 근로자에게 남녀 차별적 대우를 하지 못하며, 기타 국적, 신앙, 사회적 신분 등을 이유로 근로 조건에 대한 차별적 대우를 할 수 없다.

　　• 강요, 폭행 금지 : 사용자는 폭행 등의 수단으로 근로자의 자유의사에 반하는 근로를 강요할 수 없으며, 어떠한 이유로도 근로자에 대한 폭행이나 구타 행위가 정당화되지 않는다.

② 근로자 권리의 보호 절차

　㉠ 사용자가 근로자에게 부당노동행위 또는 부당해고 등을 하면 근로자는 지방노동위원회에 구제를 신청할 수 있다.

　㉡ 지방노동위원회의 구제명령이나 기각결정에 불복하는 사용자나 근로자는 구제명령서나 기각결정서를 통지받은 날부터 10일 이내에 중앙노동위원회에 재심을 신청할 수 있다.

　㉢ 중앙노동위원회의 재심판정에 대하여 사용자나 근로자는 재심판정서를 송달받은 날부터 15일 이내에 행정소송법의 규정에 따라 소송을 제기할 수 있다.

　㉣ 구제명령서나 기각결정서를 통지받은 날부터 10일 이내에 재심을 신청하지 아니하거나 재심판정서를 송달받은 날부터 15일 이내에 행정소송을 제기하지 아니하면 그 구제명령, 기각결정 또는 재심판정은 확정된다.

　㉤ 부당해고의 경우는 민사소송인 해고 무효 확인 소송을 통해서도 다툴 수 있다.

05 출제예상문제

1 「형법」상 죄형 법정주의를 실현하는 구체적인 원칙과 그에 대한 설명으로 가장 옳지 않은 것은?

① 관습 형법 금지의 원칙 – 불문법인 관습법을 근거로는 처벌할 수 없다.

② 유추 해석 금지의 원칙 – 범죄 행위가 형법에 명확히 규정되어 있지 않은 때에 유사한 규정을 적용해서는 안 된다.

③ 명확성의 원칙 – 무엇이 범죄이고 그 범죄에 어떤 형벌이 부과되는지 법률에 명확히 기재되어 있어야 한다.

④ 소급효 금지의 원칙 – 범죄 행위 당시 그 처벌 규정이 법률에 없었으나 범죄 행위 이후에 그 처벌 규정이 법률에 제정되었다면 반드시 소급하여 처벌해야 한다.

> 해설 죄형법정주의란 어떤 행위가 범죄가 되는지, 그러한 범죄를 저지르면 어떤 처벌을 받는지가 미리 성문의 법률에 규정되어 있어야 한다는 원칙이다. 파생원칙 또는 구체적 내용으로 관습 형법 금지의 원칙, 명확성의 원칙, 유추 해석 금지의 원칙, 형벌 불소급의 원칙, 적정성의 원칙이 있다. 이 중 소급효 금지의 원칙(형벌 불소급의 원칙)은 형법 법규는 그 시행 이후에 이루어진 행위에 대해서만 적용되고, 시행 이전의 행위에까지 소급하여 적용할 수 없다는 원칙이다.

2 근로자의 근로의욕을 향상시키고 기본적 생활을 보장·향상시키며, 균형있는 국민경제의 발전을 이룩하기 위하여 일정한 근로조건과 최소한의 한계를 규정하고 있는 법은?

① 직업안정법 ② 근로기준법

③ 노동조합 및 노동관계조정법 ④ 노동위원회법

> 해설 ① 모든 근로자가 각자의 능력을 계발·발휘할 수 있는 직업에 취업할 기회를 제공하고, 산업에 필요한 노동력의 충족을 지원함으로써 근로자의 직업안정을 도모하고 국민경제의 발전에 이바지하기 위한 법이다.
>
> ③ 근로자의 단결권·단체교섭권·단체행동권을 보장하여 근로조건의 유지·개선과 근로자의 경제적·사회적 지위의 향상을 도모하고, 노동관계를 공정하게 조정하여 노동쟁의를 예방·해결함으로써 산업평화의 유지와 국민경제의 발전에 이바지하기 위한 법이다.
>
> ④ 노동관계에 있어서 판정 및 조정업무의 신속·공정한 수행을 위하여 노동위원회를 설치하고 그 운영에 관한 사항을 규정함으로써 노동관계의 안정과 발전에 이바지하기 위한 법이다.

Answer 1.④ 2.②

3 다음 상황에 처한 갑이 이용할 수 있는 제도에 해당하는 것은?

> 갑은 을에게 사기를 당하여 200만 원의 직접적인 물적(物的) 피해를 입었다. 을은 사기죄로 기소되었다. 을이 형사처벌을 받는다고 하더라도 갑이 피해를 배상받으려면 따로 민사 소송 절차를 밟는 것이 원칙이다. 하지만 민사소송은 많은 시간과 노력이 드는 절차이기 때문에 갑이 을로부터 신속, 간이하게 손해배상을 받기가 어렵다.

① 범죄피해자구조제도 　　　　　　　② 형사보상제도

③ 국가배상제도 　　　　　　　　　　④ 배상명령제도

> **✓해설** 배상명령이란 형사재판 과정에서 민사소송절차를 접목시킨 것으로 형사사건의 피해자에게 손해가 발생한 경우 법원의 직권 또는 피해자의 신청에 의해 신속하고 간편한 방법으로 피고인에게 민사적 손해배상을 명하는 절차로서 「소송촉진 등에 관한 특례법」에 따라 규율된다.
> ① 범죄피해자구조제도는 타인의 범죄행위로 생명·신체에 피해를 받은 국민이 국가로부터 구조를 받을 수 있는 제도다.
> ② 형사보상제도는 국가의 형사절차상의 과오로 형사피의자 또는 형사피고인이 입은 정신적, 물질적 피해를 국가가 보상하는 제도를 의미한다.
> ③ 국가배상제도는 국민이 공무원의 직무상 불법 행위로 피해를 입었을 때에 국가 또는 공공단체에 그 피해에 대한 배상을 청구할 수 있는 제도다.

4 "행정행위는 행정주체가 국민에 대하여 명령·강제하는 법의 집행으로 일단 유효하고 적법한 것으로 추정된다."와 관련이 깊은 것은?

① 행정행위의 기술성

② 행정행위의 타당성

③ 행정행위의 자율성

④ 행정행위의 공정성

> **✓해설** 행정행위는 하자가 있더라도 권한이 있는 기관에 의해 취소되기 전까지는 일단 유효하고 적법한 것으로 간주되는 것을 행정행위의 공정력(공정성)이라 한다.

Answer 3.④ 4.④

5 행정행위에 대한 설명으로 옳지 않은 것은?

① 행정행위는 행정주체가 행정목적을 달성하기 위해 법을 집행하는 공법행위이다.

② 행정행위는 행정주체와 국민의 대등한 당사자 사이의 행위이다.

③ 행정행위는 반드시 법에 근거를 두어야 한다.

④ 비록 잘못된 행정행위일지라도 일단 유효하고 적법한 것으로 추정된다.

> ✔해설 행정행위
> ㉠ 개념 : 행정주체가 국민에 대하여 명령·강제하고, 권리·이익을 부여하는 법의 집행을 말하는데, 행정처분이라고도 한다.
> ㉡ 행정행위의 성립 : 행정행위는 공권력을 사용하기 때문에 반드시 법에 근거를 두어야 하고, 법이 정하는 절차에 적합해야 한다.

6 다음 보기의 상황에서 적용되는 행정구제제도는?

> 지방자치단체가 건설한 교량이 시공자의 흠으로 붕괴되어 지역주민들에게 상해를 입혔을 때 지방자치단체가 상해를 입은 주민들의 피해를 구제해 주었다.

① 흠 있는 직무행위로 인한 손해배상

② 적법한 행정작용으로 인한 손실보상

③ 손해전보제도는 국민의 재산성에 국한함

④ 흠 있는 행정작용으로 인한 행정쟁송

> ✔해설 행정구제제도
> ㉠ 행정구제 : 행정작용으로 권리나 이익을 침해당한 국민이 행정기관이나 법원에 대하여 그것의 취소·변경, 손해배상, 손실보상을 요구하는 절차(국민의 기본권을 보장)이다.
> ㉡ 손해전보제도
> • 손해배상제도 : 공무원의 위법한 직무행위, 국가 또는 단체가 관리·경영하는 사업 또는 설비의 설치·관리의 흠으로 인한 손해를 배상해주는 제도
> • 손실보상제도 : 적법한 행정작용으로 인한 희생을 보상하는 제도
> ㉢ 행정쟁송제도
> • 행정심판제도 : 위법하거나 부당한 행정처분으로 말미암아 권익을 침해당한 경우 시정을 구하는 절차
> • 행정소송제도 : 행정심판에 의하여 구제받지 못했을 때, 최종적으로 법원에 구제를 청구하는 제도

Answer 5.② 6.①

7 다음 형사소송단계에 대한 설명 중 옳은 것으로만 짝지어진 것은?

> ㉠ 피의자임의수사단계 : 현행범일 경우 체포 후에 사후영장을 발부한다.
> ㉡ 구속적부심사 : 판결 전까지 신청할 수 있다.
> ㉢ 보석제도 : 돈을 냄으로 해서 형이 감안되고 풀려난다.
> ㉣ 상소 : 미확정인 재판에 대하여 상급법원에 소를 제기한다.

① ㉠㉡
② ㉠㉡㉣
③ ㉡㉢㉣
④ ㉢㉣

> ✅해설 ㉢ 보석제도란 일정한 보증금의 납부를 전제로 구속의 집행을 정지하고, 구속된 피고인을 석방하는 제도를 말한다. 그러므로 단순히 구속만을 정지시킬 뿐 형이 감안되는 것은 아니다.

8 행정주체가 법의 절차에 따라 도시계획사업을 추진하는 경우, 어떤 절차에 따라 개인의 사유재산의 희생을 행정적으로 구제할 수 있는가?

① 손실보상
② 손해배상
③ 민사소송
④ 행정심판

> ✅해설 손실보상 … 적법한 공권력 행사에 의해 가하여진 사유재산상의 특별한 희생에 대하여 사유재산의 보장과 공평부담의 견지에서 행정주체가 이를 조정하기 위하여 행하는 재산적 보상이다.

9 의사가 환자를 수술하는 행위와 교도관의 사형집행행위가 범죄가 되지 않는 이유는?

① 위법성이 없기 때문이다.
② 책임성이 없기 때문이다.
③ 범죄의 구성요건에 해당되지 않기 때문이다.
④ 자구행위이기 때문이다.

> ✅해설 ① 교도관의 행위는 위법성조각사유, 즉 업무로 인한 행위 및 법령에 의한 행위에 해당하므로 범죄가 성립되지 않는다.

✳✳✳ ──────────

10 행위자가 만 14세 미만인 형사미성년자이거나, 저항할 수 없는 폭력에 의하여 강요된 경우의 행위는 범죄가 성립될 수 없는데, 그 이유는?

① 정당행위이기 때문에   ② 구성요건에 해당하기 때문에

③ 위법성이 없기 때문에   ④ 책임성이 없기 때문에

> **해설** ④ 위법행위를 이유로 그 행위자가 사회적으로 비난받을 만한 책임이 있어야 범죄가 성립된다. 행위자가 형사미성년자(14세 미만)이거나, 저항할 수 없는 폭력에 의하여 강요된 경우 등이면 책임성이 없어진다.
>
> ※ 범죄의 성립요건
> ㉠ 구성요건해당성 : 그 행위가 형법에서 범죄로 규정하고 있는 구성요건(폭행, 절도 등)에 해당해야 한다.
> ㉡ 위법성 : 구성요건에 해당되는 것으로서 전체 법질서로부터 부정적인 행위라는 판단이 가능해야 하며, 정당방위 등 합당한 이유가 있을 경우에는 위법성이 없다고 본다.
> ㉢ 위법성조각사유 : 어떤 행위가 범죄의 구성요건에는 해당되지만 그 행위의 위법성을 배제하여 적법으로 하는 사유를 말한다(정당행위, 정당방위, 긴급피난, 자구행위, 피해자의 승낙 등).
> ㉣ 책임성조각사유 : 형사미성년자, 심신상실자, 강요된 행위 등인 경우 책임성이 없어지며, 심신장애자, 농아자의 행위는 경감한다.

11 다음 중 정당방위로 인하여 살인을 했을 경우 살인의 죄가 성립되지 않는 이유는 어느 것인가?

① 책임성이 없기 때문이다.   ② 구성요건에 해당되지 않기 때문이다.

③ 위법성이 없기 때문이다.   ④ 책임성조각사유에 해당되기 때문이다.

> **해설** 위법성조각사유 … 어느 행위가 범죄의 구성요건에는 해당되지만 그 행위의 위법성을 배제하여 적법으로 하는 예외적인 특별사유로서 정당행위, 정당방위, 긴급피난, 자구행위, 피해자의 승낙에 의한 행위 등이다.

12 다음 중 헌법상 탄핵소추의 대상으로 볼 수 없는 것은?

① 대통령   ② 국무총리

③ 감사원장   ④ 국회의원

> **해설** 탄핵소추 … 헌법과 법률이 정한 공무원이 직무집행시 헌법과 법률을 위반한 때에 국회에서 소추와 헌법재판소의 심판으로 공무원을 파면시키는 제도이다.

Answer 10.④ 11.③ 12.④

13 형벌의 목적과 가장 관련이 없는 것은?

① 사회질서 유지   ② 손해의 전보

③ 법률상 이익 박탈   ④ 범죄의 예방

> ✔ 해설 형벌
> ㉠ 개념 : 국가가 일정한 범죄행위에 대응하여 그 행위자에게 법률상의 이익을 박탈하는 제재를 가하는
> 것이다. 형벌의 주체는 국가이고 객체는 범죄이다.
> ㉡ 형벌의 목적 : 범죄자의 교화와 범죄예방 및 사회질서의 유지를 목적으로 한다.
> ㉢ 형벌의 종류 : 박탈되는 법익의 내용에 따라 생명형(사형), 자유형(징역, 금고, 구류), 재산형(벌금, 과
> 료, 몰수), 명예형(자격상실, 자격정지)의 4종으로 구분하고 9종의 형벌을 규정하고 있다.

14 다음 중 형벌의 종류를 연결한 것으로 옳지 않은 것은?

① 생명형 – 사형   ② 신체형 – 구류, 몰수

③ 자유형 – 징역, 금고   ④ 명예형 – 자격정지

> ✔ 해설 형벌의 분류
> ㉠ 생명형 : 사형
> ㉡ 자유형 : 징역, 금고, 구류
> ㉢ 재산형 : 벌금, 과료, 몰수
> ㉣ 명예형 : 자격정지, 자격상실

15 다음 중 공무원 징계인 파면과 해임의 차이를 적절하게 제시한 것은?

① 공무원 연금법상 연금의 지급 여부

② 공무원 신분을 박탈당하느냐의 여부

③ 공무원 신분을 회복할 수 있느냐의 여부

④ 공무원 직무상의 위법한 행위인가의 여부

> ✔ 해설 파면과 해임은 공무원직을 박탈당한다는 점에서는 같다. 차이점으로는 파면은 연금지급이 금지되고 해
> 임은 연금이 지급되며, 공무원이 될 수 없는 기간이 파면 5년, 해임은 3년이다.

Answer 13.② 14.② 15.①

일반사회

chapter.02 경제

01 경제생활과 경제문제의 이해

01 경제생활과 경제문제

(1) 경제활동의 이해

① 경제활동의 의미
  ⊙ 경제활동 : 인간에게 필요한 물품이나 서비스를 생산, 분배, 소비하는 사람의 모든 활동을 의미한다.
  ⊙ 경제원칙 : 최소의 비용으로 최대의 효과를 달성하려는 인간 활동의 원리이다.

② 경제활동의 과정
  ⊙ 생산 : 재화나 용역을 창출하는 일체의 활동을 의미한다.
  ⊙ 분배 : 생산활동에 대한 기여를 시장가격으로 보상받는 것을 의미한다.
  ⊙ 소비 : 분배된 소득으로 필요한 재화와 서비스를 구입해서 사용·소모하는 것을 의미한다.

③ 경제활동의 주체와 객체
  ⊙ 경제주체 : 경제활동에 참여하는 경제단위로 가계(소비의 주체), 기업(생산의 주체), 정부(생산과 소비의 주체), 외국(교역의 주체)이 이에 해당한다.
  ⊙ 경제객체 : 경제주체의 경제활동대상이 되는 물적 단위로, 재화(생산된 물품)와 용역(서비스)을 의미한다.

(2) 희소성과 경제문제

① 희소성과 경제재
  ⊙ 경제문제 : 물질적 수단의 희소성 때문에 발생된다.
  ⊙ 희소성의 원칙 : 인간의 무한한 욕구에 비하여 이를 충족시킬 수 있는 자원이 상대적으로 부족한 현상을 의미한다.
  ⊙ 경제활동의 대상 : 경제적 가치가 있는 것(경제재)이다.

② 기본적 경제문제
  ⊙ 자원배분의 문제 : 무엇을, 얼마나 생산할 것인가 하는 문제로 최대 생산의 문제(효율성)와 관련된다.
  ⊙ 생산방법의 문제 : 어떻게 생산해야 할 것인지를 결정하는 문제로 최소 비용의 문제(효율성)와 관련된다.
  ⊙ 소득분배의 문제 : 생산물을 누구에게 분배해야 할 것인지를 결정해야 하는 문제로 공평 분배의 문제(형평성)와 관련된다.
  ⊙ 경제문제의 해결원칙 : 효율성, 형평성, 자주성 등이 있다.

③ 선택과 기회비용
  ㉠ 합리적 선택 : 자원배분이 효율적으로 이루어지도록 하는 선택이며, 만족을 극대화시킬 수 있는 선택을 의미한다.
  ㉡ 기회비용 : 어떤 재화나 용역을 선택하기 위하여 포기하거나 희생한 재화 또는 용역의 가치이다.

02 경제체제와 경제목표

(1) 경제체제

① 전통경제체제
  ㉠ 의의 : 전통과 관습에 의해서 경제문제를 해결한다.
  ㉡ 특징
    • 경제활동의 변화가 크지 않고 구성원의 자발적 선택을 찾아보기 어렵다.
    • 변화보다 전통의 연속성과 안정성을 중요하게 생각한다.

② 명령경제체제(계획경제체제)
  ㉠ 의의 : 중앙정부의 명령과 지시에 의해서 경제문제를 해결한다.
  ㉡ 특징
    • 개인의 소유권이 제한되어 개인 및 기업이 생산수단을 소유할 수 없다.
    • 개인의 선택의 자유가 제한되어 본인의 의사와 무관한 작업을 하게 된다.
    • 개인의 이윤추구 동기를 약화시켜 경제성장 동력을 상실하는 한계가 있다.

③ 시장경제체제
  ㉠ 의의 : 개인이 자신의 이익을 추구하기 위해 의사결정을 내려 경제문제를 해결한다.
  ㉡ 특징
    • 소비자는 시장가격에 의해 소비를 결정하고 만족의 극대화를 추구한다.
    • 생산자는 소비자가 원하는 상품을 생산하여 이윤의 극대화를 추구한다.
    • 정부는 외교, 국방, 치안, 경제적 약자 보호의 영역에서만 역할을 한다(작은 정부).
  ㉢ 장점 : 소비자가 원하는 상품을 생산하게 하고, 개인의 창의력 발휘에 대한 동기부여로 기술혁신을 통한 경제성장이 촉진된다.
  ㉣ 단점 : 빈부격차 확대, 시장 실패(불완전한 경쟁 등으로 시장에 의한 자원의 최적 배분 실패) 발생, 구성의 모순(개별적으로는 합리적이지만 전체적으로는 비합리적인 것이 되는 모순) 발생, 유효 수요의 부족으로 극심한 경기 침체(경제 대공황, 1929년) 발생

④ 혼합경제체제

　　㉠ 의의 : 명령경제체제와 시장경제체제의 요소를 적절히 결합하여 경제문제를 해결한다.

　　㉡ 특징

　　　• 시장경제체제에 바탕을 두고 공공부문의 생산이나 시장의 보완에 대해서 정부의 적극적 역할을 강조한다(큰 정부).

　　　• 경제 대공황을 극복하기 위해 정부가 시장에 직접 개입한 것을 계기로 등장하였으며, 대부분의 나라가 채택하는 방식이다.

　　✅ CHECK POINT　경제 대공황…자유방임주의에 의해 생산력이 증대되면서 총공급이 증가했으나 소득분배의 실패로 총수요가 감소하면서 발생한 디플레이션 현상으로 자유방임주의를 붕괴시켰다.

(2) 우리나라의 경제체제와 경제제도

① 선택의 자유 보장 … 경제적 자유를 통해 자신의 이익을 추구할 권리를 가진다.

② 시장경제체제를 유지하기 위해 필요한 경제제도

　　㉠ 사유재산권 : 개인 또는 민간 기업이 재산을 소유하고 그것을 자유롭게 관리 · 사용 · 처분할 수 있는 권리를 말한다.

　　　• 사람들은 자신의 재산을 축적하고, 보유 중인 재산을 더 가치 있게 만들려는 동기를 부여한다.

　　　• 재산 가치를 증가시키기 위해 노력하는 과정에서 보유재산이 다른 사람에게 유익하게 사용된다.

　　　• 사유재산의 보장으로 다른 사람과의 교환도 발생한다.

　　㉡ 경쟁 : 시장경제체제에서 개인의 이익추구는 경쟁을 전제로 한다.

　　　• 기업의 생산성을 제고하며, 경쟁력이 떨어지는 기업을 시장에서 솎아내 희소한 자원이 낭비되지 않게 한다.

　　　• 소비자의 만족도를 높이는 상품 개발, 생산방법 혁신을 통해 저렴한 상품을 생산한다.

　　　• 재화의 가격에 타당한 가치를 느끼는 소비자만이 구입하게 하여 재화가 꼭 필요한 사람에게 배분된다.

　　　• 우리나라는 공정한 경쟁을 촉진하기 위해 공정거래법을 제정하였다.

③ 정부의 시장참여

　　㉠ 공공부문의 생산 : 국방, 치안, 교육, 사회간접자본 등

　　㉡ 개인의 자유를 일부 제한 : 사회적으로 금기시되거나 유해한 상품의 거래와 소비 규제

　　㉢ 국가경제를 이상적인 상태로 이끌기 위해 다양한 경제정책 시행

　　　• 세금 징수, 재정 지출 통한 특정계층의 경제생활 지원

　　　• 연구개발비 지원으로 민간부문의 기술개발 촉진, 환경보전을 위한 투자와 규제

(3) 다양한 경제목표

① 국가의 경제목표

　　㉠ 효율성 : 주어진 자원으로 최대효과를 달성하거나 의도한 효과를 최소비용으로 달성하는 상태를 말한다.

　　㉡ 형평성 : 구성원들이 공정한 대우를 받는 상태를 말한다.

　　㉢ 물가안정

　　　• 인플레이션 발생 : 가계 구매력 약화, 소비와 투자 억제

　　　• 디플레이션 발생 : 장기간의 경기침체에 빠져 투자 · 고용 위축, 기업 · 금융기관 부실화

　　㉣ 경제성장 : 일자리의 안정성과 질적 개선에 기여, 기업의 부실위험 감소, 삶의 풍요 제공

ⓝ 완전고용 : 실업자가 없는 상태(전직과 개인사정으로 쉬는 사람이 있으므로 현실성 없음)

  ② 경제목표 간의 충돌(상충관계)

    ㉮ 효율성과 형평성 : 능력에 따른 보상은 효율성을 높이지만, 형평성의 달성에는 부적절하다.

    ㉯ 완전고용과 물가안정 : 통화량을 늘리면 고용은 증대되나 물가안정을 이루기 어렵다.

03 경제 정보의 활용

(1) 경제 정보의 활용의 중요성

  ① 경제정보의 활용가치가 그 정보를 만드는데 들어간 비용과 시간보다 더 큼.

  ② 경제전반의 흐름을 파악하여 이를 토대로 미래를 예측하고 경제적 의사결정에 활용함.

  ③ 한 나라의 경제적 성과를 측정하는 지표(경제성장률, 실업률, 물가상승률, 국제수지 등)와 기타 정보(통화량, 이자율)등을 나타내는 지표 등 여러 가지가 있다.

(2) 전수조사와 표본조사

구분	전수 조사	표본 조사
방법	대상을 모두 조사	집단의 일부(모집단)를 골라 조사
특징	정확하지만 시간과 비용이 많이 소모됨	빠른 시간과 적은 비용으로 전체의 특성을 파악할 수 있어 많이 이용됨. 조사자의 오차
비교	두 변수의 상대적 크기 비교	절대 규모는 알 수 없음
예	인구 및 주택조사 등	소비행태의 변화, 가계소득 통계 등

(3) 경제 정보의 분석

  ① 경제 통계의 가공 및 표현

    ㉮ 비율 : 특정 시점에 발생한 서로 다른 경제 활동을 비교하기 위해 상대적 비중으로 표시함.

      • 저축률(저축액/국내 총생산×100)

      • 투자율(투자액/국내 총생산×100)

      • 실업률(실업자수/경제 활동 인구×100)

    ㉯ 변화율 : 기준 연도의 경제활동에 대한 비교 연도의 경제 활동의 변화 정도 표시

      • 비교 (연도 통계치−기준 연도 통계치)/기준 연도 통계치×100

      • 경제 성장률, 소비자 물가 상승률, 도매 물가 상승률 등

04 경제 문제의 합리적 해결

(1) 합리적 선택

① 비용과 편익
  ㉠ **기회비용** : 어떤 것을 선택하기 위해 포기한 것들 가운데 가장 가치 있는 것을 말한다.
    • 암묵적 비용 : 어떤 것을 선택함으로써 포기한 다른 기회나 가치
    • 명시적 비용 : 현금의 지출과 같이 직접 명시적으로 지불한 비용
  ㉡ **매몰비용** : 지불하고 난 뒤 회수할 수 없는 비용을 말한다.
  ㉢ **편익** : 경제행위를 통해 얻게 되는 이득이나 만족을 말한다.
  ㉣ **순 편익** : 편익에서 비용을 뺀 것을 말한다.
  ㉤ **합리적 선택** : 편익과 비용을 비교하여 편익이 비용보다 크면 선택하고 여러 대안 중에 가장 순 편익이 큰 것을 선택한다(매몰비용은 고려하지 말아야 한다).

② 합리적 의사결정
  ㉠ **문제 인식** : 직면한 희소성의 문제가 무엇이고, 추구하는 목적이 무엇인지 정확히 인식한다.
  ㉡ **대안 나열** : 취할 수 있는 선택 대안들을 나열한다.
  ㉢ **기준 설정** : 나열한 대안의 특성과 장단점을 평가하기 위한 기준을 마련한다.
  ㉣ **대안 평가** : 자료와 정보를 수집해 각 선택 대안을 구체적으로 평가하여 의사결정표를 작성한다.
  ㉤ **최종 선택** : 의사결정표에서 가장 높은 점수를 얻은 대안을 선택한다.

(2) 경제적 유인

① 경제적 유인
  ㉠ **의의** : 편익이나 비용에 변화를 주어 사람들의 행동 및 선택을 유도하거나 바꿀 수 있는 요인이 유인이며, 돈과 관련된 것을 경제적 유인이라 한다.
    • 긍정적 유인 : 보상이나 이득처럼 편익이 증가하여 어떤 행위를 더하게 한다.
    • 부정적 유인 : 벌금이나 손실처럼 비용이 증가하여 어떤 행위를 덜하게 한다.
  ㉡ **효과** : 경제적 유인은 사람들의 선택에 영향을 주므로 시장경제의 원동력으로 평가된다.

② 경제적 유인의 사례
  ㉠ 시장경제와 유인
    • 유가 상승→소비자는 대중교통 이용, 연비 좋은 차 구매→버스·택시 운행 늘리고, 운전기사 채용 확대→자동차회사는 연비 개선된 차량 생산→에너지회사는 대체 에너지 개발에 박차
    • 경제 주체들이 더 많은 이득을 얻기 위해 경제적 유인에 자발적으로 반응→경제 전체적으로 효율성이 높아진다.
  ㉡ **정부의 유인책 사례** : 과속 운전 범칙금 부과, 쓰레기종량제, 전력요금누진제, 환경오염세, 예방주사 접종비용 지불 등
  ㉢ **정책의 간접 효과** : 간접 효과가 가져온 손해가 긍정적인 직접 효과를 압도해서 전혀 다른 결과가 나타날 수 있어, 정부는 간접 효과까지 따져보고 정책을 채택해야 한다.
    예 영국 정부의 창문세

(3) 비교우위와 거래의 이득

① 생산 가능 곡선

   ㉠ 의미 : 기업이 주어진 생산요소를 이용하여 최대로 생산할 수 있는 상품의 조합들을 연결한 선이다.

   ㉡ 형태 : 자원의 희소성으로 우하향 형태를 나타낸다(음의 기울기).

   ㉢ 생산 가능 곡선의 이해

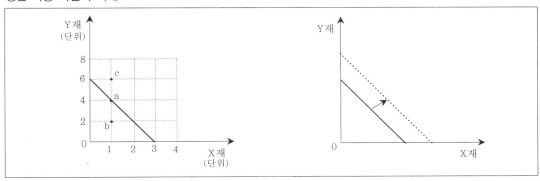

  • a : 효율적인 생산 조합

  • b : 비효율적인 생산 조합

  • c : 불가능한 생산 조합

  • 생산 가능 곡선의 기울기 : 기울기의 절댓값은 X재를 1단위 더 생산할 때 발생하는 기회비용

  • X재를 1단위 더 생산하는 기회비용은 Y재 2단위

  • 경제가 성장하게 되면 생산 가능 곡선이 바깥쪽으로 이동

② 분업과 특화

   ㉠ 분업 : 재화 또는 서비스를 생산하는 과정에서 작업자들이 각기 다른 공정을 담당하는 생산 방식을 말한다.

   ㉡ 특화 : 각자 잘하는 일 또는 자원을 가장 효율적으로 사용할 수 있는 일에 전념한다.

   ㉢ 교환(거래)의 이득 : 특화 생산하여 거래하면 자급자족하는 경우보다 다양한 재화와 서비스를 저렴한 가격으로 구입할 수 있다.

③ 절대 우위와 비교 우위

   ㉠ 절대 우위 : 동일한 자원을 이용하여 다른 생산자보다 더 많이 생산할 수 있는 능력이나 동일한 양을 생산하면서 자원을 더 적게 사용하는 능력을 말한다.

   ㉡ 비교 우위 : 다른 생산자보다 작은 기회비용으로 생산할 수 있는 능력을 말한다.

  • X재의 생산을 늘리기 위해 발생하는 기회비용이 상대방보다 작은 경우에 X재 생산에 비교우위가 있다고 한다.

  • 한 사람이 상대방에 비해 두 재화 모두에서 생산의 절대 우위를 가질 수는 있지만, 비교우위를 가질 수는 없다.

01 출제예상문제

1 (가), (나) 사례에 대한 〈보기〉의 진술 중 옳은 설명만을 고른 것은?

> (가) 태평양의 어느 섬에서는 망고보다 바나나가 더 많이 생산된다. 하지만 바나나가 망고보다 훨씬 높은 가격에 거래된다.
> (나) 물은 생존을 위해 반드시 필요한 재화이다. 하지만 물의 가격은 다이아몬드 가격보다 훨씬 낮다.

> 〈보기〉
> ㉠ (가)의 사례에서 바나나는 망고보다 희소성이 큰 재화이다.
> ㉡ (가)와 (나)의 사례에서 가격을 결정한 요인은 유용성보다는 존재량이다.
> ㉢ (나)에서 다이아몬드가 비싼 이유는 인간에게 더 유용한 재화이기 때문이다.
> ㉣ 희소성은 재화의 존재량과 인간의 욕구와의 관계에서 상대적으로 결정된다.

① ㉠, ㉡   ② ㉠, ㉣
③ ㉡, ㉢   ④ ㉢, ㉣

✔ 해설 ㉠㉣ 희소성이 큰 재화일수록 높은 가격에 거래된다. 따라서 망고보다 바나나가 더 희소성이 크다. 희소성은 재화의 존재량과 인간의 욕구와의 관계에서 상대적으로 결정된다.
㉡ (가)와 (나) 사례에서 가격을 결정한 요인은 교환가치와 희소성이다.
㉢ (나)에서 다이아몬드가 비싼 이유는 교환가치가 더 높기 때문이다.

Answer 1.②

2 다음 표는 각국이 보유한 생산요소를 X재나 Y재 중 한 재화에만 투입하였을 때 생산 가능한 최대 생산량을 나타낸 것이다. 이에 대한 설명으로 옳은 것은? (단, 생산요소의 양은 양국이 동일하다)

구분	X재	Y재
갑국	100개	80개
을국	90개	60개

① X재 생산에 따른 기회비용은 을국이 갑국보다 크다.

② 갑국은 두 재화 생산에 모두 비교우위를 가지기 때문에 교역을 통해 이득을 얻을 수 없다.

③ 양국이 비교우위를 가진 재화에 특화할 경우 X재 1개당 Y재 $\frac{11}{15}$개의 교역이 가능하다.

④ 양국이 비교우위를 가진 재화에 특화할 경우 갑국은 X재를, 을국은 Y재를 각각 생산한다.

> **✔ 해설** 갑국과 을국에서 각 재화 1개 생산의 기회비용은 다음과 같다.
>
> | 구분 | X재 1개 생산의 기회비용 | Y재 1개 생산의 기회비용 |
> |------|------|------|
> | 갑국 | Y재 80/100개($= \frac{4}{5}$개) | X재 100/80개($= \frac{5}{4}$개) |
> | 을국 | Y재 60/90개($= \frac{2}{3}$개) | X재 90/60개($= \frac{3}{2}$개) |
>
> ③ 갑국이 교역 이익을 얻기 위해서는 비교우위에 있는 Y재 1개를 생산해서 얻는 이익이 그 기회비용 X재 $\frac{5}{4}$개보다 커야 한다(Y재 1개 > X재 $\frac{5}{4}$개). 또, 을국의 입장에서는 특화 상품 X재 1개를 생산해서 얻는 이익이 Y재 $\frac{2}{3}$개보다 커야 한다(X재 1개 > Y재 $\frac{2}{3}$개). 따라서 X개 1개를 기준으로 양국이 모두 이익을 얻을 수 있는 교역 범위를 나타내 보면, 'Y재 $\frac{2}{3}$개 < X재 1개 < Y재 $\frac{4}{5}$개'이다. X재 1개당 Y재 $\frac{11}{15}$개는 교역 범위 안에 있으므로 교역이 가능하다.
>
> ① X재 생산의 기회비용은 을국($\frac{2}{3}$개)이 갑국($\frac{4}{5}$개)보다 작다.
>
> ② 갑국은 Y재 생산에 비교 우위가 있고, 을국은 X재 생산에 비교 우위가 있다.
>
> ④ 양국이 비교 우위를 가진 재화에 특화할 경우 갑국은 Y재를, 을국은 X재를 각각 생산한다.

Answer 2.③

3 펜 1개의 값은 1,000원, 노트 1개의 값은 200원이다. '펜 6개와 노트 2개를 살까? 펜 4개와 노트 3개를 살까?' 고민하다가 펜 4개와 노트 3개를 사기로 했다면 노트 1개의 기회비용은 얼마인가?

① 펜 1자루

② 펜 2자루

③ 펜 3자루

④ 펜 4자루

> **✔해설** 기회비용 … 경제활동에서 어떤 것을 선택함으로써 포기하게 되는 것의 가치를 말한다. 노트 2개를 사는 경우와 노트 3개를 사는 경우 전자는 펜 6개를 살 수 있고, 후자는 펜 4개를 살 수 있다. 따라서 노트 1개를 더 사기 위해서 포기한 펜이 2개이므로 펜 2개가 기회비용이다. 합리적 선택이 되기 위해서는 선택에서 오는 이득이 기회비용보다 커야 한다.

4 경제체제에 대한 설명으로 옳지 않은 것은?

① 경제체제란 경제생활양식을 그 특질에 따라 통일적으로 파악한 것이다.

② 혼합경제체제는 자본주의체제와 사회주의체제의 단점을 서로 보완한 것으로 대부분의 국가들이 운영하고 있는 경제체제이다.

③ 시장경제체제는 시민사회의 형성과 산업혁명을 통해 성립되었으며, 그 주체가 개인이다.

④ 부의 불평등을 불러온다는 문제점이 있다.

> **✔해설** ④ 계획경제는 정부가 주체가 되어 공익과 형평성에 가치를 둔다는 장점이 있지만, 비효율적이라는 문제점이 있다. 부의 불평등은 시장경제의 단점이다.

Answer 3.② 4.④

5 다음 중 서구 여러 나라의 근대시민계급에 대한 설명으로 옳지 않은 것은?

① 처음에는 중앙집권적 민족국가를 형성하는 절대군주에 적극 협력하였다.

② 경제활동에 있어서 보호무역을 주장하였다.

③ 산업혁명 이후부터 부의 축적이 강화되면서 절대군주와 대립하였다.

④ 자유와 평등을 보장하는 정치제도를 요구하였다.

> **해설** ② 개별경제주체가 자유로운 계약에 기초하여 합리적으로 경제활동을 수행하는 자본주의 시장경제를 주장하였다.

6 다음의 그래프는 감자와 고구마의 생산조합을 나타낸 것이다. 이에 대한 설명으로 옳은 것은?

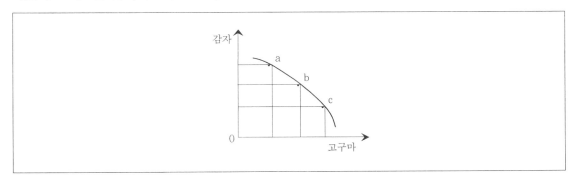

① 감자의 기회비용은 반비례한다.

② 고구마의 기회비용은 반비례한다.

③ c점에서 b점으로 이동하는 과정에서 고구마의 생산을 줄이지 않고도 감자의 생산을 늘릴 수 있다.

④ 일정한 양의 고구마 생산을 늘리기 위해서 포기해야 하는 감자의 양은 b점보다 c점에서 많아진다.

> **해설** 기회비용 … 제한된 자원과 재화의 이용은 다른 목적의 생산 또는 소비를 포기한다는 전제하에서만 이루어질 수 있다. 이때 포기되거나 희생된 재화 또는 용역을 선택된 재화와 용역의 기회비용이라 한다.

7 경제생활이란 대가를 지불해야만 하는 것이라는 관점에서 볼 때 경제생활의 출발점은?

① 형평성   ② 효율성

③ 기회비용   ④ 희소성

> **해설** 희소성의 원칙 … 무한한 인간의 욕망에 비해 이를 충족시켜 줄 재화와 용역이 상대적으로 부족하기에 가치를 가진다는 원리로서, 경제문제를 발생시키는 출발점으로 선택의 의미인 경제원칙을 제기한다.

Answer   5.②   6.④   7.④

8 효율성만을 중시하는 성장 위주의 경제정책으로 나타난 결과로 보기 어려운 것은?

① 소득분배의 불공평

② 도시와 농촌의 불균형

③ 정부 내지 관(官)의 지도력 약화

④ 내수산업과 수출산업의 불균형

> ✔ 해설   효율성만을 중시하는 성장 위주의 경제정책으로 나타난 결과
> ㉠ 소득분배의 불공평(계층 간의 격차 심화)이 나타났다.
> ㉡ 도시와 농촌의 격차가 심화되었다.
> ㉢ 내수산업과 수출산업의 불균형이 이루어졌다.
> ㉣ 대기업과 중소기업의 격차가 심화되었다.
> ㉤ 기본적 수요충족에서의 불평등이 심화되었다.
> ㉥ 기업 간의 임금격차가 심화되었다.

9 A재의 소비량이 8에서 9로 증가하고 한계효용이 0일 때 가장 적절한 설명은?

① A재를 9단위 소비할 때 총효용은 0이다.

② A재를 9단위 소비할 때의 총효용이 8단위 소비할 때보다 크다.

③ A재를 9단위 이상으로 소비량을 늘리면 총효용은 증가한다.

④ A재를 9단위 소비할 때 최대의 총효용을 얻는다.

> ✔ 해설   한계효용 … 재화 1단위를 더 소비함으로써 얻어지는 총효용의 증가분으로 총효용의 증가분을 소비량의 증가분으로 나눈 것과 같다. 한계효용이 0일 때 총효용은 최대가 된다.

10 다음 중 경제활동을 가장 잘 설명한 것은?

① 경제원칙에 입각한 행위

② 재화와 용역을 유상으로 조달하는 인간의 행위

③ 시장에서 상품을 구입하고 판매하는 행위

④ 이윤을 극대화하려는 행위

> ✔ 해설   물이나 공기 등과 같이 대가 없이 재화나 용역을 얻는 경우는 경제활동이 아니다.

Answer   8.③   9.④   10.②

11 시장경제체제에서 경제의 기본문제들을 해결하는 과정을 잘못 설명한 것은?

① 생산방법은 생산요소의 가격에 맞는 것을 선택한다.

② 값을 치를 수 있는 자를 위해 생산이 이루어진다.

③ 소득분배의 몫은 생산가격에 따라 결정된다.

④ 노동력, 토지, 자본 등의 가격이 곧 소득이 된다.

> ✔해설 시장경제체제하에서의 기본적인 경제문제해결은 보이지 않는 손에 의해 이루어진다.

12 경제문제에 대한 설명으로 옳지 않은 것은?

① 모든 사회에는 생산량, 생산방법, 분배 등의 문제가 존재한다.

② 무엇을 얼마나 생산할 것인가의 문제에서는 선택한 재화의 생산경비가 기회비용이다.

③ 누구를 위하여 생산할 것인가의 문제는 효율성과 형평성의 문제이다.

④ 생산량과 생산방법에 대한 합리적 결정은 최소희생으로 최대효과를 얻으려는 것이다.

> ✔해설 ② 얻을 수 있으나 다른 선택을 위해 포기하거나 희생된 재화 또는 용역이 기회비용이다.

13 보이지 않는 손(Invisible hand)에 관한 설명 중 옳지 않은 것은?

① 시장가격을 의미한다.

② 화폐를 의미한다.

③ 재화와 서비스의 가격을 결정하는 역할을 한다.

④ 경제활동을 하는 데 있어서 국가개입을 최소화한다.

> ✔해설 보이지 않는 손 … 애덤 스미스가 그의 저서 '국부론'에서 사용한 말로 보이지 않는 손은 시장가격을 의미하며, 시장을 국가의 간섭 없이 내버려두면 자연스레 공급과 수요가 균형을 이루고 가격이 결정되어 합리적이고 효율적인 경제상태가 마련된다는 이론이다.

Answer 11.③ 12.② 13.②

14 다음 중 경제적이라는 개념을 가장 잘 설명하고 있는 것은?

① 수요공급의 법칙에 따라 행동한다.

② 경제체제의 이념에 맞게 행동한다.

③ 최소비용으로 최대효과를 얻는다.

④ 효율성과 공평성 모두를 고려한다.

> ✔ 해설 경제적인 것과 경제는 다르다. 전자는 경제원칙과 관련된 행동을 의미한다면 후자는 생산, 소비, 분배활동을 의미한다.

15 다음 중 의미가 다른 하나는?

① 사회정의   ② 공공복리

③ 소득재분배   ④ 경제성장

> ✔ 해설 ①②③은 형평성을, ④는 효율성을 그 목적으로 한다.
> 효율성은 기회비용을 고려하여 경제원칙에 따라 선택할 때 이루어진다.

16 다음 중 경제활동이라고 할 수 없는 것은?

① 생산   ② 분배

③ 소비   ④ 지출

> ✔ 해설 경제활동 … 인간에게 필요한 물품이나 서비스를 창출하는 것을 말한다.

17 다음 용역 중 간접용역에 해당하는 것은?

① 변호사의 활동   ② 음악가의 음악활동

③ 운수업자의 운수활동   ④ 의사의 진찰활동

> ✔ 해설 직접용역은 인적 용역을 뜻하고 간접용역은 물적 용역을 말한다.

Answer   14.③   15.④   16.④   17.③

18 산업혁명의 결과를 가장 바르게 지적한 것은?

① 절대주의의 붕괴로 자본주의적 요소가 확산되었다.

② 경제활동의 중심이 농업에서 공업으로 변화하였다.

③ 정부가 개개인의 경제활동을 규제하였다.

④ 자본가계층과 노동자계층의 구분이 어려워졌다.

✔해설 산업혁명의 결과 농업중심사회가 공업중심사회로 되었으며, 자본가와 노동자계층이 발생하였다.

19 다음 두 시대를 구분하는 가장 중요한 근거는?

• 봉건경제 • 자본주의경제

① 화폐의 발생 ② 상인계급의 출현

③ 종교세력의 몰락 ④ 임금노동자의 발생

✔해설 봉건체제하에서는 없었으나 자본주의경제체제하에서 나타난 결과이다.

20 다음 글의 ( ) 안에 알맞은 말로 짝지어진 것은?

자본주의경제가 성립되려면 자본의 축적, ( ), 노동력이라는 세 가지 요건이 갖추어져야 한다. 이 세 가지가 다 갖추어진 시기는 나라에 따라 다르나, 대체로 16세기에서 ( )까지에 걸쳐 유럽제국에서 이루어졌다.

① 자본재사용, 17세기 ② 상품시장, 18세기

③ 전문경영인, 18세기 ④ 자유경쟁, 17세기

✔해설 자본재는 자본주의 이전 원시시대부터 사용되었다.

Answer 18.② 19.④ 20.②

02 경제 주체의 역할과 의사 결정

01 가계의 역할과 의사 결정

(1) 가계의 소비활동

① 가계와 경제활동
- ㉠ 소비생활 : 욕구를 충족시키기 위하여 이루어지는 경제활동이다.
- ㉡ 소비지출의 원천 : 가계소득(임금·이자·지대·이윤)이 소비의 원천을 이룬다.
- ㉢ 가계소득의 차이 : 생산요소의 종류와 질에 따라 가계의 소득이 달라진다.

② 합리적 소비(소득배분의 합리적 선택)
- ㉠ 합리적 선택 : 한정된 소득으로 최대 만족을 보장하는 선택을 의미한다.
- ㉡ 합리적 소비 : 주어진 소득범위 내에서 시장에서 거래되는 상품을 적절하게 선택하고, 현재와 미래를 감안하여 가계의 만족을 극대화하는 소비행위이다.
- ㉢ 합리적 소비를 위한 고려사항 : 소비액과 저축액의 결정, 구매하고자 하는 상품의 가격, 품질, 만족감, 기회비용 등을 고려하여 선택해야 한다.

> ⊘ CHECK POINT 한계효용균등의 법칙 … 각 상품의 소비에 지출하는 비용 1원어치의 한계효용이 서로 같도록 소비할 때, 소비자는 가장 큰 총효용을 얻게 되어 합리적인 소비를 하게 된다(고센의 제2법칙).
>
> $$\frac{\text{X재의 한계효용}}{\text{X재의 가격}} = \frac{\text{Y재의 한계효용}}{\text{Y재의 가격}} \ (\text{=화폐 1원어치의 한계효용})$$
>
> 즉, X재 1원어치의 한계효용=Y재 1원어치의 한계효용(=화폐 1원어치의 한계효용)이다.

(2) 소비와 국민경제

① 소비와 저축
- ㉠ 가계소득의 지출 : 생산요소를 제공하고 얻은 소득을 재화와 용역의 소비에 지출하고, 나머지는 저축한다.
- ㉡ 가계소득과 저축 : 가계소득이 증가하면 소비가 증가하게 된다. 따라서 장래의 예비를 위한 저축이 필요하다.

② 소비와 국민경제

　㉠ 가계의 소비와 저축

　　• 저축의 증가 : 대출 증가→기업 투자 증가→경제성장

　　• 저축의 감소 : 대출 감소→기업 투자 감소→경제위축

　㉡ 소비성향 : 소득 중에서 소비가 차지하는 비율(C / Y)

　㉢ 저축성향 : 소득 중에서 저축이 차지하는 비율(S / Y)

　㉣ 소비성향과 생산활동 : 소비성향이 확산되면 상품에 대한 수요가 증대되고 경제가 활성화되거나 물가가 상승된다.

02 기업의 역할과 의사 결정

(1) 기업의 생산활동

① 생산

　㉠ 재화의 생산 : 인간생활에 유용한 유형의 재화를 직접 만들어내는 활동이다.

　㉡ 용역의 생산 : 인간의 활동 즉, 무형재의 재산(보관 · 저장 · 운반 · 판매 등의 간접적 생산활동 포함)을 의미한다.

　㉢ 생산요소의 구입 : 가계로부터 토지, 노동, 자본 등을 구입하고 그 대가로 지대, 임금, 이자 등을 지불한다.

　㉣ 생산의 주체 : 기업(생산을 위한 조직체)

② 기업

　㉠ 기업의 목적 : 이윤 추구

　㉡ 극대 이윤을 위한 기업의 결정 : 총수입을 늘리고 총비용을 줄이는 방향에서 결정해야 총이윤을 극대화시킬 수 있다.

(2) 기업의 형태

① 민간기업과 정부기업(기업의 소유 및 운영 주체에 따른 분류)

　㉠ 민간기업 : 민간이 소유, 운영하는 기업으로서 일반적으로 이윤 추구를 목적으로 한다.

　㉡ 정부기업 : 정부가 소유, 운영하는 기업으로서 민간기업에 맡기는 것이 부적절한 재화와 서비스의 생산을 담당한다.

② 민간기업의 종류

　㉠ 개인기업 : 기업 운영에 필요한 자본 전액을 개인이 출자하고, 기업 운영에 따른 위험부담도 모두 개인이 지는 기업형태로 소규모 기업이 이에 속한다.

　㉡ 회사기업 : 많은 사람이 자본을 출자하고 선정된 전문가에게 경영을 맡기는 기업형태이다. 위험부담이 분산될 수 있으며, 대규모 기업이 이에 속한다. 회사는 구성원의 회사 채권에 대한 책임 정도에 따라, 합명 · 합자 · 유한 · 주식회사로 나뉜다.

(3) 기업의 역할과 책임

① **사회적 역할** … 값싸고 품질 좋은 제품을 공급하며 생산설비를 확충하고 새로운 기술을 개발하고 고용기회를 늘리고 부가가치를 증대시킨다.

② **사회적 책임** … 사회구성원으로서의 책임, 근로자 및 소비자의 권리를 보호해야 할 책임, 문화활동 지원 및 공익활동에 대한 참여 등 기업의 사회적 책임이 확대되고 있다.

03 정부의 역할과 의사 결정

(1) 시장경제의 효율성

① 경쟁시장의 균형
   ⊙ 경쟁시장 : 개별 기업이나 소비자가 시장가격에 영향을 줄 수 없는 시장이다.
   ⓒ 균형가격의 형성(시장의 균형) : 수요량과 공급량이 같아지면 균형가격이 형성된다.

② 경쟁시장의 효율성
   ⊙ 경쟁시장의 원리 : 경쟁시장에서 생산자와 소비자는 모두 시장정보를 바탕으로 개인의 이익을 추구·지향하며 이를 통하여 사회적 이익을 실현하려고 한다. 생산자는 이윤을 극대화 하고자 하며, 소비자는 만족의 극대화를 추구한다.
   ⓒ 개인과 사회 이익의 실현 : 생산자와 소비자의 경쟁적 이익 추구 행위는 사회 전체적으로 희소한 재화와 용역의 효율적 배분을 실현시켜 준다.

(2) 정부의 경제적 역할

① **경쟁체제의 유지와 보호** … 정부는 공정한 경쟁 유지, 개인의 재산권 보호, 자유로운 경제활동 보장, 화폐의 공급 및 통화량을 조절하는 기능을 담당한다.

② **경제활동의 규제** … 정부는 독과점 기업의 담합, 불공정한 거래 활동, 공해 유발행위의 규제 등 바람직하지 않은 경제활동에 적절한 규제를 행한다.

③ **사회간접자본의 건설** … 철도, 도로, 항만, 댐 등과 같은 사회간접자본의 건설과 시설 유지 및 관리는 정부나 공기업이 수행하는 중요한 경제적 기능이다.

④ 정부에 의한 생산
   ⊙ 재화나 용역의 생산을 민간기업이 담당할 경우 나타날 수 있는 폐단을 막기 위하여 정부나 공기업이 사업자가 되어 직접 생산, 공급한다.
   ⓒ 작은 기업들이 나누어 생산하는 것보다는 하나의 대기업이 도맡아 하는 것이 비용이 적게 든다.

ⓒ 민간기업이 규모의 경제가 존재하는 사업을 맡으면 이윤극대화를 위해 생산량을 제한하고 가격을 지나치게 올릴 수 있으므로, 이것을 방지하기 위하여 정부나 공기업이 직접 생산, 공급한다.

✅ CHECK POINT **규모의 경제(Economics to scale)** … 생산요소의 투입량 증가 시 생산량이 그 이상으로 크게 증가하는 경우를 말한다. 단위당 생산비(평균비용)는 체감하게 되며, 독점이 발생한다. 이 경우의 독점을 자연독점(Ratural monopoly)이라고 한다.

⑤ **경제의 안정** … 정부는 물가를 안정시키고, 국민경제의 균형적 발전을 도모하는 역할을 수행한다.
  ㉠ **긴축정책** : 경기가 과열되어 물가가 빠르게 오르는 인플레이션이 나타날 때 정부는 재정 및 금융활동에서 긴축정책을 채택한다.
  ㉡ **확장정책** : 불경기가 심화되어 도산하는 기업이 많아지고 실업자가 증가할 경우, 정부는 기업의 생산을 원활하게 하고 근로자에게 일자리를 더 많이 만들어 주기 위해 재정 및 금융활동에서 확장정책을 채택한다.

⑥ **공정한 분배** … 누진소득세제도 채택, 생계비 보조, 사회보장제도 등 소득재분배정책을 실시하고 있다.

(3) 재정

① **의미** … 정부의 경제 활동을 위한 살림살이로서 정부의 수입 및 지출과 관련된 행동이다.

② **구성**

세입	조세 수입	조세를 통한 수입
	조세 외 수입	입장료, 수수료, 벌과금 등
세출	기능별 (목적에 따라)	• 경제 개발비 : 산업지원 및 육성, 도로·항만 건설 등 경제 발전을 위해 지출되는 비용 • 사회 개발비 : 공해 방지, 문화시설 주택 건설, 사회 보장 등 국민의 복지증진과 생활 환경개선을 위해 지출되는 비용 • 일반 행정비 : 공무원의 봉급, 치안 유지비 등 일반 행정 업무 처리에 지출되는 비용 • 교육비 : 교육 환경개선을 위해 지출되는 비용 • 방위비 : 국토 방위를 위해 지출되는 비용 • 지방 재정 교부금 : 지방자치 단체의 재정 부족을 정부에서 지원하는 비용
	경제적 성질별	경상적 지출, 자본적 지출, 이전적 지출

③ **원칙**
  ㉠ **공정성(공평성)** : 사회적 약자를 고려하여 자원과 소득을 공정하게 분배한다.
  ㉡ **투명성** : 예산 편성 과정과 결과를 국민에게 공개한다.
  ㉢ **효율성** : 가장 적은 예산으로, 우선 순위를 정하여 지출을 통해 목적을 달성한다.

④ 조세법률주의
　㉠ 조세의 항목과 세율은 국회에서 법률로써 제정한다.
　㉡ 권력의 자의적 징세를 방지하고, 국민의 재산권을 보장한다.

⑤ 재정민주주의
　㉠ 예산의 효율성과 공정성을 보장하고 민주성을 기하는 것이다.
　㉡ 국민이 재정 운용 과정에 참여할 수 있다.
　㉢ 국회의 예산 심의가 실질적으로 되어야한다.
　㉣ 납세자들이 정부의 재정활동에 관심을 갖고 감시·통제하는 제도적 장치와 노력이 필요하다.

(4) 조세

① 의미
　㉠ 정부가 개별적 대가 없이 법률에 의해 국민으로부터 거두어들이는 수입이다.
　㉡ 정부가 제공하는 재화와 서비스에 대한 대가이다.

② 특징
　㉠ 납세의 강제성 : 시장에서의 물건 구입 여부는 자유이지만, 정부 서비스는 마음에 들지 않아도 세금을 납부해야 한다.
　㉡ 세 부담액 결정의 일방성 : 정부 서비스로부터 혜택을 받은 수준과 상관없이 다른 기준에 의해 담세액이 결정된다.
　㉢ 납세에 대한 대가의 불확실성 : 특정 항목의 세금을 제외하고는 납세의 목적이 불분명하다.
　㉣ 세금 지출 용도의 불특정성 : 세금은 반드시 정부가 어떤 서비스를 생산하기 위하여 사용되는 것은 아니다.

(3) 조세의 구분

① 징수 주체에 따른 분류 … 조세는 징수 주체가 누구냐에 따라 정부가 징수하는 국세와 지방 자치 단체가 징수, 관리하는 지방세로 구분한다.

② 세율 기준에 따른 분류 … 과세 대상의 금액이 많을수록 높은 세율을 적용하는 누진세와 조세 부과 대상의 금액에 관계없이 같은 세율을 적용하는 비례세가 있다.

③ **조세 전가 여부에 따른 분류** … 세금을 내는 납세자와 세금을 부담하는 담세자의 일치여부에 따라 직접세와 간접세로 분류한다.

구분	직접세	간접세
특징	• 납세자와 담세자가 일치 • 소득의 원천(수입)에 부과 • 조세 전가성이 없음 • 행정의 편리성이 적음	• 납세자와 담세자의 불일치 • 소득의 지출(소비)에 부과 • 조세 전가성이 있음 • 행정의 편리성이 큼
장점	• 누진세 적용으로 소득 재분배 효과 있음 • 담세 능력에 따른 공평 과세 가능 • 세원이 확실하고 신축성이 있음	• 조세 저항이 적음 • 징수가 간편 • 소비 억제로 저축 효과 있음
단점	• 조세 저항이 나타남 • 과세 기술이 복잡함 • 가계, 기업에 세금 압박을 주게 됨	• 비례세 적용으로 저소득층에 불리 • 물가 상승의 자극 • 세원의 불확실성과 비신축성
종류	소득세, 법인세, 상속·증여세, 종합부동산세	부가가치세, 개별소비세, 주세, 인지세

④ **조세 부과의 목적에 따른 분류** … 조세 부과의 목적에 따라 특정지출 목적에 한정되어 있는 조세를 목적세라 하며, 이러한 구속 없이 일반적인 경비에 충당하기 위하여 설정된 조세를 일반세 또는 보통세라 한다.

02 출제예상문제

1 경제주체에 대한 설명으로 옳지 않은 것은?

① 가계는 소비주체이다.

② 기업은 생산주체이다.

③ 정부는 공공서비스를 소비하는 주체이다.

④ 외국은 교역주체이다.

✔**해설** ③ 정부는 국방, 치안, 의료, 교육 등의 공공서비스를 생산하는 동시에 이를 위해 필요한 자원을 활용한다.

2 공직자의 경제윤리라고 할 수 없는 것은?

① 행정편의주의에 치우쳐서는 안 된다.

② 공익을 우선하는 마음으로 솔선수범해야 한다.

③ 시장의 실패로 비롯되는 부작용을 최소화해야 한다.

④ 이윤추구만이 아니라 사회적 책임도 수행해야 한다.

✔**해설** ④ 기업의 경제윤리이다.

3 다음 중 기업의 사회적 책임으로 옳지 않은 것은?

① 근로자, 소비자들의 권리보호

② 기업이윤의 사회환원을 통한 공익활동에의 참여

③ 기술혁신을 통한 값싸고 품질좋은 상품의 공급

④ 독과점방지를 통한 시장에서의 공정한 경쟁력 추구

✔**해설** 기업의 사회적 책임은 생산활동을 하면서 사회구성원으로서 지켜야 할 책임이다.

Answer 1.③ 2.④ 3.④

4 기업의 생산활동에서 합리적인 선택이 필요한 이유로 옳은 것은?

① 국민의 복지증진을 위하여

② 소비자의 권익 보호를 위하여

③ 기업의 사회적 책임을 다하기 위하여

④ 이윤극대화 추구를 위하여

> ✔해설 기업의 목적은 극대 이윤 추구이다. 따라서 기업은 이 목적을 달성하기 위하여 합리적인 생산방법을 선택한다.

5 주식회사의 특징으로 옳지 않은 것은?

① 많은 사람이 출자하여 대규모 자금조달이 용이하다.

② 회사의 손실에 대해 자기가 출자한 한도 내에서 책임을 진다.

③ 무한책임사원으로 구성된 인적 회사이다.

④ 소유와 경영이 분리되어 운영되는 회사이다.

> ✔해설 ③ 주식회사는 많은 출자자들이 동원될 수 있고 소유와 경영이 분리되어 위험부담을 분산할 수 있는 물적 회사이다.

6 회사기업이 민간기업으로서 중요한 위치를 차지하게 된 배경과 관련이 없는 것은?

① 기업의 경제규모 확대

② 산업기술의 고도화

③ 대자본의 필요성

④ 노동조합의 활성화

> ✔해설 많은 사람이 자본을 출자하고 선정된 전문가에게 경영을 맡기는 기업형태를 회사기업이라 한다. 기업의 경제규모가 커지고 산업기술이 고도화되면서 기업은 많은 자본을 필요로 하게 되고 사업에 따르는 위험부담도 커지게 되었다. 따라서 많은 사람들로부터 자금이 조달될 수 있고 위험부담도 분산시킬 수 있는 회사기업이 민간기업으로서 중요한 위치를 차지하게 되었다.

Answer 4.④ 5.③ 6.④

✳✳✳────────────────────────

7 주식회사에서 회사의 운영을 책임지고 있는 곳은?

① 이사회　　　　　　　　　　　　② 주주
③ 감사　　　　　　　　　　　　　④ 주식

> ✔해설　주식을 소유한 사람을 주주라 하고 주주는 이사를 선임하여 이사회를 구성하고 이사회가 회사운영의 책임
> 을 맡는다.

8 정부에서는 2000년 1월 1일부터 다음 표에 나타난 물품들을 특별소비세의 과세대상에서 제외하기로 결정하였다. 이러한 정책의 시행에 따라 나타날 수 있는 경제적 효과를 알 수 있는 것을 모두 고르면?

구분	과세대상에서 제외되는 물품
식·음료품	청량·기호음료, 설탕, 커피, 코코아 등
생활용품	화장품, 크리스탈 유리제품, 피아노 등
가전제품	TV, 냉장고, VTR, 세탁기, 음향기기, 전자렌지 등
대중스포츠	스키, 볼링용품, 스키장 및 퍼블릭 골프장 이용료

> ⊙ 지방세의 수입이 증가할 것이다.
> ⓛ 조세부담의 역진성이 완화될 것이다.
> ⓒ 근로자의 일할 의욕이 감소할 것이다.
> ⓔ 특별소비세가 폐지된 상품의 가격이 인하될 것이다.

① ㉠㉡　　　　　　　　　　　　　② ㉠㉢
③ ㉡㉢　　　　　　　　　　　　　④ ㉡㉣

> ✔해설　㉠ 특별소비세는 국세이므로 지방세의 증감과 관련이 없다.
> 　　　 ㉡ 특별소비세는 부가가치세의 단일세율에서 오는 세부담의 역진성을 보완하는 것이므로 이를 과세대상
> 　　　 에서 제외한다면 역진성이 완화될 것이다.
> 　　　 ㉢ 특별소비세를 과세하지 않으면 오히려 지나친 조세부담에서 벗어난 근로자들이 좋아할 것이다.
> 　　　 ㉣ 특별소비세의 과세대상에서 제외되는 물품은 그만큼 가격이 인하될 것이다.

9 민간기업과 정부기업으로 구분하는 기준으로 옳은 것은?

① 고정자본시설   ② 운영주체

③ 회사의 규모   ④ 투자규모

✔해설 기업의 형태는 여러 가지가 있으나, 크게 소유 및 운영주체형태에 따라 민간기업과 정부기업으로 구분
할 수 있다.

10 각국의 조세비율이 다음과 같다고 할 때 다음 중 알맞은 것은?

구분	한국	미국	영국	일본
직접세	44.1	90.9	54.3	72.7
간접세	55.9	9.1	45.7	27.3

① 영국은 미국보다 소득재분배효과가 클 것이다.

② 미국의 저소득층이 가장 불리할 것이다.

③ 일본은 영국보다 조세저항이 적을 것이다.

④ 한국은 타국에 비해 조세징수가 간편할 것이다.

✔해설 조세
   ⊙ 직접세
     • 담세자와 납세자가 같으므로 조세의 전가성이 없다.
     • 누진율이 적용되어 소득재분배효과가 있다.
     • 조세저항이 크고 조세징수가 곤란하다.
     • 선진국은 직접세의 비중이 높다.
     • 종류 : 종합소득세, 법인세, 상속세, 재평가세, 이자소득세 등
   ⓒ 간접세
     • 담세자와 납세자가 달라 조세의 부담을 타인에게 전가시킨다.
     • 비례세율의 적용으로 빈부격차가 형성된다.
     • 조세저항이 작고 조세징수가 용이하다.
     • 후진국은 간접세의 비중이 높다.
     • 종류 : 부가가치세, 특별소비세, 주세 등
   ⓒ 우리나라 세입구조의 특징
     • 조세수입의 비중이 높다.
     • 간접세의 비중이 높다.
     • 조세징수가 간편하다.

Answer   9.②   10.④

11 다음 그래프는 어떤 세금의 특성을 나타낸 것이다. 이를 옳게 설명한 것은?

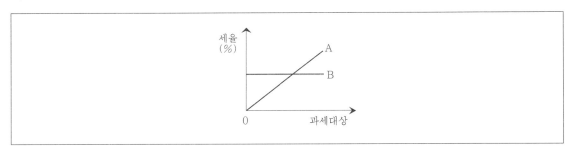

① A는 빈부격차를 완화시켜 소득재분배효과를 가져온다.

② A는 조세의 역진성을 초래할 수 있다.

③ B는 소득세, 특별소비세, 부가가치세 등이 해당된다.

④ B는 소득에 기준을 두고 부과하는 조세이다.

> ✔해설 A는 누진세로서 과세대상이 커짐에 따라 세율 자체가 상승하며, 과세대상의 금액이 많을수록 높은 세율을 적용한다. 소득세(직접세) 등이 이에 해당한다. B는 비례세로서 세율이 일정하며 특별소비세, 부가가치세(간접세) 등이 이에 해당한다. 누진세는 소득의 재분배효과가 크기 때문에 빈부의 격차를 해소하는 등 사회정의의 실현에 도움을 줄 수 있다.

12 다음 중 재정에 관한 내용으로 옳은 것은?

① 우리나라 세출구조의 특징은 정부주도의 경제개발비의 비중이 점차 높아지고 있어 경직성을 띠고 있는 것이다.

② 간접세의 비율이 높아진 관계로 소득분배를 많이 개선시켰다.

③ 직접세 위주의 조세정책은 간접세에 비해 보다 많은 조세저항을 가져온다.

④ 국민경제가 불경기일 때 긴축재정은 물가를 안정시키고 경기를 회복시킨다.

> ✔해설 ① 경제개발비의 비중이 낮아지고 있는 것은 경제개발을 이끌어 나가는 데 있어서 민간부문의 역할이 증대되고 정부의 역할이 감소하는 추세에 있기 때문이다.
> ② 직접세의 비율이 높을수록 소득재분배효과가 있다(종합소득세, 법인세, 상속세, 재산세 등).
> ④ 불경기일 때 정부는 경기회복을 위해서 조세인하, 재정지출 증가 등의 팽창정책을 실시하여 경제안정화를 추구하고 호경기 때에는 반대로 조세인상, 재정지출 감소의 긴축재정을 펼친다.
> ※ 재정과 예산
> ㉠ 재정 : 정부의 활동과 관련된 정부의 경제활동
> • 세입(재정수입) : 정부의 수입
> • 세출(재정지출) : 정부의 지출
> ㉡ 예산 : 일정기간(보통 1년)의 정부의 재정수입 · 지출에 대한 계획서

Answer 11.① 12.③

13 정부에서 고율의 세금부과로 사치품의 범람을 막으려는 재정정책을 실시할 때 기대되는 효과는?

① 소득재분배   ② 경제안정

③ 효율적인 자원배분   ④ 물가안정

> **✔ 해설** 재정정책의 기능
> ㉠ 경제안정화
> • 불황기 : 조세인하, 재정지출 증가
> • 호황기 : 조세인상, 재정지출 감소
> ㉡ 경제발전 : 정부의 재정 투자·융자를 통해 경제성장에 기여한다.
> ㉢ 소득재분배
> • 세입면 : 누진세 적용, 특별소비세 부과
> • 세출면 : 사회보장비 지급
> ㉣ 자원배분
> • 세입면 : 사치품에 대한 세율인상, 필수품에 대한 세율인하
> • 세출면 : 공공주택부문 등에 정부자금 사용

14 다음은 두 종류의 세금을 대비시킨 것이다. 정부가 세금제도를 ㉡ 중심에서 ㉠ 중심으로 개편했을 때 예상되는 결과로 적절한 것은?

구분	부과기준	세율 적용	종류
㉠	소득원천	누진세율 적용	소득세, 상속세 등
㉡	소비지출	비례세율 적용	부가가치세, 특별소비세 등

① 물가상승이 우려된다.

② 조세저항이 줄어든다.

③ 소득의 불균형을 완화시킨다.

④ 상류층에게 유리하게 적용한다.

> **✔ 해설** 제시된 표에서 ㉠은 직접세, ㉡은 간접세를 각각 나타낸다. 직접세는 세금의 부담자와 납세자가 같은 세금으로 소득에 기준을 두어 부과하며, 소득이 높아질수록 세율이 높아지는 누진세율을 적용한다. 이에 따라 소득의 불균형을 완화시키는 효과가 있다. 그러나 납세자들이 세금을 덜 내기 위해 소득규모를 축소하여 신고하거나 세원(稅源) 노출을 꺼리게 되는 등 조세저항이 강해진다.

Answer   13.③   14.③

✳✳✳

15 경제주체들의 공정한 경쟁여건을 조성하기 위한 정부의 규제로 적절하지 않은 것은?

① 담합행위에 대하여 법으로 금지한다.

② 개인의 조림사업을 지원해 준다.

③ 소비자의 권리를 보호해 준다.

④ 대기업의 부당한 거래조건의 강요를 규제한다.

> ✔해설 ② 바람직한 경제활동으로 정부가 장려 또는 권장하는 사례이다.

16 공공재 생산을 정부가 주관해야 하는 이유로 옳은 것은?

① 수익자부담의 원칙이 적용될 수 없기 때문이다.

② 기업에 맡기면 너무 과다한 이윤을 얻기 때문이다.

③ 소비자들의 욕망이 무한하기 때문이다.

④ 소비자들의 소비억제를 유도하기 위해서이다.

> ✔해설 공공재 … 정부예산을 통하여 공급되는 재화로 비배제성을 가지고 있으므로 수익자부담 적용이 어려워 정부가 주관해야 한다.

17 정부가 공공사업을 위하여 지출액을 증가시킬 경우의 효과로 옳은 것은?

① 실업자 증가　　　　　　　　② 지속적인 불황

③ 가처분소득의 증가　　　　　④ 빈부의 차이 증가

> ✔해설 정부가 지출을 확대하면 통화량의 증가로 소득증대를 가져와 가처분소득이 증가한다.

18 소득효과가 가장 큰 재정지출수단으로 옳은 것은?

① 비례세율에 의한 지출　　　② 누진세율에 의한 지출

③ 단일세율에 의한 지출　　　④ 간접세율에 의한 지출

> ✔해설 소득과 관계있는 누진세율 적용이 가장 효과가 크다.

Answer 15.② 16.① 17.③ 18.②

19 다음과 같은 정책을 실시할 때 추구하는 목표로 가장 알맞은 것은?

> 수질오염의 주요 원인이 되는 합성세제에 적절한 소비세를 부과하였다.

① 효율적인 자원배분
② 공정한 소득재분배
③ 경제의 발전
④ 소비자보호

> **✔해설** 사회적 비용은 줄이고 사회적 효용은 증가시키기 위한 활동으로서 자원을 효율적으로 배분하기 위한 정책이다.

20 오늘날 정부의 경제적 역할이라고 할 수 없는 것은?

① 국방 · 치안 등의 공적서비스 공급
② 사회간접자본시설의 확충
③ 불공평한 소득분배의 시정
④ 최소한의 공공재공급으로 민간기업의 자율성 보장

> **✔해설** ④ 오늘날 정부는 충분한 공공재를 공급하기 위하여 노력하며 민간기업을 적절히 통제하는 역할을 하고 있다.

03 시장과 경제활동

01 시장의 수요와 공급가격 탄력성

(1) 시장의 형태

① 시장형태
- ㉠ 완전경쟁시장 : 다수의 거래자들이 참여하고 동질의 상품이 거래되며, 거래자들이 상품의 가격, 품질 등에 대한 완전한 정보를 지니고, 거래자들이 시장에 자유로이 들어가거나 나갈 수 있는 시장을 말한다(주식시장, 쌀시장).
- ㉡ 불완전 경쟁시장
  - 독점시장 : 한 기업이 한 상품을 도맡아 시장에 공급하는 경우에 발생, 가격의 차별화가 가능하다(전력, 상·하수도, 담배).
  - 독점적 경쟁시장 : 많은 기업들이 각기 질적인 측면에서 조금씩 다른 상품을 공급하는 시장형태로 상품의 차별화가 이루어진다(주유소, 약국).
  - 과점시장 : 소수의 기업들이 공급에 참여하여 경쟁하는 시장형태로 과점기업들은 서로 담합하기도 하고, 독자적인 행동을 취하기도 한다(가전제품, 자동차).

② **시장형태의 결정요인** … 상품의 공급자와 수요자의 수, 상품의 동질성 정도, 신규 공급자의 시장진입 정도, 기존 기업들의 행동양태 등이 있다.

(2) 시장형태의 특징

① 완전경쟁시장
- ㉠ 완전경쟁시장의 특징
  - 수요자와 공급자의 수가 많아야 한다.
  - 완전경쟁시장에서 거래되는 같은 상품은 품질과 판매 조건 등이 모두 같아야 한다.
  - 새로운 기업이 시장으로 들어오는 것과 비능률적인 기업이 시장에서 견디지 못하여 나가는 것 모두가 자유로워야 한다.
  - 상품의 가격, 품질 등 시장정보에 대하여 수요자와 공급자가 모두 잘 알고 있어야 한다.
- ㉡ 완전경쟁시장의 의의 : 이상적인 시장형태이며, 합리적인 경제활동을 영위하는 길잡이가 된다.

② **독점시장** ⋯ 한 상품의 공급이 하나의 기업에 의해서만 이루어지는 시장형태로, 정부가 투자한 공기업, 경쟁 기업의 파산, 특허권과 판권에 의한 독점, 공익을 위한 정부의 독점 등에 의해 생성된다(전력 · 상수도 · 담배 · 철도사업 등).

③ **독점기업의 가격결정**

⊙ **독점기업의 특징** : 독점기업은 한 상품의 유일한 공급자이므로 가격과 공급량을 마음대로 정할 수 있어 독점기업의 수요곡선은 우하향 형태를 띤다.

⊙ **독점기업의 가격결정** : 최대 이윤을 보장하는 수준에서 생산량과 가격을 결정한다.

• 생산비가 드는 경우 : 한계수입과 한계비용이 일치하는 수준에서 최적 산출량이 결정, 수요곡선과 만나는 점에서 독점가격이 결정된다.

• 생산비가 들지 않는 경우 : 한계수입 = 한계비용 = 0이기 때문에 한계수입이 0일 때의 생산량이 최적 산출량이 된다.

④ **독점적 경쟁시장** ⋯ 상품의 특수성에 따른 차별화, 가격 변동에 민감한 반응, 단기적인 시장 지배력의 행사 등의 특징이 있다.

⑤ **과점시장** ⋯ 소수의 기업만이 서로 경쟁하면서 한 상품을 생산, 공급하는 시장형태로, 제조업의 주요 업종들이 과점시장의 형태를 이루고 있다. 과점기업 간의 행동 예측 곤란, 높은 가격과 적은 공급량, 과점기업 간의 담합 등 복잡성과 다양성이 나타난다.

구분	경쟁시장	불완전시장		
	완전경쟁시장	독점적경쟁시장	과점시장	독점시장
기업 수	다수	다수	소수(2 ~ 3개)	하나
상품의 질	동질	이질-차별화	동질, 이질	동질
가격 결정	시장	기업	기업	기업
진입 장벽	완전 자유(없음)	자유(거의 없음)	제한	차단
특징	가격 수용자, 가격결정	가격경쟁+비가격 경쟁(서비스)	비가격 경쟁(광고)	가격 결정자
사례	주식 시장	주유소, 미용실	이동통신, 정유사	담배, 전력

(3) 수요

① 수요계획 … 수요자의 구매계획을 의미한다.

② 수요법칙

㉠ 수요법칙 : 상품 가격과 수요량 사이에 역의 관계(상품의 가격이 오르면 수요량을 줄이고, 가격이 내리면 수요량을 늘리는 것)가 성립하는 현상을 말한다.

㉡ 수요곡선 : 동일한 가격수준에서 소비자의 수요량을 모아 합계한 것이다.

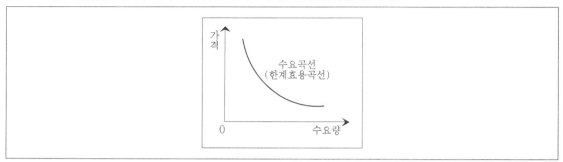

③ 수요의 변동과 수요량의 변동

㉠ 수요의 변동 : 가격 이외의 요인(기호 변화, 소득 증감, 인구 증감, 대체재와 보완재 가격의 등락 등)이 변동함으로써 일어나는 변동을 뜻하며, 수요곡선의 이동으로 나타난다.

• 수요의 증가요인 : 소비자의 기호상승, 소득증가, 인구증가, 대체재 가격상승, 보완재 가격하락, 재화의 용도 확대 등

㉡ 수요량의 변동 : 상품의 가격변동에 대응하는 수요량을 나타내는 수요곡선상의 이동을 뜻한다.

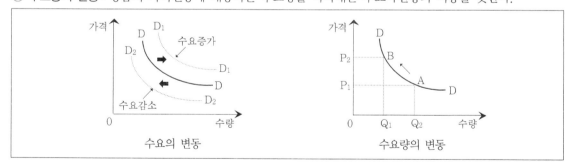

④ 수요의 가격탄력성 … 상품의 가격이 변동될 때 수요량이 변동되는 민감도를 나타낸다.

㉠ 탄력성의 크기

• $eD = \infty$: 완전탄력적, 수요곡선은 수평
• $eD > 1$: 탄력적, 가격변동률 < 수용량의 변동률(사치품)
• $eD = 1$: 단위탄력적, 수요곡선은 직각쌍곡선
• $eD < 1$: 비탄력적, 가격변동률 > 수용량의 변동률(생활필수품)
• $eD = 0$: 완전비탄력적, 수요곡선은 수직

ⓛ 수입과의 관계 : 탄력성이 1보다 큰 탄력적 상품의 경우 가격이 하락하면, 총수요가 늘어 판매수입이 증가하나, 탄력성이 1보다 작은 비탄력적 상품의 경우 가격이 하락해도 수요가 많이 늘지 않아 판매수입은 감소한다.

(4) 공급

① 공급계획 … 공급자의 판매계획을 의미한다.

② 공급법칙

ⓐ 공급법칙 : 한 상품의 가격이 오르면 그 상품의 공급량이 증가하고, 가격이 떨어지면 공급량이 감소하는 현상(정의 관계)을 말한다.

ⓑ 공급곡선 : 동일한 가격수준에서 개별공급곡선을 합하여 나타낸다(개별공급곡선의 수평적 합계).

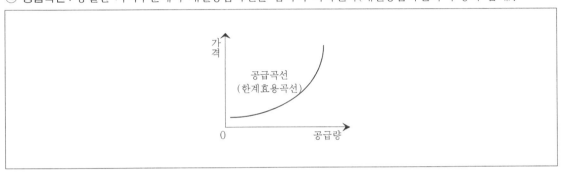

③ 공급의 변동과 공급량의 변동

ⓐ 공급의 변동 : 가격 외의 다른 요인(생산요소가격, 소비자 취향, 생산기술의 변화 등)이 변동함으로써 일어나는 공급량의 변동으로 공급곡선 자체의 이동을 표시된다.
• 공급의 증가요인 : 생산요소가격 하락, 생산기술의 진보, 정부의 보조금 지급, 다른 재화의 가격하락 등

ⓑ 공급량의 변동 : 다른 조건이 일정할 때에 상품 자체의 가격이 변하면 공급량이 변하는데 이러한 변동은 공급곡선상의 움직임으로 표시된다.

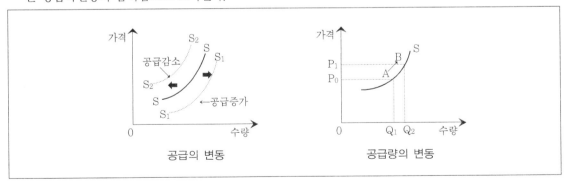

공급의 변동   공급량의 변동

④ 공급의 가격탄력성 … 상품의 가격이 변동될 때 공급량이 변동되는 민감도를 나타내는 지표이다. 공급의 탄력성이 농산물은 작고 공산품은 크다. 또한 공급이 고정되어 있는 재화는 탄력성이 0이다.

02 시장 균형 가격의 결정과 변동

(1) 가격의 기능

① **시장** … 수요자와 공급자가 만나 거래가 이루어지는 장소 또는 범위를 말한다.

② **가격의 기능**

    ㉠ **가격** : 시장에서 상품 한 단위와 교환되는 화폐단위

    ㉡ **가격의 역할**

      • 신호등 역할 : 생산자와 소비자가 경제활동을 어떻게 조절할 것인지를 알려 주는 역할을 한다.

      • 생산물의 배분 : 인위적인 간섭 없이 생산물 배분에 있어서 가장 가격을 높게 지불하려는 사람들의 순으로 공급해 주는 기능을 수행한다.

③ **시장가격의 결정**

    ㉠ **초과공급과 가격** : 수요부족현상이 발생하여 가격이 하락한다.

    ㉡ **초과수요와 가격** : 공급부족현상이 발생하여 가격이 상승한다.

    ㉢ **균형가격의 결정** : 시장 공급량과 시장 수요량이 같은 상태에서 균형가격이 결정된다.

(2) 시장 균형 가격의 변동

① **시장의 균형 가격의 변동**

구분		공급		
		불변	증가	감소
수요	불변	균형 가격 불변 균형 거래량 불변	균형 가격 하락 균형 거래량 증가	균형 가격 상승 균형 거래량 감소
	증가	균형 가격 상승 균형 거래량 증가	균형 가격 불분명 균형 거래량 증가	균형 가격 상승 균형 거래량 불분명
	감소	균형 가격 하락 균형 거래량 감소	균형 가격 하락 균형 거래량 불분명	균형 가격 불분명 균형 거래량 감소

② **생산 요소 시장에서의 수요와 공급** … 생산 요소 시장에서의 가격은 생산 요소에 대한 수요와 공급에 의해 결정되며, 노동 시장의 가격은 임금, 자본 시장의 가격은 이자율, 토지 시장의 가격은 지대라고 한다.

③ 생산 요소 시장에서 가격 변동 … 수출 경기가 좋아져 기업의 신규 고용이 증가하면 기업의 노동에 대한 수요가 증가한다. 그러나 노동 공급 곡선은 경기의 영향을 받지 않으므로 변화하지 않는다. 노동의 수요 곡선이 오른쪽으로 이동하면 균형 가격과 균형 거래량이 증가하고, 노동자들의 임금과 고용량도 동반 상승한다.

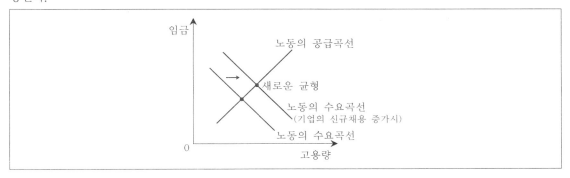

03 시장의 한계와 보완

(1) 시장의 실패

① **불완전한 경쟁시장** … 자원의 비효율적 배분, 공급의 제한과 가격의 상승, 품질의 하락과 비효율성을 증대시킨다.

② **사회적 비용의 발생**
　㉠ **외부효과**
　　• 사회적 비용이 발생하는 경우(외부불경제) : 개인의 행위가 정당한 가격의 지불 없이 사회 또는 다른 개인에게 불리한 효과를 미치는 경우이다.
　　　예 환경오염, 공해
　　• 사회적 수익이 발생하는 경우(외부경제) : 어떤 개인의 행위가 정당한 가격의 지불 없이 사회 또는 다른 개인에게 이익을 주는 경우이다.
　　　예 과수원과 양봉업자, 공원의 조성으로 인한 쾌적성 증가
　㉡ **환경오염** : 외부효과로 인해 사회적 비용이 발생하는 대표적인 경우이다.

③ **공공재의 공급** … 교육, 국방, 치안, 도로 등과 같이 공익과 관련되어 있는 재화를 공공재라 하며, 공공재는 시장에 의해서 자율적으로 공급되기 어렵다.

④ **시장의 실패** … 시장의 가격기능이 경제의 기본 문제를 자연스럽게 해결하지 못하거나 최선의 답을 제시하지 못하는 경우를 말한다. 독과점 기업, 해로운 외부효과, 공공재공급 등에서 시장실패가 나타난다.

(2) 정부의 규제

① **정부규제의 필요성** … 시장의 실패가 나타나면서 정부의 규제가 필요(인·허가, 가격통제, 독과점 및 불공정 거래 규제 등)해졌다.

② **정부의 인·허가**

㉠ **특정 업자에 대한 인·허가** : 정부의 규제 가운데 대표적인 것은 특정 산업부문에서의 기업활동을 특정한 업자에게만 인·허가하는 방법이다.

㉡ **인·허가 규제를 하는 이유** : 과당 경쟁의 방지, 공익 목적의 실현, 자원의 효율적 관리, 전략 산업의 육성 등을 위해 규제한다.

㉢ **정부의 인·허가에 대한 문제점**

- 독과점의 폐해로 인한 손실이 규제에 의한 이익보다 클 수 있다.
- 보호받는 기업과 보호받지 않는 기업 간의 공평성 문제가 발생할 수 있다.
- 육성·보호되는 기업이 타성에 젖어 기술개발이나 비용절감, 고객서비스에 대하여 소홀히 할 우려가 있다.

③ **가격통제** … 정부가 최고가격(소비자 보호) 또는 최저가격(생산자 보호)을 정해 가격을 규제하는 방식이다.

㉠ **가격규제가 필요한 경우** : 소비자의 보호, 독점기업의 규제, 근로자의 생활 보장, 경기변동의 조정 등을 위해 규제가 필요하다.

㉡ **가격규제의 부작용** : 많은 인력과 비용에 따른 비효율성, 수요와 공급의 불균형, 암시장 형성 등

㉢ **가격통제의 예** : 근로자 최저임금제 도입, 금융기관의 최고 이자율 설정 등

④ **불공정 거래 및 독과점 규제**

㉠ **자원배분의 비효율화 방지** : 기업 간의 담합행위를 금지하고 기업의 결합·합병을 규제한다.

㉡ **힘의 우위를 이용한 불공정 거래의 방지** : 정부는 시정명령을 내릴 수 있다.

(3) 공기업의 필요성과 민영화

① **공기업의 필요성**

㉠ **공기업** : 정부가 직접 기업활동을 하거나 출자하여 지배하는 기업을 의미한다.

㉡ **공기업 운영의 필요성** : 효율성과 공익성이 높으며 독점기업의 횡포 방지, 공공이익의 보호, 재화의 안정적 공급 등의 역할을 한다.

ⓒ 공기업의 형태와 종류
- 정부가 직접 수행하는 사업 : 철도, 우편, 상·하수도, 청소사업 등이 있다.
- 정부가 주식을 보유하는 사업 : 전력, 가스, 전화, 도로사업, 토지 및 주택개발사업, 자원개발사업, 방송사업 등이 있다.
- 수익을 주목적으로 하는 사업 : 담배, 인삼 등의 전매사업이 해당된다.
- 정책목적을 위해 설립하는 사업 : 한국은행, 주택은행 등이 있다.

② **규제 완화의 필요성** … 규제의 현실적 곤란성, 정부 규제의 남발 경향, 경제적 여건과 구조의 변화, 정부 기구의 비대화 현상에 따른 자원낭비 우려 등으로 인해 규제를 완화할 필요성이 대두되고 있다.

③ 공기업의 민영화
ㄱ **공기업의 부작용** : 경쟁이 배제된 경우가 많아 조직이 방만해지고 관료화되어 비효율적이 될 가능성이 높다.
ㄴ **공기업의 민영화 효과** : 경쟁원리를 도입하여 서비스의 개선, 가격의 인하, 경영의 효율화에 많은 성과를 거두고 있다.

03 출제예상문제

1 다음 중 완전경쟁시장의 특징이 아닌 것은?

① 수요자와 공급자의 수가 많다.

② 거래되는 상품이 동질의 상품이다.

③ 새로운 기업의 시장 진입이 자유롭다.

④ 가격경쟁이나 비가격경쟁이 심하게 나타난다.

✔해설 ④ 가격경쟁이나 비가격경쟁이 심하게 나타나는 것은 독점적 경쟁시장의 특징이다.

2 독점기업의 수요곡선이다. 그래프가 다음과 같이 주어져 있을 때, 이를 바르게 해석한 것은?

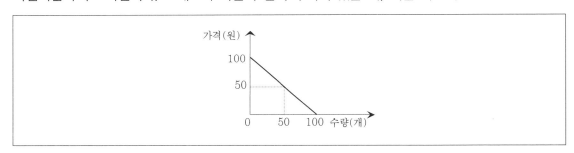

① 기업이 판매량을 늘리려면 가격을 내려야 한다.

② 가격이 100원일 때, 기업의 총수입이 최대가 된다.

③ 기업의 공급곡선은 우상향하는 형태가 될 것이다.

④ 가격을 50원에서 60원으로 올리면 총수입은 증가한다.

✔해설 ① 독점기업이 가격을 내리면 수요가 늘어나 판매량이 증가한다.
② 가격이 100원일 경우 수요가 0이므로 기업의 수입이 없다.
③ 독점기업은 유일한 공급자이므로 시장 전체의 수요가 곧 그 기업의 상품에 대한 수요가 되어 생산량을 늘리면 가격이 내려가게 되고 생산량을 줄이면 가격이 오르게 된다. 따라서 기업의 공급곡선은 존재하지 않는다.
④ 기업의 총수입은 가격 × 판매량으로 그림에서 보면 가격이 50원일 때 수요량은 50개로 총수입은 50 × 50으로 최대가 된다. 따라서 생산량을 조절하여 가격이 50원보다 낮아지거나 높아지면 총수입은 가격이 50원인 경우보다는 감소하게 된다.

Answer 1.④ 2.①

3 다음 그림에서 독점시장의 가격결정과 관련된 설명 중 옳지 않은 것은?

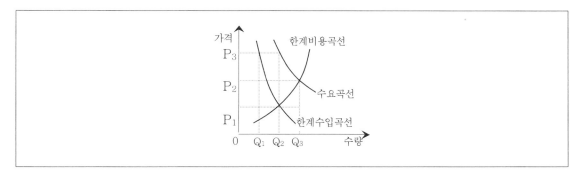

① 독점기업의 한계수입은 시장가격과 일치하지 않는다.
② 독점기업의 한계수입은 시장가격보다 낮다.
③ 독점기업의 공급량은 Q_2에서 결정된다.
④ 독점기업의 균형가격은 P_1에서 결정된다.

> **✔해설** 독점기업은 이윤극대화를 위한 가격결정력이 있으므로 한계비용 = 한계수입인 곳에서 이윤극대 생산량을 결정한다(Q_2). 그러나 가격은 그 교차점인 P_1이 아니라 수요곡선상의 한 점인 P_3에서 결정하여 독점이윤을 극대화한다. ①과 ②에서 이윤극대점(Q_2)에서 한계수입은 P_1이고, 시장가격은 P_3이다.
> ※ 완전경쟁시장은 시장가격 = 한계수입 = 한계비용이 된다. 그러나 독점시장에서는 시장가격 > 한계수입 = 한계비용이 된다.

4 다음 상황으로 나타나는 결과는?

• 주식상장하는 기업이 늘고 있다.　　　　　• 외국자본의 주식투자가 늘고 있다.

① 주식거래량은 증가하고, 주가지수는 상승한다.
② 주식거래량은 감소하고, 주가지수는 상승한다.
③ 주식거래량은 증가하나, 주가지수는 알 수 없다.
④ 주식거래량은 감소하나, 주가지수는 알 수 없다.

> **✔해설** 위의 상황은 주식의 수요와 공급이 모두 증가하고 있음을 나타낸다. 따라서 수요곡선과 공급곡선 모두 우측으로 이동하여 주식거래량은 증가하나, 수요량과 공급량의 변화는 알 수 없으므로 주가지수는 알 수 없다.

Answer　3.④　4.③

5 수요의 가격탄력성이 탄력적인 경우 가격이 상승하면?

① 수요량이 감소하고, 그 상품의 소비에 지출되는 금액도 감소한다.

② 수요량이 감소하나, 그 상품의 소비에 지출되는 금액은 증가한다.

③ 수요량이 증가하고, 그 상품의 소비에 지출되는 금액도 증가한다.

④ 수요량이 증가하나, 그 상품의 소비에 지출되는 금액은 감소한다.

> ✔해설 수요의 법칙에 의해 수요량은 감소하고, 가격의 상승효과보다는 수요량의 감소효과가 크므로 가계의 소비지출금액은 감소한다. 그러므로 사치품(탄력적인 재화)의 가격이 오르면 오히려 가계의 소비지출은 줄어들고, 농산물과 같은 생활필수품(비탄력적인 재화)의 가격이 오르면 가계의 소비지출이 증가하여 가계의 부담을 가중시킨다.
> ① 수요의 가격탄력성이 탄력적인 경우 가격이 상승하면 총판매수입이 감소하고 소비자 총지출액은 감소한다.

6 다음 그림에서 커피의 수요곡선이 D에서 D1으로 이동하였을 때 그 원인으로 보기 어려운 것은?

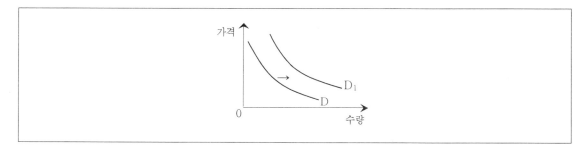

① 커피소비자들의 소득의 증가

② 커피소비인구의 증가

③ 홍차가격의 상승

④ 커피가격의 하락

> ✔해설 수요의 증가요인 … 인구의 증가, 대체재의 가격상승, 보완재의 가격하락 등이 수요를 증가시키는 요인이다.
> ④ 가격의 하락은 생산비가 감소되어 공급이 증가할 경우이고, 반대로 공급이 감소할 경우 가격은 상승한다.

Answer 5.① 6.④

7 다음의 내용을 종합하여 개념정의를 한다면?

> • A는 집주변 공한지를 이용하여 지난해 작황소득이 좋았던 고구마를 심기로 했다.
> • B는 생산공장을 확장하면서 노동인력과 기계설비 양자를 놓고 선택의 고민을 하던 중 장기적으로 볼 때 인건비 상승이 우려되어 당장은 투자비가 더 들지만 기계설비 쪽을 선택하였다.

① 시장지배   ② 시장실패
③ 수요공급   ④ 가격기능

> ✔**해설** 가격과 경제문제
>   ⊙ 가격의 기능 : 시장경제체제하에서 기본적인 경제문제를 해결, 가격의 자유로운 변동은 인위적인 계획
>   이나 명령에 의하지 않고도 해결되도록 한다.
>   ⊙ 경제문제해결
>   • 생산선택의 문제해결
>   • 생산방법의 문제해결
>   • 소득분배의 문제해결

8 다음 그림은 배추의 수요곡선이다. 배추생산량이 0Q일 때 시장가격이 0P에서 결정되었다. 그러나 풍년으로 배추가 0Q₂만큼 생산되어 0P₂로 가격이 폭락했다. 정부가 0P₁의 가격을 유지하려면?

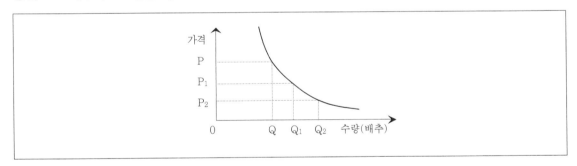

① $0Q_2 - 0Q$만큼 수매한다.   ② $0Q_2 - 0Q_1$만큼 수매한다.
③ $0Q_1$만큼 수매한다.   ④ $0Q_2$만큼 수매한다.

> ✔**해설** 정부의 수매정책 … 풍년기근현상이 나타날 때 실시하는 정책으로, 정부가 Q_1, Q_2만큼의 배추를 사들이기
>   로 한다면 배추의 일시적인 공급곡선은 Q_1점에서 위로 올라가는 수직선이 되는 셈이므로 배추가격은
> $0P_1$으로 결정된다. 이때 정부의 농산물 수매가격 역시 $0P_1$이라면 농민의 소득은 $0P_1 \times 0Q_1$이 되어 풍년
>   기근현상을 예방할 수 있다.

Answer   7.④ 8.②

✱✱✱

9 정부가 사치품에 대해서 가격을 올릴 때 이 가격정책이 최대의 효과를 나타낼 수 있는 경우는?

① 수요의 탄력성이 0일 때
② 수요의 탄력성이 1일 때
③ 수요의 탄력성이 1보다 클 때
④ 수요의 탄력성이 1보다 작을 때

> ✔ 해설 수요의 가격탄력성
> ㉠ 사치품 : 수요의 가격탄력성이 1보다 큰 상품은 가격을 내릴 때 수요량 증가율이 하락률보다 커서 총
> 판매수익이 증가한다.
> ㉡ 생필품 : 수요의 가격탄력성이 1보다 작으면 가격을 내린 상품의 수요량 증가율이 가격의 하락률보다
> 작아 총판매수익은 감소한다.

10 일반적인 재화의 수요곡선이 다음 그림과 같은 형태로 나타나는 까닭이라고 보기 어려운 것은?

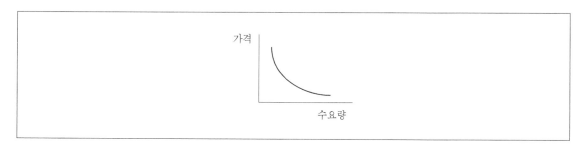

① 소득이 한정되어 있기 때문이다.
② 한계효용체감의 법칙이 작용하기 때문이다.
③ 한계비용체증의 법칙이 작용하기 때문이다.
④ 한계효용균등의 법칙에 따라 소비하기 때문이다.

> ✔ 해설 ③ 한계비용체증의 법칙은 한계생산이 체감하기 때문에 생산량이 늘어남에 따라 한계비용이 점차 증가
> 하는 현상으로 기업의 합리적 생산과 관련이 있다.
> ※ 합리적인 소비
> ㉠ 수요곡선 : 한정된 소득으로 합리적인 소비를 하기 위해서는 가격이 오른 재화의 소비를 줄이고 가격이
> 내린 재화의 소비를 늘려야 한다. 이러한 이유는 한계효용체감의 법칙이 작용하며, 합리적인 소비자는
> 한계효용균등의 법칙에 따라 소비하기 때문이다.
> ㉡ 한계효용체감의 법칙 : 재화의 소비가 증가할수록 어느 정도까지는 총효용은 증가하나 총효용의 증
> 가분인 한계효용이 점점 줄어드는 경향을 말한다.
> ㉢ 한계효용균등의 법칙 : 각 상품의 소비에 지출하는 비용 1원 어치의 한계효용이 서로 같도록 소비할 때
> 소비자는 가장 큰 효용을 얻게 되어 합리적인 소비를 하게 된다는 것이다.

Answer 9.③ 10.③

11 다음의 조건하에 쌀시장에서 발생될 수 있는 경제현상으로 옳은 것은?

> • 식생활의 개선으로 빵의 수요가 급증　　　• 쌀시장의 개방

① 가격하락, 거래량증가

② 가격하락, 거래량감소

③ 가격상승, 거래량증가

④ 가격상승, 거래량감소

> **해설** 식생활의 개선으로 빵의 수요가 급증하면 결국은 가격이 하락하게 되고, 쌀시장이 개방되면 거래량이 감소하게 된다.

12 가격이 1,000원인 어떤 상품을 생산함에 있어서 투입되는 가변비용과 그에 따른 생산량의 관계가 다음 도표와 같을 때 합리적인 생산량은 몇 단위인가?

가변비용(만 원)	8	9	10	11	12
생산량(단위)	177	189	200	210	219

① 177단위　　　　　　　　　　② 189단위

③ 200단위　　　　　　　　　　④ 210단위

> **해설** 합리적인 생산 … 한계비용 = 생산물의 가격
>
> $$한계비용 = \frac{가변비용의\ 증가분}{생산량의\ 증가분}$$
>
> | 가변비용(만 원) | 8 | 9 | 10 | 11 | 12 |
> |---|---|---|---|---|---|
> | 생산량(만 원) | 177 | 189 | 200 | 210 | 219 |
> | 한계비용 | | 833 | 909 | 1,000 | 1,111 |
>
> ④ 가격이 1,000원이므로 한계비용이 1,000일 때, 즉 생산량 210단위에서 합리적인 생산량이 결정된다.

13 상품 A, B, C의 가격은 각각 100원, 200원, 300원이고 상품수입에 지출할 수 있는 금액은 2,000원이다. 아래의 한계효용표를 참고하여 소비자가 최대만족을 얻을 수 있는 각 상품의 구입량을 A, B, C 순서대로 바르게 나열한 것은?

상품명 / 단위	A	B	C
1	10	14	21
2	8	10	15
3	7	6	9
4	5	4	6
5	3	2	3
6	2	1	2
7	1	0	0

① 3단위, 1단위, 1단위

② 4단위, 2단위, 2단위

③ 5단위, 3단위, 3단위

④ 6단위, 3단위, 2단위

> ✔ 해설 합리적 소비는 한계효용균등의 법칙에 따라
>
> $$\frac{A재\ 한계효용}{A재\ 가격} = \frac{B재의\ 한계효용}{B재\ 가격} = \frac{C재\ 한계효용}{C재\ 가격}$$
>
> ∴ A재 $= \frac{3}{100}$, B재 $= \frac{6}{200}$, C재 $= \frac{9}{300}$
>
> 즉, A재 5단위, B재 3단위, C재 3단위일 때이다.

14 다른 생산요소를 고정시켜 놓고 노동투입을 증가시키면 결국 한계비용은 체증하게 된다. 그 이유는?

① 고정비용이 증가해서

② 한계생산성이 체감해서

③ 생산기술이 향상되고 전문화되어서

④ 한계생산균등의 법칙이 적용되어서

> **✔해설** 한계생산체감의 법칙과 한계생산균등의 법칙
> ㉠ 한계생산체감의 법칙 : 다른 생산요소를 고정시키고 노동투입만을 계속 증가시키면 그 생산요소의 한계
> 생산은 점점 감소하게 되는 현상이다. 모든 생산활동에는 이 법칙이 적용되기 때문에 합리적인 생산
> 활동을 모색하게 된다.
> ㉡ 한계생산균등의 법칙 : 각 생산요소의 한계생산이 같아지도록 결합하는 것이 최적의 상태이다.

15 효용의 개념에 대한 설명 중 옳지 않은 것은?

① 재화는 효용이 인정되나, 용역에는 효용이 인정되지 않는다.

② 효용은 수량적으로 측정할 수 없는 것이다.

③ 어떤 재화의 소비로부터 얻게 되는 효용의 총량을 총효용이라고 한다.

④ 소비자가 재화나 용역의 소비로부터 느끼는 만족도가 효용이다.

> **✔해설** 효용의 종류와 개념
> ㉠ 효용 : 소비자가 재화나 용역의 소비로부터 느끼는 만족 또는 즐거움의 크기이다.
> ㉡ 총효용 : 어떤 재화의 소비로부터 얻게 되는 효용의 총량이다.
> ㉢ 한계효용 : 재화 1단위를 더 소비함으로써 얻어지는 총효용의 증가분이다.
> $$한계효용 = \frac{총효용의\ 증가분}{소비량의\ 증가분}$$
> ㉣ 재화의 소비와 총효용 : 일반적으로 재화의 소비량이 늘면 총효용은 증가한다. 그러나 일정량 소비 후
> 에는 오히려 감소한다(한계효용체감의 법칙).

Answer 14.② 15.①

16 생산량의 변화에 따라 변하는 가변비용으로 옳은 것은?

① 공장구입비
② 원자재구입비
③ 자본설비구입비
④ 기계설비도입비

> ✔해설 기술개발비, 공장구입비, 자본설비구입비, 기계설비도입비 등은 고정비용에 포함된다.

17 토지 1단위의 비용이 1만 원이고 노동 1단위의 비용이 5만 원이라면, 양파생산자가 최소비용상태가 되는 합리적 행위는?

① 토지의 한계생산과 노동의 한계생산이 같도록 한다.
② 사용된 토지의 양이 사용된 노동의 양의 5배가 되도록 한다.
③ 노동의 한계생산이 토지의 한계생산의 5배가 되도록 한다.
④ 양파가격을 모르므로 알 수가 없다.

> ✔해설 생산자의 최소비용상태는 한계생산균등의 법칙에 따라 $\dfrac{\text{노동의 가격}}{\text{노동의 한계생산}} = \dfrac{\text{자본의 가격}}{\text{자본의 한계생산}}$의 수준에서 이루어진다.

18 독점적 경쟁시장에서의 가격은 완전경쟁시장에서의 가격보다 다소 높을 수 있지만 바람직한 점도 있다. 이 독점적 경쟁시장의 장점은?

① 수요자 기호에 맞추어 다양한 상품이 공급된다.
② 공급자가 일방적으로 가격을 결정한다.
③ 동일한 상품에 대하여 가격차별이 가능하다.
④ 소수의 기업이 담합으로 이윤을 증대시킬 수 있다.

> ✔해설 ②③ 독점시장 ④ 과점시장
> ※ 독점적 경쟁시장 … 수요자 입장에서 볼 때 많은 기업들이 제각기 조금씩 다른 상품을 공급하는 시장 형태로 양장점, 주유소, 병원, 약방 등에서 찾아볼 수 있다.
> ㉠ 장점 : 완전경쟁시장에서는 동질의 상품만이 공급되는 데 반하여 독점적 경쟁시장에서는 수요자들의 기호에 맞추어 선택할 수 있는 다양한 상품이 공급된다.
> ㉡ 단점 : 독점적 경쟁시장에서는 상품의 차별화라는 독점적 요소 때문에 완전경쟁시장에 비하여 상품의 가격이 다소 높아져 수요자의 부담이 늘어난다.

Answer 16.② 17.③ 18.①

19 수요량과 공급량을 결정짓는 가장 중요한 요인으로 옳은 것은?

① 임금수준

② 소득수준

③ 재화의 가격

④ 소비자의 기호

> ✔해설 수요량과 공급량을 결정짓는 가장 중요한 요인은 가격이며 나머지는 수요나 공급의 변동요인이다.

20 수요의 가격 탄력성과 기업의 판매 수입 비교에 대한 설명으로 가장 적절하지 않은 것은?

① 수요의 가격 탄력성이 단위 탄력적인 경우 상품 가격의 변동과 관계없이 기업의 판매 수입이 일정하다.

② 수요의 가격 탄력성이 완전 비탄력적인 경우 상품 가격을 인상하면 인상한 비율만큼 기업의 판매 수입이 감소한다.

③ 수요의 가격 탄력성이 탄력적인 경우 상품 가격을 인상하면 수요량이 많이 줄어들어 기업의 판매 수입이 감소한다.

④ 수요의 가격 탄력성이 비탄력적인 경우 상품 가격을 인하하면 수요량이 적게 늘어나 기업의 판매 수입이 감소한다.

> ✔해설 수요의 가격 탄력성이란 시장 가격이 변할 때 수요량이 얼마나 민감하게 변하는지를 나타낸다. 수요의 가격 탄력성이 완전 비탄력적인 경우 상품 가격 인상 시 가격 상승률이 판매 수입증가율보다 크므로 판매 수입은 증가한다.
> ① 수요의 가격 탄력성이 단위 탄력적인 경우 가격 변화율과 수요량의 변화율이 똑같이 변한다. 이 경우 상품의 가격 변동과 관계없이 기업의 판매 수입은 일정하다.
> ③ 수요의 가격 탄력성이 탄력적인 경우 가격 변화에 민감하게 반응하는 형태다. 상품 가격을 인상할 경우 수요량이 많이 줄어들어 기업의 판매 수입은 감소한다.
> ④ 수요의 가격 탄력성이 비탄력적인 경우는 가격 변화에 수요가 민감하게 반응하지 않는 형태다. 상품 가격 인하 시 수요량이 적게 늘어나 기업의 판매 수입은 감소한다.

Answer 19.③ 20.②

04 국민 경제의 이해

01 한국 경제의 변화와 위상

(1) 우리 경제의 여건과 발전과정

① 어려운 경제 여건

  ㉠ 광복 이후의 사회적 여건

  • 경제적 여건 : 좁은 국토와 불리한 농업 여건, 국토의 분단, 불균형적인 산업 분포, 남한 인구의 급증 등이 있다.

  • 정치적 여건 : 미국의 군정시대에 이어 새 정부가 들어섰으나 국가경영이 미숙하였고, 정치적 주도권 싸움이 발생하였다.

  ㉡ 6·25전쟁 후 : 생계유지 곤란, 인구집중현상 등 최빈국 상태에 놓여 있었다.

② 폐허 속의 전후 복구

  ㉠ 1950년대의 경제 : 전후 복구사업으로 어느 정도 경제성장을 이루었으나 식량의 부족, 공업과 사회간접자본의 부족 등 여전히 사회가 불안하였다.

  ㉡ 외국 원조의 역할 : 전후 복구사업에 도움을 주었으며, 1960년대 초 이후 고도성장을 이룩하는 데 밑거름이 되었다.

③ 개발계획의 성과

  ㉠ 1960년대의 경제개발 : 군사정변을 계기로 등장한 새 정부는 경제개발 5개년계획을 1962년부터 입안·시행하기 시작했다.

  • 성과 : 경제규모의 확대, 산업구조의 고도화, 공업구조의 개선, 절대 빈곤 퇴치, 대외 위상의 향상 등을 들 수 있다.

  • 문제점 : 경제적 불균형 심화, 경제력 집중현상, 환경오염 등이 나타났다.

  • 발전요인 : 정부주도형 개발, 풍부한 노동력, 기업의 투자 의욕, 경제성장에 유리한 국제환경 등의 요인이 있다.

  ㉡ 1970년대 초반의 경제개발 : 수출주도의 기조를 그대로 살리면서 중화학공업 육성과 농촌개발을 위한 새마을 운동에 박차를 가하였다.

  ㉢ 1970년대 후반의 경제개발 : 중화학공업이 지속적으로 육성되었으며 경제개발과 아울러 사회개발의 중요성이 부각되었다.

  ㉣ 1980년대의 경제시책 : 경제적 안정과 중화학공업 육성을 완성하는 데 역점을 두었다.

(2) 경제개발의 성과와 발전방향

① 신흥공업국으로 부상

- ㉠ 공업국으로 변천 : 경제개발 5개년계획을 거듭하는 동안에 우리나라는 신흥공업국으로 부상하였고, 지금은 상위 중진국에서 선진국으로 발돋움하려는 단계에 있다.
- ㉡ 산업구조의 고도화
  - 선진국형 산업구조 : 농림·어업의 비중이 크게 낮아지고, 광공업과 사회간접자본 및 서비스업의 비중이 크게 높아진 선진국형으로 전환되었다.
  - 공업구조의 고도화 : 중화학공업의 비중이 경공업 부문보다 훨씬 높은 수준에 달하였다.
  - 수출상품구조의 변화 : 노동집약적 공산품에서 자본 및 기술집약적인 것으로 큰 변화를 가져왔다.

② 우리 경제의 발전방향 … 선진 경제권으로의 진입을 위해서는 민간 주도형의 경제 운영, 경제적 불균형 개선, 신흥개발도상국과의 경제협력 증대, 산업기술 혁신, 원만한 노사관계의 정립 등의 노력이 필요하다.

(3) 우리 경제의 위상과 역할

① 의존관계의 심화

- ㉠ 경제적 성과의 원인 : 교육받은 풍부한 인력을 활용하면서, 대외지향적인 공업화를 이루었기 때문이다.
- ㉡ 우리 경제의 변모
  - 경제발전 초기 : 경제 및 무역의 규모가 미미하여 국제사회에서 관심의 대상이 되지 않았다.
  - 오늘날의 우리 경제 : 고도성장으로 인해 세계 각국의 주목 대상국이 되었고, 세계시장에서의 역량이 증대되었다.
- ㉢ 대외지향적 발전전략의 결과 : 세계 각국과의 상호 의존관계가 심화되었으며, 국가 간의 교류가 확대되었다.
- ㉣ 국제경제 질서의 세계화 : 경제적 실리추구의 자유시장경제체제가 형성되었으며 자유무역규범이 마련되었고(GATT체제) WTO체제가 출범하면서 무한경쟁시대가 전개되었다. 이런 과정 중에 국가 간의 경쟁이 격화되고 협력과 의존관계가 심화되었다.

② 우리 경제의 국제적 위상

- ㉠ 신흥공업국으로 부상 : 급속한 경제성장에 따라 신흥공업국으로 부상하였으며, 국내총생산(GDP)에 의한 경제규모는 세계 10위권 안쪽으로 들어섰다.
- ㉡ 세계적 생산 및 수출국으로 부상 : 공업생산능력과 무역규모가 확대되었으며, 세계 유수의 생산 및 수출국으로 떠오르고 있다.
- ㉢ 교역대국으로 부상 : 무역수지가 개선되고 있으며, 세계 8위의 교역대국으로서의 위치를 차지하고 있다.
- ㉣ 우리 경제의 역량 증대 : 경제개발자금 융자대상국에서 탈피하였고, 외국과 대등한 국민경제 운용 역량을 인정받았으며, 원조 제공국으로 탈바꿈하게 되었다.

02 국민 경제 순환과 경제 성장

(1) 국민 경제의 활동과 경제지표

① **국민경제지표** … 국민경제활동을 총량화한 수치로 국민경제의 상태 파악이 가능하다.

② **국내총생산(GDP)** … 한 나라의 국경 안에서 일정기간에 걸쳐 새로이 생산한 재화와 용역의 부가가치 또는 모든 최종재의 값을 화폐단위로 합산한 것을 의미한다.

　㉠ 국민경제의 전체적인 생산수준을 나타내며, 국내에서 생산된 재화와 용역의 생산물 가치가 포함된다.

　㉡ 국내총생산 = 각 생산단계의 부가가치의 합계 = 최종 생산물 가치의 합계 = 총생산물액 - 중간 생산물액

　㉢ 삼면등가의 법칙 : 국내총생산은 생산, 분배, 지출의 어느 측면에서 측정하더라도 같은 금액이 된다.

　㉣ 국내총생산의 한계 : 국내총생산은 계산상의 어려움으로 시장 외의 거래가 제외되며, 복지수준과 소득분배 파악이 불가능하다.

③ **국민총생산(GNP)** … 한 나라의 국민이 국내와 국외에서 생산한 것의 총합을 의미한다.

④ **국민소득의 기타 개념**

　㉠ **국민순생산(NNP)** : 국민총생산에서 감가상각비를 제외한 금액으로 국민경제의 순생산액이다.

　✅CHECK **POINT**　국민순생산(NNP) = 국민총생산 - 감가상각비
　　　　　　　　　　　　　 = 소비 + 순투자
　　　　　　　　　　　　　 = 순생산물의 합계
　　　　　　　　　　　　　 = 순부가가치의 합계

　㉡ **국민소득(NI)** : 국민순생산에서 간접세를 빼고 정부보조금을 더한 합계액으로 요소소득의 합계액이다.

　㉢ **개인소득(PI)** : 개인이 실제로 받는 소득이다.

　㉣ **가처분소득(DI)** : 개인이 자유롭게 처분할 수 있는 소득이다.

　㉤ **1인당 국민총생산** : 국민총생산을 국민수로 나눈 것으로 그 나라 국민들의 생활수준을 알 수 있으며, 보통 국제비교를 위해 미 달러화로 표시한다.

(2) 경기 순환과 안정화 정책

① **경기순환과 경기의 네 측면**

　㉠ 경기 : 국민경제의 총체적인 활동수준을 의미한다.

　㉡ 경기순환 : 국민경제에 있어서 어느 정도의 규칙성을 가지고 호황과 불황이 반복되는 과정을 뜻한다.

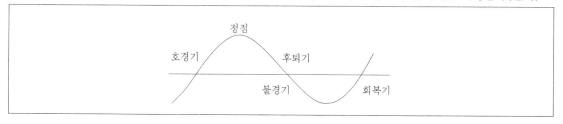

ⓒ 경기순환의 네 국면
- 호경기 : 생산, 고용, 판매 등의 경제활동이 가장 활발한 시기
- 후퇴기 : 전반적인 경제활동이 점차 위축되는 시기
- 불경기 : 전반적인 경제활동이 침체된 시기
- 회복기 : 생산, 고용, 판매 등의 경제활동이 점진적으로 활발해지는 시기

② 경기순환의 유형

종류	주기	원인
콘드라티예프 파동	약 50년(주기가 가장 김)	기술혁신, 전쟁, 혁명 등 사회변동
쿠즈네츠 파동	약 20년	인구증가율, 경제성장률의 변동
주글라 파동	10 ~ 20년(주순환)	기업의 설비투자 변동
키친 파동	3~4(소순환)	재고, 이자율의 변동

② 경기안정화 정책

ⓒ 경기안정화 정책 : 국민경제의 지속적 · 안정적인 성장을 위한 일련의 정책으로 재정정책, 금융정책 등이 있다.

ⓒ 경기안정화 정책의 수단
- 경기 과열 시 : 재정지출 축소, 금리 · 세율 인상→ 민간투자와 소비 억제→ 경기 진정
- 경기 불황 시 : 정부투자 및 소비지출 확대, 금리 · 세율 인하→ 민간투자와 소비 증대→ 경기 회복

ⓒ 미국의 뉴딜(New Deal) 정책
- 1929년 발생한 경제 불황을 타개하기 위해 미국의 루즈벨트 대통령이 실시한 경제회복정책이다.
- 적자재정을 실시하여 새로운 도로와 댐을 건설하고 구매력을 살려 다시 이 구매력을 수요로 연결했다.
- 케인즈(J. M. Keynes)의 수정자본주의에 이론적 기초를 두었다.

(3) 경제의 성장

① 경제성장과 성장률

ⓒ 경제성장 : 국민경제 생산능력의 확대를 통한 성장을 의미한다.

ⓒ 경제성장률 : 국내총생산의 증가율로, 이때의 성장률은 물가의 변동을 제외한 실질 성장률이어야 한다.

$$실질\ 경제성장률 = \frac{금년도\ 국내총생산 - 전년도\ 국내총생산}{전년도국내총생산} \times 100$$

② 경제성장의 요인

ⓒ 생산요인 : 토지, 자원, 인력, 자본, 기술 등이 있다.
- 경제성장 초기단계 : 인력과 자본의 기여도가 기술보다 높다.
- 산업구조의 고도화 단계 : 기술 진보의 중요성이 점차 커지고 있다.

ⓒ 경제 외적인 요인 : 기업가정신, 정부의 정책과 법제 · 사회적 관행, 원만한 노사관계, 경제주체의 강한 의지 등이 있다.

③ 경제성장과 경제발전
  ㉠ 경제성장 : 국민경제의 생산이 양적으로 증가하는 것을 의미한다.
  ㉡ 경제발전 : 경제성장이 사회발전과 함께 이루어지는 경제의 질적 성장과정을 의미한다.

03 실업과 인플레이션

(1) 총수요와 총공급

① **총수요** … 국민경제의 모든 경제주체들이 소비와 투자를 목적으로 사려고 하는 재화와 용역의 총량이다.

> 총수요 = 민간 소비 + 민간 투자 + 정부 지출 + 수출

② **총공급** … 한 나라의 모든 경제주체들이 공급하는 재화와 용역의 총량이다.

> 총공급 = 국내총생산 + 수입

③ **총수요와 총공급의 변동**
  ㉠ **총수요 > 총공급** : 인플레이션이 발생된다.
  ㉡ **총수요 < 총공급** : 실업이 증가하고 물가가 하락한다.

(2) 실업과 물가

① **고용과 실업**
  ㉠ 실업 : 노동자가 일자리를 가지고 있지 않은 상태를 뜻한다.
  ㉡ 실업의 종류
    • 자발적 실업 : 개인의 여가를 누리기 위해 스스로 일하지 않으려고 하는 상태
    • 비자발적 실업 : 개인이 일하려는 의지는 있으나 일자리를 찾지 못하는 상태
  ㉢ 실업의 폐해 : 장기간의 실업은 개인적으로는 경제적 곤란과 사회적으로는 인력의 낭비를 야기한다.
  ㉣ **경제활동참가율과 고용률 · 실업률**
    • 경제활동참가율 = (경제활동인구 / 15세 이상 인구) × 100
    • 고용률 = (취업자수 / 15세 이상 인구) × 100
    • 실업률 = (실업자수 / 경제활동인구) × 100

② **물가와 물가지수**
  ㉠ 물가 : 개별적인 상품의 가격을 종합하여 평균한 것이다.
  ㉡ 물가지수 : 물가수준을 나타내는 지표이다.

$$물가지수 = \frac{비교시의\ 물가지수}{기준시의\ 물가지수} \times 100$$

(3) 인플레이션의 원인과 영향

① 인플레이션의 의미와 종류

㉠ 인플레이션 : 물가수준이 상당히 높은 비율로 지속적으로 오르는 현상을 말한다.

㉡ 인플레이션의 원인

• 초과수요 : 총수요가 총공급을 웃도는 초과수요에서 비롯된다.

• 생산비의 상승 : 원자재 값, 임금 등의 상승으로 생산비가 높아짐에 따라 물가가 오르게 된다.

• 독과점기업의 시장 지배 : 독과점기업들이 시장을 지배하여 시장의 수요와 공급과는 관계없이 평균비용에 일정한 이윤율을 더하여 높은 가격을 결정함으로써 물가가 오르기도 한다.

• 해외 인플레이션의 국내 파급 : 해외 원자재 가격의 급격한 인상으로 인플레이션이 국내에 파급되는 경우도 있다.

② 인플레이션의 부정적 영향

㉠ 부와 소득의 불공평한 재분배 : 실물자산(부동산, 상품 재고 등) 소유자, 채무자가 유리하다.

㉡ 장래 가격에 대한 예측 곤란 : 저축 감소, 소비 증가, 금리 상승, 생산비 상승으로 예측이 곤란하다.

㉢ 국제수지의 악화 : 수출이 위축되고 수입이 증가한다.

㉣ 국민경제성장 저해 : 근로의욕이 상실되고 투자활동이 위축되는 등 국민경제성장에 악영향을 미친다.

③ 인플레이션 해결책 … 소비억제, 저축장려, 통화량감축, 대출억제, 폭리단속, 토지가격규제, 공공요금대책 등이 있다.

(4) 물가안정대책

① 물가안정의 필요성

㉠ 물가불안 : 경제주체들이 자신의 이해득실을 고려하여 제각기 행동하기 때문에 국민경제의 악순환을 초래한다.

㉡ 물가안정정책 : 정부의 경제정책과 함께 각 경제주체들의 협조가 필요하다.

② 경제주체의 역할

㉠ 정부의 역할 : 정부가 직접 가격결정에 개입, 금융·재정정책을 통한 총수요 관리 및 안정적인 공급 기반 확충 등 경제안정화 정책을 실시한다.

㉡ 기업의 역할 : 공정한 경쟁, 경영혁신 등을 통해 물가를 안정시킨다.

㉢ 가계의 역할 : 건전한 소비풍조조성 등이 필요하다.

㉣ 근로자의 역할 : 생산성의 범위를 벗어난 임금인상요구를 자제한다.

04 출제예상문제

1 다음의 그래프는 어떤 나라 외화의 수요와 공급을 나타낸 것이다. 이 나라의 환율이 $1 = ₩1,000에서 $1 = ₩1,100으로 변화하였을 때 나타날 수 있는 현상으로 가장 적절한 것은?(단, 다른 조건은 일정하다.)

① 해외여행이 증가할 것이다.

② 해외 유학이 증가할 것이다.

③ 수출 기업의 가격 경쟁력이 하락할 것이다.

④ 수입 원자재를 사용하는 기업의 생산 비용이 증가할 것이다.

✔해설 환율의 변동

구분	환율인상(평가절하)	환율인하(평가절상)
의미	$1 = ₩1,000 ⟹ $1 = ₩1,100 원화 가치의 하락	$1 = ₩1,100 ⟹ $1 = ₩1,000 원화 가치의 상승
효과	• 수출↑, 수입↓(국제수지 개선) • 수입원자재의 가격상승으로 물가상승 • 외채상환 부담증가 • 통화량증가, 물가상승 • 해외여행 불리	• 수출↓, 수입↑ • 수입원자재의 가격하락으로 물가안정 • 외채상환 부담감소 • 통화량감소, 물가하락 • 해외여행 유리

① 해외 여행이 감소할 것이다.

② 해외 유학이 감소할 것이다.

③ 수출 기업의 가격 경쟁력이 상승할 것이다.

2 다음 글을 통해 알 수 있는 국제 경제의 특성으로 가장 적절한 것은?

> 중동의 원유 가격 변동은 세계 각국 경제에 영향을 미친다. 원유 가격이 오르면 세계 각국의 물가가 오르고 경기가 침체되는 경우가 많다.

① 지역주의 심화

② 상호 의존성 증대

③ 지역 간의 격차 심화

④ 세계 시장의 경쟁 격화

✔해설 ② 국제경제가 세계화로 변화되면서 전 세계가 하나의 단일시장으로 통합되어 국제표준이 형성되고 국가 간 재화, 자본, 노동, 서비스 등의 생산요소가 자유롭게 이동하게 되었다. 따라서 국가 간 상호의존성이 심화되고 지구촌이 시장화 되면서 세계표준이 보편화가 되었다.

Answer 1.④ 2.②

3 GDP에 대한 설명으로 잘못된 것은?

① 한 나라의 국민이 국내와 국외에서 생산한 것의 총합을 의미한다.

② 국민경제 전체적인 생산수준을 나타낸다.

③ 국내에서 생산된 재화와 용역의 생산물 가치가 포함된다.

④ 각 생산단계의 부가가치의 합계 혹은 최종 생산물 가치의 합계로, 총 생산물액 – 중간 생산물액을 말한다.

> **✔해설** ① 국민총생산인 GNP에 대한 설명이다. 국내총생산인 GDP는 한 나라의 국경 안에서 일정기간에 걸쳐 새로이 생산한 재화와 용역의 부가가치 또는 모든 최종재의 값을 화폐단위로 합산한 것을 의미한다.

4 한 나라의 평균소비성향이 높으면 외자도입이 불가피하게 되는데 그 이유는?

① 소비의 감소로 투자재원이 감소하므로

② 소비의 증가로 물량이 부족하게 되므로

③ 저축성향의 감소로 투자재원이 부족하므로

④ 저축증가로 투자재원이 부족하기 때문에

> **✔해설** 소득 = 소비 + 저축, 평균소비성향 $= \dfrac{\text{소비}}{\text{소득}}$, 평균저축성향 $= \dfrac{\text{저축}}{\text{소득}}$ 이므로 평균소비성향이 높으면 저축성향의 감소로 투자재원이 부족하므로 외자도입이 불가피하게 된다.

5 소득수준과 그에 따른 소비생활에 대한 설명으로 옳지 않은 것은?

① 소득이 높아질수록 소비지출의 증가보다 저축의 증대가 상대적으로 커진다.

② 같은 소득수준일 경우에 가족원의 수가 많을수록 저축액이 상대적으로 많을 가능성이 크다.

③ 가족수가 적을수록 소비지출이 소득에서 차지하는 비중이 상대적으로 작아질 것이다.

④ 소득수준이 높아질수록 음식비의 비중이 상대적으로 작아질 것이다.

> **✔해설** 가족원의 수가 많을수록 지출액이 상대적으로 많아져서 저축액은 줄어들 것이다.

Answer   3.①   4.③   5.②

6 인플레이션이 국민경제에 미치는 영향으로 옳지 않은 것은?

① 사업가가 고정봉급자보다 유리하다.
② 임금과 부동산가격이 급격히 상승한다.
③ 수입은 감소하고 수출은 증가한다.
④ 물가가 상승하여 경제적 불안요소로 작용한다.

> ✔ **해설** 인플레이션 … 물가 상승하고 화폐가치는 하락하는 현상으로 수입은 증가하고 수출은 감소한다.

7 과소비가 국민경제에 미치는 영향으로 옳지 않은 것은?

① 물가상승
② 부동산시장의 침체
③ 근로자 임금상승욕구의 증대
④ 사치품 수입으로 인한 국제수지의 악화

> ✔ **해설** 과소비는 물가상승, 임금상승, 부동산가격 상승, 기업의 투자자금 부족 등의 결과를 가져온다.

8 다음 중 십분위분배율에 대한 내용으로 적당한 것은?

① 십분위분배율이 클수록 소득분배의 불평등이 개선된다.
② 우리나라에서는 십분위분배율이 계속 높아지고 있다.
③ 십분위분배율이 높을수록 상위소득계층이 하위계층에 비해 상대적으로 많아진다.
④ 십분위분배율은 소득과는 무관하다.

> ✔ **해설** 십분위분배율 … 소득분배의 불평등 정도를 알아볼 수 있는 지표로서 이 계수가 높을수록 불평등의 정도
> 가 개선된 것을 의미한다.
>
> $$\text{십분위분배율} = \frac{\text{하위 } 40\%\text{의 가구가 받은 소득의 합계}}{\text{상위 } 20\%\text{의 가구가 받은 소득의 합계}}$$

Answer 6.③ 7.② 8.①

9 소득 중에서 음식비가 차지하는 비중과 가장 관계가 깊은 것은?

① 제본스법칙 ② 슈바베법칙

③ 엥겔법칙 ④ 고센법칙

> ✔해설 ① 일물일가의 법칙
> ② 근로자의 소득과 주거비에 대한 지출의 관계법칙
> ③ 음식비가 차지하는 비중
> ④ 욕망포화의 법칙

10 소득이 100만 원인 사람이 30만 원을 소비하고, 70만 원을 은행에 예금으로 넣어둘 경우의 소비 성향은?

① 0.2 ② 0.3

③ 0.4 ④ 0.7

> ✔해설 소비성향 … 소득 중에서 소비가 차지하는 비율이다.

11 다음 중 경기침체와 생산활동의 위축으로 실업률이 증가한 상황에서 가장 적절한 경제정책은?

① 세율의 인상 ② 재할인율의 인상

③ 지급준비율의 인하 ④ 유가증권의 매각

> ✔해설 경기침체시 정부는 투자 및 소비지출을 늘리고 금리와 세율을 인하하여 민간투자와 소비의 증대를 유도한다.

12 수정자본주의의 내용 중 유효수요의 증가를 통한 가장 중요한 정부정책은?

① 재정지출과 공공사업 추진 ② 복지정책 실시

③ 주요 산업의 국유화 ④ 경제계획의 수립

> ✔해설 재정정책과 공공투자정책 … 자본주의국가들이 공황극복을 위하여 대규모의 재정지출로 공공사업을 일으켜 유효수요를 증대시킴으로써 실업자를 구제하려는 정책을 추진하는 것으로, 미국에서 실시한 뉴딜(New Deal)정책이 그 대표적인 예이다.

Answer 9.③ 10.② 11.③ 12.①

✳✳✳

13 민간의 경제활동이 과열되어 물가상승 등의 문제가 발생할 경우 이를 억제하기 위한 정책으로 옳은 것은?

① 긴축재정과 흑자예산

② 팽창재정과 균형예산

③ 적극재정과 적자예산

④ 팽창재정과 흑자예산

✔ 해설 경기과열시에는 총수요억제 및 소비억제를 위하여 정부지출보다 수입을 늘리는 흑자예산을 편성하고 긴축재정을 실시한다.

14 경기침체 시 경기회복을 위한 정책으로 가장 바람직한 방법은?

① 개인의 소득에 대한 추가적인 세금 부과

② 직접세율의 인상

③ 부가가치세 세율의 인상

④ 중앙은행으로부터의 정부차입금 증가

✔ 해설 경기회복을 위해서는 통화량 증대 정책이 필요하며, ①②③은 경기과열 시 필요한 정책이다.

15 경기침체 시 경제안정을 위한 정부의 경기조절대책으로 옳은 것은?

① 재할인율 인상   ② 긴축재정

③ 확장재정   ④ 유가증권 매각

✔ 해설 정부의 경기조절대책
ㄱ 경기침체시 : 확장재정, 재할인율 인하, 지급준비율 인하, 유가증권 매입 등
ㄴ 경기과열시 : 긴축재정, 재할인율 인상, 지급준비율 인상, 유가증권 매각 등

Answer 13.① 14.④ 15.③

16 국민경제에서 총수요가 총공급보다 지나치게 클 때 취해야 할 조치 중 옳지 않은 것은?

① 생산증대   ② 수입증대
③ 수출감소   ④ 정부지출증대

> **해설** 총수요와 총공급의 관계
> ㉠ 총수요 = 총공급 : 공급된 재화와 용역은 결국 여러 목적으로 쓰인 것이므로 일정기간이 지나고 나면 총공급과 총수요가 일치하게 된다.
>   총공급(국민총생산 + 수입) = 총수요(민간소비 + 민간투자 + 정부지출 + 수출)
> ㉡ 공급부족 : 국내수요가 늘어나면 공급부족이 발생하는데, 이를 해결하기 위해서는 생산을 늘리거나 수입을 늘리고 수출을 줄인다.
> ㉢ 공급과잉 : 국내수요에 비하여 공급이 지나칠 때 발생하며, 생산을 줄이거나 수입을 줄이고 수출을 늘린다.

17 국민총생산을 증가시킬 수 있는 방법 중 단기간에 할 수 있는 것은?

① 자본의 기간투자를 증대시킨다.
② 자연자원의 양적 공급을 증가시킨다.
③ 고용을 증가시켜 자본량을 늘린다.
④ 단기간의 생산기능을 향상시킨다.

> **해설** 국민총생산을 증대시키기 위해서는 생산요소를 양적으로 늘리거나, 그것을 활용하는 기술을 향상시켜야 한다.

18 다음 보기를 통하여 알 수 있는 GNP는?

> 나무꾼이 산에서 나무를 1단위 생산하여 종이생산자에게 팔고, 종이생산자는 나무를 가지고 종이를 3단위 생산하여 노트생산자에게 팔았다. 노트생산자는 노트를 5단위 생산하여 판매하였다(단, 나무꾼은 생산요소 중 노동력만 투입하였고, 그 외의 요소는 무시하기로 한다. 나무 1단위 20원, 종이 1단위 30원, 노트 1단위 50원).

① 150원   ② 330원
③ 250원   ④ 370원

> **해설** 국민총생산 = 최종생산물의 합계 = 부가가치의 합계 = 총생산물 − 중간생산물
> 최종생산물이 노트 5단위이므로 5단위 × 50원은 250원이 된다.

Answer   16.④   17.③   18.③

19 다음 그림은 경기순환의 네 국면을 나타낸 것이다. A국면에서 나타나는 현상은?

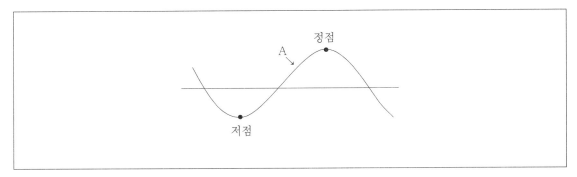

① 국민소득이 증가하고 기업의 이윤도 늘어나므로 설비투자도 활기를 띠게 된다.

② 경제활동이 둔화되고 생산과잉상태가 부분적으로 발생한다.

③ 기업이윤의 감소로 손해가 발생하게 되어 도산하는 기업이 생기고 실업자도 증가한다.

④ 경제활동이 활기를 띠기 시작하며 서서히 수요가 증가하고 생산량이 많아지므로, 실업자도 줄어들게 된다.

> **✔ 해설** A국면은 호경기이다.
> ② 후퇴기 ③ 불경기 ④ 회복기
> ※ 경기순환
> ㉠ 개념 : 한 나라의 경제는 장기적으로는 성장하는 추세를 보이지만, 단기적으로는 호경기와 불경기가 주기적으로 순환하는데, 국민경제의 이와 같은 단기적인 움직임을 경기순환이라 한다.
> ㉡ 경기순환의 네 국면
> • 호경기 : 경제활동이 가장 활발, 수요·생산·고용 증가, 기업의 이윤 증가
> • 후퇴기 : 경제활동 둔화, 부분적 생산과잉
> • 불경기 : 경제활동 쇠퇴, 기업의 이윤감소, 생산 감소, 실업 증대
> • 회복기 : 경제활동 회복, 점증적인 수요·생산 증가, 실업 감소

Answer 19.①

20 경기가 침체되어 있을 때 수요가 급증하는 상황에서 채택할 수 있는 정책적 수단은?

① 중앙정부의 세율을 높인다.
② 지급준비율을 내린다.
③ 재할인율을 높인다.
④ 은행대출의 최고금액을 올린다.

> **✔해설** ② 지급준비율을 조절할 경우 은행이 대출할 수 있는 자금량과 은행수지에 끼치는 영향이 매우 크다. 지급준비율을 인하하면 일반은행의 대출이 증가되어 통화량이 증가한다.
>
> ※ 경기대책

구분	경기과열시(인플레이션)	경기침체시(디플레이션)
재정정책	긴축재정, 세율인상	적극재정, 세율인하
금융정책	• 지급준비율 · 재할인율 인상 • 유가증권 매각	• 지급준비율 · 재할인율 인하 • 유가증권 매입
공공투자정책	대규모 공공사업 억제	대규모 공공사업 추진

21 다음에서 물가상승을 유발시킬 가능성이 가장 큰 정책으로 옳은 것은?

① 지급준비율의 인하
② 세출의 축소
③ 국 · 공채의 매각
④ 부가가치세율의 인상

> **✔해설** 지급준비율의 인하, 국 · 공채의 매입, 재할인율 인하 등은 통화증가의 요인으로 물가상승을 초래한다.

22 실업자가 늘고 경기가 좋지 않아 기업의 부도율이 올라간다고 할 때, 정부는 재정정책으로 대처하려 한다. 적당한 재정정책은?

① 정부발주 각종 사업을 일시중단 또는 지체시킨다.
② 흑자예산을 편성한다.
③ 정부의 공공부문 공사를 늘린다.
④ 부가가치세금을 올린다.

> ✔ 해설 경제안정화정책 … 정부가 인플레이션을 억제하고 완전고용 수준에 가깝도록 실업을 줄이면서 경제성장을 이루고자 재정정책이나 금융정책을 시행하는 것이다.
> ㉠ 불황기 : 팽창정책(조세인하, 재정지출 확대) → 국내수요 확대, 실업감소
> ㉡ 호황기 : 긴축정책(조세인상, 재정지출 감소) → 국내수요 억제, 물가안정

23 다음에서 국민소득(NI)을 계산하면?

• 총생산물 : 50만 원   • 감가상각비 : 5만 원
• 간접세 : 3만 원   • 보조금 : 2만 원
• 중간생산물 : 15만 원

---

① 20만 원   ② 25만 원
③ 29만 원   ④ 35만 원

> ✔ 해설 국민소득(NI) … 국민들이 생산활동에 종사함으로써 얻게 되는 요소소득의 합계이다.
> ㉠ 국민소득(NI) = 국민순생산(NNP) − 간접세 + 정부보조금 = 29만 원
> ㉡ 국민순생산(NNP) = 국민총생산(GNP) − 감가상각비 = 30만 원
> ㉢ 국민총생산(GNP) = 총생산물 − 중간생산물 = 35만 원

Answer 22.③ 23.③

24 국내총생산(GDP)에 포함되지 않는 것은?

① 자기소유 건물의 임대료   ② 도로 건설
③ 노동자에 대한 현물 지급   ④ 증여, 상속

> ✔ **해설** ④ 밀수, 밀매, 도박, 상속, 증여 등은 그 행위가 비생산적이어서 국내총생산에 포함되지 않는다.

25 경제활동참가율은 80%이고 고용률이 60%인 국가의 실업률은?

① 10%   ② 15%
③ 20%   ④ 25%

> ✔ **해설** • 경제활동참가율 = (경제활동인구 / 15세 이상 인구) × 100
> • 고용률 = (취업자수 / 15세 이상 인구) × 100
> • 실업률 = (실업자수 / 경제활동인구) × 100
> 15세 이상 인구를 100명으로 가정하고, 고용률이 60%라는 의미는 취업자가 60명이라는 의미와 같다.
> 경제활동참가율은 15세 이상 인구 중에서 차지하는 취업자와 실업자의 비율이므로 실업자는 20명이다.
> 실업률은 취업자와 실업자(80명)에서 차지하는 실업자(20명)의 비율로 25%다.

05 세계 시장과 한국 경제

01 국제교역

(1) 국제교역의 필요성

① **국민경제** … 다른 나라와 상호교류 하는 개방경제를 지향한다.

② **국제경제** … 국가 상호 간의 인적 · 물적 교류에 의한 활발한 국제경제가 이루어지고 있다.

③ **국제거래의 특징**
    ㉠ 국가 간의 생산요소의 이동은 다른 나라의 법규에 따라야 하므로, 국내에서 만큼 자유롭지 못하다.
    ㉡ 국가 간에는 부존자원, 생산기술 등의 차이가 있으므로, 각국 상품의 생산비와 가격에도 차이가 생긴다.

(2) 국제교역의 대상

상품뿐만 아니라 생산요소, 서비스, 지적 소유권에 이르기까지 매우 다양하다.

(3) 국제교역의 발생

① **국제교역의 발생원인** … 자국의 이익 추구, 생산비와 가격의 차이 등으로 인하여 국가 간의 무역이 발생한다.

② **국제분업** … 생산비가 싼 비교우위상품을 중심으로 국제 분업이 발생하므로 각국이 상대적으로 생산비가 적게 드는 상품을 생산, 교환하면 양국이 모두 이익을 얻게 된다.

(4) 무역의 발생 이론

① **절대우위론**
    ㉠ 스미스가 주장한 것으로 어떤 기업이나 국가가 재화나 서비스를 생산할 때 다른 나라보다 낮은 생산비로 생산할 경우 절대 우위가 있다고 말한다.
    ㉡ 절대우위는 동일한 양의 생산물을 만들어낼 때 생산 요소의 투입량이 적은 것을 의미한다.
    ㉢ 절대우위 산업에 특화하여 이를 상호 교환함으로써 양국 모두 이익이 증가한다고 본다.

② 비교우위론

　㉠ 비교우위란 한 국가에서 생산하는 상품의 기회비용이 다른 나라보다 낮은 것을 말한다.

　㉡ 비교우위론은 리카도(David Ricardo)가 주창한 것으로 무역 이익은 양국이 서로 다른 재화에 절대우위가 있을 때에만 발생하는 것이 아니라 어느 한 나라의 두 재화가 모두 절대우위에 있을 때에도 발생하게 된다는 이론이다.

　㉢ 비교 우위의 결정 요인 : 각 국의 부존 자원, 노동 · 자본 · 기술 수준, 특화의 역사로 인한 학습 효과 등이 있다.

　㉣ 비교 우위의 효과 : 각 국의 자원이 효율적으로 이용되고 세계적으로는 국제 분업의 효과가 극대화되는 결과를 가져온다.

　㉤ 비교 우위에 의한 무역의 이익

구분	상품	갑국	을국
특화 전	의류(1단위)	10명	9명
	기계(1단위)	12명	8명
특화 후	의류	22/10＝2.2단위	
	기계	17/8＝2.125단위	

(5) 무역마찰

① **무역마찰의 발생원인** … 각국의 이해관계가 서로 대립되어 국가 간에 무역마찰이 발생한다.

② **선 · 후진국 간의 무역마찰**

　㉠ 후진국 : 자국 제품의 수출 기간산업과 수입대체산업을 보호, 육성하기 위하여 수입품에 관세를 부과한다.

　㉡ 선진국 : 증대를 위해 무역장벽을 낮추어 달라는 협상을 요구한다.

③ **자유무역주의와 보호무역주의**

　㉠ 자유무역주의 : 무역에 참가하는 모든 나라가 이익을 얻을 수 있으므로 무역거래를 자유롭게 해야 한다는 주장으로 영국의 스미스가 제창했다. 국내 상업, 생산향상, 기술개발 자극, 물가안정 등의 장점이 있으나, 장기적인 면에서의 국제수지 악화가능성, 국내산업의 기반약화 등의 단점이 있다.

　㉡ 보호무역주의 : 국제경제력을 갖출 때까지 국내 산업을 보호 · 육성하고, 대외무역을 통제해야 한다는 주장으로 19세기 후반 독일의 리스트 등에 의해 체계화되었다. 국내 산업을 보호할 수는 있으나 국내 기업의 독과점초래, 국제경쟁력 약화 등의 단점이 있다.

　㉢ 보호무역정책 : 수입품에 대하여 일정 비율의 세금을 징수하는 관세부과조치나 국내 생산업체에 수출보조금과 수입보조금을 지불하는 방법을 사용하고 있다.

(6) 국제거래

① 경상거래

    ㉠ **무역거래** : 재화의 수출입을 말하며, 국제거래 중에서 가장 대표적이다.

    ㉡ **무역외거래** : 운수, 통신, 보험, 관광 등 용역의 수출입이나 해외투자수익, 차관, 이자 등의 수입과 지급을 말한다.

    ㉢ **이전거래** : 국가 간에 반대급부 없이 수취되거나 지급되는 증여, 무상원조, 이민송금 등의 일방적 거래를 말한다.

② **자본거래** … 기업의 해외 직접투자와 금융기관을 통한 간접투자로 구분된다.

    ㉠ **장기자본거래** : 상환기간이 1년 이상인 자본의 이동이다.

    ㉡ **단기자본거래** : 상환기간이 1년 미만인 일시적인 자본의 이동이다.

(7) 국제수지와 구성

① **국제수지** … 일정 기간 동안에 한 나라가 받은 외화와 지급한 외화의 차액을 국제수지라 한다.

② 국제수지의 구성

    ㉠ **경상수지** : 재화 및 서비스의 거래에 따른 외화의 수취와 지급을 말한다.

    ㉡ **자본수지** : 차관, 해외투자 등 자본거래에 의한 외화의 수치와 지급을 말한다.

    ㉢ **종합수지** : 경상수지와 자본수지의 합을 말한다.

    ㉣ **기초수지** : 경상수지와 장기자본수지를 합하여 말한다.

③ 국제수지 불균형의 문제점

    ㉠ **대내적인 측면**

      • 국제수지 흑자 : 통화량 증대를 가져와 경제안정을 저해한다.

      • 국제수지 적자 : 통화량 감소를 가져와 경제위축을 초래한다.

    ㉡ **대외적인 측면** : 만성적인 국제수지 흑자나 적자는 무역마찰을 가져오는 원인이 된다.

02 환율의 결정과 변동

(1) 국제거래 결제수단

① **결제수단** … 국제거래에서의 대금의 결제는 각국이 화폐제도를 달리 하고 있으므로 국제통화인 외화를 사용한다.

② **결제방법** … 외화로 표시된 수표나 어음(외국환, 외환)으로 결제한다.

③ **주사용 외화** … 미국의 달러($), 영국의 파운드(£), 독일의 마르크(DM), 일본의 엔(¥)

(2) 환율의 의미와 결정

① **환율** … 통화제도가 다른 나라와 거래를 위해 정해 놓은 자국 화폐와 외국 화폐와의 교환 비율을 뜻한다.

② **환율의 표시** … 외국 화폐 1단위와 교환되는 자국 화폐의 단위로 표시한다.

③ **환율의 결정** … 각국의 화폐가 가지는 구매력으로 결정되는 것이 바람직하다.

④ **환율제도**

    ㉠ **고정환율제도** : 한 나라의 환율을 정부(중앙은행)가 결정, 고시하여 운영하는 제도이다. 수·출입 계획을 세우기가 쉽고 국제 거래가 촉진되며 국내 경제가 안정되나, 무역 분쟁의 원인이 될 수 있다.

    ㉡ **변동환율제도** : 외환시장에서 수요·공급의 법칙에 따라 한 나라의 환율이 적정 수준으로 변동하는 제도이다. '보이지 않는 손'에 의한 자동적 균형유지가 이루어지고 국제수지의 불균형이 조절되나 수·출입 계획을 세우기가 어렵고, 환율의 변동으로 인해 경제가 불안정하다는 단점이 있다.

(3) 환율의 변동(평가절하와 평가절상)

구분	환율인상(평가절하)	환율인하(평가절상)
의미	우리나라 원화 가치의 하락 (1달러 : 700원 → 1달러 : 900원)	우리나라 원화 가치의 상승 (1달러 : 700원 → 1달러 : 500원)
효과	• 수출↑, 수입↓ (국제수지 개선) • 수입원자재의 가격상승으로 물가상승 • 외채상환 부담증가 • 통화량증가, 물가상승 • 해외여행 불리	• 수출↓, 수입↑ • 수입원자재의 가격하락으로 물가안정 • 외채상환 부담감소 • 통화량감소, 물가하락 • 해외여행 유리

CHECK POINT 우리나라 환율제 변천 … 고정환율제 → 단일변동 환율제 → 복수통화 바스켓제 → 시장평균 환율제 → 자율변동 환율제

---

03 ▶ 국제 경제 환경의 변화와 우리의 대응

(1) 국제 경제 질서의 변화

① **자유무역의 확대** … 국제 분업의 발달과 GATT체제 아래 자유무역이 확대되었다.

② **신보호주의의 등장**

    ㉠ **신보호주의** : 1970년대 중반 이래 점차 강화되는 무역 제한 조치를 통틀어서 신보호주의라 한다.

    ㉡ **신보호주의 등장 원인** : 선진국의 경기 침체, 선진국의 일부 산업에서의 경쟁력 상실, 선진국간의 무역 마찰 심화 등이 원인이 되었다.

ⓒ 신보호주의 정책 : 국가와 상품에 따라 선별적으로 취해지는데 신흥공업국의 수출품에 대한 수입 규제, 선진국의 제조업 보호를 위한 비관세 장벽, 신흥공업국에 대한 관세 장벽 등의 방식으로 행해진다.

③ 국제무역의 전개과정
ⓐ 남북문제의 대두
• 남북문제 : 선·후진국 간의 소득격차 문제가 생겼다.
• 남북문제의 원인 : GATT체제하의 관세인하교섭이 선진국 상호 간에 이루어짐에 따라 후진국의 이익을 경시하여 소득격차가 크게 확대되었다.
ⓑ 무역마찰의 발생
• 배경 : 세계무역의 다극화 현상이 생겼다.
• 원인 : 각국 간의 무역 불균형현상이 두드러졌다.
ⓒ 새로운 자유무역 질서의 성립 : 무역질서의 재편에 대한 노력으로 우르과이라운드협상이 타결됨에 따라 1995년 세계무역기구(WTO)체제가 구축되어 새로운 자유무역 질서가 성립되었다.

(2) 국제 경제 협력의 확대

① 지역적인 경제통합
ⓐ 경제통합 : 국가와 국가 간에 존재하는 무역 장벽을 헐어 버리고, 자유무역의 무차별 원칙을 지역적으로 적용하려는 국제관계를 뜻한다.
ⓑ 경제통합의 형태
• 자유무역지역 : 가맹국 간에 관세가 완전히 철폐되어 자유무역이 실현되지만, 비가맹국에 대해서는 공동관세로 대처하지 않고 독자적인 관세정책을 인정하는 형태로 유럽자유무역지역(EFTA), 북미자유무역지역(NAFTA)등이 있다.
• 관세동맹 : 가맹국 간에 자유무역이 실현되면서, 비가맹국에 대해서는 공동관세로 대처하는 형태로 중앙아메리카공동시장(CACM)이 있다.
• 공동시장 : 관세동맹에서 생산요소의 이동까지 자유로운 형태의 유럽공동시장(EC)이 있다.
• 경제동맹 : 공동시장에서 더 나아가 국가 간에 재정·금융정책까지 상호협조하게 되는 형태로 유럽연합(EU)이 있다.

② 국제경제협력 증대 … 경제통합의 형태는 아니지만 특정 지역 내의 국가들이 경제협력기구를 만들어, 국제경제관계를 더욱 긴밀히 하고 있다(OECD, ASEAN).

③ 우리의 경제협력 … 경제협력기구에 적극적으로 참여하여 협력, 국가 간 경제교류 증대, 저개발 국가에 대한 원조를 확대해야 한다.

⑶ 국제 경제 환경의 변화와 우리의 대응자세

  ① 국제경쟁의 심화

    ㉠ 국제 경제 환경의 변동 : 세계경제의 통합, 세계무역기구(WTO)의 출범, 지역주의의 대두 등

    ㉡ 세계경제질서의 과제 : 세계주의와 지역주의의 조화가 가장 중요한 과제

    ㉢ 국제경쟁의 심화 : 기업 활동의 국제화로 인한 국경 없는 경쟁의 심화, 선진국 중심의 신보호주의 경향 심화, 중진국의 경쟁력확보의 어려움, 후발 개발도상국과의 경쟁이 점차 심화

  ② 우리의 대응자세

    ㉠ 우리 경제의 과제 : 대외적으로는 국제경제 질서의 변화에 능동적으로 대처해야 하며, 대내적으로는 남북통일에 대비하면서 우리 경제를 선진국 수준으로 계속 발전시켜야 한다.

    ㉡ 우리의 대응자세 : 국제경쟁력을 강화하고 세계일류의식을 함양하면서 자주적인 경쟁체제를 마련하고 각 경제주체가 자신의 역할을 충실히 수행해야 한다.

05 출제예상문제

1 환율상승(평가절하)했을 때의 내용으로 옳지 않은 것은?

① 물가의 상승

② 수입업체의 이윤 증가

③ 외채상환 비용부담 증가

④ 유학간 자녀의 해외송금비용 증가

> **✓해설** ② 수입품의 국내가격 상승으로 수입업체의 이윤은 감소하게 된다.
> ※ 환율인상(평가절하) … 1달러가 500원에서 1,000원이 된 경우로 우리나라의 원화가치가 달러에 대해 하락한 것을 말한다.
> ㉠ 수출증가 : 국내에서 500원이던 재화의 국제가격이 1달러에서 0.5달러로, 달러화 표시가격이 하락하여 수출이 증가한다.
> ㉡ 수입감소 : 외국에서 2달러인 재화의 수입가격이 1,000원에서 2,000원으로, 원화표시가격이 상승하여 수입이 감소한다.
> ㉢ 외채상환부담 증가 : 1달러를 상환할 경우 부담액이 500원에서 1,000원으로 상승한다.
> ㉣ 해외여행 불리 : 100만원을 해외여행에 지출할 경우 해외에서 쓸 수 있는 돈이 2,000달러에서 1,000달러로 감소한다.
> ㉤ 물가의 상승 : 수출증가와 수입감소로 통화량이 증가하여 물가가 오른다.

2 환율이 인상되었을 때 나타나는 현상은?

① 수입원자재 가격의 상승으로 국내물가는 오른다.

② 수출품에 대한 해외수요의 감소로 수출은 줄어든다.

③ 수입품에 대한 국내수요의 증가로 수입은 늘어난다.

④ 이미 도입된 외국자본에 대한 상환부담은 감소한다.

> **✓해설** 환율인상(평가절하)이 되면 수입상품의 원화가격이 오르므로 수입이 감소되고, 수출상품의 외화가격을 내릴 수 있으므로 수출이 증가하게 되어 국제수지가 호전된다. 그러나 수입가격이 오르면 국내물가도 따라서 오르게 되어 물가안정을 저해하기도 한다.

Answer 1.② 2.①

3 다음에서 환율이 r에서 r'로 변동한 원인으로 옳은 것은?

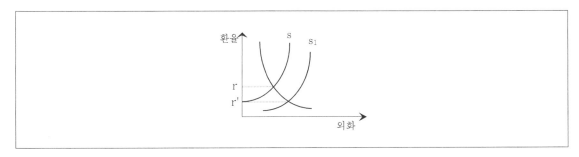

① 해외관광객의 감소

② 수출의 증가

③ 해외투자의 증가

④ 외자도입의 감소

 ② 수출의 증가, 수입의 감소, 외자도입의 증가는 균형환율이 하락하는 요인이다.

※ 환율의 변동요인
  ㉠ 해외자본의 국내유입 : 외화의 공급증대 → 외화의 공급곡선 우향이동 → 균형환율 하락
  ㉡ 국내자본의 해외유출 : 외화의 수요증가 → 외화의 수요곡선 우향이동 → 균형환율 상승
  ㉢ 국내물가의 하락 : 수출의 증대 → 외화의 공급증대 → 균형환율 하락

4 다음 표는 우리나라의 주요 경제지표를 나타낸 것이다. 이 표와 관련된 설명으로 옳지 않은 것은?

(단위 : 100만 달러)

연도 \ 구분	경상수지	무역수지	자본수지	외환보유액(말)
1985	−795	−20	1,633	7,749
1990	−2,003	−2,450	2,564	14,822
1995	−8,508	−4,444	16,786	32,712
1997	−8,618	−3,875	5,438	20,406

① 일종의 가공자료라고 할 수 있다.

② 전수조사(全數調査)를 하였을 것이다.

③ 1997년의 무역규모는 1995년보다 작아졌다.

④ 경상수지의 적자를 자본수지의 흑자로 메웠다.

 ③ 1995년에 비해 1997년의 무역수지의 적자폭이 감소되었으나, 1997년의 무역규모는 알 수 없다.

Answer 3.② 4.③

5 다음 표는 원/달러 환율과 엔/달러 환율을 가정하여 나타낸 것이다. 이와 같은 환율 변동에 따라 2020년에 나타날 수 있는 효과로 가장 적절한 것은?

구분	원/달러	엔/달러
2015년	1,250	125
2020년	1,100	100

① 미국 시장에서 일본보다 우리나라 제품의 수출 가격 경쟁력이 높아졌다.

② 일본산 부품을 사용하는 우리나라 기업의 생산 비용이 감소하게 되었다.

③ 원화의 가치가 상승하여 우리나라의 달러 표시 외채 상환 부담이 증가하게 되었다.

④ 달러의 가치가 하락하여 미국이 한국과 일본에 수출하는 제품의 가격 경쟁력이 낮아졌다.

> **✔ 해설** 달러화에 비해 원화와 엔화가 모두 평가 절상되고 있다.
> ① 엔화가 원화에 비해 더 평가 절상 되고 있으므로 미국 시장에서 우리나라 제품의 수출 가격 경쟁력이 높아질 것이다.
> ② 엔화가 원화보다 더 평가 절상되므로 원/엔화 환율은 상승할 것이다. 따라서 일본산 부품을 사용하는 우리나라 기업의 생산 비용이 증가하게 된다.
> ③ 원화의 가치가 상승하여 달러 표시 외채 상환 부담이 감소한다.
> ④ 미국이 한국과 일본에 수출하는 제품의 가격 경쟁력이 높아진다.

6 국제수지의 불균형을 조절하기 위해서 다음과 같은 방법을 썼을 때 국내물가를 상승시킬 우려가 가장 큰 것은?

① 균형환율정책   ② 금융확장정책

③ 수입자유화정책   ④ 긴축재정정책

> **✔ 해설** 금융확장정책
> ㉠ 정의 : 실업이 늘어나는 등 불황의 문제가 커질 경우에 중앙은행이 경기를 자극하기 위하여 시중의 자금사정을 풀어주는 금융정책이다.
> ㉡ 방법 : 국·공채나 통화안정증권의 매입, 지급준비율 인하, 재할인율 인하 등이 있다.

Answer   5.①   6.②

7 변동환율제도하에서 국내물가가 상승하면 환율은 어떻게 되는가?

① 수출감소와 수입증가로 환율이 인상된다.

② 수출증가와 수입감소로 환율이 인하된다.

③ 수출감소와 수입증가로 환율이 인하된다.

④ 수출증가와 수입감소로 환율이 인상된다.

> ✔해설 ① 국내물가가 상승하면 수출품의 외화가격이 올라 수출이 감소되고 수입이 증대되므로 외화의 공급감
> 소 및 수요의 증대를 가져와 환율이 인상된다.
>
> ※ 변동환율제도
> ㉠ 개념 : 외화에 대한 수요와 공급에 의하여 환율이 자유로이 변동되도록 하는 제도이다.
> ㉡ 장점 : 환율이 자동적으로 균형을 이루게 되므로 국제수지불균형을 조절하기 위한 정책을 실시할 필
> 요가 없다.
> ㉢ 단점 : 환율이 자주 변동하면 수입과 수출에 대한 계획을 세우기 어렵고, 수출품과 수입품의 가격
> 변동이 심해져 국민경제가 불안정하다.
> ㉣ 우리나라의 환율제도(시장평균환율제도) : 국내 외환시장에서 은행들간 원화와 달러화의 매매가격에
> 의해 환율이 결정된다.
> ㉤ 변동환율제도하의 국제수지균형
> • 국제수지흑자 → 환율인하 → 수출감소 · 수입증가
> • 국제수지적자 → 환율인상 → 수출증가 · 수입감소

8 A, B국의 라디오와 옷감의 생산비가 도표와 같다. 양국이 비교우위에 따라 교역을 할 때, A국이
옷감 1단위를 얻는 데 드는 노동은? (단, 교역 조건은 1:1)

구분	라디오	옷감
A국	8	9
B국	12	10

① 8단위   ② 9단위

③ 10단위   ④ 11단위

> ✔해설 주어진 도표에 따라 A국은 라디오, B국은 옷감이 비교우위이다. A국과 B국은 라디오와 옷감의 1 : 1 교
> 역이 가능하므로, A국은 노동 8을 들여 라디오 1단위를 생산하여 B국이 노동 10을 들여 생산한 옷감 1
> 단위와 교역하는 것이므로 A국은 옷감 1단위를 얻는 데 노동 8이 들어간 셈이다.

Answer 7.① 8.①

9 우리나라 무역수지를 흑자로 되게 하는 요인으로 보기 어려운 것은?

① 재할인율의 중단　　　　　　　　② 원화의 평가절상

③ 국제금리의 하락　　　　　　　　④ 원유가격의 하락

> ✔해설　② 원화의 평가절상(환율인하)은 수입을 촉진시켜 무역수지가 악화될 수 있다.

10 우리나라가 미국에 대하여 원화의 평가절상을 꺼리는 근본이유는?

① 국내물가의 안정을 위하여

② 외채의 상환부담을 감소시키기 위하여

③ 수출증대를 지속하기 위하여

④ 국제경제의 협력을 강화하기 위하여

> ✔해설　평가절상(환율인하) … 자국화폐의 대외가치 상승→수출감소·수입증가→국제수지 악화, 수입원자재의 가격 하락→국내물가의 하락→물가안정, 원화가치의 상승→외채상환부담의 감소

11 우리나라가 외국에 빌려준 돈에 대한 이자를 받아서 다른 나라에 직접 투자를 하였다. 이러한 경우에 국제수지표에서는 어떤 항목이 어떻게 변동되겠는가?

① 무역수지 수취↑, 자본수지 지급↑

② 무역외수지 수취↑, 자본수지 지급↑

③ 이전거래 수취↑, 무역외수지 지급↑

④ 자본수지 수취↑, 자본수지 지급↑

> ✔해설　국제수지 … 1년간 한 나라가 수취한 외화와 지급한 외화의 차액을 말한다.
> ㉠ 무역외수지
> • 무역외거래에서의 수취 : 우리 선박에 의한 해상운임, 해외공장 설립에 따른 투자수익, 외국에 빌려준 돈에 대한 이자
> • 무역외거래에서의 지급 : 외국 선박에 의한 해상운임, 해외차관에 의한 이자
> ㉡ 자본수지
> • 외화의 수취 : 차관을 도입
> • 외화의 지급 : 차관에 대한 원금상환, 외국에 직접 투자

Answer　9.②　10.③　11.②

12 국제수지가 흑자일 경우 나타나는 경제적 상황으로 옳은 것은?

① 한국은행의 외환보유고가 감소한다.
② 환율이 상승하여 가격경쟁력이 증대된다.
③ 국내물가가 하락한다.
④ 시중의 통화량이 증가하여 유효수요가 증가한다.

✔ 해설 국제수지가 흑자이면 외환보유고가 증가하고 시중의 통화량이 증가하여 물가가 상승한다.

13 다음 중 평가절상에 관한 설명으로 옳은 것은?

① 수출이 증가한다.
② 국내 물가가 상승한다.
③ 유학생 자녀를 둔 경우 송금 부담이 증가한다.
④ 원자재를 수입해서 사업하는 회사의 경우 유리하다.

✔ 해설 ①②③ 평가절하가 국내 경제에 미치는 영향에 대한 설명이다.

14 다음 중 국제무역의 원인으로 옳지 않은 것은?

① 생산기술의 차이
② 부존자원의 차이
③ 물가상승률의 차이
④ 비교생산비의 차이

✔ 해설 ③ 물가상승률의 차이는 수출과 수입에 영향은 주지만, 국제무역의 원인은 되지 않는다.

15 다음 중 무역외수지의 항목에 해당하지 않는 것은?

① 해외여행경비
② 운임 및 보험료의 지급
③ 북한의 경수로 건설에 대한 무상지원
④ 동남아 투자에 따른 수익

✔ 해설 무역외수지의 항목에 해당하는 것으로는 운수, 통신, 보험, 관광 등 용역의 수출입이나 해외투자수익, 차관이자 등의 수입과 지출이 있다.

Answer 12.④ 13.④ 14.③ 15.③

PART

02

일반사회
chapter.03 사회·문화

01 사회 · 문화현상의 탐구

01 사회·문화현상의 이해

(1) 자연현상과 사회 · 문화현상의 의미와 특징

구분	자연현상	사회 · 문화현상
의미	인간의 의지는 무관한 보편적인 자연법칙에 따르는 자연계의 모든 현상	인간에 의해 인위적으로 창조되는 모든 현상
지배법칙의 내용과 성격	• 사실법칙 : 자연적 사실을 지배하는 법칙 • 인과법칙 : 원인과 그로 인한 결과가 존재한다는 법칙 • 필연법칙 : 우연이나 예외가 없는 법칙 • 존재법칙 : 사실상 그러함을 나타내는 법칙	• 규범법칙 : 인간의 행위의 기준이 되는 법칙 • 당위법칙 : 마땅히 행해야 하는 법칙 • 목적법칙 : 반대현상이 발생할 가능성이 있는 법칙 • 자유법칙 : 자유의지에 따라 예외가 존재할 수 있는 법칙
특징	• 몰가치적(가치중립적)이고 보편이다. • 인간이 창조해낸 가치 기준과는 무관하게 존재한다. • 고정성과 불변성이 있다. • 규칙성의 발견 및 예측이 용이하다. • 관찰과 실험, 특히 통제된 실험을 통한 조사가 가능하다. • 확실성의 원리에 의해 이론화된다.	• 가치함축적이고 가치판단적이다. • 인간이 창조해낸 가치기준으로 특수성을 지닌다. • 유동성과 가변성이 있다. • 규칙성의 발견 및 예측이 곤란하다. • 통제된 실험이 불가능(조사 · 관찰 · 답사 · 사례연구 등)하다. • 확률의 원리에 의해 이론화된다.

(2) 사회 · 문화현상 연구의 특징

① 사회과학의 세분화 · 전문화 … 사회과학은 사회 · 문화 현상을 과학적으로 탐구하려는 학문이다. 사회 · 문화 현상이 점점 복잡해지고 다양해지자 그에 따라 세분화 되고 전문화 되었다.

   ㉠ 정치학 : 권력, 공공정책, 정치적 의사결정과정을 연구 대상으로 하는 학문이다.

   ㉡ 경제학 : 인간의 경제활동에 기초를 둔 사회적 질서를 연구 대상으로 하는 학문이다.

   ㉢ 사회학 : 인간의 사회적 공동생활을 연구하는 학문이다.

   ㉣ 문화 인류학 : 인류의 생활 및 역사를 문화적인 면에서 비교하고 연구하는 학문이다.

② 간학문적 연구
  ㉠ 전통적인 학문 영역간의 소통을 통해 특정한 현상을 통합적으로 이해하려는 방식이다.
  ㉡ 사회현상은 매우 복잡하기 때문에 개별 학문만으로는 모든 것을 설명하기 어려우므로 사회·문화현상을 종합적으로 분석하기 위해 여러 학문들을 적용하여 통합적으로 연구할 필요성이 있다.

02 ▶ 사회·문화현상을 보는 관점

(1) 거시적 관점과 미시적 관점

구분	거시적 관점	미시적 관점
내용	사회 체계 전체의 수준에서 탐구하려는 관점	개인 및 개인 간의 상호작용에 초점을 맞추어 탐구하려는 관점
관심대상	계층구조, 사회조직, 사회제도,	개인의 태도나 행동, 개인 간의 상호작용
관련이론	기능론, 갈등론	교환이론, 상징적 상호작용론,

(2) 사회 문화 현상을 이해하는 여러 관점

① 기능론적 관점
  ㉠ 사회 구성요소들은 상호의존적인 관계에 있으며, 사회 전체의 유지와 통합에 기여한다.
  ㉡ 각 요소들의 역할과 기능은 사회구성원들의 합의에 의해 결정된 것이다.
  ㉢ 전체 사회는 유기체와 같이 부분들의 체계로 이루어져 있다.
  ㉣ 통합과 균형을 강조하며, 안정성과 지속성을 기본으로 한다.
  ㉤ 보수주의학자들의 지지를 받는다.
  ㉥ 갈등과 변동의 중요성을 간과하고 현상유지만을 강조하여, 혁명과 같은 급격한 사회변동을 설명하지 못하는 한계를 가지고 있다.
② 갈등론적 관점
  ㉠ 사회 구성요소들은 갈등적인 관계에 있으며, 사회 전체의 변동에 기여한다.
  ㉡ 각 요소들의 역할과 기능은 강제와 탄압에 의한 것이다.
  ㉢ 사회가 존속하는 한 희소가치를 둘러싼 갈등과 긴장은 끊임없이 존재한다.
  ㉣ 갈등과 강제를 중심으로 현상 파괴적 측면을 강조한다.
  ㉤ 진보주의 학자들의 지지를 받는다.
  ㉥ 갈등을 통한 변혁을 강조하며, 사회존속과 통합의 중요성을 경시하는 비관적, 부정적인 관점이라는 한계를 가지고 있다.

③ 상징적 상호작용론

    ⊙ 사람들이 주고받는 언어와 문자, 기호 등 상호 작용 속에 교환되는 상징과 그 의미의 중요성을 강조하는 이론이다.

    ⓒ 일상생활에서 사람들이 어떻게 행위하고 상호작용하는지에 관심을 둔다. 인간의 능동적 사고과정과 자율적 행위의 측면을 중시한다.

    ⓒ 사회는 사람들이 서로 주관적인 의미 규정과 해석을 주고받는 과정이며, 이를 통해 사회가 유지 또는 변동 된다.

    ⓔ 사회·문화 현상을 개인들의 일상생활 속의 행동을 통해 상호 작용한 결과로 발생한 주관적인 의미가 담긴 것으로 본다.

    ⓜ 사회적 행위에는 스스로가 상대방의 주관적 동기와 의미를 해석하는 과정, 즉 상황정의가 필요하다.

    ⓑ 개인은 상징적 상호작용을 통해 자아를 형성하게 되고 자신의 기대역할과 행동을 학습한다.

    ⓢ 사회구조의 힘이 개인의 상호작용에 미치는 영향을 과소평가하여 거시적 구조를 보지 못하는 한계를 가지고 있다.

④ 교환이론

    ⊙ 인간의 행위를 비용과 그에 따른 보상과 연관 지어 생각한다.

    ⓒ 인간은 교환을 통해 이익을 추구하는 합리적 존재이다.

    ⓒ 사회조직 속에서 흥정과 타협을 통하여 서로 주고받게 되어야 관계의 균형이 유지된다.

    ⓔ 교환되는 것은 물질적인 것뿐만 아니라 애정, 명예, 권력 등도 포함된다.

    ⓜ 개인이나 집단이 왜 그런 행동을 하는 가를 설명하는데 유용하다.

    ⓑ **교환관계** : 일대일로 이루어지기도 하고 세대 간 교환이 이루어지기도 하고, 순환적 교환이 일어나기도 한다.

    ⓢ 인간을 지나치게 단순하게 취급한다는 비판도 받고 있다.

(3) 사회·문화 현상을 보는 관점들의 조화와 균형

① 거시적 관점과 미시적 관점의 비교

구분	거시적 관점(기능론과 갈등론)	미시적 관점(상징적 상호 작용론과 교환 이론)
특징	개인을 구속하는 사회의 구조에 초점을 둔다.	개인의 능동적 사고 과정과 선택 그리고 타인과의 상호 작용과정에 초점을 둔다.
단점	개인의 주체적 능동성을 간과하였다.	개인을 구속하고 통제하는 거시적 구조를 설명하지 못하였다.

② **사회·문화 현상을 보는 관점들의 조화와 균형** … 사회문화현상에 대하여 종합적으로 인식하고, 균형 잡힌 시각을 가지고 개인과 사회의 관계를 보려면 거시적 관점과 미시적 관점을 종합하여 보아야한다.

03 사회·문화 현상의 연구 방법

(1) 사회과학의 연구방법

① 실증적 연구방법(양적 접근법) ⋯ 자료를 계량화하여 분석하는 연구방법으로 사회현상에 관한 일반적인 법칙을 발견한다.

  ㉠ 특징
  • 객관적으로 관찰 가능한 인간행위를 분석대상으로 삼는다.
  • 객관적 법칙발견이나 엄밀한 인과관계의 확인이 목적이다.
  • 수량적으로 표현할 수 있는 양적인 자료를 중시한다.
  • 통계적인 분석기법을 활용한다.
  • 연구자가 관찰대상과 일정한 거리를 유지한 채 가치중립적으로 연구한다.

  ㉡ 장점 : 객관적이고 정확·정밀한 연구, 법칙발견에 유리하다.

  ㉢ 단점 : 계량화가 곤란한 인간의 정신적 영역 등에 관한 연구는 제약을 받는다.

  ㉣ 전제
  • 자연현상과 사회·문화현상은 본질적으로 다르지 않다.
  • 자연과학적 연구방법을 사회 문화현상에 적용할 수 있다는 방법론적 일원론을 주장한다.

  ㉤ 절차 : 문제인식 → 가설설정 → 연구 설계 → 자료수집 → 자료 분석 → 가설검증 → 결론도출

② 해석적 연구방법(질적 접근법) ⋯ 연구자의 직관인 통찰에 의해 사회현상의 의미를 해석하고 이해하려는 연구방법이다.

  ㉠ 특징
  • 인간의식의 심층적 영역에 관심을 가진다.
  • 인간행동의 동기, 의도 등과 같은 의미의 파악이 목적이다.
  • 비공식적 문서, 역사적 기록의 이면적 의미를 중시한다.
  • 연구자의 직관적 통찰에 의거하여 연구한다.
  • 연구자가 관찰대상의 입장이 되어 볼 것을 강조한다.

  ㉡ 장점 : 행위자의 주관적 의식의 심층에 대한 이해가 가능하다.

  ㉢ 단점 : 실증적 연구와 같은 객관성 확보가 쉽지 않다.

  ㉣ 전제
  • 자연현상과 사회·문화 현상은 본질적으로 다르다고 생각한다. 그렇기 때문에 자연과학적 연구방법을 가치함축적인 사회 문화현상에 적용할 수 없다는 방법론적 이원론을 주장한다.
  • 사회는 행위자에 의해 구성되면 개인들은 지속적으로 상호작용을 한다.

  ㉤ 절차 : 문제인식 → 연구 설계 → 자료수집 → 자료 처리 및 해석 → 결론 및 적용

(2) 자료수집방법

① **질문지법** … 조사하고자 하는 내용을 설문지로 만들어, 이를 조사 대상자가 직접 기입하게 하는 방법이다.
  ㉠ 장점 : 시간과 비용 절약, 분석기준 명확, 자료 분석용이 등이 있다.
  ㉡ 단점 : 회수율이 낮고 문맹자에게는 실시가 곤란하며 질문내용이 잘못 이해될 수 있다.
  ㉢ 단점보완책 : 질문지를 이해하기 쉽게 작성하고, 사전검사를 통해 질문에 대한 반응을 관찰하고 그 결과를 분석하여 결함을 보완한다.

② **면접법** … 연구자와 조사대상자가 직접 만나 필요한 정보를 대화를 통해 수집하는 방법이다.
  ㉠ 장점 : 문맹자에게도 실시가능하며 자세한 조사가 가능하다.
  ㉡ 단점 : 시간과 비용이 많이 들고 표본을 많이 구하기 어려우며 조사자의 편견이 개입할 우려가 있다.

③ **참여관찰법** … 연구자가 사회현상을 직접 보고 듣고 느끼면서 자료를 수집하는 방법이다.
  ㉠ 장점 : 의사소통이 곤란한 경우에도 실시 할 수 있으며, 정보를 깊이 있게 관찰할 수 있다.
  ㉡ 단점 : 원하는 현상이 나타날 때까지 기다려야 하는 경우가 발생하며 관찰자의 주관이 작용할 가능성이 높고 예상치 못한 변수가 발생할 우려가 있다.

④ **문헌연구법** … 역사적인 문헌을 수집하거나 이미 발표된 통계자료를 수집하는 방법이다.
  ㉠ 장점 : 적은 비용으로 폭넓은 연구가 가능하며 주어진 연구문제에 대한 기존 연구동향을 효과적으로 파악할 수 있다.
  ㉡ 단점 : 문헌자료의 신뢰성 문제가 따르며 연구자의 주관적 문헌해석 가능성이 존재한다.

⑤ **실험법** : 인간행위에 일정한 자극을 주고 이에 대한 반응을 구함으로써 자료를 수집하는 방법이다.
  ㉠ 장점 : 과학적인 연구가 가능하다.
  ㉡ 단점 : 인간에 대한 실험은 비윤리적이라는 비판이 있다.

04 사회 · 문화 현상의 탐구 절차와 태도

(1) 사회 · 문화 현상의 탐구 절차

① 연역적 방법과 귀납적 방법
  ㉠ **연역적 방법** : 보편적인 원리에서 가설을 설정하고 출발하여 연구하고 일반적인 법칙이나 이론을 찾아내는 방법이다.
  ㉡ **귀납적 방법** : 개별사례에 대한 관찰을 총괄하여 그 공통된 성질을 일반적인 법칙으로 확립하는 방법이다.

② 양적 연구방법의 탐구절차
  ㉠ **문제제기 및 연구 주제 선정** : 연구를 통하여 해결하고자 하는 문제가 무엇인지를 명확히 밝히는 단계이다.
  ㉡ **가설 설정**
    • 기존의 연구 결과와 이론 등을 참고하여 가설을 설정하는 단계이다.
    • 결론을 예측해 보는 것으로 원인에 해당하는 독립변수와 결과에 해당하는 종속 변수 간의 관계를 구체적으로 나타낸다.

ⓒ **연구 설계**: 조사대상과 범위, 조사 기간, 그리고 분석 도구에 대해 구체적으로 계획을 세우는 단계이다.

ⓔ **자료수집 및 분석**: 연구 설계에서 계획된 자료 수집 방법에 따라 자료를 수집하고 수치화된 자료를 통계 기법을 이용하여 분석하는 단계이다.

ⓜ **가설 검증 및 일반화**: 자료를 분석한 결과를 바탕으로 가설을 수용할지 기각할지 검증하고 가설이 입증된 경우에는 일반화를 시도하는 단계이다.

③ **질적 연구 방법의 탐구 절차**

ⓐ **문제제기 및 연구주제 선정**: 가설을 설정하지 않거나 설정하는 경우에도 추상적인 형태로 만드는 것이 일반적이다.

ⓑ **연구 설계**: 자료수집 방법, 조사대상과 범위, 조사기간에 대해 구체적인 계획을 세우는 단계이다.

ⓒ **자료 수집 및 분석**
  • 주로 녹음, 메모, 촬영 등의 방법을 통해 자료 수집을 한다.
  • 연구자의 직관적인 통찰에 의거하여 자료를 분석한다.

ⓔ **결론**: 분석한 자료의 의미를 중심으로 결론을 도출하는 단계이다.

④ **실증적 탐구 방법의 연구과정**

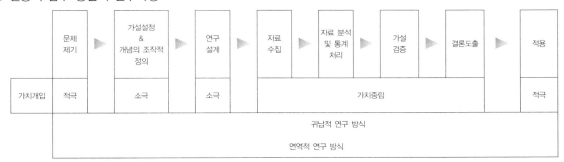

ⓐ 가설 설정 & 개념의 조작적 정의는 실증적 연구방법의 대표적인 특징이다. → 가설 설정 & 개념의 조작적 정의 과정에서 소극적으로 가치가 개입되지만 가급적 배제하는 것이 좋다.

ⓑ 실증적 연구의 전체적인 흐름은 연역적 연구이지만, 자료수집 → 가설 검증 과정은 귀납적인 방식을 가진다.

⑤ **해석적 탐구의 연구과정**

ⓐ 해석적 연구방법은 특수하고 예외적인 사례에 주목한다.
  → 따라서 각 사례에 따른 연구가 중요하다. (귀납적 연구 방식)

ⓑ 개인 내면의 동기를 파악 할 수 있는 '비공식적인 문서'에 주목한다.

ⓒ 해석적인 연구는 '가치 함축적'이며, 이는 연구자가 연구 대상자의 입장에서 연구대상자의 심리상태나 행동 방식 등을 판단해 보는 것을 의미한다.

(2) 사회 · 문화 현상의 탐구 태도

① 사회 · 문화 현상의 탐구에서 필요한 연구자의 태도

    ㉠ 성찰적 태도 : 현상을 있는 그대로 받아들이지 않고 의문을 가지고 살펴보려하거나 자신의 연구과정에 대해서 제대로 탐구하고 있는지 되짚어 보려는 태도

    ㉡ 객관적인 태도
- 자신의 주관을 떠나 사실을 있는 그대로 관찰하고 인식하려는 태도
- 자신의 선입관이나 감정적 요소를 배제한 제3자적 입장

    ㉢ 개방적인 태도
- 여러 가지 가능성이 동시에 공존할 수 있다고 인정하는 태도
- 논리적으로 옳아 보이는 주장이나 이론도 경험적으로 실증될 때까지는 가설로 받아들이는 태도
- 편견이나 편협한 가치관 배격, 무비판적 추종이나 무조건적 배격 탈피

    ㉣ 상대주의적인 태도
- 사회와 문화의 특수성을 이해하는 태도
- 동일한 사회 · 문화현상이라 할지라도 해당 사회의 역사적 · 문화적 배경이나 현실적 여건에 따라 다르게 이해하려는 태도

    ㉤ 조화의 중요성을 인식하는 태도
- 사회는 조화를 이루는 가운데 발전하는 것임을 인식하는 태도
- 협동과 대립, 갈등이 교차하고 반복되면서 사회가 발전한다고 생각하는 태도

② 사회 · 문화 현상의 탐구에서 가치중립문제

    ㉠ 사실과 가치
- 사실 : 실재하는 어떤 것의 객관적 상태를 있는 그대로 설명해 주는 명제로, 경험적 증거를 바탕으로 하여 참과 거짓을 객관적으로 규명할 수 있다.
- 가치 : 사물이나 사건, 행위나 사람, 관행, 제도 등에 대한 주관적 평가의식을 담고 있는 명제로, 평가적 용어가 사용된다.

    ㉡ 가치중립 : 가치로부터 자유로운 상태, 즉 가치의 영향이 배제된 상태를 뜻한다.

    ㉢ 가치개입 : 특정한 가치를 전제로 그것과의 연관성 속에서 의사결정에 임하는 것이다.

    ㉣ 과학과 가치의 문제
- 가치중립의 필요성 : 사회과학의 탐구목적은 사회 · 문화현상을 기술하고 그 속에서 법칙을 찾는 것이므로 연구자의 주관적인 가치가 배제되어야 한다(연구자의 주관적 가치 때문에 사실을 왜곡하여 자료를 수집해서는 안 된다).
- 가치중립성을 지키기 어려운 이유 : 사회현상 자체에 가치가 내포, 연구자 자신이 사회현상 내부에서 관찰, 연구주제와 대상의 선택에서 연구자의 가치판단이 불가피할 수밖에 없기 때문이다.

(3) 사회·문화 현상의 탐구에서 연구자가 지켜야하는 윤리문제

① 연구 윤리의 필요성

    ㉠ 사회 문화 현상의 탐구는 인간의 행위를 탐구의 기본으로 하므로 윤리적 원칙에 충실해야한다.

    ㉡ 연구의 대상이 사람이므로 연구 과정이나 결과가 인권을 침해하지 않도록 해야 한다.

② 연구 주제의 윤리성

    ㉠ 연구 주제가 윤리적으로 허용되는 범위 내의 것이어야 한다.

    ㉡ 인간 생활에 해를 끼치거나 불이익을 주는 것은 허용되지 않는다.

③ 연구 대상자와 관련된 윤리문제

    ㉠ 연구대상의 인권 보호 관련 문제 : 인간을 대상으로 하므로 탐구과정에서 조사 대상자에게 신체적, 정신적, 물질적, 법적으로 피해를 주지 않고 인권을 보호해야한다.

    ㉡ 연구대상자의 자발적인 참여 문제 : 연구대상자에게 연구의 성격과 목적, 내용 등에 대한 정보를 미리 제공하고 조사 참여에 대한 동의를 구해야한다.

    ㉢ 연구대상자의 사생활 보호문제 : 연구대상자의 사생활보호를 위해 익명성을 보장해야하며 연구결과의 분석과 보고과정에서도 연구대상자를 절대 공개해서는 안 된다.

④ 연구과정 결과 보고와 활용에서의 윤리문제

    ㉠ 연구 과정에서의 윤리문제 : 원하는 결과를 얻기 위해 자료를 편파적으로 수집하거나 자료를 조작해서는 안 된다.

    ㉡ 결과 보고에서의 윤리문제 : 연구결과의 확대 및 왜곡이나 타인의 연구결과물을 도용하는 것은 범죄에 해당한다.

    ㉢ 연구 결과 활용에서의 윤리 문제 : 결과가 다수에게 악영향을 미치거나 정부정책에 왜곡되어 반영될 수 있는지도 고려해야 한다.

01 출제예상문제

1 다음 사회현상의 탐구과정 중 가치중립이 필요한 곳은?

문제제기 → 가설의 설정 → 자료수집 및 해석 → 결론도출 → 대안모색
                        ㉠   ㉡   ㉢   ㉣

① ㉠   ② ㉡
③ ㉢   ④ ㉣

> ✔ **해설** 가치중립은 가치의 영향이 배제된 상태, 즉 가치로부터 자유로운 상태를 말한다. 사회현상의 탐구과정 중 자료의 수집 및 해석단계는 연구자의 가치가 개입될 경우 과학적 연구에 객관성이 결여되어 사실을 왜곡할 위험이 있다. 즉, 본인이 설정한 가치에 유리한 자료만을 증거로 채택하고 불리한 자료는 무시하여 잘못된 결론도출에 이를 수 있다. 따라서 연구자의 가치중립적 자세는 올바른 결론도출에 꼭 필요한 요소이다.

2 다음 중 실증적 연구방법에 대한 설명으로 옳은 것은?

① 직관적인 통찰에 의하여 연구한다.
② 사회현상에 대한 의미를 파악한다.
③ 경험적인 자료를 계량화하여 분석하고 개념의 조작적 정의를 통해 법칙을 발견한다.
④ 비공식적 자료를 활용한다.

> ✔ **해설** 실증적 연구방법(양적 접근법) … 경험적 자료를 계량화하여 분석하고 연역적 추론과정을 통하여 사회현상의 일반적인 법칙을 발견하여 설명하려는 연구방법이다.
> ①②④는 해석적 연구방법(질적 접근법)에 대한 설명이다.

Answer 1.③ 2.③

3 우리가 무심코 사용하는 말 중에는 특정집단과 국가의 가치관이나 편견이 개입된 것들이 많이 있다. 다음 중 이러한 사례로 보기 어려운 것은?

① 대한민국의 주권은 국민에 있다.
② 중국인들은 우리 민족을 동이족이라 불렀다.
③ 대한민국은 극동지역에 위치한 반도국이다.
④ 콜럼버스는 1492년 아메리카대륙을 발견했다.

> **해설** ④ 역사적 사실에 대한 것으로 가치관이나 편견이 개입되었다고 할 수 없다. 물론 아메리카 대륙은 원주민 입장에서는 발견이 아니고, 유럽의 입장에서 보면 발견이 되나, 이는 가치관이나 편견의 문제는 아니다.

4 다음 중 해석적 연구방법으로 옳은 것은?

① 직관적 통찰　　　　　　② 법칙 발견
③ 통계적 연구　　　　　　④ 조작적 정의

> **해설** 해석적 연구방법 … 연구자의 직관적인 통찰에 의하여 사회현상의 의미를 해석함으로써 사회현상을 이해하는 연구방법이다.

5 사회현상에 대한 탐구는 일반적 법칙을 발견하는 일 못지않게 사회적 의미를 파악하는 일도 중요하다. 그 까닭으로 가장 적절한 것은?

① 사회현상에는 인과법칙이 존재할 수 없기 때문에
② 사회현상은 실증적 방법을 통하여서는 탐구할 수 없기 때문에
③ 사회현상은 가치와 목적이 개입되어 있기 때문에
④ 사회현상의 탐구과정에서 연구자의 관점을 배제할 수 있기 때문에

> **해설** 사회현상은 가치와 목적이 개입되어 있기 때문에 사회적 의미를 파악하는 일도 중요하다.

Answer 3.④ 4.① 5.③

6 비교적 소수의 응답자로부터 깊이 있는 정보를 얻고자 할 때 가장 적절하게 쓰일 수 있는 정보 수집방법은?

① 질문지법　　　　　　　　　　　　② 면접법
③ 참여관찰법　　　　　　　　　　　④ 문헌연구법

> ✔해설 면접법 … 많은 사람으로부터 비슷한 정보를 얻고자 할 때보다는 비교적 소수의 응답자로부터 깊이 있는 정보를 얻고자 할 때 더 적절하게 쓰일 수 있다.

7 사회현상을 바르게 인식하기 위해서는 새로운 사실 또는 다른 사람들의 주장을 편견없이 받아들이는 태도가 필요한데, 이와 관계 깊은 사회현상의 인식태도는?

① 객관적인 태도　　　　　　　　　　② 개방적인 태도
③ 상대주의적인 태도　　　　　　　　④ 특수성을 고려하는 태도

> ✔해설 개방적인 태도 … 여러 가지 가능성이 공존할 수 있다는 사실을 인정하는 태도이다. 즉, 사회현상은 다소의 공통성도 가지지만 모두가 다른 특성을 가지기 때문에 사회현상을 바르게 인식하기 위해서는 새로운 사실 또는 다른 사람의 주장을 편견 없이 받아들이고 경험적으로 실증될 때까지는 가설로서만 받아들이는 태도를 지녀야 한다.

8 다음 중 사회 · 문화현상을 탐구하는 태도로 옳지 않은 것은?

① 사회 · 문화현상의 특수성을 고려한다.
② 가능한 한 선입관이나 편견을 배제한다.
③ 부분적인 가치를 지닌 특정한 이론은 그대로 받아들인다.
④ 사회 · 문화현상 그 자체를 있는 그대로 정확하게 인식하는 단계에서는 냉정한 제3자의 입장에 서야 한다.

> ✔해설 ③ 부분적인 가치를 지닌 어떤 특정한 이론을 무비판적으로 받아들이거나 다른 사람의 주장을 무조건 배격하는 일은 피해야 한다.
> ※ 사회 · 문화현상을 탐구하는 태도 … 객관적인 태도, 개방적인 태도, 상대주의적 태도, 조화의 중요성을 인식하는 태도가 요구된다.

Answer　6.②　7.②　8.③

9 다음의 두 가지 성질이 모두 사회현상이 지닐 수 있는 특징이라고 생각되는 것은?

① 구속법칙 – 당위법칙
② 목적법칙 – 필연법칙
③ 특수성 – 존재법칙
④ 특수성 – 보편성

> ✔해설 사회현상의 특수성과 보편성
> ㉠ 특수성 : 문화적 · 역사적 배경과 사고 및 행동양식이 상이하다.
> ㉡ 보편성 : 인류공통의 이상과 목표를 추구하는 사회과학이다.

10 다음의 내용과 관련이 있는 것은?

> '사람을 해치지 말라', '이웃을 사랑해야 한다' 등과 같이 '마땅히 그러해야 한다', '마땅히 그렇게 해야 한다' 등이 그 예이다.

① 사실법칙   ② 당위법칙
③ 존재법칙   ④ 인과법칙

> ✔해설 ①③④ 자연을 지배하고 있는 법칙의 내용들이다.

11 사회현상의 탐구와 자연현상의 탐구가 서로 다르다고 보는 사람들이 중시하는 입장으로 가장 옳은 것은?

① 일반적인 법칙발견   ② 행위의 의미파악
③ 탐구의 목적과 주제   ④ 주어진 환경과 조건

> ✔해설 의미의 파악을 통한 연구 … 사회현상을 모두 자연과학과 똑같은 방법으로 탐구할 수 있는지와 그 방법이 과연 타당한지에 대해서는 의문을 제기하는 학자들이 있는데, 그들의 주장에 의하면 사회현상은 인간의 의식과 의지를 바탕으로 일어나며, 인간의 행위에는 주어진 환경과 조건, 그리고 자신의 행위에 대한 해석과 의미가 담겨 있기 때문에 자연 과학적 방법과는 다른 방법으로 탐구해야 한다는 것이다.

Answer   9.④   10.②   11.②

12 사회현상의 탐구과정에 대한 진술로 옳지 않은 것은?

① 시대와 사회를 초월하는 보편적 가치를 지닌 사회현상도 있음을 인정한다.

② 연구의 결과 얼마나 사실과 일치하느냐의 문제는 연구가 얼마나 체계적이냐에 달려 있다.

③ 연구가 얼마나 정밀성이 있느냐의 문제는 측정의 단위가 얼마나 정확한가에 달려 있다.

④ '신은 있는가', '인생의 궁극적인 목적은 무엇인가' 등은 경험적으로 증명할 수 없으므로 연구의 대상으로 삼지 않는다.

> ✔**해설** 사회현상 탐구의 객관성과 체계성
> ㉠ 객관성 : 연구자 자신의 단순한 감정이나 느낌을 배제한다.
> ㉡ 정확성 · 정밀성 : 연구결과와 사실과의 일치여부의 문제이다.
> ㉢ 체계성 : 부분적 지식과 전체와의 적절한 연계성이 문제이다.

13 다음 내용을 읽고 사회과학연구에서 연구자의 주관이나 가치관이 개입될 수도 있는 단계를 고르면?

> 모든 사회현상이 객관적 성격을 가지고 있지는 않지만 사회현상 중에서도 자연현상과 마찬가지로 객관화시킬 수 있는 분야가 있다. 인구의 수, 연령 및 성별로 구분된 분포형태라든가, 봉급과 물가의 현황, 생산구조, 노동조건 등은 객관성을 갖는다. 뿐만 아니라 역사학에서의 전쟁과정이나 동맹의 내용, 정치학에서의 선거제도 등도 객관적 사실로 파악된다. 이처럼 사회과학에서도 여러 현상들이 객관성을 가지며 관찰자의 편견을 배제시킬 수 있는 장점을 가지기 때문에 사회과학자들은 가능한 한 많은 사회현상을 객관적인 방법으로 연구하려 한다.

① 개념의 규정

② 가설의 설정

③ 대책의 수립

④ 자료의 수집

> ✔**해설** 연구과정에서 중요한 것은 객관성이다. 그러나 연구결과를 어디에 어떻게 적용시키는가는 연구자의 주관에 의해 결정될 수도 있다.

Answer 12.② 13.③

14 다음의 내용과 가장 관련이 깊은 것은?

> • 여러 가지 개념 간의 상호관계에 대한 잠정적 결론을 미리 진술한 것이다.
> • 경험적인 검증을 거치지는 않았지만, 충분히 기대되고 예측되는 원리적이고 법칙적인 내용을 잠정적으로 서술한 것이다.

① 개념   ② 가설
③ 정리   ④ 공리

> ✔해설 ① 어떤 현상을 가리키기 위하여 그것을 구체적으로 관찰해서 얻은 공통의 특성을 추상해 낸 것이다.
> ② 경험적인 실증을 거쳐서 확실하게 된 가설은 결론이 된다.
> ③ 이미 진리라고 증명된 일반적인 명제이다.
> ④ 직접 자명한 진리로 승인되어 다른 명제의 전제가 되는 근본명제이다.

15 실증적 연구방법의 장점이 아닌 것은?

① 공식적 문서의 이면적 의미를 중시한다.
② 통계적 연구를 가능하게 한다.
③ 정확하고 정밀한 측정을 가능하게 한다.
④ 법칙발견을 가능하게 한다.

> ✔해설 실증적 연구방법의 장점
> ㉠ 정확하고 정밀한 연구 : 계량화된 자료는 차이가 '있다', '없다'는 것만 나타내는 것이 아니라, 차이가 있으면 '얼마나 있는가'로 나타낼 수 있다.
> ㉡ 법칙발견의 용이성 : 경험적인 자료를 수집하여 고도로 발달된 통계적인 분석의 기술을 이용할 수 있으므로 법칙발견이 그만큼 편리하다.
> ㉢ 경험적 · 통계적 연구 : 경험적이며 통계적인 연구를 가능하게 한다.

Answer 14.② 15.①

02 개인과 사회 구조

01 인간의 사회적 성장

(1) 사회화

① 사회화의 의미와 종류

ㄱ 사회화의 의미 : 개인이 사회적 상호작용을 통해서 그 사회의 행동방식과 사고방식을 학습해가는 과정이다.

ㄴ 사회화의 종류

구분	내용	예
탈사회화	새로운 문화나 환경에 적응하기 위해 이미 배웠던 것을 버리는 과정	군 생활
예기 사회화	지위 변화에 따른 역할을 미리 배우고 준비하는 과정	교육 실습, 신부 수업
재사회화	새로운 환경에 적응하고자 새로운 규범과 가치, 지식 등을 학습 하는 과정	교도소에서 복역할 경우

ㄷ 사회화 과정

• 1차적 사회화 : 유아기에 가족과 주변의 가까운 사람들에 의해 이루어지며 이시기에 습득되는 사회화 내용은 인성의 기본 틀을 형성한다.

• 2차적 사회화 : 아동기 이후부터 의도적인 교육과 훈련, 일상의 경험을 통해 평생 이루어진다.

② 사회화를 바라보는 관점

ㄱ 거시적 관점

구분	기능론	갈등론
사회화의 의미	• 합의와 균형을 강조 • 다양한 개인들의 행동을 원만하게 조정, 통합하는 과정	지배 계급의 문화를 전수하여 지배층의 지배를 정당화 시키는 과정
사회화의 기능	• 개인을 사회에 적응 통합시켜 사회를 유지함 • 사회 구조의 안정과 질서를 유지시킴	기득권을 가진 집단의 이익이 지켜지는 상태를 유지, 강화하기 위한 내용을 전달함
사회화의 내용	사회의 안정과 질서유지 및 통합에 필수적으로 개인과 사회의 필요에 따라 합의된 것	기득권층의 이익이나 의사를 대변하여 기득권층에 유리한 이데올로기 전파

ⓛ 미시적 관점
- 사회화란 타인들의 반응에 따라 어떻게 생각하고 행동하는 것이 바람직한지 내면화하는 과정이다.
- 사회화에서 인간의 자아형성과 상징적 상호작용의 중요성을 강조한다.
- 사회화는 개인을 사회적 성원으로 성장시키고 사회적 소속감을 형성한다.

(2) 사회화 기관

① 사회화 기관의 의미와 종류

㉠ 사회화 기관의 의미 : 개인의 사회화를 담당하는 기관이다.

ⓛ 주요사회화기관

사회화 기관	주요사회화 내용	사회화 기관	주요사회화 내용
가족	기본적인 욕구충족, 정서적 반응방식 습득	학교	지식과 기술 습득, 진로 및 직업 선택, 역할 규범 학습
또래집단	언어, 규칙과 가치관습득	대중매체	새로운 정보와 지식 및 생활 양식 습득

② 사회화 기관의 분류

㉠ 1차적 사회화 기관과 2차적 사회화 기관

구분	1차적 사회화 기관	2차적 사회화 기관
특징	자연발생적으로 형성, 전인격적 관계	인위적으로 형성, 형식적 비인격적 관계
기능	• 기초적인 사회화 담당 • 기본적 인성과 정체성 형성	• 전문적, 고차원적인 사회화 담당 • 사회생활을 위한 지식과 기능 습득
종류	가족, 친족, 또래집단	학교, 정당, 직장, 대중매체 등

ⓛ 공식적 사회화 기관과 비공식적 사회화 기관

구분	공식적 사회화 기관	비공식적 사회화 기관
특징	사회화 : 주목적	사회화 : 부수적으로 수행
종류	학교, 유치원 등	가족, 직장, 대중매체, 군대

(3) 지위와 역할, 역할 갈등

① 지위

㉠ 지위 : 지위의 의미 한 개인이 집단이나 사회적 관계 속에서 차지하고 있는 위치이다.

ⓛ 지위의 종류

구분	귀속 지위	성취 지위
의미	태어나면서부터 자연적으로 획득하는 지위	개인의 재능과 노력에 의해 후천적으로 획득하는 지위
특징	전통 사회에서 중요시	현대사회에서 중요시

② 역할
　㉠ **역할** : 지위에 따라 사회가 기대하는 일정한 행위 유형이다.
　㉡ **역할행동**(역할 수행) : 개인이 자신에게 부여된 역할을 실제로 행동에 옮기는 방식으로 개인의 성격, 습관, 나이 등에 따라 각기 다르게 나타난다.

③ 역할 갈등
　㉠ **역할 갈등** : 한 사람이 수행해야 할 여러 가지 역할들이 서로 모순을 일으켜 역할 수행자가 갈등을 느끼게 되는 현상을 의미한다.
　㉡ **역할 갈등의 유형**

구분 지위의 수	역할긴장 하나의 지위	역할모순 여러 개의 지위
의미	한 개인이 가지고 있는 하나의 지위에서 서로 상반되는 역할이 요구될 때 발생하는 역할 갈등	한 개인이 가지고 있는 여러 가지 지위에 따라 기대되는 역할들이 서로 상충 될 경우에 발생하는 역할 갈등

　㉢ **역할 갈등의 해결**
　　• 사회적으로는 어느 것을 우선시 하는 것이 바람직한지에 대한 합의와 기타의 역할을 다른 방법으로 수행할 만한 제도적 뒷받침이 마련되어야한다.
　　• 개인적으로는 역할의 우선순위를 정하여 중요한 것부터 처리해 나가거나, 여러 가지 역할 가운데 하나를 선택하여 수행해야 한다.

02 **개인과 사회의 관계**

(1) 사회적 상호작용

① **사회적 상호작용** … 사회생활을 하면서 사람들 간에 서로 영향을 주고받으면서 행동을 교환하는 것이다.
② **사회적 상호작용의 유형**
　㉠ **협동** : 공동의 목표를 달성하기 위해 구성원들이 서로 힘을 합치는 것이다. 평등한 참여 기회가 보장되며 목표 달성 시, 그 혜택을 공평하게 나눠야 잘 이루어진다.
　㉡ **경쟁** : 둘 이상의 행위자 혹은 집단이 공통의 규칙에 따라 동일한 목표를 서로 먼저 차지하기 위해 애쓰는 것이다. 심할 경우 갈등으로 발전할 수 있다.
　㉢ **갈등** : 목표나 이해관계가 충돌하여 상대방을 강제로 굴복시키거나 제거해서 목표를 달성하려는 것이다. 사회 분열과 혼란을 초래하기도 하지만 사회문제를 파악하고 해결방안을 모색함으로써 사회발전에 기여한다는 긍정적인 작용도 한다.

(2) 개인과 사회의 관계

① 개인과 사회를 보는 입장

구분	사회 실재론	사회 명목론
내용	• 사회는 실제로 존재 • 사회는 개인들의 행위 양식이나 특성들만으로는 설명 불가 • 개인은 사회를 구성하는 하나의 단위에 불과하며 사회가 개인보다 우선시 됨	• 사회는 명목상으로만 존재 • 사회는 개인의 행위와 동기에 근거하여 설명됨 • 실재하는 것은 개인뿐이고 사회는 개인들의 단순한 집합체에 붙여진 이름에 불과하며 개인이 사회보다 더 근원적임
특징	• 개인보다 사회가 중요 • 사회현상을 파악 할 때 사회 조직이나 사회 집단을 탐구한다.	• 사회보다 개인이 중요 • 사회현상을 파악할 때 개인들의 특성을 탐구
관점	사회유기체설, 전체주의의 토대	개인주의, 자유주의의 토대, 사회계약설, 공리주의
장점	사회 통합에 기여	민주주의 발전에 기여
문제점	• 전체를 위한 개인의 희생을 정당화함 • 인간의 주체적이고 능동적인 사고와 행위의 측면을 간과함	• 극단적인 개인주의로 빠질 우려 • 개인의 행위에 대한 사회구조나 사회제도의 영향력을 간과함

② 개인과 사회를 보는 바람직한 관점

　ⓐ 사회는 개인 없이 존재할 수 없고, 개인은 사회 없이 인간다운 삶을 누릴 수 없다.

　ⓑ 사회명목론이나 사회 실재론 중 하나의 관점만을 적용할 경우, 현상을 바르게 이해할 수 없다.

　ⓒ 개인과 사회의 밀접한 상호 연관성에 중점을 두고 개인과 사회의 관계를 이해해야한다.

03 **사회 집단과 조직**

(1) 사회 집단

① **사회 집단** … 두 사람 이상이 어느 정도의 소속감과 공동체 의식을 가지고 지속적인 상호작용을 하는 사람들의 집합체를 의미한다.

② 사회집단의 유형

　ⓐ 내집단, 외집단 : 구성원의 소속감을 기준으로 분류(섬너)

구분	내집단(공동체의식)	외집단(적대의식)
특성	• 강한 소속감과 공동체 의식, 유대감과 동료애, 애착심을 가진 집단 • 자아 정체감 형성, 판단과 행동의 기준을 배우게 함	• 이질감과 적대감을 가진 집단 • 적대의식이나 공격적 태도를 가지기도 하며, 집단결속의 필요성을 가져오기도 함
예	친족, 이웃, 학교	게임의 상대편, 적군

ⓒ 1차 집단, 2차 집단 : 접촉방식을 기준으로 분류(쿨리)

구분	1차 집단(원초집단)	2차 집단
형성방법	자연발생적 형성	특정 목적달성을 위한 인위적 형성
친밀도	친밀한 대면관계	친밀감이 낮은 형식적 관계
목적	관계자체가 목적	목적 달성을 위한 수단
관계	자기 노출수준이 높고, 타인에 대한 지식과 관계가 포괄적	타인에 대한 지식과 관계가 부분적, 간접적
통제	관습 도덕 등 비공식적 관계	법 규칙 등 공식적 통제
실례	가족, 또래 집단, 이웃	학교, 회사, 군대, 국가 등

ⓒ 공동사회와 이익사회 결합의지에 따른 분류(퇴니스)

구분	공동사회(자연발생)	이익사회(인위적 형성)
형성방법	본질적, 자연적인 의지로 형성	의도적, 선택적으로 형성
결합목적	결합자체	특수목적달성
인간관계	• 서로 친밀함 • 정서적, 영구적인 인간관계 • 신뢰와 협동심이 강함	수단적, 형식적, 타산적, 목표지향적
특성	• 상호이해와 관습이 집단 구성의 바탕 • 가입과 탈퇴가 자유롭지 못함	• 효율성, 전문성 지향 • 구성원들의 이해관계에 따른 계약과 규칙이 집단구성의 바탕
실례	가족, 촌락	회사, 정당, 학교

ⓔ 준거집단 : 개인의 판단과 행동의 기준이 되는 집단으로, 준거집단은 그 개인이 소속하고 있는 집단일 수도 있고 그렇지 않을 수도 있다. 준거집단과 소속집단이 불일치할 경우 사회 이동의 증가, 문화 전파의 촉진 등이 나타난다.

ⓜ 개인과 사회 집단
  • 개인과 사회 집단의 상호 의존 : 개인은 집단 내에서 역할을 수행하며 사회적 존재로 성장해 가고, 집단은 개인의 의지와 역할 수행 결과에 따라 변화하고 발전하기도 한다.
  • 바람직한 관계 형성을 위한 개인과 사회 집단의 역할
  – 개인의 역할 : 자신이 맡은 역할을 충실히 이행하고 집단의 일에 적극적으로 참여한다.
  – 집단의 역할 : 구성원들의 의견을 반영하여 목표를 정하고 개인의 자율성을 보장한다.

(2) **사회조직**

① **사회조직** … 공식적인 목표와 과업의 효율적 달성이 1차적 관심이며 구성원의 지위와 역할이 명백하게 구별되고 절차와 규범에 따른 구성원들의 형식적·비인격적 관계가 형성되며 구성원의 개인적 행동을 상당히 제한하는 집단이다.

② 사회조직의 유형

㉠ 공식 조직과 비공식 조직

구분	공식 조직	비공식 조직
특성	• 뚜렷한 목표달성을 위해 의도적으로 형성 • 구성원의 지위와 역할이 명확하게 구분되고 전문화됨 • 효율적인 과업수행을 위해 성원들의 활동제한	• 공식 조직 내에서 개인적인 관심이나 취미에 따라 형성 • 구성원의 만족감과 사기를 높여 조직의 효율성을 높임
예	학교, 회사, 정당, 정부	사내 동호회, 교내 동아리

㉡ **자발적 결사체** : 공동의 이해나 목표를 추구하는 사람들이 스스로 만든 집단을 의미한다.

• 특징 : 자발적 가입·탈퇴, 신념과 목표 뚜렷, 토론과 합의중시 등이 있다.

• 형태 : 친교목적(취미동호회, 동창회), 특정이익을 위한 목적(한의사협회), 공익목적(시민단체, NGO) 등이 있다.

• 기능 : 정서적 만족, 사회의 다원화, 정보제공, 사회운동 등의 기능을 한다.

• 역기능 : 배타적 특권집단화 가능성, 공익과의 상충 등이 나타날 수 있다.

(3) 관료제와 탈관료제

① **관료제의 특징과 장점** … 대규모 조직을 합리적으로 운영하는 방식으로 가장 발달된 조직형태이다.

㉠ **특성** : 과업의 전문화, 권한과 책임에 따른 위계의 서열화, 문서화된 규약과 절차에 따른 업무수행, 지위획득 기회의 균등, 경력에 따른 보상 등이 있다.

㉡ **기능**

• 효율성 : 거대한 집단적 과업을 안정된 속에서 효율적으로 처리할 수 있다.

• 표준화 : 업무가 표준화되어서 구성원이 바뀌어도 과업수행에 차질이 없다.

② **관료제의 역기능** … 수단을 지나치게 강조하여 본래 목표보다 더 중시하는 현상이 나타난다.

㉠ **무사안일주의(비능률성)** : 구성원들은 자기에게 유리한 것은 과장하고, 불리한 것은 축소시켜 조직의 목표와 과업을 달성하는 데 지장을 초래할 수 있다.

㉡ **인간소외** : 인간을 주어진 규칙과 절차만을 지키는 객체로 전락시킬 수 있다.

㉢ **창의성 저하** : 규격화된 행동을 요구하며 진취적이고 독창적인 사고를 방해한다.

③ **탈관료제** … 변화에 빠르게 적응하며 조직의 구성과 해체가 자유롭다. 수평적 관계로 효율적인 의사소통 및 빠른 업무처리가 가능하며 개인과 조직의 경쟁력 강화, 창의력 증진, 구성원의 능력과 업적에 따른 보상이 가능하다.

㉠ **형태**

• 팀제조직 : 문제를 해결하기 위해 다양한 전문 인력들에 의해 임시적으로 조직되는 조직형태이다.

• 네트워크형 조직 : 실제 업무 담당자와 최고 경영층이 유기적인 관계를 맺어 신속하고 효율적인 의사 결정을 내릴 수 있는 조직 형태이다.

• 아메바형 조직 : 자율성과 유연성을 기본 원칙으로 하여 조직 편성의 변경, 분할, 증식이 수시로 일어난다.

• 오케스트라형 조직 : 구성원들이 협동하고 동등한 지위와 책임을 가진다.

㉡ **역기능** : 소속부서가 자주 바뀌어 심리적 불안감 가중, 공동 작업으로 인해 책임의 경계가 불분명하다.

04 사회구조의 의미와 특징

(1) 사회구조의 의미와 특징

① **사회적 관계** … 개인의 생존과 활동 과정에서 이루어지는 주변과의 상호 작용이 지속적으로 일어나면서 형성된 관계를 말한다.

② **사회구조** … 하나의 사회 내에서 개인들이나 집단들이 상호 관계를 맺고 있는 방식이 정형화되어 안정된 틀을 이루고 있는 조직적인 총체를 말한다.

③ 사회구조와 개인 및 집단 간의 상호작용

　㉠ **사회구조는 구성원의 행동을 규정** : 사회구조가 일상생활에서 개인의 사회적 행위에 대하여 영향력을 행사한다.

　㉡ **개인이 사회구조를 변화** : 인간에게는 자율성과 독립적 의지가 있어서 사회구조를 바꿀 수 있는 원동력이 되기도 한다.

④ 사회구조에 대한 관점

기능론적 관점	갈등론적 관점
• 합의와 균형 강조 • 상호의존성 : 사회를 이루는 구성요소들은 상호 의존적 관계에 있으며, 사회의 유지와 통합에 기여하고 있다고 보는 입장 • 사회적 합의 : 각 사회적 요소들의 기능과 방식들은 이미 사회적으로 합의된 것이므로, 당연히 지켜져야 함 • 사회문제는 비정상적인 상태이므로 사회구조는 이를 극복하고 안정적인 상태로 돌아가려는 속성을 가진다.	• 갈등과 강제 강조 • 사회구성요소의 대립 : 사회의 구성요소들이 서로 대립되거나 불일치한 상태로 존재, 이러한 갈등은 사회 전체의 변동에 기여함 • 강제와 억압을 통한 집단 이익의 추구 : 사회구성요소들 간의 이해관계의 상충은 기존 사회에 변동을 촉진시킴 • 서로 다른 이해관계를 지닌 집단들이 서로 투쟁하면서 사회변동이 일어난다.

(2) 일탈 행동의 원인과 대책

① 일탈 행동의 의미와 특징

　㉠ **의미** : 한 사회의 구성원들이 인정하는 사회 규칙이나 사회적 규범에 어긋나는 행동

　㉡ **특징**

　　• 일탈행동의 여부는 역사적 조건, 시대적 상황과 지역에 따라 달라진다.

　　• 개인적 긴장 야기, 사회문제로 확산될 수 있다

　　• 일탈행동을 통해 사회문제 표면화가 일어나고 이를 해결함으로써 사회발전을 가능하게 한다.

② 일탈 행동의 원인

　㉠ **거시적 측면** : 일탈의 원인을 사회구조의 틀에서 찾는다. (관련이론 : 기능론, 갈등론)

　㉡ **미시적 측면** : 일탈의 원인을 개인들 간의 상호관계에서 찾는다. (관련이론 : 상징적 상호작용론)

③ 일탈 행동의 원인에 대한 이론

㉠ 기능론

이론	일탈의 의미 및 원인	일탈에 대한 대책
아노미론	• 목표와 수단이 어긋나서 규범부재나 혼란의 상태에 있을 때, 일탈행동 발생 • 사회의 규범이 약화되거나 부재할 때, 또는 두 가지 이상의 규범이 동시에 존재할 때 행동지침을 잃게 되는 현상을 아노미로 규정	• 사회적 합의에 바탕을 둔 지배적 규범의 정립 필요 • 다양한 사회적 욕구를 공평하게 해소 시켜 줄 수 있는 사회제도의 정립
사회병리론	사회를 하나의 유기체와 같이 보고, 어느 집단이나 제도 등이 제 역할을 해주지 못하는 것을 일탈행위로 간주	도덕교육의 강화와 올바른 사회화
사회해체론	사회변동으로 인해 기존의 사회구조가 해체되어 제 기능을 담당하지 못할 때 일탈 행동 발생	사회체계의 불균형제거와 균형 상태를 회복하려는 제도적 노력 필요

㉡ 갈등론

	일탈의 의미 및 원인	일탈에 대한 대책
집단 갈등론	지배적인 사회집단 혹은 계층의 가치와 규범, 이해관계가 법과 같은 강제성 있는 사회 규범으로 만들어지기 때문에 지배 집단이 정해 놓은 규범에 상충되는 행위를 함으로써 일탈 행동 발생	공정한 법 제정과 시행 및 사회 불평등 구조 해소
가치갈등론	지배집단이 갖고 있는 가치와 피지배집단이 갖고 있는 가치가 존재하며 지배집단의 가치에서 벗어난 행동을 일탈행동으로 봄	두 집단의 지배와 피지배의 역학관계 해소

㉢ 상징적 상호작용론

이론	일탈의 의미 및 원인	일탈에 대한 대책
낙인이론	사회가 일탈행위자로 낙인찍을 경우, 스스로 체념하고 일탈행동을 반복하게 된다.	부정적 낙인에 대한 신중한 판단
차별적교제이론	개인이 일탈유형과 지속적으로 접촉하면서 사회 규범에 동조적인 행동유형과 멀어지고 일탈행동을 하게 됨	일탈행위자와의 접촉차단

④ 일탈 행동의 기능

㉠ 역기능 : 사회의 기본 질서와 규범파괴, 혼란 야기, 사회결속 약화

㉡ 순기능 : 범죄자에 대한 낙인과 엄격한 제재로 다른 구성원에게 범죄 예방효과가 나타난다. 사회문제를 표면화하여 발전에 기여한다.

02 출제예상문제

1 관료제와 탈관료제에 대한 설명으로 가장 옳은 것은?

① 관료제는 업무의 세분화와 전문화를 강조한다.

② 탈관료제는 관료제에 비해 연공서열에 따른 보상을 중시한다.

③ 탈관료제는 관료제와 달리 조직 운영의 효율성을 추구한다.

④ 탈관료제는 업무 수행 방식의 표준화를 중시한다.

> **✓해설** 관료제는 조직을 효율적, 합리적으로 관리하기 위한 하나의 방식으로 업무의 세분화와 전문화를 강조한다. 탈관료제란 관료제의 역기능을 극복하기 위해 등장한 것으로 팀제 조직, 네트워크 조직, 아메바형 조직, 오케스트라형 조직 등으로 세분화된다.
> ② 관료제는 탈관료제에 비해 연공서열에 따른 보상을 중시한다.
> ③ 관료제와 탈관료제 모두 조직 운영의 효율성을 추구한다. 다만, 탈관료제는 보다 유연하고 빠른 적응력을 강조한다.
> ④ 업무 수행 방식의 표준화를 중시하는 것은 관료제다.

2 다음 중 일탈행동에 대한 설명으로 옳은 것은?

① 일탈행동은 산업화 초기단계에서 나타난다.

② 일탈행동은 청소년에게만 나타난다.

③ 일탈행동에는 부정적인 측면만 있다.

④ 일탈행동의 기준은 시대와 지역에 따라 다르다.

> **✓해설** ④ 사회적 행동을 평가하는 가치관·규범이 역사적 조건, 사회적 상황에 따라 달라질 수 있기 때문에 일탈행동에 대한 기준은 가변적이다. 이를 일탈행동의 상대성이라 한다.
> ※ 일탈행동 … 사회구성원들이 정상적인 것으로 인정하는 규범의 허용한계를 벗어난 행동으로 마약중독, 가출, 범죄(법률의 허용한계를 벗어난 일탈행동)를 비롯하여 어떤 취미나 신앙에 극단적으로 몰두하여 정상적인 생활을 하지 못하는 상태이다.

Answer 1.① 2.④

3 다음 중 관료제에 대한 설명으로 옳지 않은 것은?

① 업무의 분화와 전문화로 효율화를 추구한다.

② 조직 내의 모든 지위가 권한과 책임에 따라 위계서열화 되어 있다.

③ 공정한 경쟁을 통하여 귀속지위를 획득할 수 있다.

④ 승진과 보수는 근무경력과 능력에 의한다.

> ✔해설 ③ 관료제에서의 지위는 공개경쟁을 통한 공평한 기회가 부여되며, 이때의 지위는 귀속지위가 아닌 성취지위이다.

4 피라미드형 계층구조와 비교하여 다이아몬드형 계층구조의 내용으로 옳지 않은 것은?

① 사회이동이 극히 제한되어 있어 불안정하다.

② 적극적인 복지정책을 추진하는 나라에 많이 보인다.

③ 분화된 산업사회의 계층구조이다.

④ 중간계층이 상·하층보다 상대적으로 많다.

> ✔해설 다이아몬드형 계층구조
> ㉠ 중류계층의 구성원 비율이 상류나 하류계층에 비하여 높아서 상대적으로 발전되어 있고 안정된 기반을 갖추고 있는 경우이다.
> ㉡ 산업사회가 진행됨에 따라 전문직, 관료직, 사무직과 같은 직종이 크게 늘어남으로써 나타나게 되었다.
> ㉢ 국가가 국민의 복지수준을 높이고 계층 간의 격차를 줄이고자 하는 정책을 적극 추진함에 따라 나타나는 일반적 경향이다.

5 사회구조를 이해함에 있어서 갈등론적 관점에 대하여 올바른 설명은?

① 사회구조를 하나의 유기적 관계로 파악한다.

② 강제와 변동을 사회구조의 기본성격으로 본다.

③ 사회구조에서 부분들 간의 상호의존적 관계를 강조한다.

④ 상호관계에서 사회성원들의 합의를 강조한다.

> ✔해설 ①③④ 기능론적 관점에 대한 설명이다.

Answer 3.③ 4.① 5.②

6 다음 중 계층구조에 대한 설명으로 옳은 것은?

① 우리나라의 계층구조는 다이아몬드형에서 피라미드형으로 변화하고 있다.

② 안정된 사회에서는 흔히 피라미드형 계층구조가 이루어진다.

③ 폐쇄적 계층구조와 개방적 계층구조의 차이는 사회이동의 제도적 인정여부에 있다.

④ 폐쇄적 계층구조는 수직이동을 제도적으로 허용한다.

> ✔ 해설 ① 우리나라의 계층구조는 피라미드형에서 다이아몬드형으로 변화하고 있다.
> ② 안정된 사회에서는 흔히 다이아몬드형의 계층구조가 이루어진다.
> ④ 개방적 계층구조에서 수직이동을 제도적으로 허용한다.
> ※ 계층구조
>   ㉠ 폐쇄적 계층구조
>   • 수직이동의 가능성이 극히 제한된다.
>   • 세대간 이동은 세습의 형태를 보인다.
>   • 귀속지위 중심의 계층구조이다.
>   ㉡ 개방적 계층구조
>   • 수직이동을 제도적으로 허용한다.
>   • 개인의 능력이나 노력이 사회이동의 중요한 요소이다.
>   • 성취지위 중심의 계층구조이다.

7 사회구조에 대한 설명으로 옳지 않은 것은?

① 사회구조에 대한 기능론적 관점은 사회를 하나의 유기체로 보고 변화의 속성을 강조한다.

② 사회구조에 대한 갈등론적 관점은 갈등과 강제의 속성이 있다.

③ 사회구조는 구성원이 바뀌더라도 비교적 오랫동안 지속되는 특징을 지닌다.

④ 사회구조는 안정성과 변화의 가능성을 함께 지닌다.

> ✔ 해설 ① 변화의 속성을 강조하는 것은 갈등론적 관점이다.
> ※ 사회구조
>   ㉠ 개념 : 인간의 사회관계가 통일적이고 조직적인 총체를 이루고 있는 상태를 말한다.
>   ㉡ 특징 : 지속성, 안정성, 변동의 가능성을 지닌다.
>   ㉢ 기능론적 관점
>   • 사회는 하나의 유기체
>   • 각 부분은 상호의존관계
>   • 전체적인 균형과 통합 유지(지속성과 안정성 추구)
>   • 합의에 의한 협동적 관계
>   ㉣ 갈등론적 관점
>   • 대립적 불균형 상태
>   • 갈등 · 강제 · 변동관계
>   • 긴장 · 마찰에 의한 변화
>   • 강제에 의한 종속관계

Answer 6.③ 7.①

8 사회집단의 유형 중 2차 집단의 속성에 해당하는 것은?

① 집단의 소규모성
② 친밀한 대면접촉
③ 부분적 인간관계
④ 비공식적 통제

> **✔해설** 쿨리의 사회집단분류
> ㉠ 1차 집단: 집단의 소규모성, 직접적인 대면접촉과 친밀감, 관계의 지속성, 전인격적 인간관계
> ㉡ 2차 집단: 형식적 관계, 간접적인 접촉, 공식적 통제, 목적달성을 위한 수단적·부분적 인간관계

9 집단은 하나의 사회단위로서 소멸되지 않고 유지·발전되어 간다. 그 요인이 아닌 것은?

① 구성원의 이동제한
② 구성원들의 합의와 동조
③ 적당한 방식의 보상과 제재
④ 집단의 지도력

> **✔해설** 집단의 유지·발전요인
> ㉠ 구성원들의 합의와 동조
> ㉡ 집단의 적절한 크기
> ㉢ 집단의 지도력
> ㉣ 적당한 방식의 보상과 제재

10 사회적 상호작용에 대한 설명으로 옳지 않은 것은?

① 협동은 달성된 목표나 혜택이 고루 분배된다는 조건이 보장될 때 잘 이루어진다.
② 경쟁은 모든 분야에서 무제한 허용되지는 않는다.
③ 타협과 공존은 갈등이 부분적일 때 일어난다.
④ 집단 간에 갈등이 생기면 집단 내부의 갈등은 심화되는 경향이 있다.

> **✔해설** 갈등적 상호작용
> ㉠ 의의: 목표나 이해관계가 달라서 상대를 적대시하거나 상대를 제거·파괴하려는 상태이다(전쟁, 노사분규).
> ㉡ 특징: 집단 간에 갈등이 생기면 집단 내부의 갈등은 줄어드는 경향이 있다(조정과 타협, 강제를 통한 일시적 잠재화).

Answer 8.③ 9.① 10.④

11 '다른 집 아이들은 어찌되던 우리 집 아이만 좋고 괜찮으면 그만이다'라고 생각하는 형태는 다음 중 어디에 해당하는가?

① 아노미   ② 집단이기주의

③ 문화지체   ④ 문화해체

> ✔ **해설** 설문은 가족이기주의에 관한 설명으로 집단이기주의의 하나의 행태이다.
> ① 사회구성원들의 목표와 수단이 어긋나서 규범의 부재 또는 혼란의 상태를 보이는 것을 뜻한다.
> ③ 문화변동의 속도와 관련하여 비물질적인 제도나 가치의 변화가 물질적 측면의 변화를 따르지 못해 간격이 점점 커지는 현상이다.
> ④ 외래문화가 수용되어 종래의 문화체계까지 변동이 일어나 기존문화체계의 통합성마저 분리하게 되는 문화변용을 말한다.
> ※ 집단이기주의
>   ⊙ 의의 : 한 집단이 전체 사회의 공동의 이익과 발전은 고려하지 않고, 자기 집단의 이익과 발전만을 추구하는 것을 말한다.
>   ⊙ 형태 : 가족이기주의와 지역이기주의 등이 있다.

12 다음의 내용을 충족시키는 가장 적절한 개념은?

> • 동물에게서는 발견되지 않는다.
> • 사고, 의지와 관계가 있다.
> • 생각과 느낌의 흐름을 파악한다.

① 생리적 욕구

② 사회적 존재

③ 상징체계

④ 자기성찰력

> ✔ **해설** 생각과 느낌의 흐름을 파악한다는 것에 착안한다.

Answer   11.②   12.④

13 다음에서 협동의 조건이 되는 것만을 옳게 골라 묶은 것은?

> ㉠ 목표달성을 위한 활동에 누구나 참여할 수 있다.
> ㉡ 달성된 목표나 혜택이 고루 분배된다.
> ㉢ 달성목표가 제한되어 있다.
> ㉣ 달성목표나 이해관계가 상충되어 있다.

① ㉠㉡   ② ㉠㉢

③ ㉡㉢   ④ ㉢㉣

✔해설 협동의 성립조건…협동은 당사자들이 어떤 목표를 달성하기 위한 활동에 누구나 참여할 수 있고, 그 결과로 달성된 목표나 혜택이 고루 분배된다는 조건이 보장될 때에 잘 이루어진다.

14 갈등의 긍정적 측면으로서 거리가 먼 것은?

① 집단 내부의 결속과 연대의 강화

② 달성된 목표의 공정한 분배의 실시

③ 사회적 혁신을 촉진시키는 계기를 제공

④ 보다 확고한 협동을 이끌어내는 분위기 조성

✔해설 갈등에 대한 긍정적 측면
  ㉠ 집단 내부의 결속강화 : 갈등이 바로 혼란이나 파멸과 직결되는 것은 아니다. 그것은 오히려 집단 내부의 결속을 강화시키기도 한다.
  ㉡ 비합리적인 면의 폭로·개선 : 갈등은 인습에 가려 있어 당연시되던 비합리적인 면을 폭로하여 이를 개선시킬 수도 있다.
  ㉢ 확고하고 협동적인 상호작용의 유도 : 조정과 타협이 제대로 이루어지기만 하면, 갈등은 전보다는 더 확고하고 협동적인 상호작용을 이끌어낼 수도 있다.

Answer 13.① 14.②

15 다음 두 주장이 공통으로 근거하고 있는 관점에 대한 설명으로 가장 거리가 먼 것은?

> • '부(富)'라는 사회가치는 인정하지만 비합법적으로 부를 달성하려 할 때 일탈행위가 발생한다.
> • 사회계층화는 개인과 사회가 최선의 기능을 발휘하도록 하는 불가피한 사회적 장치이다.

① 사회는 갈등에 의해 발전한다.

② 사회적으로 합의된 가치가 존재한다.

③ 사회구성원은 사회통합에 기여한다.

④ 사회문제는 사회기능이 파괴될 때 발생한다.

> ✔해설 제시된 자료는 기능론에 의거하여 일탈행위와 사회계층현상을 설명하고 있다.
> ① 갈등론에 의한 사회발전인식이다. 기능론에서는 사회문제를 사회의 일정한 부문이 제기능을 발휘하지 못한 병리적인 현상으로 본다.

16 사회구조에 대한 설명으로 옳지 않은 것은?

① 사회구조는 그 구성원이 바뀌면 변동한다.

② 사회구조는 전체적으로 파악한 사회적 관계의 체계이다.

③ 사회구조는 안정성과 변화가능성을 동시에 지니고 있다.

④ 사회구조는 부분 이상의 기능과 힘을 지니고 있다.

> ✔해설 사회구조는 개인의 집합체 이상의 체계와 기능을 지니고 있기 때문에 사회구성원의 교체 여부와는 관계없이 사회구조는 존속·유지된다.

Answer 15.① 16.①

17 사회적 측면에서 볼 때 사회화의 기능에 해당하지 않는 것은?

① 사회구성원의 동질화를 꾀한다.

② 사회와 문화를 존속시킨다.

③ 개인을 사회적 성원으로 존속시킨다.

④ 한 사회의 문화가 다른 사회의 문화와 다른 양상을 보이도록 한다.

> ✔**해설** 사회화의 기능
> ㉠ 개인적 측면 : 개인을 사회적 성원으로 성장시키고 사회적 소속감을 가지도록 하는 기능을 수행한다.
> ㉡ 사회적 측면 : 사회화는 구성원의 동질화를 꾀하고 사회와 문화를 존속시키며, 한 사회의 문화가 다른 사회의 문화와 다른 양상을 보이도록 하는 기능을 하고 있다.

18 다음 글은 甲공무원이 일탈행동을 하게 되는 과정을 나타낸 것이다. 이 과정을 설명해 줄 수 있는 이론을 순서대로 나열한 것은?

> 甲공무원이 돈을 벌기 위하여 공무원신분을 망각한 채 이권에 개입하여 징계를 받았다. 이후 그는 주위 사람들과 동료들의 차가운 시선 때문에 헤어나지 못하고 계속 범죄의 수렁에 빠지게 되었다.

① 상호작용론, 낙인론

② 낙인론, 아노미론

③ 아노미론, 낙인론

④ 상호작용론, 아노미론

> ✔**해설** 일탈행동의 형성원인
> ㉠ 아노미현상 : 사회적인 목표는 분명하지만 그것을 성취할 만한 적절한 수단들이 제공되지 못할 경우에 목표와 수단이 어긋나서 규범의 부재나 혼란상태를 보이게 되는 것을 의미한다.
> ㉡ 낙인론 : 일탈행동을 한 사람은 다른 사람들이 일탈행위를 한다고 낙인찍는 경향이 있기 때문에 그와 같은 행동을 더 저지르게 된다는 것이다.

Answer 17.③ 18.③

19 갈등론적 관점에서의 계층화현상에 대해 옳지 않은 것은?

① 계층화현상은 필연성을 부정한다.

② 지배집단은 기득권 유지를 위해서 계층이 발생되었다고 생각한다.

③ 사회계층화는 집단 간의 갈등을 유발하고, 사회적 박탈감을 초래한다.

④ 희소가치의 균등한 분배에 의해 계층이 나타난다.

✔ 해설 갈등론적 관점

㉠ 계층화가 보편적인 현상일지는 몰라도 필수불가결하지는 않다.

㉡ 계층제도가 사회체계를 형성한다.

㉢ 사회계층화는 집단 간의 대립·갈등에서 생긴다.

㉣ 사회계층화는 개인과 집단의 최선의 기능수행에 장애가 된다.

㉤ 사회계층화는 지배적 집단이 지향하는 가치의 반영이다.

㉥ 사회적 희소가치는 지배집단의 의사와 결정에 따라 분배된다.

㉦ 경제분야가 사회를 지배한다.

㉧ 사회계층구조는 혁명적 과정을 통하여 변화한다.

Answer 19.④

20 청소년기의 사회화와 관계가 없는 것은?

① 기본적인 욕구충족의 방식이 세련되어진다.

② 생물적인 욕구 외에 새로운 사회적 욕구를 가진다.

③ 다양한 상징체계를 습득하여 복잡한 상호작용이 가능해진다.

④ 사회교육이나 재교육을 통하여 재사회화가 형성된다.

> **✔해설** ④ 사회교육이나 재교육을 통한 재사회화는 성인의 재사회화의 특징이다.
> ※ 청소년기 사회화의 특색
> ㉠ 상호작용의 범위가 확대된다.
> ㉡ 기본적 욕구충족방식과 정서의 표현이 세련되어진다.
> ㉢ 여러 가지 상징체계를 습득하여 복잡한 상호작용이 가능해진다.
> ㉣ 새로운 사회적 욕구를 가지게 되고 자아(self)형성이 뚜렷해진다.

03 문화와 사회

01 문화의 의미와 특징

(1) 문화의 의미와 속성

① 문화의 의미
- ㉠ 좁은 의미 : 교양을 갖춘 혹은 개화되거나 세련된 상태를 말한다.
- ㉡ 넓은 의미 : 한 사회 구성원들이 생각하고 행동하는 방식인 생활양식의 총체이다.

(2) 일상생활에 담긴 문화

① 일상생활과 문화
- ㉠ 반복되는 일상은 우리가 의식하지 못한 채 행하는 문화 활동의 연속 과정이다.
- ㉡ 객관적으로 일상을 바라보면 그 속에 숨겨진 문화 현상의 의미를 파악할 수 있다.

② 정치 및 경제생활과 문화
- ㉠ 정치나 경제현상도 사람들의 가치관이나 전통, 종교적 지향 등에 의해 복합적으로 영향을 받는다.
- ㉡ 정치 및 경제생활을 통해서 그 사회의 문화현상과 문화의 여러 가지 속성을 파악할 수 있다.

(3) 문화 요소와 기능

① 문화 요소
- ㉠ 문화 요소 : 한 사회의 문화에서 총체적으로 나타나는 독특한 문화 복합체를 설명하는 기본요소이다.
  예 기술, 언어, 가치, 규범, 상징, 예술 등
- ㉡ 기술 : 인간의 욕구나 욕망에 적합하도록 주어진 대상을 변화시키는 모든 인간적 행위이다. 문화의 창조와 변동, 전승과 축적에 영향을 미친다.
- ㉢ 언어 : 생각이나 느낌을 나타내거나 전달하기 위하여 사용하는 음성, 문자 등의 수단이다. 사람간의 소통 수단이 될 뿐만 아니라 삶의 방식과 연관이 있다.
- ㉣ 가치 : 사회구성원의 신념이나 감정 체계, 사회의 다양한 문화 현상에 영향을 미치며, 한 사회집단의 성격을 규정한다.
- ㉤ 규범 : 사람의 사회생활에 있어서 판단, 행위, 평가 등의 기준이나 규칙이다. 따르지 않으면 사회적 제재를 받는다. 종종 사회의 존립을 위해 금지 하는 금기로 나타난다.
- ㉥ 상징 : 사물이나 의미를 나타내는 작용을 하는 것을 말한다. 문화마다 다르게 부여되고 사람들의 관념이나 가치에 영향을 미친다.

    Ⓢ **예술**: 인간의 창의력과 아름다움을 표현하는 활동과 그 결과물로서의 작품, 한 사회의 상징이나 일상을 담아내는 중요한 문화요소이다.

    ⓞ **개별문화요소간의 연계성**: 개별문화요소들은 그 자체로도 다양한 문화 형태를 만들어내지만 이것들은 서로 영향을 미치면서 한 사회의 문화를 만들고 사회 구성원의 일상에 영향을 미친다. 그래서 개별적 혹은 유기적으로 연계된 문화요소 없이는 인간의 문화적 특성을 발휘하기가 어렵고 사회생활을 영위하기도 어려우므로 사회구성원으로서 이에 대한 이해가 요구된다.

② **문화의 기능**

    ㉠ 문화는 집단 간에 소속감을 주고 동질감을 높이는 긍정적인 기능을 한다.

    ㉡ 인간을 환경에 적응하게 하는 중요한 기제이다. 인간이 환경에 적응하는 과정에서 각각 다른 적응방식을 택함으로써 사회는 다른 문화를 발전시켜왔다.

    ㉢ 인간이 가진 지식을 축적하고 확장하게 해준다.

    ㉣ 인간의 기본 욕구를 충족시켜준다.

02 문화 이해의 관점과 태도

(1) **문화를 이해하는 태도**

① **문화를 이해하는 잘못된 태도**

구분	자문화 중심주의	문화 사대주의
의미	자신의 문화를 우월하게 생각하여 자기 기준으로 다른 문화를 평가하는 태도	자신의 문화를 무시하거나 낮게 평가하고 다른 문화만을 동경하거나 숭상하는 태도
장점	같은 문화를 공유하는 사람들끼리 소속감과 자부심 고무	외래문화에 개방적인 태도로 새로운 문화수용이 용이
단점	• 다른 문화에 대한 편견 및 갈등 초래 • 국제적 고립으로 자문화의 발전 장애, 문화제국주의로 전락가능	• 문화에 대한 편협한 이해 초래 • 문화의 주체성과 정체성 상실, 전통문화의 발전 장애
사례	인디언보호구역 인디언문화퇴보	일본식 다도예찬, 서구인 체형에 맞춘 성형수술

② **문화를 이해하는 바른 태도**(문화 상대주의)

    ㉠ **전제**: 각 사회의 문화는 독특한 의미가 있기 때문에 문화 간 열등하거나 우월한 것을 평가할 수 없다.

    ㉡ **의미**: 한 문화를 바르게 이해하기 위해서는 그 사회의 맥락과 환경을 고려하여 이해해야하고 각각의 특수성과 다양성을 인정하여 문화를 이해하는 태도이다.

    © **극단적 문화 상대주의**: 각문화의 특수성을 지나치게 강조하여 인류의 보편적 가치마저 부정하는 태도를 말한다. 문화상대주의는 비인간적인 문화까지 용인하고 이해하자는 것은 아니다. 예를 들어 식솔을 함께 묻는 순장제도, 지참금이 적다는 이유로 결혼한 여자를 살해하는 관습 등과 같은 인류의 보편적인 가치인 인간존엄성, 자유, 평등 등을 침해하는 문화적 관습까지 상대론적 시각으로 이해해서는 안 된다.

(2) 문화를 바르게 이해하는 관점

① **총체론적 관점** … 특정 문화를 사회 구성요소와 관련지어 이해하려는 관점, 문화현상을 부분적으로 바라본다면 편협하고 왜곡될 수 있다.

② **상대론적 관점** … 문화의 특수성을 인정하고 그 문화를 그 사회의 입장에서 이해하려는 관점이다.

③ **비교론적 관점** … 두 지역 이상의 문화를 비교하여 문화 간의 보편성과 특수성을 이해하려는 관점이다.

(3) 문화의 속성

① **공유성**

    ⊙ **의미**: 한 사회의 구성원들이 공통적으로 가지고 있는 행동 및 사고 방식이다.

    © **특징**: 원활한 사회생활을 위한 공동의 장을 제공하고, 사회 질서를 유지하게 한다.
        → 구성원 간의 행동 및 사고를 예측할 수 있게 한다.

    © **사례**: 대문에 금줄이 있으면 아기가 태어난 집이라는 것을 알 수 있다.

② **학습성**

    ⊙ **의미**: 문화는 후천적인 사회화 과정 즉 학습을 통해 습득되며, 학습을 통해 다음 세대로 전달된다.

    © **특징**: 사회화의 내용 및 방법은 그 사회가 처한 환경에 따라 다양하다.

    • 인간이 어떻게 행동하고 생각하는 지는 성장 과정에서 그가 어떠한 문화 속에서 생활하며, 그 문화를 어떻게 학습하느냐에 달려 있다.(사회적 상호작용을 통해 이루어짐)

    • 의의: 개인은 학습을 통해 그 사회의 문화를 수용하고, 각 사회는 새로운 사회 구성원에게 문화를 전수함으로써 문화가 유지·전승된다.

    © **사례**: 아기가 자라면서 말을 배우고 예절에 맞는 행동을 하는 것

③ **축적성**

    ⊙ **의미**: 문화는 한 세대에서 다음 세대로 전승되며, 이 과정에서 새로운 지식과 생활양식이 축적된다.

    © **특징**

    • 인간의 학습 능력과 상징체계에 의해 가능하다.

    • 문화는 전승될 때 과거의 내용에 새로운 삶의 방식들이 더해져서 전승되기 때문에 문화는 계속 축적되고 그 내용이 점점 복잡하고 다양해짐 → 문화의 축적은 인류 문명의 발달을 가능하게 한다.

    © **사례**: 집안 대대로 내려오는 요리 비법 책에 새로운 비법을 추가하여 자녀에게 물려주는 것

④ 전체성
- ㉠ 의미 : 문화의 구성 요소들은 유기적으로 상호 밀접한 관련을 맺으면서 전체를 이루고 있다(= 총체성, 통합성, 체계성).
- ㉡ 특징 : 문화는 한 부분의 변동이 생기면 연관되어 있는 다른 부분에도 영향을 끼쳐 연쇄적인 변동이 일어남→한 사회의 문화를 이해하기 위해서는 전체적인 관점에서 각 부분의 문화를 이해해야 한다.
- ㉢ 사례 : 대학 입시 제도의 변화가 공교육뿐만 아니라 사교육 등 교육 문화 전반에 영향을 주는 것

⑤ 변동성
- ㉠ 의미 : 문화는 고정 불변의 것이 아니라 시간이 흐르면서 발명, 발견 및 전파에 의해 새로운 것이 추가되거나 기존의 특성이 소멸되기도 하며 계속 변화한다.
- ㉡ 특징
  - 문화 변동은 인간이 새로운 환경에 적응하기 위해 노력한 결과이다.
  - 급격한 문화변동은 가치관 혼란과 사회 갈등을 유발하기도 한다.
- ㉢ 사례 : 우리나라의 결혼식이 전통 혼례식과 서양의 결혼식을 융합한 형태로 변화한 것

03 현대사회의 다양한 문화 양상

(1) 하위문화

① 하위문화
- ㉠ 하위문화 : 사회의 전통적인 문화에 대하여 어떤 특정한 집단만이 가지는 문화적 가치나 행동 양식
- ㉡ 집단구성원에게 독특한 기능 수행 : 정신적인 지향점 제시, 하위 집단 나름의 욕구해소, 소속감을 느끼게 하고 다른 집단과의 차별성 부여
- ㉢ 사회전체에 대해서 일정한 역할 : 문화의 다양성과 역동성 제공, 전제문화의 유지와 존속에 영향

② 지역문화
- ㉠ 한 나라를 구성하는 여러 지역에서 나타나는 고유한 생활양식이다.
- ㉡ 지역 공동체의 유지와 발전에 기여 한다.
- ㉢ 한 국가가 문화다양성을 지닐 수 있는 바탕을 제공한다.
- ㉢ 우리나라의 지역문화
  - 정부 주도의 근대화 과정으로 문화의 수용에서 수동적인 성향이 강하다
  - 지방자치시대의 개막과 함께 지역문화에 대한 관심이 증가하였다.
  - 지역적 특성을 반영한 문화축제나 문화 행사들을 많이 개발하고 있다.

③ 청소년문화

　　㉠ 기성세대의 문화에 대하여 비판적이고 새로운 것을 추구하여 미래지향적이고 저항적이다.

　　㉡ 대중매체나 대중문화의 영향을 받아 충동적이고 모방적인 성향이 강하다.

　　㉢ 청소년들은 감각적이고 쉽게 싫증을 느끼므로 또 다른 특징을 가진 형태로 변모하는 일시적 성향을 가진다.

④ 반문화 … 지배 집단에 대하여 적극적으로 도전하거나 상반되는 문화

　　㉠ 시대나 사회에 따라 반문화의 규정은 달라진다.

　　㉡ 보수사회에 대한 저항의 문화로 작동하면서 사회변화를 견인하는 역할을 한다.

　　㉢ 반문화의 대표적인 예로는, 종교적인 급진적 종파운동, 동성애의 자유화 운동자 집단 등이 반문화의 예가 될 수 있다.

(2) 대중문화

① 대중문화의 의미

　　㉠ 대중문화

　　　• 사회 다수 사람들이 소비하거나 누리는 문화

　　　• 한 사회의 지배집단이 오랫동안 누려온 고급문화에 대응하는 의미로도 사용된다.

② 대중문화의 형성과정

　　㉠ 대중사회 : 대중이 정치·경제·사회·문화의 모든 분야에 진출하여, 큰 영향을 발휘하는 사회

　　㉡ 대중사회 이전사회 : 여가나 오락 등의 문화는 귀족 등 지배계층이 누리는 문화와 일반 사람들이 누리는 문화가 구분되었다.

　　㉢ 대중사회 형성 과정 : 대중매체의 발달, 여가문화의 발달, 대중들의 경제적인 여유가 생기면서 대중이 즐기는 문화가 형성되었다.

　　㉣ 대중문화 형성

　　　• 자본주의 발달과정에서 대량 생산과 대량 소비 가능하게 되었다.

　　　• 대중들에게 경제적인 여유가 생기면서 여가에 관심을 쏟게 되었다.

　　　• 대중 매체의 발달로 다양한 문화 상품이 생성되었다.

　　　• 근대 교육을 받은 대중이 확대되면서 대중의 지위상승, 문화적 역량이 증가하게 되었다.

③ 대중문화의 순기능 … 소식을 전하고 정보를 전달하는 교육적인 기능과 일상에서 오락 및 여가 문화로서의 기능을 제공하고, 삶의 활력소 역할을 하며 계층 간 문화 차이를 줄이고 문화 민주주의 실현, 사회비판적인 역할도 수행한다.

④ 대중문화의 역기능 … 이윤을 추구하는 성격이 강해 문화를 상업화 시키고 한순간에 유행되어 문화의 획일성과 몰개성을 가져오며, 사회의 퇴폐화와 저속화 및 문화의 질적 저하를 가중시킨다. 또한 대중 소외를 심화시키고 정치적 무관심과 배금주의적 가치를 양산하며 권위주의 정부가 대중조작을 일삼거나 대중들의 주체성을 잃게 만들 위험성이 크다.

04 문화 변동과 한국 문화의 다양성

(1) 문화의 의미 및 양상

① 문화 변동의 의미와 요인

  ㉠ 문화의 변동 : 새로이 등장한 문화 요소로 인해 기존의 문화 요소들이 변화하는 현상

  ㉡ 문화의 변동의 원인

    • 내부적 요인 : 발명과 발견(새로운 문화 요소 창조, 알려지지 않은 것을 알아내거나 찾아내는 행위)

    • 외부적 요인 : 전파(한 사회의 문화 요소가 다른 사회로 전해져 그 사회의 문화과정에 정착되는 현상)

② 문화 변동의 과정과 양상

  ㉠ 문화 접변 : 성격이 다른 문화 간의 접촉으로 한 문화가 다른 사회에 전파됨으로써 나타나는 문화를 말한다.

구분	내용
자발적 문화 접변	직접적인 접촉에 의해서나 간접적인 접촉에 의해서나 새로 접하게 된 문화체계가 기존의 것보다 효과적이라고 느끼고 자발적으로 일어나는 경우로 문화변동이 비교적 완만하며 문화통합정도가 강하다.
강제적 문화 접변	정복이나 식민통치와 같이 강제성을 지닌 외부의 압력에 의해 일어나는 경우로 복고운동이나 거부 운동이 일어날 수 있다.

  ㉡ 문화 접변의 결과

구분	내용
문화 공존	한 사회에 다른 문화요소가 나란히 존재하여 같이 발전하는 경우
문화 동화	한 사회의 문화 요소는 사라지고 다른 사회의 문화 요소로 대체되는 경우
문화 융합	서로 다른 두 문화 요소가 결합하여 기존의 문화와 다른 새로운 제3의 문화가 나타나는 경우

③ 문화 변동과 사회문제

  ㉠ 문화지체현상

    • 문화 변동 과정에서 물질문화와 비물질문화의 속도차이로 나타나는 부조화현상을 말한다.

    • 해결방안으로는 법 제도의 개선, 의식개선을 위한 캠페인 등이 있다.

  ㉡ 문화적 전통과 정체성 상실 : 외래문화의 급격한 수용으로 기존의 문화 정체성의 약화 및 사회구성원 간의 갈등이 유발되며 기존 사회 규범의 붕괴로 사회 혼란 현상이 발생할 수 있다.

(2) 세계화와 한국 문화의 다양성

① 세계화와 다문화 사회의 도래
  ㉠ 문화의 세계화 : 세계화로 서로 다른 문화들 간의 접촉이 활발해지고, 정보 통신 기술의 발달로 인적, 물적 교류 뿐 아니라 일상적인 문화까지 교류가 가능하게 되었다.
    • 문화와 세계화의 영향
    − 긍정 : 새로운 문화의 유입으로 기존의 문화가 더욱 풍부해지게 되었다.
    − 부정 : 서구 중심의 문화에 일방적인 동화로 고유한 문화 소멸, 획일화가 이루어지고 있다.
    • 문화의 다양성의 심화 : 세계화로 인한 노동력의 이동과 국제결혼의 증가로 다양한 인종, 종교, 문화를 가진 사람들이 공존하면서 다인종·다문화 사회로 변화중이다.
  ㉡ 다문화사회의 바람직한 자세 : 다른 문화에 대하여 개방적이고 서로 존중하는 태도, 문화적 다양성 인정 등이 있다.

② 우리 문화의 정체성과 세계화
  ㉠ 문화의 정체성
    • 문화적 정체성 : 한 사회의 구성원이 그 사회에서 오랫동안 공유한 역사적 경험과 공동체로서의 의식, 구성원들 사이에 공유된 가치관·세계관·신념 등의 문화에 대해 갖는 일체감
    • 문화적 정체성의 약화 : 기존과 다른 문화요소의 유입으로 인한 급격한 문화변동으로 정체성이 약화되었다.
    • 발전방향 : 타 문화의 좋은 점을 주체적으로 수용하여 전통문화를 발전시키면서도 창조적 계승이 필요하다.
  ㉡ 세계화 시대의 문화 발전 방안
    • 문화의 세계화 : 우리 문화를 세계에 알릴 수 있는 기회 제공
    • 영향 : 우리 문화의 정체성 확립, 국가 경쟁력 강화, 전 세계적인 문화 다양성에 기여
    • 방법 : 대중매체를 이용한 우리 전통문화의 소개, 우리의 것을 세계적인 것으로 발전

03 출제예상문제

1 다음은 문화를 이해하는 다양한 태도 중에서 하나를 설명한 내용이다. 이와 관련된 사례로 가장 적절한 것은?

> • 외국 상품에 대한 절대적이고 맹목적인 선호
> • 국악보다는 서양의 클래식 음악을 잘 알아야 교양 있는 사람으로 여기는 풍조

① 과거에 유럽 강대국이 식민지의 문화를 미개한 것으로 보고 자신의 문화를 식민지에 이식하려고 했던 행동과 유사하다.

② 과거에 우리나라가 중국의 문자나 제도, 학문 등을 우월한 것으로 여기며 숭상하고 모방했던 태도와 유사하다.

③ 일제 강점기 때 일본이 우리 고유의 문화를 무시하면서 신사참배나 일본식 성명 사용을 강요한 것과 유사하다.

④ 이슬람교도들은 라마단 기간을 두어 행하는 종교의식이 있는데 이러한 문화를 평가하는 절대적 기준은 존재할 수 없다는 태도와 유사하다.

> ✔ **해설** 외국 상품에 대한 절대적이고 맹목적인 선호, 국악보다는 서양의 클래식 음악을 잘 알아야 교양 있는 사람으로 여기는 풍조는 문화 사대주의의 예다. 이는 과거에 우리나라가 중국의 문자나 제도, 학문 등을 우월한 것으로 여기며 숭상하고 모방했던 태도와 유사하다.
> ① 과거에 유럽 강대국이 식민지의 문화를 미개한 것으로 보고 자신의 문화를 식민지에 이식하려고 했던 행동은 유럽 강대국의 자문화 중심주의다.
> ③ 일제 강점기 때 일본이 우리 고유의 문화를 무시하면서 신사참배나 일본식 성명 사용을 강요한 것은 일본의 자문화 중심주의다.
> ④ 종교의식과 관련하여 문화를 평가하는 절대적 기준은 존재할 수 없다는 태도는 문화 상대주의에 해당한다.

Answer 1.②

2 문화이해의 태도에 관한 다음 글에 대한 반론으로 적절한 것은?

> 어떠한 문화현상이든지 모두 나름대로의 의미와 가치를 가지고 있다. 따라서 자신의 가치와 다르다고 해서 나쁜 것으로 평가할 수는 없다. 예를 들면, 기형아를 물에 빠뜨려 죽이는 것이나 노인을 버리는 것도 그 사람 나름의 사정이 있기 때문에 어느 정도는 타당성을 인정해야 한다. 이렇게 보면, 인간이 하는 활동, 즉 문화는 어떠한 것이든지 나쁜 것이 없다고 인식해야 한다.

① 도덕성이 상실되었다.
② 그 사회의 맥락에서 해석해야 한다.
③ 어느 사회에서나 보편적으로 적용되는 가치는 있다.
④ 그런 문화를 가진 사회는 다 이유가 있으니까 비난하지 말아야 한다.

> ✔ **해설** 제시된 내용은 보편적 가치를 무시하는 극단적인 문화상대주의이다. 문화상대주의는 한 사회의 문화를 그 사회의 입장에서 평가하고 이해하려는 태도이지, 인류의 보편적 가치에 반하는 문화도 모두 다 옳다는 것은 아니다. 아무리 각 문화에서의 고유한 가치를 인정하더라도 인류가 보편적으로 합의할 수 있는 가치는 있게 마련이고, 그에 위배되는 행위는 어느 사회에서나 용납될 수 없는 것이다. 제시된 내용에서는 기형아와 노인의 생명의 존엄성을 무시하고, 인간의 기본적 가치를 고려하지 않는 태도가 드러나 있다. 그러므로 반론으로는 보편적 가치에 대한 문제를 제기하는 것이 적절하다.

3 인터넷의 발달로 UCC 등을 통하여 한류 열풍이 일어나는 등의 문화현상을 가장 잘 나타낸 용어는?

① 문화전파   ② 문화개혁
③ 문화지체   ④ 문화공존

> ✔ **해설** 문화의 전파 … 한 사회의 문화요소들이 다른 사회로 직·간접적으로 전해져서 그 사회의 문화과정에 통합, 정착되는 현상을 의미한다.

Answer   2.③ 3.①

4 다음의 예가 해당하는 문화의 속성은?

> 피임약이 개발됨으로써 임신과 출산율이 감소하고 여성의 사회진출이 늘어났으며 가족의 구조가 핵가족화 되고 있다.

① 문화의 전체성
② 문화의 공유성
③ 문화의 학습성
④ 문화의 축적성

> ✔해설 문화의 전체성 … 문화의 각 부분들이 유기적 관련을 가지면서 전체로서 하나의 체계를 이루는 특성을 말한다. 즉, 문화를 구성하고 있는 어느 한 부분의 변화는 다른 부분에 연쇄적인 변동을 가져온다는 것이다.

5 다음 중 문화의 상대성에 대한 설명으로 옳은 것은?

① 한 문화는 다른 사회의 기준에 의해 평가될 수 있다.
② 한 문화는 그 나라의 상황을 고려해서 평가해야 한다.
③ 문화는 인류 공통의 특성과 가치를 가지고 있다.
④ 문화 간의 우열은 상대적으로 가릴 수 있다.

> ✔해설 문화의 상대성 인정
> ㉠ 한 사회의 문화특성은 그 사회성원들에게는 매우 가치 있고 의미 있는 것이므로 그 사회의 맥락에서 그 문화를 평가하고 이해하는 태도를 가져야 한다.
> ㉡ 어떤 나라의 생활양식도 그 나라의 상황을 고려하여 평가하고 이해하는 태도가 필요하다.

6 기술혁신에 따른 문화변동의 결과에 대한 비판적 견해라 할 수 없는 것은?

① 사회가 기계화되고 물질만능주의와 개인주의가 확산될 것이다.
② 정보화사회의 진전으로 개인정보가 노출되어 사생활을 침해받을 수 있다.
③ 대량 생산과 소비를 가져와 지구의 한정된 자원을 급격히 소모시킬 것이다.
④ 대중매체에 따른 대중문화의 역기능으로 인해 문화의 전반적인 침체를 가져올 것이다.

> ✔해설 정보화시대에서 기술의 발전은 일반대중의 참여와 선택의 범위를 넓혀, 문화적 다양성을 증가시키고 풍요로운 문화로 발전시키는 데 기여한다.

Answer 4.① 5.② 6.④

7 다음에 제시된 내용과 관련된 가장 적절한 개념은?

> 중국의 우리 동포사회가 오랫동안 모국문화와 직접적인 접촉없이 전개되면서, 현지의 문화요소들이 많이 추가되어 점차 민족문화의 양식들이 변해가고 있다.

① 문화지체   ② 아노미

③ 문화접변   ④ 문화의 내재적 변동

> ✔해설   문화접변 … 성격이 다른 두 개의 문화체계가 장기간에 걸쳐 전면적인 접촉을 함으로써 문화요소가 전파되어 일어나는 변동을 문화의 접촉적 변동 또는 문화접변이라 한다.

8 인간이 문화적 전통을 이룩할 수 있는 것은 한번 고안해낸 것을 다음 세대에 전달할 수 있는 수단, 즉 ( )와(과) 그것을 학습할 수 있는 능력을 가지고 있기 때문이다. ( )의 대표적인 것으로는 언어와 문자가 있다. ( ) 안에 알맞은 것은?

① 충동   ② 본능

③ 상징체계   ④ 반사작용

> ✔해설   인간이 문화적 전통을 이룩할 수 있는 것은 상징체계(언어, 문자)와 학습능력을 바탕으로 한다.

9 문화지체현상이 나타나는 이유는?

① 문화는 정태적인 성격을 갖고 있기 때문이다.

② 문화요소를 조합하여 새로운 문화요소를 만들어내기 때문이다.

③ 문화요소들 사이에 전파와 변화의 속도가 다르기 때문이다.

④ 아노미현상과 사회적 혼란 때문이다.

> ✔해설   문화지체현상 … 문화요소 간의 변동속도가 달라서 일어나는 부조화현상으로, 미국의 사회학자 오그번(W.F. Ogburn)이 처음 사용하였다.

Answer   7.③   8.③   9.③

10 우리 민족의 문화가 수도작문화에 기초했기 때문에 형성된 것이라고 볼 수 없는 것은?

① 농악, 계, 두레, 울력　　　　　② 향약

③ 상부상조의 전통　　　　　　　④ 풍수지리설

> **해설** ④ 풍수지리설은 신라시대 말 도선(道詵)이 중국에서 받아들인 인문지리적인 지식과 예언적인 도참신앙이 결부된 학설로서, 수도작문화와는 관련이 없다.
> ※ 수도작문화의 영향
> ㉠ 근면, 협동, 상부상조의 전통 형성(두레, 울력, 품앗이)
> ㉡ 계, 향약의 발달
> ㉢ 알뜰하고 정교한 솜씨
> ㉣ 토속신앙 형성(고사, 동제, 산신제)
> ㉤ 민속놀이(쥐불놀이, 농악, 지신밟기, 줄다리기)

11 오늘날 대중매체를 통해 외국가요나 복장이 우리 청소년들에게 쉽게 접촉되면서 이로 인해 그들의 행동양식에도 변화가 나타나는데 이러한 현상을 가장 잘 나타내는 말은?

① 문화전파　　　　　　　　　　② 문화개혁

③ 문화지체　　　　　　　　　　④ 문화진화

> **해설** 문화의 전파…한 사회의 문화요소들이 다른 사회로 전해져서 그 사회의 문화과정에 통합·정착되는 현상을 의미한다.

12 다음 중 문화의 속성으로 보기 어려운 것은?

① 축적성　　　　　　　　　　　② 공유성

③ 학습성　　　　　　　　　　　④ 부분성

> **해설** 문화의 속성
> ㉠ 공유성 : 문화란 한 사회구성원들에게 공통적인 경향으로 나타나는 행동 및 사고방식의 전체이다.
> ㉡ 학습성 : 문화는 후천적인 학습으로 습득가능하다.
> ㉢ 축적성 : 인간은 상징체계(언어·문자)를 사용함으로써 지식과 경험을 다음 세대로 전달, 축적할 수 있다.
> ㉣ 전체성 : 문화는 초개인적인 사회적 소산물이다.
> ㉤ 변동성 : 문화적 특성들은 어느 정도의 규칙성은 있으나, 고정불변한 것은 아니다.

Answer 10.④ 11.① 12.④

13 다음 내용으로부터 추론할 때 인간의 문화에 대한 설명으로 옳지 않은 것은?

> 영국의 인류학자 타일러(E.B. Tyler)는 「원시문화」라는 책에서 문화의 개념정의를 이렇게 하였다. "문화란 사회성원으로서의 인간이 습득한 지식, 믿음, 예술, 도덕, 법, 관습 기타 모든 능력과 습관을 다 포함하는 복합적인 총체이다."

① 문화란 특정한 인간집단의 성원들이 생각하고 행동하는 방식의 총체로서의 생활양식을 뜻한다.
② 인간이 출생 후 성장과정에서 사회생활을 하고 학습을 통하여 얻은 것은 문화적인 특성이다.
③ 문명은 발달된 사회에만 존재하지만 문화는 어느 사회에서나 존재한다.
④ 문화와 문명을 구분할 때 '발전된 것', '개화된 것'으로 파악하는 것은 문화의 개념이다.

> **✔해설** 문화의 개념을 협의로 파악할 때는 '발전된 것', '개화된 것'으로 파악하기도 하지만, 이는 문명의 개념으로서 오늘날은 대부분 문화와 문명의 개념을 분리하여 사용한다. 즉, 문명은 발달된 사회에만 존재하지만 문화는 생활양식이므로 소규모의 단순사회 및 미개사회에도 존재한다.

14 광의의 문화개념이 옳게 사용된 것은?

① 미술전람회나 음악공연회에 자주 참석하면 문화시민이 된다.
② 한 사회의 사람들이 관습적으로 침을 뱉는 것은 그 사회의 문화적인 행위이다.
③ 어떤 사람들은 한국인이 일본인보다 더 문화적인 민족이라고 생각한다.
④ 아프리카 미개사회의 원주민은 문화인의 범주에 속하지 않는다.

> **✔해설** 광의의 문화개념 … 넓은 의미의 문화란 인간에 의해서 학습, 창조, 전승되고 누적된 물질적 · 정신적 소산의 일체를 가리킨다. 특히 사회성원들이 가지고 있는 공통된 행동양식 또는 생활양식을 가리켜 문화라고 한다.
> ③④ '문명'의 개념과 같은 맥락에서의 좁은 의미의 문화개념과 관련이 깊다.

Answer 13.④ 14.②

15 문화의 특성에 대한 설명으로 옳지 않은 것은?

> • 한 한국소녀의 가족이 온돌방에 상을 차려 놓고 둘러앉아 수저로 밥과 반찬을 먹고 있다.
> • 한 백인소녀의 가족이 식탁에 둘러앉아 포크와 나이프로 고기를 먹고 있다.

① 두 사람이 피부색, 얼굴형태, 머리색 등이 다른 것은 모두 문화적 특성이 다르기 때문이다.

② 그들의 이런 특성들은 출생 후 성장하면서 각기 그들의 문화를 학습한 결과이지 가지고 태어난 것이 아니다.

③ 어디서, 어떻게 앉아, 무슨 음식을, 어떤 식으로 먹는지는 그들의 생활양식의 한 부분으로서의 문화적 특성이다.

④ 문화는 특정한 사회집단의 성원들이 생각하고 행동하는 생활양식이다.

> **✔해설** ① 피부색, 얼굴형태, 머리색 등은 부모로부터 유전적으로 물려받은 체질적 특성이다.

16 문화에 관한 설명 중 옳지 않은 것은?

① 모든 사회의 문화는 언어, 예술, 신화, 종교 등 서로 공통된 요소를 가진다.

② 문화는 각 사회마다 특수성이 있어 전체적으로 다양성을 가진다.

③ 각 문화는 고유의 가치를 가지고 있으므로 우열을 가려서는 안 된다.

④ 개개인의 특징적이고 독특한 버릇도 장기화되면 문화라 한다.

> **✔해설** 문화의 특성
> ⊙ 한 사람만이 가지고 있는 개인특유의 행동이나 생각은 다른 사람에게 전파되고 공유되지 않는 한 문화를 구성하지 않는다. 따라서 문화는 집단적인 사회생활을 통해서만 유지·존속될 수 있다.
> ⓒ 문화는 사회구성원에게 공유되고 있는 공통의 사고 및 행동양식의 총체이기 때문에, 초개인적인 성격을 지니게 마련이다.

Answer 15.① 16.④

17 다음에서 문화의 공유성기능에 속하는 것만을 옳게 골라 묶은 것은?

> ㉠ 사회생활을 위한 공통의 장을 제공한다.
> ㉡ 사회구성원 간의 행동 및 사고를 예측하게 한다.
> ㉢ 그 나라의 사회생활을 전체적으로 파악하게 한다.

① ㉠　　　　　　　　　　　　　② ㉠㉡
③ ㉠㉢　　　　　　　　　　　　④ ㉡㉢

✔해설 문화의 공유성의 기능
　　㉠ 사회생활을 위한 공통의 장을 제공 : 문화를 공유하고 있는 구성원들에게 원활한 사회생활을 위한 공통
　　　의 장(場)을 제공한다.
　　㉡ 사회구성원 간의 행동 및 사고의 예측 가능 : 특정한 상황에서 상대방이 어떻게 행동할 것인지, 서로에게
　　　무엇을 기대할 수 있는지를 예측할 수 있게 한다.

18 문화의 관념적 구성요소가 아닌 것은?

① 철학　　　　　　　　　　　　② 예술
③ 교육　　　　　　　　　　　　④ 신화

✔해설 ③ 제도적인 구성요소에 속한다.
　　※ 문화의 구성요소
　　　㉠ 기술적인 구성요소 : 인간의 기본적 욕구충족과 관련된 구성요소로 물질문화와 관련이 깊은 문화구
　　　　성요소이다.
　　　㉡ 제도적인 구성요소 : 사회구성원들의 행동기준과 관련된 요소로 사회구성원들에게 행동기준을 제공
　　　　(가족, 친족, 혼인, 정치, 경제, 법률, 교육)한다.
　　　㉢ 관념적인 구성요소 : 신화, 전설, 철학, 언어, 문학, 예술, 종교 등이 있는데 삶의 의미와 방향을 제
　　　　시해 준다.

Answer 17.② 18.③

19 다음의 내용은 문화의 속성 중 무엇을 말하는가?

> • 인간의 출생과 더불어 가지고 태어난 것은 아니다.
> • 성장과정에서 그가 어떠한 문화 속에 살았느냐에 달려 있다.
> • 어릴 때에는 주로 가정교육, 또래집단에서의 놀이, 친구들과의 담소 등을 통해서 익혀 나간다.

① 문화의 전체성
② 문화의 학습성
③ 문화의 변동성
④ 문화의 축적성

> ✔해설 인간이 어떤 문화를 학습하여 어떻게 행동하고 생각하는지는 부모로부터 물려받은 유전인자와는 상관없고, 성장과정에서 그가 어떠한 문화 속에서 살았느냐에 달려 있다.

20 다음과 관련된 문화현상은?

> ㉠ 쌀 + 햄버거 → 라이스 버거   ㉡ 피자 + 김치 → 김치피자

① 문화종속
② 문화융합
③ 문화수용
④ 문화정체성

> ✔해설 문화융합
> ㉠ 전통적 문화특질들과 새로 도입된 문화특질들이 혼합되는 것이다.
> ㉡ 한 사회의 문화가 다른 사회로 전파될 때 상호간에 영향을 미쳐 새로운 제3의 문화가 나타나는 현상이다.

Answer 19.② 20.②

04 사회 계층과 불평등

01 사회 불평등의 의미와 유형

(1) 사회 불평등의 의미와 유형

① 사회 불평등 … 어떤 사회속의 개인들이 평등한 사회적 지위를 갖지 못한 상태를 말한다.
  ㉠ 사회구성원다수가 가치 있게 여기는 희소가치가 차등적으로 분배되면 사회 불평등이 발생한다.
  ㉡ 어느 시대 어느 사회에서나 사람들의 신체적 특징, 재능, 관심사 등의 차이를 바탕으로 사회적 지위가 부여되면서 사회적 분화가 일어나고 사회계층의 서열화가 발생한다.

② 사회 불평등의 유형
  ㉠ 개인 간의 불평등 : 개인의 특성이나 하는 일의 기능적 중요성 또는 희소성 등의 이유로 급여 수준이 달라진다.
  ㉡ 집단 간의 불평등 : 백인종과 유색인종, 부유층과 중산층 및 빈곤층 등 다양한 사회 집단사이에 나타날 수 있다.

(2) 사회 불평등의 여러 형태

① 전통사회와 현대사회의 불평등
  ㉠ 전통사회 : 신분제도에 따른 사회적 불평등이 핵심이다.
  ㉡ 현대사회 : 다양한 사회적 요인에 의해 여러 측면에서 불평이 발생한다.

② 사회적 불평등의 형태
  ㉠ 경제적 불평등 : 경제적 자산이나 소득분배의 격차를 말한다.
  ㉡ 절대적 빈곤 : 기본적인 의식주의 해결이 불가능한 빈곤상태를 말한다.
  ㉢ 상대적 빈곤 : 생활 조건의 상대적 차이에서 느끼는 박탈감과 빈곤의식을 말한다.
  ㉣ 정치적 불평등 : 권력이 불평등하게 분배되는 상태를 말한다.
  ㉤ 사회·문화적 불평등 : 사회적 위신, 명예, 신뢰도, 교육수준 등 사회 문화적 자원의 불평등한 분배에서 비롯된 격차를 말한다.
  ㉥ 정보 격차로 발생하는 불평등 : 정보화의 혜택이 모든 사람에게 균등하게 분배되지 않아서 발생하는 것을 말한다.

02 사회계층 현상에 대한 이론적 설명

(1) 사회 계층현상의 의미

① 사회 계층 현상
- ㉠ 한 사회 내에서 구성원들 간에 사회적 희소가치가 불평등하게 분배됨에 따라 개인과 집단이 서열화되어 있는 현상을 말한다.
- ㉡ 사회적 희소가치가 개인의 능력 또는 가정적 배경 등에 따라 불평등하게 분배된다.

② 사회 계층 제도
- ㉠ 사회적 업무와 지위 간의 불평등이 사회 전반에 받아들여져서 제도로 정착된 것을 말한다.
- ㉡ 사회계층 제도의 종류
  - 노예제도 : 주인의 재산이 되는 노예를 전제로 성립된 제도로 가장 오래된 불평등 형태
  - 카스트제도 : 인도사회 특유의 제도로 개인의 출생 시부터 계층의 위치가 정해지는 제도
  - 신분제도 : 개인의 사회적 지위가 혈연관계에 의해 세습되고 결정되는 계층 제도
  - 계급제도 : 자본주의와 더불어 등장한 사회 계층 제도

구분	근대 이전 사회	근대 이후 사회
특징	• 사회 계층의 서열화 및 사회적 차별이 엄격함 • 사회 계층의 세습화(지위의 세습화) → 귀속지위 강조, 신분제 사회의 폐쇄적 계층 구조 형성	• 사회적 희소가치의 다양화 → 사회 계층의 구별이 불명확, 사회적 차별 약화 • 사회 계층의 세습이 보장되지 않음 → 개방적 계층 구조 형성, 성취 지위 강조
예	고대 노예제, 인도의 카스트 제도 등	사회 이동의 가능성이 큰 근대의 계층 제도

③ 계급과 계층
- ㉠ 계급 : 경제적 요인에 의해 서열화 된 위치의 집단(일원론적 관점)
- ㉡ 계층 : 사회적 희소가치에 따라 다양하게 서열화 되어있는 집단(다원론적 관점)

(2) 현대사회의 계층과 불평등 현상을 바라보는 관점

① 기능론적 관점과 갈등론적 관점

구분	기능론적 관점	갈등론적 관점
계층 발생원인	개인의 능력, 역할의 기여도에 따른 사회적 희소가치의 차등분배에 의한 필연적 결과	지배집단의 기득권 유지를 위한 노력의 결과
사회 불평등에 관한 입장	차등적 보상 체계, 사회의 기능이 원활히 작동	집단 간의 적대감과 불신을 조장하여 사회 갈등을 유발
자원배분의 기준과 절차	구성원들 간의 합의된 기준, 개인의 자질과 능력에 의해 합법적으로 배분	지배집단에 유리한 기준, 가정배경, 권력, 경제력 등에 의해 강제적으로 배분
사회 계층 현상의 사회적 기능	• 개인과 사회가 최선의 기능을 하도록 하는 장치 • 동기를 부여하고 인재를 충원함으로써 사회 발전에 기여	• 개인과 사회가 최선의 기능을 하는 데 장애요소가 됨 • 상대적 박탈감과 집단 간 갈등을 유발하여 사회발전 저해
직업관	"중요하고 어려운 직업에 종사하는 개인에게 그에 합당한 지위와 높은 보상을 부여하는 것은 당연하다."	"직업의 중요도에는 차이가 없으며, 현존하는 직업 간 불평등 현상은 지배 집단의 이해관계가 반영된 결과이다."

② **기능론, 갈등론의 균형적·비판적 이해** … 기능론적 관점과 갈등론적 관점에서 각각 의미 있는 통찰력과 시사점을 찾아 사회 불평등 현상의 개선 방안을 모색해야 한다.

03 사회계층 구조의 유형과 특징

(1) 사회 계층 구조의 유형과 특징

① 사회 계층 구조의 의미

ⓐ 계층
- 재산, 지위 신분 등 객관적인 조건이 동일한 사람들의 모임이다.
- 존재는 한 사회 내에서 희소한 자원이 불평등하게 분배되어 있음을 의미한다.
- 계층을 구분하는 기준은 사회에 따라 다르며 같은 사회 내에서도 시대에 따라 각기 다르다.

ⓑ 계층 구조
- 사회적 불평등이 지속적으로 상층, 중층, 하층의 형태로 고정된 구조이다.
- 계층 구조는 한 사회의 희소한 자원의 분배 형태를 보여준다.
- 어느 사회이든지 사회 계층의 모습이 일정한 정형화된 구조를 띠고 있다.
- 일반적으로 사회의 불평등 정도를 알아보는 척도로 쓰인다.

② 사회 계층 구조의 유형

㉠ 평등 유형별 계층구조

구분		평등유형	내용
수직형 계층 구조		완전 불평등	• 모든 사회 구성원이 서로 다른 계층에 속해 있음 • 실제로 존재할 수 없는 극단적 형태의 구조
수평형 계층 구조		완전 평등	• 모든 사회 구성원이 같은 계층에 속해있음 • 실제로 존재할 수 없는 극단적 형태의 구조
피라미드형 계층 구조	상 중 하	부분 불평등	• 상층 < 중층 < 하층의 순으로 계층비율 구성 • 소수의 상층이 다수의 하층을 지배하고 통제함 • 전근대적인 폐쇄사회에서 나타남
다이아몬드형 계층 구조	상 중 하	부분 평등	• 중층의 구성원비율이 상하층의 합보다 높은 경우 • 중간계층의 비율이 높아짐에 따라 사회가 안정적임 • 현대 산업사회에서 관료·사무직 등의 증가로 인해 나타남

㉡ 피라미드형에서 다이아몬드형 계층 구조로 바뀐 계기: 신분제도의 철폐, 의무 교육의 확대, 사회 복지제도의 확대, 산업화로 인한 중산층 확대 등

㉢ 새롭게 등장한 계층구조

구분		내용
타원형 계층 구조	상 중 하	• 다이아몬드형 계층 구조에서 중상층과 중하층의 인구비율이 증가한 형태 • 중간계층의 비율이 가장 높음 • 가장 사회적 안전성이 높음
표주박형 계층 구조	상 중 하	• 다른 구조에 비해 중간 계층 비율이 상대적으로 낮은 형태 • 사회 양극화로 사회적 불안정이 매우 심각한 형태

(2) 사회 이동의 유형과 특징

① 사회 이동의 의미 ··· 개인 또는 집단의 계층 구조상 위치가 변하는 현상
  ㉠ 원인
    • 개인적 원인 : 개인의 능력, 교육의 정도, 지위 상승에 대한 열망 등
    • 사회 구조적 원인 : 산업 구조와 직업 구조의 변화, 과학 기술의 발달, 교육의 보급 등
  ㉡ 경향 : 전근대 사회보다 근대사회에서, 농촌보다 도시 사회에서 뚜렷이 나타남

② 사회 이동의 유형

분류 기준	유형	내용
이동 방향	수평 이동	• 같은 계층 내에서의 위치변화 • 계층적 위치의 높낮이는 바뀌지 않은 상태에서 비슷한 위치의 다른 직업과 소속으로 옮겨가는 것
	수직 이동	• 계층적 위치가 상승 또는 하강하는 변화, 계층 간 이동 • 상승이동과 하강이동으로 구분
이동 기간	세대 내 이동	• 한 개인의 생애에 걸쳐 일어나는 계층적 위치의 변화 • 주로 직업 변동을 통해 알 수 있음
	세대 간 이동	• 세대를 가로질러 일어나는 계층적 위치의 변화 • 부모와 자식의 계층적 지위의 변화 • 세대 간 이동이 잘 이루어 지지 않으면 계층적 지위의 세습이 이루어질 가능성이 높음
이동 원인	개인적 이동	주어진 계층 구조 내에서의 개인의 능력이나 노력에 의한 사회적 지위의 변화
	구조적 이동	전쟁 · 혁명, 산업화, 도시화 등과 같은 급격한 사회 변동에 따라 기존의 계층구조가 변화하여 발생한 계층적 위치의 변화

③ 사회 이동과 계층 구조
  ㉠ 이동가능성에 따른 계층구조

구분	내용
폐쇄형 계층구조	• 수직이동이 제한되어 있거나 불가능한 경우, 수평이동은 가능 • 개인의 노력에 관계없이 수직 이동제한(귀속지위 강조) • 신분질서가 엄격했던 사회의 주요 계층 구조
개방형 계층구조	• 수직이동과 수평이동이 모두 가능한 경우 • 상승이동과 하강 이동, 세대 내이동과 세대 간 이동이 자유로움 • 개인의 노력과 능력 중시(성취지위 강조) • 현대산업사회의 주요 계층 구조

  ㉡ 사회 이동의 결과
    • 개인적 : 심리적 만족감 또는 좌절감을 경험하게 된다.
    • 사회적 : 정치적 · 사회적 통합에 이바지, 개방형 계층 구조는 사회 통합수준이 높다.

04 사회 불평등의 여러 형태

(1) 빈곤문제

① 빈곤의 의미와 유형

ㄱ 빈곤 : 인간의 기본적 욕구가 충족 되지 않은 상태

ㄴ 절대적 빈곤 : 생존욕구 충족에 필요한 자원이 부족하여 최저 생계비를 확보하지 못하는 상태를 의미한다.

ㄷ 상대적 빈곤 : 다른 사람이나 계층과 비교해서 상대적 박탈감을 느끼는 상태

ㄹ 주관적 빈곤 : 개인의 주관적인 판단 수준에서 스스로가 가난하다고 느끼는 상태

② 빈곤의 원인

ㄱ 기능론(개인적 요인) : 개인의 능력, 의욕부족으로 성공하지 못한 것, 빈곤층은 빈곤 문화를 형성하며 빈곤 문화는 자녀 세대에 전수되어 빈곤을 재생산시킨다.

ㄴ 갈등론(사회구조적 요인) : 개인의 능력과는 무관한 사회 구조에 빈곤이 원인이 있다고 봄, 빈곤층은 모순된 사회 구조의 희생자임을 강조한다.

③ 빈곤문제의 해결방안

ㄱ 개인적 측면

• 빈곤에서 벗어나기 위한 개인의 의지와 노력(교육, 직업훈련) 필요

• 빈곤층에 대한 편견과 인식을 버리고, 공존의 가치관과 공동체 의식 함양 필요

ㄴ 사회적 측면

• 직접지원 : 기초 생활비 및 자녀 양육비 보조, 최저 생계비 이상 소득보장, 조세의 형평성 실현

• 간접지원 : 최저 임금제, 고용규모 확대, 고용 정보 시스템 강화, 교육 기회 확대, 기회의 평등

(2) 성 불평등 문제

① 성 불평등의 의미

ㄱ 성 불평등 : 한 사회에서 남자와 여자가 차지하는 지위, 권력, 위신 등에서 나타나는 차이로 남자이거나 여자라는 이유만으로 다른 사람과 불평등한 대우를 받는 것을 말한다.

ㄴ 성별 분업 : 성에 따른 사회적 역할의 구분, 전통적으로 남성의 역할이 여성의 역할보다 더 높은 평가와 보상을 받음으로써 성 불평등을 초래한다.

② 성 불평등의 양상

ㄱ 경제적 측면 : 경제 활동 참가율, 임금 수준 및 승진 기회의 남녀 차, 취업의 기회의 남녀 차

ㄴ 정치적 측면 : 여성의 정치적 영향력 및 참여 여건 저조(국회의원, 지방 자치 단체장 등의 여성 비율)

ㄷ 사회·문화적 측면 : 교육 기회, 직업 선택에서의 차이, 남녀 차별적 자녀 양육 관행, 왜곡된 여성상을 표현하는 미디어

③ 성 불평등의 원인
　　㉠ 기능론 : 남자와 여자의 생물학적 특성이 반영된 자연스럽고 바람직한 역할 문화, 불평등문제는 남녀 간 역할 체계가 새롭게 정립되지 못해 나타나는 일시적 교란 상태
　　㉡ 갈등론 : 남성 중심적 사회 구조(남성 위주의 경제 구조, 가부장제) → 여성의 역할 경시, 사회 참여제한, 보조적 역할 강요
　　㉢ 차별적 사회화 : 고정관념에 따른 성 정체성과 성 역할을 사회화 과정을 통해 학습한다.

④ 성 불평등의 해결방안
　　㉠ 제도적 차원 : 성 차별적 제도 철폐, 여성의 권익 신장을 위한 정책, 여성 관련 사회복지 개선
　　㉡ 의식적 차원 : 성 차별적 고정 관념 · 편견 타파, 평등 의식 제고, 양성성 함양

(3) 사회적 소수자 차별 문제

① 사회적 소수자의 의미
　　㉠ 사회적 소수자 : 신체적 · 문화적 특징 때문에 사회의 다른 구성원들로부터 불평등한 처우를 받으며, 집단적 차별의 대상이 되는 사람
　　㉡ 사회적 소수자 집단의 조건
　　　• 구별 가능성 : 소수자 집단은 신체 또는 문화적으로 다른 집단과 구별되는 뚜렷한 차이가 있거나 그럴 것으로 여겨진다.
　　　• 권력의 열세 : 정치 · 경제 · 사회적 권력에서 열세에 있거나, 자원 동원 능력이 뒤처지는 사람들이 소수자 집단으로 간주된다.
　　　• 사회적 차별 : 소수자 집단은 그 집단 구성원이라는 이유만으로 사회적 차별의 대상이 된다.
　　　• 집합적 정체성 : 자기가 차별받는 집단의 구성원이라는 점을 느껴야 비로소 소수자가 된다.
　　㉢ 발생 기준 : 국적, 민족, 언어, 지역, 나이, 종교, 장애, 성, 계급, 문화, 가치관 등

② 사회적 소수자 차별의 주요 형태
　　㉠ 외국인 노동자와 결혼 이민자, 탈북자, 다문화 가정 자녀 : 취업, 교육 기회의 불평등
　　㉡ 장애인 : 이동의 자유 제한, 취업 기회의 불평등, 동정의 시선
　　㉢ 성적 소수자 : 정신 질환 또는 일탈 행위자로 인식, 혐오와 기피의 대상

③ 사회적 소수자 차별의 원인
　　㉠ 기능론 : 급격한 사회 변동에 따라 사회 제도의 일시적 기능 장애 상태
　　㉡ 갈등론 : 소수자에 대한 기득권층의 일방적 착취

④ 사회적 소수자 차별문제의 개선방안
　　㉠ 제도적 차원 : 차별적 제도의 철폐, 소수 집단 우대 정책, 올바른 인식 개선 캠페인 주최
　　㉡ 의식적 차원 : 배타적 민족주의 · 순혈주의 극복, 관용정신, 소수자에 대한 국민 의식 전환

05 ▶ 사회복지와 복지 제도

(1) 사회복지의 의미와 발달과정

① 사회복지의 의미와 등장배경
    ㉠ 사회 구성원의 기본적 욕구를 충족시키기 위한 사회적 활동체계이다.
    ㉡ 자유방임적 초기 자본주의 사회의 폐해에서 최소한의 인간다운 삶을 국가가 보장해야한다는 인식이 발생하였다.
    ㉢ 현대복지국가는 국가에 의한 사회보장제도, 사회정책 시행(강제적, 포괄적 성격), 사회 구성원 전체를 대상으로 삶의 질 향상을 추구한다.
    ㉣ 인도주의, 평등주의, 보상주의가 기본이념이 된다.

② 사회복지의 발달 과정
    ㉠ **영국** : 엘리자베스 여왕의 구빈법(1601년) → 베버리지 보고서(1942년)
    ㉡ **독일** : 비스마르크의 사회보험제도(1883년)
    ㉢ **미국** : 대공황 시기 루스벨트의 뉴딜정책과 사회보장법(1935년)
    ㉣ **석유파동이후** : 정부역할 축소(1980년대) → 신자유주의
    ㉤ 제3의 길(영국) 신자유주의 폐해와 복지병의 동시 극복 → 생산적 복지 추구

(2) 복지제도의 유형

① **사회 정책** … 복지 향상을 위해 국가가 시행하는 모든 정책
    ㉠ 여러 가지 사회 복지 정책
      • 소득보장 정책 : 질병, 재해, 노령, 실업 등으로 소득을 얻지 못하는 경우에 국가와 사회가 개입하여 최저 생계를 보장하려는 정책이다(각종 연금제도, 생활보호, 최저임금제 등).
      • 의료보장 정책 : 의료보험(국민의 질병, 부상, 분만 시 보험 급여), 산업재해보상보험(업무상 재해 시 치료 및 생계 보장), 의료보호(생활보호대상자, 저소득층 대상) 등이 있다.
      • 교육 정책 : 복지사회 건설을 위한 가장 적극적인 수단으로 사람답게 살 수 있는 능력을 배양해 준다.
      • 주택정책 : 주거안정과 안락한 주거환경을 제공하여 안정된 생활을 유지하도록 해 준다.
    ㉡ **사회 복지 정책의 과제** : 복지에 대한 국민의 인식이 제고되어야 하며, 성장과 분배가 조화된 복지정책이 추진되어야 한다.

② **사회보장 제도** … 국민의 최저 생활을 보장하고, 높은 삶의 질을 영위 할 수 있도록 국가가 정책적으로 지원하는 제도

구분	대상	종류	특징	비용
사회보험	일정 수준 소득이나 재산이 있는 자	건강보험, 국민연금, 산업재해보상보험, 고용보험	사회적 위험예방, 강제 가입, 능력별 부담, 상호 부조의 성격, 비영리 보험, 소득 재분배 효과	피보험자 + 국가 또는 고용주
공공 부조	생계유지가 곤란한 생활 무능력자	국민 기초 생활보장 제도, 의료보호 제도, 긴급 구호 (재해 지원)	최저 생활 보장, 일방적 지원, 조세 부담 증가	전액 국가 부담
사회 복지서비스	특별한 보호가 필요한 취약 계층	노인복지, 가족복지, 장애인복지, 아동복지, 여성복지	취약 계층의 자립과 생활 안정 지원(취업 지원, 시설 제공), 전문 사회서비스 제공	공공부문 부담 + 민간 지원

(3) 복지 제도의 역할과 한계

① **복지 제도의 역할** … 인간 존엄성의 실질적 보장, 사회 불평등 현상 극복, 사회 안정과 통합

② **복지 제도의 한계와 발전 방향**

　㉠ 한계 : 근로 의욕 저하 및 복지 의존, 생산성과 효율성 저하, 국가 재정 악화

　㉡ 우리나라 : 사회보험 재정 악화, 보험 가입자간 비용부담 불균형, 미흡한 정보공유제도

　㉢ 발전 방향 : 조건부 지원, 복지와 노동의 연계, 경제적 효율성과 복지 형평성의 조화

04 출제예상문제

1 다음 중 산업재해보상보험의 성격이 아닌 것은?

① 고용보장

② 사회보험

③ 의료보장

④ 소득보장

> ✔ 해설 산업재해보상보험 … 근로자의 업무 또는 작업상의 재해를 신속·공정하게 보상하기 위하여 사업주의 강제가입방식으로 운영되는 사회보험이다. 재해상태에 따라 보상연금을 지급함으로써 소득보장을 해주고 간병급여, 장해급여를 지급하여 의료보장을 받을 수 있다. 그러나 산업재해로 인해 취업하지 못하면 휴업급여를 지급하고 있을 뿐 고용보장까지는 하지 못한다.
> ※ 고용보장정책
> ㉠ 고용보장정책의 의의 : 실업으로 인한 소득 상실에서 생긴 생계곤란의 방지와 실업 자체를 예방하거나 실업이 되더라도 단기간 내에 재취업하도록 도와주는 제도이다.
> ㉡ 고용보장정책의 종류
> • c고용보험 : 실업급여지급을 통한 소득보장기능 외에 실업자에 대한 직업훈련, 직업지도, 직업소개 등의 사업을 통해 재취업을 촉진해 주며, 고용을 조정하고 안정시키는 역할을 수행한다.
> • 최저임금제도 : 고용이 되어 소득이 생긴다고 하여도 그 소득으로는 최소한의 생계가 보장되지 않는 것을 방지하기 위한 제도이다.

2 좁은 의미의 사회보장제도에 해당하는 것을 모두 고르면?

㉠ 최저임금제	㉡ 실업수당
㉢ 고용정책	㉣ 의료혜택
㉤ 주택보장	㉥ 의무교육

① ㉠㉡㉢

② ㉠㉡㉢㉣

③ ㉠㉡㉢㉣㉤

④ ㉠㉡㉢㉣㉤㉥

> ✔ 해설 좁은 의미의 사회복지제도란 흔히 소득보장을 의미한다.

Answer 1.① 2.①

3 다음 글에서 추론할 수 있는 내용으로 옳은 것은?

> 인터넷이란 세계 각국의 수많은 통신망들이 서로 연결되어 각 망들이 보유하고 있는 정보들을 전세계 어느 곳에서든지 망이 연결된 사용자들에게 제공해 주는 지구촌 통신망(global network)이다.

① 사회이동의 감소로 계층간 격차가 심화될 것이다.
② 재택근무와 함께 소호(SOHO)산업이 등장할 것이다.
③ 원하는 정보를 얻기 위해 도시로의 인구이동이 가속화될 것이다.
④ 중간관리층의 역할이 증가할 것이다.

> ✔ **해설** ① 무한경쟁, 완전개방화로 사회이동을 촉진시켜 계층간 격차를 축소시킨다. 정보격차에 따른 문제는 발생할 수 있다.
> ② 고도의 정보화사회에서는 초고속정보통신망이 구축되고 정보고속도로의 활용으로 공동 학습, 재택근무, 원격지 의료활동 등을 할 수 있다.
> ③ 도시와 농촌의 구분이 없어진다.
> ④ 중간관리층의 역할이 퇴색하는 대신 어느 분야의 실무전문가가 곧 최고결정권자가 되어가는 현상이 심화되어간다.

4 단기적으로 소득재분배의 효과를 보다 크게 얻을 수 있는 사회보장의 방법은?

① 생활보호 ② 공무원연금
③ 국민건강보험 ④ 산업재해보장보험

> ✔ **해설** 사회보장제도
> ㉠ 공공부조제도 : 생활무능력자의 생활보호를 목적으로 하고 있으며, 소득재분배의 효과를 가져온다. 소득이 낮은 나라에서는 시행하기 곤란하며, 국민의 나태심을 유발할 우려가 있다.
> 예 생활보호, 의료보호, 노인복지, 아동복지, 재해구호, 군사원호보상제도
> ㉡ 사회보험제도 : 불의의 사고 · 재해 · 질병 등에 대비함을 목적으로 상호부호 · 강제가입의 성격을 띠고 있으며, 근로의욕을 증진시킨다.
> 예 국민건강보험, 국민연금, 산업재해보상보험, 공무원연금, 사립학교교원연금, 군인연금

Answer 3.② 4.①

5 현재 우리나라에서 실시하고 있는 사회보험의 내용으로만 묶인 것은?

㉠ 의료보호제도   ㉡ 생활보호제도

㉢ 공무원연금제도   ㉣ 산업재해보장보험제도

㉤ 의료보험제도   ㉥ 아동보호제도

㉦ 노인복지제도

---

① ㉠㉡㉢   ② ㉡㉢㉦

③ ㉢㉣㉤   ④ ㉣㉤㉥

> ✔ 해설   사회보장의 방법
> ㉠ 사회보험
> - 수혜자가 납부하여 마련된 기금에서 사고발생시 급여하는 제도
> - 비용은 보험에 가입한 개인, 고용주, 국가가 부담
> - 국민건강보험제도(의료보험제도), 연금제도, 산업재해보상보험제도, 고용보험제도 등
> ㉡ 공공부조
> - 일정 기준 이하의 빈곤자에게 국가가 제공하는 부조
> - 비용은 국가가 세금으로 보조
> - 국민기초생활보장제도(생활보호제도), 의료보호제도, 재해구호제도 등

6 모든 사람이 인간다운 생활을 보장받을 수 있는 사회가 복지사회이다. 다음 중 그 요건이 아닌 것은?

① 민주주의의 토착화

② 소득의 공정한 분배

③ 최저생활의 보장

④ 완전고용의 실현

> ✔ 해설   복지사회의 요건
> ㉠ 소득의 공정한 분배와 재분배
> ㉡ 최저생활의 보장
> ㉢ 완전고용의 실현

Answer   5.③   6.①

7 다음 중 사회보험제도에 대한 설명으로 적절한 것은?

① 생활무능력자에게 필요에 따라서 개별적으로 생활을 도와준다.

② 세금을 재원으로 하기 때문에 소득재분배효과가 있다.

③ 대상자에 대하여 개별적으로 자산상황, 건강상태 등을 조사한다.

④ 소요비용은 피보험자, 기업, 국가가 분담하게 된다.

✔해설 사회보험제도 … 사회적 변화와 함께 발생이 예상되는 불안요소에 대처하여 사회성원들의 생활을 보장하기 위한 제도로서 강제가입의 원칙과 피보험자, 기업주, 국가가 보험료를 분담한다.

8 사회보험과 공공부조를 구별하는 기준이 되는 것은 무엇인가?

① 혜택의 범위　　　　　　　　　　　② 소득의 유무

③ 보험료의 과다　　　　　　　　　　④ 비용부담의 주체

✔해설 사회보장제도는 누가 비용을 부담하느냐에 따라 사회보험과 공공부조의 두 가지로 분류된다.

9 다음 중 균형 개발 방식에 대한 설명으로 적절한 것을 고른 것은?

┌──┐
│ ㉠ 지역 격차를 심화시킬 우려가 있다. │
│ ㉡ 지방자치제도가 정착된 사회에 적합하다. │
│ ㉢ 투자의 효율성을 우선하는 개발 방식이다. │
│ ㉣ 낙후된 지역을 우선적으로 개발하는 방식이다. │
└──┘

① ㉠㉡　　　　　　　　　　　　　　② ㉠㉢

③ ㉠㉣　　　　　　　　　　　　　　④ ㉡㉣

✔해설 균형개발방식 … 낙후된 지역을 우선적으로 개발하여 지역격차를 줄이고자 하는 방식으로 주민의 욕구를 반영하고 지역 간 균형발전을 이루는 장점이 있으나, 자본의 효율적 투자는 불리하다.

Answer　7.④ 8.④ 9.④

10 다음 중, 대중사회를 출현시킨 배경으로 적절한 것을 고른 것은?

> ㉠ 의무교육의 시행 ㉡ 보통선거의 실시
> ㉢ 소수자의 권리 보장 ㉣ 탈(脫)관료제의 정착

① ㉠㉡
② ㉠㉣
③ ㉡㉢
④ ㉡㉣

✔해설 대중사회 … 산업사회의 생산양식에 토대를 두고, 대중이 정치·경제·사회·문화의 모든 분야에 진출하여 중심역할을 하는 사회로 불특정 다수의 사람들로 이루어진 집합체이다. 대중사회는 자본주의가 발달하고 자본의 집중으로 대량생산, 대량소비, 교통·통신의 발달, 대중매체의 발달, 보통선거제도의 도입, 의무교육제도 도입 등으로 출현했다. 대중사회는 평등의 이념과 참여 민주주의를 실현하고 대중의 지적 수준이 향상되나, 인간 소외와 주체성 상실, 대량 소비문화에 따른 정치적 무관심을 초래한다.

Answer 10.①

05 현대사회와 사회변동

01 사회변동과 근대화

(1) 사회변동

① 사회변동의 의미와 요인
  ㉠ 일정한 시간동안 나타나는 사회의 구조적 변화
  ㉡ 사회변동의 요인으로는 제도적 요인, 기술적 요인, 의식적 요인 등이 있다.

② 사회변동의 방향에 대한 관점
  ㉠ 진화론
    • 사회는 일정한 방향으로 진보·발전한다고 보는 것이다.
    • 단순하고 미분화된 상태에서 복잡하고 분화된 상태로 진보한다고 본다.
    • 사회가 일정한 방향으로 진보한다는 전제의 오류와 제국주의 국가의 식민지 지배를 정당화 한다는 비판을 받고 있다.
  ㉡ 순환론
    • 사회변동은 시간의 흐름에 따라 사회가 탄생, 성장, 쇠퇴, 해체를 반복하는 것이라고 본다.
    • 문명의 노쇠나 소멸까지 생각, 사회변동을 다소 비관적으로 바라보는 측면이다.
    • 앞으로의 사회변동에 대해 예측하고 대응하기 적합하지 않다는 비판을 받고 있다.

③ 사회변동 요인에 대한 관점
  ㉠ 기술 결정론
    • 기술 발달로 생산 능력이 향상되고 생산양식이 변화되면서 사회는 총체적으로 변화한다.
    • 기술의 발달로 인한 경제 영역의 변화가 정치 사회의 변화는 물론 인간의 의식 구조도 변화시킨다는 이론이다.
  ㉡ 문화결정론
    • 사고, 가치관과 같은 비물질 문화의 변화가 정치, 경제, 사회의 총체적 변화를 불러온다.
    • 인간의 의식과 정신생활이 사회구조의 전반적인 변동을 가져온다는 이론이다.

④ 사회변동에 대한 관점
  ㉠ 기능론
    • 사회가 전체적으로 균형을 유지하기 위해 각 부분이 조정되는 과정에서 나타나는 변화를 사회변동이라고 본다.
    • 사회는 수많은 부분이 각각의 기능을 원활히 수행할 때 균형을 이루고 안정을 유지할 수 있으며, 이 균형이 무너지는 것이 곧 사회변동이다.

ⓒ 갈등론

- 사회변동을 보편적이고 자연스러운 현상으로 받아들인다.
- 사회의 여러 부분이 대립하는 과정에서 지배적인 위치에 있는 사람과 지배를 받는 사람들과의 불안과 갈등이 표출되면서 사회변동이 일어난다.
- 사회 구조나 사회제도를 혁명과 같은 급진적인 수단을 통하여 근본적으로 고쳐야한다고 주장한다.

(2) 근대사회의 형성

① 근대화의 의미

ⓐ 좁은 의미 : 기존의 농촌 중심의 사회에서 선진 공업 사회로 변화하는 과정

ⓑ 넓은 의미 : 정치, 경제, 사회, 문화, 가치관 등 모든 영역에서 구조적인 변화가 나타나 총체적으로 더욱 개선된 생활양식으로 바뀌어 가는 과정

정치적 측면	국가의 권위와 합법성이 국민으로부터 나오며, 국민의 의사에 따라 정책이 이루어지는 것
경제적 측면	절대적 빈곤상태에서 벗어나 의식주 해결에 어려움이 없는 상태, 또는 공업 사회가 이룩되는 것으로 자본주의의 시작
사회문화적 측면	문맹퇴치, 교육 지위 획득과 같은 사회적 기회의 평등, 동·서양 문화교류가 활발해짐

② 근대 사회의 형성배경

정치적 측면	• 시민 혁명을 통해 절대왕정의 전제정치와 봉건적 잔재를 타파하고, 시민계급이 주도하는 새로운 사회건설 • 정치 체제와 권력의 민주화과정
경제적 측면	• 지리상의 발견과 산업혁명으로 전 세계를 하나의 거대한 자본주의로 편입 • 산업혁명을 통한 생산 능력과 생활수준 향상으로 자본주의적 생활양식의 확산 • 자족적 농촌공동체에서 도시중심의 상공업으로 발전
사회문화적 측면	• 과학혁명과 계몽주의의 확산에 따른 합리적 신념 확산 • 개별 주체들의 특성과 권리가 강조되며 개인주의와 다원주의 확산

(3) 근대화를 설명하는 이론

① 서구 사회를 발전 모델로 제시한 이론

ⓐ 근대화 이론

- 근대화를 진보적 사회 변동으로 이해
- 선진국 모델의 근대화 과정을 통해 민주적 정치 제도, 합리주의적 생활양식 등의 확산으로 삶의 질 향상이 이루어진다고 본다.
- 서구 사회의 개인주의, 물질주의, 인간소외 등의 문제점이 나타난다.

ⓑ 수렴이론

- 뒤따르는 사회들이 앞선 사회의 발전 경로를 모방하면서 결국 각 사회의 발전 양상이 대체로 유사해진다는 이론
- 궁극적으로 정치적 다원주의를 수용하게 된다고 본다.

② 서구 사회를 발전 모델로 보는 이론에 대한 반론과 수정

  ⊙ 종속이론
- 서구식 근대화 모델을 저개발 국가에 적용하는 것을 비판한다.
- 저개발 국가가 선진국에 종속되어 착취당하기 때문에 저발전 상태에 머무른다고 보고 자국 산업을 중심으로 독자적인 발전을 도모할 것을 주장한다.
- 신흥 공업국에는 적합하지 않아 동아시아의 상황을 설명할 수 없다.

  ⓒ 신근대화이론
- 전통과 근대의 공존 및 보완 관계 강조하며, 전통이 근대성과 조화를 이룰 수 있다고 본다.
- 근대화모델이 다양하게 존재할 수 있음을 인정한다.

02 사회변동과 사회문제

(1) 산업화와 노동 문제

① 산업화의 의미와 특성

  ⊙ 산업화
- 생산 활동의 분업화와 기계화로 2·3차 산업 중심으로 산업구조의 변화하였다.
- 공업이 차지하는 비율이 높아지고 그에 따라 생활양식이 변화하는 현상

  ⓒ 산업사회에서 나타나는 현상 : 과학 기술과 기계의 발달, 대량 생산과 대량 소비, 직업의 세분화와 전문성 증가, 관료제의 원리 확산, 자본주의적 원리 확산, 생산성 향상, 이촌 향도 등

  ⓒ 산업사회의 문제점 : 사회 불평등, 환경오염, 물질 만능주의, 노동자 소외, 지역 간 불균형, 도시 문제 등

② 산업화에 따른 노동 구조의 변화

  ⊙ 경공업에서 중화학공업으로, 중화학공업에서 첨단 과학 산업, 정보 통신 산업, 서비스업 등으로 변화하였다.

  ⓒ 산업 구조의 변화에 따라 노동의 구조도 변화하였다.

  ⓒ 단순작업 노동 중심에서 창의적 노동중심으로 변화하였다.

③ 실업문제

  ⊙ 실업의 영향 : 개인의 자아실현 기회와 생계유지 수단 박탈로 인한 삶의 질 저하와 의욕저하, 사회적으로는 인력자원의 낭비
- 사회가 요구하는 능력이나 직업이 변화하면서 전체적으로 일자리가 부족해진다.
- 마찰적 실업, 구조적 실업, 경기적 실업, 계절적 실업 등이 있다.

  ⓒ 해결방안 : 정부의 공공사업 확대를 통한 일자리 마련, 구인, 구직정보 제공 시설 확충, 취업교육 및 생계지원, 근무제도 변경, 새로운 산업분야 개척, 동절기 공공근로사업 등

④ 임금문제

  ⊙ 임금문제의 발생원인과 유형
- 저임금 문제와 임금 격차 문제 발생.
- 기업의 고용 관행 변화 : 비용절감을 목적으로 비정규직 노동자 고용 증가

- 노동자가 받아야할 임금을 받지 못한 임금체불 문제
- 남녀 차별 및 인종 갈등으로 인한 여성 노동자와 외국인 노동자 문제
- ⓒ 해결방안 : 사회적 형평성 고려, 최저임금제 도입, 비정규직 노동자의 정규직 전환, 임금체불 관련 법적 규제 만들기 등

⑤ 노사문제
- ㉠ 더 많은 임금과 복지를 원하는 노동자와 적은 비용으로 많은 이윤을 얻고자 하는 사용자 간의 대립이다.
- ㉡ 노동자와 사용자는 근로 조건, 복지 등에 대해 대립한다.
  - 파업 : 노동자가 집단적으로 노동제공을 정지하는 행위
  - 태업 : 집단적으로 작업 능률을 저하시키고 소극적 작업으로 사용자에게 손해를 주는 행위
  - 직장 폐쇄 : 사용자가 자기의 요구를 관철하려고 공장이나 작업장을 폐쇄하는 행위
- ㉢ 해결방안
  - 서로의 의견을 존중하며 더 큰 이익을 공유하는 협상이 필요하다.
  - 법적 보장범위 내의 권리 행사와 그에 따라 책임을 지는 자세가 요구된다.

(2) 도시화로 인한 사회문제

① 도시화의 의미와 특성
- ㉠ 도시로 인구가 집중이 되면서 도시적 생활양식이 증가하고 확산되는 과정을 말한다.
- ㉡ 인구 집중으로 인한 높은 인구 밀도, 2·3차 산업 종사자 증가, 분업화·전문화, 주로 수단적·형식적 인간관계가 나타난다.
- ㉢ 우리나라의 도시화 : 1960년대 이후 산업화가 진행되면서 도시의 인구 집중과 도시 비율이 상당히 높아졌다.

② 도시화로 나타난 문제
- ㉠ 도시문제 주택문제(주택부족, 지가 상승), 교통문제(교통체증, 주차난, 교통 혼잡), 환경오염, 각종 범죄 증가, 인간소외문제
- ㉡ 농촌문제 노동력 부족, 기반시설 부족, 상대적 박탈감 등

③ 도시문제에 대한 대책
- ㉠ 가장 기본적인 문제 해결방법 : 도시 인구분산
- ㉡ 분야별 대책

주택문제	낡은 주거지 재개발, 위성 도시 건설, 서민용 주택 공급 및 지원 등
교통문제	대중교통 수단의 확보, 도로 재정비, 주행세부과, 자동차 5부제 시행 등
환경문제	쓰레기 종량제 실시, 환경오염관련 규정 만들기, 청정에너지 사용, 환경오염 기준 제시, 환경운동 등
범죄와 인간소외	CCTV설치, 작은 공동체 중심으로 인격적 인간관계 강조, 시민의식과 규범 활용 등

- ㉢ 농촌문제의 해결 : 귀농 정착금지원, 농촌의 생활환경 개선, 농촌의 소득 증대 방안 모색

(3) 인구변천으로 인한 사회문제

① 인구의 변천과정
  ㉠ 인구의 증가와 감소를 의미한다.
  ㉡ 인구변천에 영향을 주는 요소는 출생, 사망, 인구 이동 등이 있다.
  ㉢ 인구변천
  • 1단계 : 출생률과 사망률이 모두 높아 총인구의 변화가 거의 없는 단계로, 산업혁명 이전의 모든 국가와 오늘날의 중부 아프리카들이 여기에 속한다.
  • 2단계 : 출생률은 높으나 사망률이 감소하기 시작하여 인구증가율이 높아지는 단계로, 대부분의 아시아 국가들이 여기에 속한다.
  • 3단계 : 의학의 발달로 사망률은 급감하는데 비해 출생률은 약간 감소하여 인구증가율이 가장 높은 단계로, 대부분의 중남미 국가들이 여기에 속한다.
  • 4단계 : 가족계획과 생활수준의 향상으로 출생률이 급감하여 인구증가율이 낮아지는 단계로, 일부 남미 국가와 홍콩, 싱가포르 등이 여기에 속한다.
  • 5단계 : 출생률과 사망률이 모두 낮은 단계에 이르고 인구증가율이 다시 낮아지는 단계로, 선진 공업국들이 여기에 속한다.

② 인구변화로 나타나는 문제 및 대책

문제점	내용	대책
자원부족	부존자원의 개발이나 자원의 재생속도보다 인구증가 속도가 빨라 자원 고갈	에너지 절약, 대체자원개발, 농업생산성 개선 등
저출산	• 여성들의 지위가 향상되고 사회활동 참여의 기회가 증대 • 이혼율 증가, 독신 증가, 자녀 양육비 및 교육비 증가 등이 원인 • 사회의 유지와 부양에 심각한 위협	출산장려금 지급, 사회의 복지 수준 향상, 육아비용 시설, 휴직 등의 지원 확대, 교육비 부담 줄이기 위한 노력 필요
고령화	평균 수명 증대, 의학기술 및 보건 수준 향상, 경제수준 향상에 따른 식생활 개선으로 등장하였다. 산업인구 감소. 세대 간 갈등, 독거노인 증가. 노인부양비 증가	경로효친 사상 고양, 노령층의 취업 기회 강화, 노인 복지 지원 필요

03 현대사회의 변동과 대응

(1) 세계화

① 세계화의 의미와 요인

　㉠ 세계화 : 삶의 범위가 민족과 국경의 범위를 넘어서 전 세계로 바뀌어 인적, 물적 교류가 활발하게 이루어지는 과정.

　㉡ 세계화의 요인 : 과학 및 정보 기술과 교통·통신기술의 발달, 국가 간 교류의 폭 확대, 자본의 자유로운 이동

② 세계화 양상과 현황

　㉠ 정치적 측면 : 민주주의의 확산

　㉡ 경제적 측면 : 자본주의의 확산, 시장개방을 지향하는 세계 무역 기구(WTO) 체제, 자유무역 협정(FTA)

　㉢ 사회 문화적 측면 : 세계 각 지역의 생활양식이 확산되면서 문화 간 접촉과 전파 증가로 인해 문화동화, 문화융합 등의 문화 변동이 일어나게 되었다.

③ 세계화의 특징 … 전 지구적 상호 의존성 증가, 물리적 공간과 시간의 제약이 줄어듦, 일부 특정한 문화권의 생활양식이 확산되며 상대적으로 약한 지역이나 문화가 소외된다.

④ 세계화에 대한 대응

　㉠ 세계화의 문제점 : 한 국가의 상황이 전 세계적으로 경제상황에 영향을 미치고, 문화의 획일화 가능성이 크고, 경쟁력 약한 문화의 존립 기반과 정체성이 약화되며 지역·인종·민족·문화 등에 따른 불평등 심화 등의 문제점이 있다.

　㉡ 세계화에 대한 대응 : 다른 문화에 대한 열린 사고와 협력의 필요성을 인식하고 국제적 경쟁력을 확보하며, 세계 공통의 보편적 가치와 인류애 추구의 정신을 가진 세계 시민으로서의 자질이 필요하다.

(2) 정보화

① 정보사회의 형성과 특징

　㉠ 정보사회 정보의 지배가 사회적인 권력관계의 결정적 요소가 되는 사회

　㉡ 형성배경

　• 기술적 기반 : 새로운 기술이 등장하였다. 예 스마트폰, 트위터, 페이스 북

　• 경제적 기반 : 정보 기술이 자본과 결합하여 이윤을 창출할 수 있는 산업으로 발전하였다.

　• 사회적 기반 : 대중의 사회 참여 욕구 증대와 다원화 경향 등이 있다.

　㉢ 특징 : 가치 창출의 원천으로서 지식과 정보 중시, 다품종 소량 생산 방식 확대, 쌍방향적 정보 흐름에 의한 의사 결정의 분권화, 지적 창조적 활동을 통한 자아실현의 부각, 공간적 범위 확대와 새로운 관계양상 증가 등

② **정보사회의 긍정적인 면**
　㉠ **정치적 측면** : 대중의 정치 참여를 확대하여 직접 민주주의의 실현기반이 되었다.
　㉡ **경제적 측면** : 생산의 효율성을 증대시키고 소비자 중심의 시장을 만들었다.
　㉢ **사회적 측면** : 새로운 인간관계 형성에 도움을 주어 사회통합에 긍정적 영향을 미친다.
　㉣ **문화적 측면** : 다양성과 창의성을 중시하며 폭넓은 문화교류를 가능하게 했다.

③ **정보사회의 문제점** … 정보격차, 사생활 침해, 사회적 통제와 감시, 정보기기와 서비스에 대한 지나친 의존도, 정보의 오남용, 정보 윤리 미흡, 정보 유출, 인간 소외 등이 있다.

④ **정보사회의 문제에 대한 해결책**
　㉠ **개인적 차원** : 보안에 주의하고, 역기능을 인식하고, 정보 · 윤리를 실현하고, 올바른 정보 활용 능력을 갖추고 절제하는 습관을 기른다.
　㉡ **사회적 차원** : 인터넷 실명제 실시, 사이버 범죄 담당부서 설치, 통신비 지원정책, 정보 · 윤리 공익 광고방송, 공유 정보 공개, 개인 정보 보호에 관한 법과 제도 구축, 정보 소외 계층 교육 등이 있다.

(3) 전 지구적 차원의 문제

① **환경 문제** … 산업화 이후로 인구가 증가하였고, 무분별한 개발과 자원의 낭비로 인해서 지구의 재생 능력의 한계에 도달하였다. 이로 인해 지구 온난화, 생물 멸종 위기, 열대 우림 감소, 사막화, 빙하 손실, 황사, 환경 재앙 사고 등의 환경문제들이 발생하고 있다.

② **자원 문제** … 인구 증가 및 급속한 개발로 인하여 자원이 부족하다. 삶에 필요한 물과 식량의 부족, 기아로 인한 어린이 생명의 위협 그리고 에너지 자원 고갈 등으로 인해 자원은 무기화 또는 분쟁의 씨앗이 되기도 한다.

③ **전쟁과 테러 문제** … 국가나 지역, 자원, 종교, 민족 등을 둘러싼 분쟁, 전략적 전쟁 및 테러가 발생한다. 무고한 인명 피해, 막대한 전쟁비용 소요, 테러발생으로 불특정 다수 피해, 인권문제와 환경문제를 야기한다.

④ **전 지구적 문제에 대한 대응**
　㉠ **세계인들의 관심과 노력**
　　• 그린피스(Green peace), 유엔 환경 계획(UNEP) 등의 국제 환경 NGO활동이 적극적으로 이루어져야 한다.
　　• 기후변화 협약, 생물 다양성 협약 등 지구 환경 보호 협약을 지키도록 노력한다.
　　• 지속 가능 한 개발에 대한 합의를 잘 지켜야한다.
　　• 국가 간 또는 지역 간 갈등과 분쟁에서의 국제 연합(UN)과 같은 국제기구의 중재와 지속적인 관심이 필요하다.
　㉡ **각 주체의 노력**
　　• 시민 : 일상생활의 작은 것부터 노력하고, 국제적 감시 및 지지 활동을 해야 한다.
　　• 정부 : 국제적 연대를 견고히 하고, 선진국의 큰 책임감과 양보하는 자세가 필요하다.
　　• 기업 : 환경과 인간을 고려하고 국제적 약속과 정의의 범위에서 경제적 이윤을 추구해야 한다.

05 출제예상문제

1 다음 중 정보사회에 대한 설명으로 옳지 않은 것은?

① 부가가치를 창출하는 원천으로 지식과 정보가 중시된다.

② 전자 민주주의의 발달로 직접 민주 정치의 실현 가능성이 높아지고 있다.

③ 다품종 소량 생산에서 소품종 대량 생산으로 생산 방식이 전환되고 있다.

④ 사회적 관계 형성이 면대면 접촉에서 사이버 공간으로 이동하고 있다.

> ✔해설 ③ 산업사회의 소품종 대량 생산은 정보사회로 오면서 다품종 소량 생산으로 전환되고 있다.

2 〈보기〉의 근대화를 설명하는 이론 중 밑줄 친 ㉠, ㉡에 대한 설명으로 가장 옳지 않은 것은?

> 〈보기〉
> 우리나라의 사회 과학계에 영향을 끼쳤던 사회학자 갑(甲)은 낙후된 국가의 빈곤 문제를 '종속에 의한 저발전의 심화'라고 설명하며, 근대화를 설명하는 ㉠또 다른 이론에 도전장을 던졌다. ㉡갑의 이론은 서구 선진국에 의해 주도된 이론에 대한 비판 이론으로 주목을 받으며 등장했다. 1970년대 한국에도 유입되어 최근까지 연구가 진행되고 있다.

① ㉠은 사회 변동 방향에 대해 진화론을 기초로 한다.

② ㉡은 낙후된 국가의 저발전 원인을 외부에서 밝히고 있다.

③ ㉡은 ㉠과 비교하여 개별 국가의 주체적 발전을 더 강조한다.

④ ㉠은 ㉡과 달리 각 국가는 다양한 경로를 거쳐 발전할 수 있다고 본다.

> ✔해설 낙후된 국가의 빈곤 문제를 종속에 의한 저발전의 심화로 설명하는 '갑의 이론'은 종속이론이다. 따라서 근대화를 설명하는 또 다른 이론 ㉠은 근대화론이다. ㉡은 서구 선진국에 의해 주도된 이론(근대화론)에 대한 비판으로 주목을 받으며 등장했다. 이는 낙후된 빈곤 문제를 종속에 의한 저발전의 심화로 보는 종속 이론에 해당한다.
> ④ 근대화론은 서구화를 이상적인 모습으로 제시함으로써, 각 국가가 다양한 경로를 거쳐 발전할 수 있음을 부정한다.
> ① 근대화론은 사회 변동 방향과 관련하여 진화론을 기초로 한다.
> ② 종속이론은 낙후된 국가의 저발전의 원인을 중심부와 주변부라는 외부(국제)의 관점에서 밝히고 있다.
> ③ 종속이론은 중심부 국가인 선진국과의 종속 관계에서 벗어나 주체적 발전을 해야 함을 강조한다.

Answer 1.③ 2.④

3 다음 중 후기 도시화의 과정에 해당하는 내용은?

① 공업도시의 형성
② 이촌향도 현상
③ 도시로의 인구 집중
④ 도시적 생활양식의 농촌 파급

✔해설 ④ 도시화의 후기단계에서는 도시적 생활양식이 농촌으로 파급되어 농민의 생활양식도 도시적으로 바뀌게 되는 현상이 나타난다.

4 노인문제와 청소년문제의 발생배경이 근본적으로 같다고 보는 시각의 근거로 볼 수 있는 것을 고르면?

┌─────────────────────────────────┐
│ ㉠ 개인주의의 강화   │
│ ㉡ 노동력 상실로 인한 빈곤   │
│ ㉢ 가족의 사회적 중요성 약화   │
│ ㉣ 수명의 연장으로 인한 건강문제   │
│ ㉤ 과학문명의 발달로 인한 인간소외 현상│
└─────────────────────────────────┘

① ㉠㉡㉢
② ㉠㉢㉤
③ ㉡㉣㉤
④ ㉡㉢㉣

✔해설 노인과 청소년문제는 노인과 청소년의 사회부적응문제로 가족의 기능과 공동체의식의 강화 없이 근본적으로 해결될 수 없다.

5 농촌사회의 변동과 그 파생효과에 관한 다음 설명 중 옳지 않은 것은?

① 젊은 노동력의 부족현상으로 농업활동이 기계화되고, 기업농이 대두되었다.
② 인구의 노령화로 영농의 어려움이 가중되고, 생산성은 감소하여 생산연령층의 인구부양부담이 가중되었다.
③ 근교농업은 주로 채소재배에 치중하고, 오지에서는 목축업이나 고산작물을 재배하는 상업적 농업의 발달로 촌락 간의 이질성이 증대되었다.
④ 농촌의 전출인구는 대부분 경제적인 상층과 중간층이며, 주로 하층은 잔류한다.

✔해설 ④ 농업에 잔류하는 사람들은 주로 경제적으로 중간층이다.

Answer 3.④ 4.② 5.④

6 다음 중 종속적 발전이론에 대한 내용으로 옳지 않은 것은?

① 동아시아의 신흥공업국의 발전과정을 설명하기 곤란하다.

② 제3세계 국가들은 저발전상태가 아니라 미발전상태에 있다.

③ 한 나라의 발전에 있어서 이념적인 문제를 부각시켰다.

④ 근대화론에 대한 반발로 등장하였다.

> ✔해설 ② 종속적 발전론에 따르면 제3세계 국가들은 발전을 시작하지 않은 '미(未)발전'의 상태에 있는 것이 아니라, 발전을 하려고 해도 되지 않는 '저(低)발전'의 상태에 있다는 것으로, 제3세계의 국가들의 저발전은 그들의 전통이나 제도 때문이 아니라 선진 자본주의 국가들에게 종속되어 있기 때문이라고 한다.

7 다음 중 환경오염의 원인이 아닌 것은?

① 인구증가와 도시화

② 환경문제에 관한 인식부족

③ 노동집약적 농업

④ 과학·기술의 발달

> ✔해설 ③ 노동집약적 농업은 환경오염과 무관하며, 오히려 환경친화적이다.

8 청소년문제나 노인문제의 가장 근본적인 원인은?

① 가족의 보호·통제기능의 약화

② 소득격차에 따른 상대적 빈곤감의 증대

③ 자유주의·평등주의 가치관의 확산

④ 국가의 사회복지대책 미흡

> ✔해설 청소년·노인문제
> ㉠ 청소년문제: 현대선진공업사회에서 공통적으로 꼽히는 문제로서 대중사회화, 도시화의 결과로 나타난 광범위한 가족해체가 이 문제의 배경을 이루고 있다. 즉, 1차적인 사회통제의 기능을 수행해 온 가족기능의 약화는 청소년들로 하여금 쉽게 일탈행위에 빠지게 한다.
> ㉡ 노인문제: 노인문제 발생의 근본적인 배경은 청소년문제의 발생배경과 같다. 즉, 가족의 사회적 중요성의 약화, 개인주의의 강화, 그리고 과학문명의 발달로 인한 인간소외현상의 대두가 그것이다.

Answer 6.② 7.③ 8.①

9 소수집단 또는 불리한 위치에 있는 집단에 대한 사회적 차별과 관련되어 있으며 평등주의적 사상을 받아들일 때에만 의미를 지니는 사회문제는?

| ㉠ 청소년문제 | ㉡ 여성문제 |
| ㉢ 인종문제 | ㉣ 노인문제 |

① ㉠㉡   ② ㉠㉢

③ ㉡㉢   ④ ㉢㉣

✔해설 여성문제, 인종문제는 소수집단 또는 불리한 위치에 있는 집단에 대한 사회적 차별과 관련되어 있으며, 평등주의적 사상을 받아들일 때에만 의미를 갖는다. 청소년과 노인문제는 특정인구집단에만 해당되는 사회문제이다.

10 다음의 내용을 뒷받침하는 근거로 적절하지 않은 것은?

> 대중문화는 대중매체를 소유하고 있는 대기업이나 국가가 국민을 일방적으로 조종하는 데 이용할 수 있다는 점에서 지배계층의 대중조작수단으로 규정되기도 한다.

① 집집마다 TV가 있고, 신문을 구독한다.

② 미국의 부시·케리의 대통령 선거에서 유태계인 뉴욕타임즈, 워싱턴타임즈 등 유력신문들은 사실상 케리에게 유리하도록 보도를 했다. 그리하여 선거는 치열한 접전을 하였다.

③ 대중들은 공신력 있는 대중매체를 통해 발표된 것이면 무엇이든 믿는 경향이 있다.

④ 드라마가 60%대의 시청률을 기록하기도 한다.

✔해설 관습적 사고를 하는 대중은 관습을 만들어 나가는 권력기관의 의도대로 생각하고, 판단하기도 한다. 비판적으로 사고하는 사람들에게는 TV나 신문은 오히려 권력기관의 지배의도를 파악하는 좋은 수단이 된다.

Answer 9.③ 10.①

11 다음과 같은 원인으로 인하여 사회문제가 발생하게 된 것은?

> 사회문제는 반드시 사회변동의 결과로 나타난 새로운 현상들로만 이루어지는 것은 아니다. 어떤 것은 예전부터 있었던 것이, 또는 예전에는 바람직하다고 생각되던 것이, 사람들의 생각이 바뀌면서 심각한 사회적인 문제로 인식되기도 한다. 오히려 사회적으로 중요한 문제들 중에서 많은 것이 새로운 관념과 가치의 형성이나 도입으로 인해 나타난 것 등이다.

① 인권문제
② 환경오염문제
③ 자원고갈문제
④ 인구문제

> ✔**해설** ②③④ 산업화와 경제발전에 따라 나타난 사회문제이다.

12 다음 내용을 바탕으로 하여 사회운동에 관한 결론을 내릴 때 가장 적절한 것은?

> • 서구에서는 환경운동, 반핵운동, 녹색운동, 소비자운동, 인권운동, 여성해방운동 등이 다양하게 일어나고 있다.
> • 미국에서는 특징적으로 흑인민권운동이 발생한다.
> • 우리나라에서는 1970 ~ 1980년대에 빈민운동, 농민운동, 노동운동 등이 격렬하게 전개되었다.

① 사회운동은 사회발전에 긍정적인 영향을 끼친다.
② 사회운동을 보면 그 사회의 변동모습을 예측할 수 있다.
③ 사회운동은 사회변동의 주요 요인 중의 하나이다.
④ 사회운동의 내용을 보면 그 사회의 구조적 모순을 알 수 있다.

> ✔**해설** 사회운동은 그 사회의 가장 격렬한 이슈를 포함하며, 사회변동을 일으키거나 막기 위해 행하는 지속적이며 집단적인 노력이다.

Answer 11.① 12.③

13 다음 현상들을 일반화하여 진술할 수 있는 가설로 옳은 것은?

> • 1인당 국민소득이 증가함에 따라 자원소비량이 증가하고 이에 따라 자원고갈의 문제가 나타났다.
> • 산업화정책으로 인해 계층 간의 이해관계가 다양해지고 첨예하게 대립되는 현상이 나타났다.
> • 산업화정책으로 인해 농촌에는 일손부족현상과 이농현상이 나타나고 대도시에서는 주택난과 구직 난이 발생한다.

① 사회문제의 해결을 위해 공업화는 필요하다.
② 가치변동은 사회의 변동을 가져온다.
③ 산업화정책으로 경제성장을 이루었지만 여러 문제가 동시에 발생했다.
④ 경제성장은 지속적인 공업화로 가능하다.

✔해설 제시된 내용은 산업화정책으로 생겨난 문제들이다.

14 다음 내용과 관련된 사회변동에 관한 입장으로 옳은 것은?

> • 사회는 발전 · 퇴보 · 멸망하기도 한다는 비판을 받고 있다.
> • 서구의 선진사회가 후진사회를 식민지화하고 착취하는 것을 정당화하기 위한 것이라 비판받기도 한다.

① 종속이론
② 진화론
③ 갈등론
④ 균형론

✔해설 사회가 진보한다고 보는 전제조건이 잘못되었다는 비판을 받는 진화론은 후진사회를 식민화하는 것을 정당화 시키며, 사회는 발전만 하는 것이 아니라 퇴보도 하며 멸망하기도 한다는 비판을 받고 있다.

Answer 13.③ 14.②

15 사회변동에 대한 균형론적 시각으로 옳은 것은?

① 사회 여러 부분의 사이에는 항상 갈등이 존재한다.

② 현재의 사회는 과거의 사회보다 더 나은 사회이다.

③ 혁명적 사회변동의 설명에 적합하다.

④ 사회 어떤 부분에 마찰·갈등이 발생해도 정상을 회복하여 통합된다.

> **✔해설** 균형론적 마찰
> ㉠ 사회의 여러 부분들은 서로 균형을 이루면서 통합되어 있다고 보는 입장이다.
> ㉡ 사회변동을 긴장·갈등의 발생과 해소의 과정으로 이해하는 입장이다.
> ㉢ 항상성을 바탕으로 사회변동을 설명하려는 입장이다.
> ㉣ 사회변동의 근원을 균형지향성에서 찾고자 하는 입장이다.

16 다음 내용이 설명하는 사회변동의 이론으로 옳은 것은?

> 사회는 항상 현재의 상태를 파괴하려는 힘을 가지고 있으며, 바로 이러한 힘에 의해 혁명을 포함한 여러 가지 중요한 사회변동이 일어난다.

① 진화론

② 기능론

③ 균형론

④ 갈등론

> **✔해설** ④ 마르크스와 베버의 이론에서 연유하였고 다렌도르프가 주장하였다.

Answer 15.④ 16.④

17 사회의 빠른 변동이 우리 사회에 안겨준 심각한 문제에 해당하지 않는 것은?

① 아노미현상

② 가치관의 혼란

③ 대중사회화현상

④ 세대 간의 갈등

> ✔**해설** 사회문제
> ㉠ 가치관의 혼란 : 비물질적인 변화에 대한 부적응(문화지체), 세대 간의 갈등
> ㉡ 환경의 파괴와 오염 : 우리 삶의 근거를 위협, 대책 미흡
> ㉢ 계층간 · 지역간 불균형 : 빈부의 격차, 노 · 사 간의 갈등, 농촌과 도시의 격차
> ㉣ 아노미현상의 확산 : 인간성의 상실, 각종 범죄와 부정 · 부패의 만연, 청소년들의 일탈행위

18 농업에 인터넷을 사용하는 것에 관한 설명 중 옳지 않은 것은?

① 인터넷을 이용하여 농작물 재배에 대한 필요한 정보를 얻을 수 있다.

② 농산물 관련 홈페이지를 만들어 소비자에게 직접 농산물을 판매함으로써 높은 소득을 올릴 수 있다.

③ 소비자의 입장에서 볼 때 물건을 비싸게 구매하게 될 것이다.

④ 새로운 정보를 서로 교환할 수 있다.

> ✔**해설** ③ 소비자는 물건을 판매하는 매장에 직접 나가지 않고도 인터넷을 통해 다양한 종류의 상품을 검색할 수 있어 원하는 상품을 저렴한 가격에 구매할 수 있다.

Answer 17.③ 18.③

19 삶의 질을 결정하는 조건을 모두 골라 묶은 것은?

> ㉠ 기회의 균등 ㉡ 빈곤의 추방
> ㉢ 도덕성의 회복 ㉣ 인권의 보장

① ㉠㉡

② ㉡㉢

③ ㉠㉡㉢

④ ㉠㉡㉢㉣

> ✔해설 인간다운 삶의 조건 … 인간다운 삶의 조건으로는 흔히 가난의 추방, 기회의 균등, 인권의 보장, 오염없는 환경, 도덕성의 회복 등을 들고 있다. 이러한 조건들이 오늘날 사회문제인식의 전제가 된다고 볼 수 있다.

20 계획에 의한 발전은 무엇에 치중하는 경향이 있는가?

① 도시화의 공업화

② 경제발전과 공업화

③ 기계화와 과학화

④ 경제발전과 생활의 합리화

> ✔해설 계획에 의한 발전은 급속한 변동, 국가의 계획에 의해 주도, 경제발전과 공업화에 치중하는 경향이 있다.

Answer 19.④ 20.②

01 한국사

✸ 선사시대의 비교 ✦✦✦

시대	구석기	신석기	청동기	철기
연대	약 70만 년 전	약 8000년 전	BC 15 ~ 13세기경	BC 4세기경
경제	수렵 · 채집 · 어로	• 농경 시작 • 조 · 피 · 수수 등	• 벼농사 시작 • 사유재산 발생	철제 농기구로 생산력 증대
사회	무리생활	• 씨족 단위의 부족사회 • 계급 없는 평등사회	• 군장사회의 출현 • 계급의 발생	연맹국가
유물	동물뼈, 석기류, 인골	간석기, 토기(이른민무늬토기, 덧무늬토기, 빗살무늬토기)	민무늬토기, 반달돌칼, 비파형동검 등	검은간토기, 거푸집, 덧띠토기, 세형동검, 잔무늬거울
유적	웅기 굴포리, 상원 검은모루, 공주 석장리, 연천 전곡리 등	웅기 굴포리, 부산 동삼동, 서울 암사동, 봉산 지탑리 등	고인돌, 돌무지무덤, 돌널무덤 등	돌무지무덤, 돌널무덤, 독무덤, 널무덤 등

✸ 중석기 ✦

구석기에서 신석기로 넘어가는 약 2,000년간(1만 년 전 ~ 8,000년 전)의 과도기 단계 구분하여 부르는 시기로, 작고 빠른 동물을 잡기 위한 활, 창, 작살 등과 잔석기 등을 사용하였다.

✸ 단군신화(檀君神話) ✦✦

우리민족의 시조 신화로 이를 통해 청동기시대를 배경으로 고조선의 성립이라는 역사적 사실과 함께 당시 사회모습을 유추할 수 있다.

㉠ 천제의 아들 환웅이 천부인 3개와 풍백 · 운사 · 우사 등의 무리를 거느리고 태백산 신시에 세력을 이루었다.

→ 천신사상, 선민사상, 농경사회, 계급사회, 사유재산제 사회

㉡ 곰과 호랑이가 와서 인간이 되게 해달라고 하였으며, 곰만이 인간여자가 되어 후에 환웅과 결합하여 아들 단군왕검을 낳았다.

→ 토테미즘, 샤머니즘, 제정일치

㉢ 홍익인간 : 널리 인간을 이롭게 한다.

→ 민본주의, 지배층의 권위(통치이념)

✿ 8조법(八條法) ✦

고조선 사회의 기본법으로, 「한서지리지」에 기록되어 있다. 살인 · 상해 · 절도죄를 기본으로 하는 이 관습법은 족장들의 사회 질서유지 수단이었으며, 동시에 가부장 중심의 계급사회로서 사유재산을 중히 여긴 당시의 사회상을 반영하고 있다. 그 내용 중 전하는 것은 '사람을 죽인 자는 사형에 처한다, 남에게 상해를 입힌 자는 곡물로 배상한다, 남의 물건을 훔친 자는 노비로 삼고 배상하려는 자는 50만전을 내야 한다' 등 3조이다.

✿ 여러 부족의 성장 ✦

구분	부여	고구려	옥저 · 동예	삼한
정치	• 5부족 연맹체 (왕 · 4출도) • 1책 12법	• 5부족 연맹체 (왕 · 대가) • 제가회의(군장회의)	읍군 · 삼로(군장)	제정분리 : 군장(신지 · 견지 · 읍차 · 부례) 제사장(천군)
풍속	우제점법, 형사취수, 순장의 풍습	데릴사위제	• 옥저 : 민며느리제, 가족공동장 • 동예 : 책화, 족외혼	벼농사 발달(저수지 축조), 낙랑 · 일본 등에 철 수출
경제	반농반목, 말 · 주옥 · 모피 등의 특산물	약탈경제 → 부경(창고)	• 농경발달, 해산물 풍부 • 단궁, 과하마, 반어피 (동예)	두레조직을 통해 공동작업
제천행사	영고(12월)	동맹(10월)	무천(동예, 10월)	수릿날(5월), 절제(10월)

✿ 발해(渤海) ✦

698년 고구려의 장군이었던 대조영이 지린성 돈화현 동모산 일대(현재의 만주 및 연해주, 한반도 동북부)에 고구려인과 말갈족을 합하여 세운 나라이다. 정치 조직은 당나라의 영향을 받아 3성(정당성 · 선조성 · 중대성) 6부(충 · 인 · 의 · 지 · 예 · 신)를 두었고 귀족회의에서 국가 중대사를 결정했다. 발해는 고구려 유민이 지배층을 이루며 고구려 문화를 계승하여 발달시켰으며, 통일신라에 대한 견제로 일본과의 교역을 추진하였다. 926년 거란족에 의해 멸망했다.

�֍ 진대법(賑貸法) ✦

고구려 고국천왕 16년(194) 을파소의 건의로 실시한 빈민구제법이다. 춘궁기에 가난한 백성에게 관곡을 빌려주었다가 추수기인 10월에 관에 환납하게 하는 제도이다. 귀족의 고리대금업으로 인한 폐단을 막고 양민들의 노비화를 막으려는 목적으로 실시한 제도였으며, 고려의 의창제도, 조선의 환곡제도의 선구가 되었다.

✖ 광개토대왕비(廣開土大王碑) ✦✦

만주 집안현 통구(通溝)에 있는 고구려 19대 광개토대왕의 비석으로, 왕이 죽은 후인 장수왕 2년(414)에 세워졌다. 비문은 고구려·신라·가야의 3국이 연합하여 왜군과 싸운 일과 왕의 일생사업을 기록한 것으로, 우리나라 최대의 비석이다. 일본은 '왜이신묘년래도해파백잔□□신라이위신민(倭以辛卯年來渡海破百殘□□新羅以爲臣民)'라는 비문을 확대·왜곡 해석하여 임나일본부설의 근거로 삼고 있다.

✖ 임나일본부설(任那日本附設) ✦

일본의 '니혼쇼기(日本書紀)'의 임나일본부, 임나관가라는 기록을 근거로 고대 낙동강유역의 변한지방을 일본의 야마토(大和)정권이 지배하던 관부(官府)라고 주장하는 설이다.

✖ 태학(太學) ✦

고구려의 국립교육기관으로, 우리나라 최초의 교육기관이다. 소수림왕 2년(372)에 설립되어 중앙귀족의 자제에게 유학을 가르쳤다.

> ⊘ CHECK POINT   경당(慶堂) … 지방의 사립교육기관으로 한학과 무술을 가르쳤다.

✖ 다라니경(陀羅尼經) ✦

불국사 3층 석탑(석가탑)의 보수공사 때(1966) 발견된 것으로, 현존하는 세계 최고(最古)의 목판인쇄물이며, 국보로 지정되었다. 다라니경의 출간연대는 통일신라 때인 700년대 초에서 751년 사이로 추정되며 정식 명칭은 무구정광 대다라니경이다.

✖ 마립간(麻立干) ✦

신라시대의 왕호이다. 신라 건국초기에는 박·석·김의 3성(姓) 부족이 연맹하여 연맹장을 세 부족이 교대로 선출했으며, 이들이 주체가 되어 신라 6촌이라는 연맹체를 조직하기에 이르렀다. 이것이 내물왕 때부터는 김씨의 왕위세습권이 확립되었고 대수장(大首長)이란 뜻을 가진 마립간을 사용하게 되었다.

❊ 골품제도(骨品制度) ✦✦

신라의 신분제로, 성골·진골·6두품 등이 있었다. 성골은 양친 모두 왕족인 자로서 28대 진덕여왕까지 왕위를 독점 세습하였으며, 진골은 양친 중 한편이 왕족인 자로서 태종무열왕 때부터 왕위를 세습하였다. 골품은 가계의 존비를 나타내고 골품 등급에 따라 복장·가옥·수레 등에 여러 가지 제한을 두었다.

❊ 향(鄕)·소(巢)·부곡(部曲) ✦

통일신라 때 생겨난 특수행정구역으로 양인이지만 천역을 진 신량역천인 거주지를 말한다. 통일과정에서 저항한 지역을 강등시킴으로 생겨났으며 향·부곡은 농업, 소는 수공업을 담당하였다. 고려 때까지 있었으나 조선 때 소멸했다.

❊ 독서삼품과(讀書三品科) ✦✦

신라 때의 관리등용방법으로, 원성왕 4년(788) 시험본위로 인재를 뽑기 위하여 태학감에 설치한 제도이다. 좌전·예기·문선을 읽어 그 뜻에 능통하고 아울러 논어·효경에 밝은 자를 상품(上品), 곡례·논어·효경을 읽을 줄 아는 자를 중품(中品), 곡례와 논어를 읽을 줄 아는 자를 하품(下品)이라 구별하였으며, 독서출신과(讀書出身科)라고도 하였다. 그러나 골품제도 때문에 제 기능을 발휘하지는 못하였다.

❊ 신라장적(新羅帳籍) ✦

1933년 일본 도오다이사(東大寺) 쇼소인(正倉院)에서 발견된 것으로, 서원경(淸州)지방 4개 촌의 민정문서이다. 남녀별·연령별의 정확한 인구와 소·말·뽕나무·호도나무·잣나무 등을 집계하여 3년마다 촌주가 작성하였다. 호(戶)는 인정(人丁)수에 의해 9등급, 인구는 연령에 따라 6등급으로 나뉘었고, 여자도 노동력수취의 대상이 되었다. 촌주는 3~4개의 자연촌락을 다스리고 정부는 촌주에게 촌주위답을, 촌민에게는 연수유답을 지급하였다. 이 문서는 조세수취와 노동력징발의 기준을 정하기 위해 작성되었다.

❊ 진흥왕순수비(眞興王巡狩碑) ✦

신라 제24대 진흥왕이 국토를 확장하고 국위를 선양하기 위하여 여러 신하를 이끌고 변경을 순수하면서 기념으로 세운 비로, 현재까지 알려진 것은 창녕비·북한산비·황초령비·마운령비 등이다.

❊ 화백제도(和白制度) ✦

신라 때 진골 출신의 고관인 대등(大等)들이 모여 국가의 중대사를 결정하는 회의이다. 만장일치로 의결하고, 한 사람이라도 반대하면 결렬되는 회의제도였다.

훈요 10조(訓要十條) ✦

고려 태조 26년(943)에 대광 박술희를 통해 후손에게 훈계한 정치지침서로, 신서와 훈계 10조로 이루어져 있다. 불교 · 풍수지리설 숭상, 적자적손에 의한 왕위계승, 당풍의 흡수와 거란에 대한 강경책 등의 내용으로 고려정치의 기본방향을 제시하였다.

기인제도(其人制度) ✦✦

고려초기 지방향리의 자제를 서울에 인질로 두고 지방사정에 대한 자문을 구했던 제도로, 호족세력의 억제수단이었다. 이 제도는 신라시대 상수리제도에서 유래되어 조선시대의 경저리제도로 발전하였다.

상수리제도(上守吏制度) ✦

통일신라시대 지방 세력의 자제를 중앙에 머물게 하는 제도를 말하며, 왕권의 강화를 위해 실시하였다. 삼국을 통일한 신라는 왕권을 강화하기 위해 많은 정책을 실시하였는데, 그 중 상수리 제도는 각 주의 지방 세력의 자제들 중 한 명을 뽑아 중앙의 볼모로 와 있게 함으로써 지방의 세력을 견제하고 왕권을 강화하고자 한 것이다. 이는 고려의 기인, 조선의 경저리 제도와 유사한 제도이다.

사심관제도(事審官制度) ✦✦✦

고려 태조의 민족융합정책의 하나로, 귀순한 왕족에게 그 지방정치의 자문관으로서 정치에 참여시킨 제도이다. 신라 경순왕을 경주의 사심관으로 임명한 것이 최초이다. 사심관은 부호장 이하의 향리를 임명할 수 있으며, 그 지방의 치안에 대해 연대책임을 져야 했다. 결국 지방세력가들을 견제하기 위한 제도라고 볼 수 있다.

서경제도 ✦

고려 · 조선시대에 관리의 임명이나 법령의 개정 · 폐지 시 대간(고려 : 어사대 · 중서문사성 낭사, 조선 : 사헌부 · 사간원 관리)의 동의를 받도록 하는 제도를 말한다.

장생고(長生庫) ✦

고려 때 사원에 설치한 서민금융기관이다. 사원전에서 수확된 대부분을 자본으로 하여 민간경제의 융통을 기하는 동시에 사원 자체의 유지 · 발전을 꾀하였으나, 점차 고리대금의 성격으로 변하였다. 이로 인하여 불교 자체의 질적 저하를 가져왔으며, 귀족들의 부를 증대시켰다.

음서제도(蔭書制度) ✦✦

고려 · 조선시대에 공신이나 고위관리의 자제들이 과거에 응하지 않고도 관직에 등용되던 제도를 말한다. 조선시대는 고려시대보다 음서의 범위가 축소되었다.

중방정치(重房政治) ✦

중방은 2군 6위의 상장군 · 대장군 16명이 모여 군사에 관한 일을 논의하던 무신의 최고회의기관으로, 정중부가 무신의 난 이후 중방에서 국정전반을 통치하던 때의 정치를 의미한다.

무신정변(武臣政變) ✦✦

고려시대 무신들에 의해 일어난 정변으로 이는 좁은 뜻으로 볼 때 의종 24년(1170)의 정중부의 난을 말한다. 고려의 지배층을 구성한 것은 문신과 무신이 모두 해당되나, 과거제도와 함께 유교주의가 채택됨으로써 문치를 지향하는 사회가 되어 문신의 지위가 무신에 비해 높아지게 되었다. 그리하여 성종 이후 거란 · 여진 등 북방민족이 침입했을 때도 그 최고지휘관은 문신이 되었고, 무신은 그 아래에서 지휘를 받으며 많은 희생을 감수하였다. 또한 경제적 배경이 되는 전시과체제에 있어서 목종 1년(998)의 문무양반의 전시과체제의 개정 때에는 무관이 문관에 비해 낮은 품계를 받음으로써 무신의 불평은 높아지고 갈등이 깊어지게 되었다. 그 불평과 갈등은 마침내 실력행사로 나타나게 되었고, 그것은 세력의 기반을 다지지 않고서는 성공하기 힘든 것이었다. 현종 5년(1014) 급증한 백관의 녹봉을 지급하기 위해 당시 경군(京軍)의 영업전을 몰수하자, 이에 격분한 무신 최질 · 김훈 등은 병사들을 충동하여 반란을 일으키고 정치상의 실권을 장악하였다. 그러나 1년도 못되어 정권이 실패하는 바람에 더욱더 문신이 득세하는 결과를 낳았다. 계속된 숭문억무정책은 의종 때까지 이어져 명승지에 이궁과 정자를 지으면서 군졸들을 동원하였고, 급기야 문신 김돈중이 견룡대정(牽龍隊正) 정중부의 수염을 촛불로 태워 희롱하는 사태로까지 발전하였다. 결국 이러한 고려 귀족사회가 지닌 모순들은 마침내 무신정변을 일으키게 하였다. 1170년 의종이 문신들을 거느리고 장단 보현원에 행차할 때 왕을 호종하던 정중부와 이의방 · 이고 등은 반란을 일으켜 왕을 수행하던 문신들을 학살하고, 다시 개성으로 돌아와서 요직에 있던 문신들을 대량 학살하였다. 그들은 곧이어 의종을 폐위시키고 그의 아우 익양공을 왕(명종)으로 옹립하여 실권을 장악, 문신귀족정치를 무너뜨리고 무신정권이 성립되었다.

CHECK POINT **정방(正房)** … 고려 최씨집권 때 최우가 자기집에 설치하여 문무백관의 인사행정을 담당하던 기관으로, 최씨정권이 몰락한 후에도 오래 존속되었다. 창왕 때 상서사로 개편되었다.

도방정치(都房政治) ✦

도방은 경대승이 정중부를 제거한 후 정권을 잡고 신변보호를 위해 처음 설치하여 정치를 하던 기구로, 그 뒤 최충헌이 더욱 강화하여 신변보호 및 집권체제 강화를 위한 군사기기로 사용하였다.

✿ 도병마사(都兵馬使) ✦✦

고려시대 중서문하성의 고관인 재신과 중추원의 고관인 추밀이 합좌하여 국가 중대사를 논의하던 최고 기관(도당)이다. 충렬왕 때 도평의사사로 바뀌었다.

✿ 교정도감(敎定都監) ✦

고려시대 최충헌이 무신집권기에 설치한 최고행정집행기관(인사권·징세권·감찰권)으로, 국왕보다 세도가 강했으며 우두머리인 교정별감은 최씨에 의해 대대로 계승되었다.

✿ 별무반(別武班) ✦

고려 숙종 9년(1104) 윤관의 건의에 따라 여진정벌을 위해 편성된 특수부대이다. 귀족 중심의 신기군 (기병부대), 농민을 주축으로 한 신보군(보병부대), 승려들로 조직된 항마군으로 편성되었다.

✿ 삼별초(三別抄) ✦✦

고려 최씨집권시대의 사병집단이다. 처음에 도둑을 막기 위하여 조직한 야별초가 확장되어 좌별초·우 별초로 나뉘고, 몽고군의 포로가 되었다가 도망쳐 온 자들로 조직된 신의군을 합하여 삼별초라 한다. 원종의 친몽정책에 반대하여 항쟁을 계속하였으나, 관군과 몽고군에 의해 평정되었다.

✿ 묘청의 난 ✦✦✦

고려 인종 13년(1135)에 묘청이 풍수지리의 이상을 표방하고, 서경으로 천도할 것을 주장하였으나 유학 자 김부식 등의 반대로 실패하자 일으킨 난이다. 관군에 토벌되어 1년 만에 평정되었다. 신채호는 '조선 역사상 1천 년 내의 제1의 사건'이라 하여 자주성을 높이 평가하였다.

✿ 건원중보(乾元重寶) ✦

고려 성종 15년(996)때 주조된 우리나라 최초의 철전(鐵錢)이다. 그 후 삼한중보·삼한통보·해동중 보·해동통보·동국중보·동국통보 등을 주조하였으나 널리 통용되지는 않았다.

✿ 전시과(田柴科) ✦✦✦

고려의 토지제도로 관직이나 직역을 담당한 사람들에게 직위에 따라 전지(田地)와 시지(柴地)를 차등있게 분급하는 제도이다. 태조 23년(940)의 역분전(役分田)에 기초를 둔 것이었는데, 역분전은 통일 뒤의 논 공행상적인 것이었다. 전시과라는 명칭은 문무관리에게 전지와 연료채취지인 시지를 준 데에서 비롯된 다. 신라의 녹읍제가 토지 자체보다도 인간을 지배하려는 데 그 목적이 컸음에 비하여 전시과는 토지 를 통한 농민지배의 성격이 강했다.

�֎ 공음전 ✦

공음전시(功蔭田柴)라고도 하며 고려시대 관리에게 토지를 지급하는 전시과에 속한 토지 항목 중의 하나이다. 5품 이상의 귀족관료에게 지급되어 세습이 허용되었다.

�֎ 과전법(科田法) ✦✦

고려 말 이성계일파에 의하여 단행된 전제개혁으로 공양왕 3년(1391)에 전국의 토지를 몰수한 후 경기 토지에 한하여 전직·현직 문무관에게 사전(私田)을 지급하였다. 이것은 세습할 수 없었고, 나머지는 모두 공전(公田)으로 하였다.

✖ 국자감(國子監) ✦✦

고려 성종 11년(992)에 세워진 국립대학으로, 국자학·태학·사문학의 3학과 율학·서학·산학 등의 전문학과가 있었다. 평민이 입학하여 기술학을 학습하는 유일한 국립대학이었다. 국학이라고도 불리웠는데, 후에 성균관으로 개칭되어 조선에 계승되었다.

✖ 상평창(常平倉)·의창(義倉) ✦

상평창은 고려 성종 12년(993)에 설치한 물가조절기관으로, 곡식과 포목 등 생활필수품을 값쌀 때 사두었다가 흉년이 들면 파는 기관이다. 이는 개경과 서경을 비롯한 전국 주요 12목에 큰 창고를 두었으며, 사회구제책과 권농책으로 오래 활용되었다. 의창은 고려 성종 5년(986)에 태조가 만든 흑창을 개칭한 빈민구제기관으로, 전국 각 주에 설치하였다. 춘궁기에 관곡에 빌려주고 추수 후에 받아들이는 제도로, 고구려 진대법과 조선의 사창·환곡과 성격이 같다.

✖ 노비안검법(奴婢按檢法) ✦✦

고려 광종 7년(956) 원래 양인이었다가 노비가 된 자들을 조사하여 해방시켜 주고자 했던 법으로, 귀족세력을 꺾고 왕권을 강화하기 위한 정책적 목적으로 실시되었다. 그러나 후에 귀족들의 불평이 많아지고 혼란이 가중되어 노비환천법이 실시되었다.

> ✅ CHECK POINT 노비환천법(奴婢還賤法) … 노비안검법의 실시로 해방된 노비 중 본주인에게 불손한 자를 다시 노비로 환원시키기 위해 고려 성종 때 취해진 정책이다.

✖ 상정고금예문(詳定古今禮文) ✦

고려 인종 때 최윤의가 지은 것으로, 고금의 예문을 모아 편찬한 책이나 현존하지 않는다. 이규보의 동국이상국집에 이 책을 고종 21년(1234)에 활자로 찍었다고 한 것으로 보아 우리나라 최초의 금속활자본으로 추정된다.

직지심경(直指心經) ✦✦

고려 우왕 3년(1377)에 백운이라는 승려가 만든 불서로 직지심체요절(直指心體要節)이라고도 한다. 1972년 파리의 국립도서관에서 유네스코 주최로 개최된 '책의 역사' 전시회에서 발견되어 현존하는 세계 최고(最古)의 금속활자본으로 판명되었다.

조선경국전(朝鮮經國典) ✦

조선왕조의 건국이념과 정치 · 경제 · 사회 · 문화에 대한 기본방향을 설정한 헌장법전으로, 정도전 · 하윤 등에 의해 편찬되었다. 경국대전을 비롯한 조선왕조 법전편찬의 기초가 되었다.

도첩제(度牒制) ✦

조선 태조 때 실시된 억불책의 하나로, 승려에게 신분증명서에 해당하는 도첩을 지니게 한 제도이다. 승려가 되려는 자에게 국가에 대해 일정한 의무를 지게 한 다음 도첩을 주어 함부로 승려가 되는 것을 억제한 제도인데, 이로 말미암아 승려들의 세력이 크게 약화되고 불교도 쇠퇴하였다.

대동법(大同法) ✦✦

17세기 초 이원익, 한백겸의 주장으로 현물로 바치던 공물을 토지의 결수에 따라 쌀로 바치게 한 세법이다. 1결당 12두로 선조 때부터 경기지방에 실시되다가 숙종 때 함경 · 평안도를 제외하고 전국적으로 실시되었다. 이로써 방납의 폐해 근절, 국가재정의 증대, 농민부담의 감소, 지주부담의 증가, 공인의 등장, 상공업 · 화폐 · 교통의 발달 등의 결과를 가져왔다.

CHECK POINT 선혜청 … 선조 때 이원익의 주창으로 설치되어 대동미와 베 · 돈의 출납 등을 맡아보던 관청이다.

균역법(均役法) ✦✦✦

영조 26년(1750) 백성의 부담을 덜기 위하여 실시한 납세제도로, 종래 1년에 2필씩 내던 포를 1필로 반감하여 주고 그 재정상의 부족액을 어업세 · 염세 · 선박세와 결작의 징수로 보충하였다. 역을 균등히 하기 위해 제정하고 균역청을 설치하여 이를 관할하였으나, 관리의 부패로 농촌생활이 피폐해졌으며 19세기에는 삼정문란의 하나가 되었다.

삼정(三政) ✦✦

조선시대 국가재정의 근원인 전정(田政) · 군정(軍政) · 환곡(還穀)을 말한다. 전정이란 토지에 따라 세를 받는 것이고, 군정은 균역 대신 베 한필씩을 받는 것이며, 환곡은 빈민의 구제책으로 봄에 곡식을 빌려 주었다가 가을에 10분의 1의 이자를 합쳐 받는 것이다.

❈ 소수서원(紹修書院) ✦

우리나라 최초의 사액서원이다. 중종 38년(1543) 풍기 군수인 주세붕이 최초의 서원인 백운동서원을 설립하였고, 명종 때 이황이 군수로 부임한 후 국왕으로부터 사액을 하사받아 소수서원이라고 개칭했다.

❈ 삼포왜란(三浦倭亂) ✦

왜인들이 중종 5년(1510)에 3포(부산포, 제포, 염포)에서 일으킨 난을 말한다. 이로 인해 임신약조를 맺게 되어 세견선과 세사미두를 반감하였고, 제포를 개항하는 동시에 중종 39년(1544)에는 왜관을 부산포로 옮겼다. 삼포왜란을 계기로 군국의 사무를 맡는 새로운 기관이 필요해짐에 따라 비변사가 설치되었다.

❈ 4군 6진(四郡六鎭) ✦

세종 때 영토수복정책의 일환으로 최윤덕이 압록강 일대의 여진족을 정벌하고 여연 · 자성 · 무창 · 우예의 4군을, 김종서가 두만강 일대의 여진족을 몰아내고 종성 · 온성 · 회령 · 부령 · 경원 · 경흥의 6진을 설치하였다.

⊘ CHECK POINT   4군 6진의 개척결과 오늘날 우리나라의 국토경계선이 두만강에까지 이르게 되었다.

❈ 병자호란(丙子胡亂) ✦

조선 인조 14년(1636) 청이 명을 정벌하기 위해서 군량과 병선의 징발을 요구하고 형제관계를 군신관계로 바꾸도록 강요하자, 이에 격분한 조선정부가 임전태세를 강화함으로써 일어난 전쟁이다. 청 태종이 용골대와 마부대를 선봉으로 10만대군을 이끌고 침입, 결국은 주화파 최명길을 통하여 삼전도에서 굴욕적인 항복을 하였다. 이 결과 청과 조선은 군신관계를 맺고 명과의 관계를 끊으며, 소현세자와 봉림대군의 두 왕자와 척화파인 홍익한, 윤집, 오달제 등 3학사를 인질로 보냈다.

❈ 비변사(備邊司) ✦✦

조선시대 정일품아문(正一品衙門)으로 중앙과 지방의 군국기무(軍國機務)를 총괄하던 관청이다. 중종 5년인 1510년에 처음으로 설치했을 때는 왜인 및 야인과의 충돌을 대비한 임시기구였지만, 명종 10년인 1555년부터 상설 기관화 하였다. 임진왜란 이후 정치의 중추기관 역할을 하며 의정부를 대신하여 최고아문(最高衙門)이 되었다가, 고종 때에 와서는 외교 · 국방 · 치안 관계만을 맡아보다가 1865년 폐지되었다.

❈ 규장각(奎章閣) ✦

정조 원년(1776)에 궁중에 설치된 왕립도서관 및 학문연구소로, 역대 국왕의 시문 · 친필 · 서화 · 유교 등을 관리하던 곳이다. 이는 학문을 연구하고 정사를 토론케 하여 정치의 득실을 살피는 한편, 외척 · 환관의 세력을 눌러 왕권을 신장시키고 문예 · 풍속을 진흥시키기 위한 것이었다.

�881 집현전(集賢殿) ✦

세종 2년(1420) 설치된 왕립학문연구소이다. 그 구성은 재주 있는 연소학자로 되어 있어 각각 경연(왕의 학문지도)과 서연(세자의 학문지도), 각종 학술의 연구, 유교·지리·의학 등 국왕에 대한 학문상 고문과 정치적 자문, 각종 서적의 편찬과 저술 등을 수행하였다. 세조 때 폐지되었다가 성종 때 홍문관으로, 다시 정조 때 규장각으로 변천되었다.

� 탕평책(蕩平策) ✦✦✦

영조가 당쟁의 뿌리를 뽑아 일당전제의 폐단을 없애고, 양반의 세력균형을 취하여 왕권의 신장과 탕탕평평을 꾀한 정책이다. 이 정책은 정조 때까지 계승되어 당쟁의 피해를 막는 데 큰 성과를 거두었으나, 당쟁을 근절시키지는 못하였다.

� 4색당파(四色黨派) ✦

조선시대 약 340년간 정권쟁탈과 사리사욕을 일삼던 북인·남인·노론·소론의 당파를 말한다. 당쟁은 선조 8년(1575) 김효원 중심의 동인과 심의겸 중심의 서인과의 대립에서 시작되었다. 4색은 선조 24년에 동인이 북인과 남인으로, 숙종 9년에 서인이 노론과 소론으로 분당되어 이루어졌다.

� 4대 사화(四大士禍) ✦✦✦

조선시대 중앙관료들 간의 알력과 권력쟁탈로 인하여 많은 선비들이 화를 입었던 사건을 말한다. 4대 사화는 연산군 4년(1498)의 무오사화, 연산군 10년(1504)의 갑자사화, 중종 14년(1519)의 기묘사화, 명종 원년(1545)의 을사사화를 말한다.

4대 사화	내용
무오사화	사초(史草)가 발단이 되어 일어나 사화(史禍)라고도 하며, 김일손 등 신진사류가 유자광 중심의 훈구파에게 화를 입은 사건이다.
갑자사화	연산군의 어머니 윤씨(尹氏)의 복위문제에 얽혀서 일어난 사화로 윤씨 복위에 반대한 선비들을 처형한 사건이다.
기묘사화	남곤, 홍경주 등의 훈구파에 의해 조광조 등의 신진사류들이 숙청된 사건이다.
을사사화	왕실의 외척인 대윤(大尹)과 소윤(小尹)의 반목을 계기로 일어난 사화이다.

Ⓒ CHECK POINT 조의제문(弔義帝文) … 조선 김종직이 초나라의 항우가 의제(義帝)를 죽여 폐위시킨 것을 조위하여 쓴 글이다. 이는 세조가 어린 단종을 죽이고 즉위한 것을 풍자한 글로서, 후에 무오사화(戊午士禍)의 원인이 되었다.

✿ 만인소(萬人疏) ✦

정치의 잘못을 시정할 것을 내용으로 하는 유생들의 집단적인 상소를 말한다. 그 대표적인 것으로는 순조 23년(1823)에 서자손 차별반대 상소, 철종 6년(1845)에 사도세자 추존의 상소, 그리고 고종 18년 (1881)에 김홍집이 소개한 황쭌셴의 조선책략에 의한 정치개혁반대 상소를 들 수 있다.

✿ 실학(實學) ✦✦✦

조선 후기 17 ~ 19세기에 걸쳐 나타난 근대 지향적이고 실증적인 학문이다. 전근대적인 성향의 전통 유학인 성리학의 한계에서 벗어나 부국강병과 민생안정을 도모할 수 있는 실천적인 학문을 모색한 개 신적(改新的)사상이다.

✿ 사육신(死六臣)·생육신(生六臣) ✦✦

조선시대 수양대군의 왕위찬탈에 의분을 느낀 집현전 학자들은 정인지·신숙주 등을 제외하고 단종복위 운동을 꾀하였다. 이때 실패하여 처형당한 성삼문·박팽년·하위지·유응부·유성원·이개 등을 사육신 이라 부른다. 생육신은 불사이군(不事二君)이란 명분을 내세워 벼슬을 거부하고 절개를 지킨 김시습·원 호·이맹전·조여·성담수·권절(또는 남효온) 등을 말한다.

✿ 중농학파(重農學派)·중상학파(重商學派) ✦

구분	특징
중농학파	경세치용(經世致用)학파라고도 하며, 실리적이고 체계적인 개혁을 지향하여 농촌 문제에 관심을 쏟아 토지·조세·교육·관리 선발 등의 폐단을 시정하고자 하였다. 유형원, 이익, 정약용 등이 이 학파에 속하며, 중농학파는 구한말의 애국계몽 사상가들과 일제강점기 국학자들에게 큰 영향을 주었다.
중상학파	북학파(北學派), 이용후생학파(利用厚生學派)라고도 하며, 청나라 문화의 영향을 받아 등장하였다. 농업뿐 아니라 상공업 진흥과 기술 혁신 등 물질문화 발달에 관심을 보였으며, 중심 학자로 유수원, 홍대용, 박지원, 박제가 등이 있다. 중상학파의 개혁사상은 농업에만 치우친 유교적 이상국가론에서 탈피하여 부국강병을 위한 적극적인 방안을 강구하였다는 점에서 의의가 있으며, 박규수, 김옥균 등 개화사상가에게 영향을 주었다.

✿ 동의보감(東醫寶鑑) ✦✦

광해군 때 허준이 중국과 한국의 의서를 더욱 발전시켜 펴낸 의서로, 뒤에 일본과 중국에서도 간행되는 등 동양의학 발달에 크게 기여하였다. 이 책은 내과·외과·소아과·침구 등 각 방면의 처방을 우리 실정 에 맞게 풀이하고 있다.

❖ 동사강목(東史綱目) ✦

조선 1778년(정조 2년) 순암(順菴) 안정복(安鼎福)이 저술한 역사서로 고조선부터 고려 말 공양왕까지의 역사를 기록하였다. 중국 송나라 주자(朱子)의 「통감강목(通鑑綱目)」의 체제에 따라 편찬한 강목체·편년체 사서로 본편 17권에 부록 3권이 덧붙여져 있다.

❖ 경국대전(經國大典) ✦

조선 세조의 명에 의해 최항, 노사신 등이 편찬을 시작하여 성종 2년에 완성한 조선 왕조의 기본법전이다. 조선 초기 「경제육전(經濟六典)」과 그 후에 반포된 법령, 교지, 조례 등을 종합해 호전(戶典), 형전(刑典) 등의 6조(曹)로 완성된 6권 3책의 활자본이다.

❖ 양안(量案) ✦

농민층의 토지대장을 말한다. 논밭의 소재·위치·등급·형상·면적·자호를 적어둔 책으로, 조선시대에는 20년마다 양전(토지조사)을 하여 양안(토지대장)을 작성하였다. 경지면적과 등급을 재조사함으로써 국가재정수입을 늘리고 조세부담을 고르게 하는 데 목적이 있었다.

❖ 향약(鄕約) ✦✦✦

조선 중종 때 조광조(여씨향약)에 의하여 처음 실시되었으며, 이황(예안향약)과 이이(해주향약)에 의해 전국적으로 보급되었다. 지방 사족이 향촌사회를 운영하는 지배수단이 되었다. 향약의 4대 덕목은 좋은 일은 서로 권한다는 의미의 '덕업상권(德業相勸)', 잘못한 일은 서로 규제한다는 의미의 '과실상규(過失相規)', 올바른 예속으로 교류한다는 의미의 '예속상교(禮俗相交)', 재난과 어려움을 서로 돕는다는 의미의 '환난상률(患難相恤)'이다.

❖ 육의전(六矣廛) ✦

조선 때 운종가(종로)에 설치되어 왕실·국가의식의 수요를 도맡아 공급하던 어용상점을 말한다. 비단·무명·명주·모시·종이·어물 등 여섯 종류였고, 이들은 고율의 세금과 국역을 물고 납품을 독점하였으며, 금난전권을 행사하며 자유로운 거래를 제한하였다.

> ⊘ CHECK POINT 금난전권 … 난전을 금압하는 시전상인들의 독점판매권이다. 18세기 말 정조 때 신해통공정책으로 육의전을 제외한 모든 시전상인들의 금난전권이 철폐되었다.

❖ 상평통보(常平通寶) ✦

인조 11년(1633) 김신국·김육 등의 건의로 만들어진 화폐이다. 만들어진 후 곧 폐지되었으나, 효종 2년 김육에 의하여 새로 만들어져 서울과 서북지방에서 잠시 사용되다가 다시 폐지되었다. 그 후 숙종 4년(1678)에 허적에 의하여 새로이 주조되어 전국적으로 통용되었다.

❈ 병인양요(丙寅洋擾) ✦

고종 3년(1866) 대원군이 천주교도를 탄압하자 리델(Ridel)신부가 탈출하여 천진에 와 있던 프랑스함대에 보고함으로써 일어난 사건이다. 그해에 프랑스 로즈(Rose)제독은 함선을 이끌고 강화도를 공격 · 점령했는데, 대원군이 이경하 등으로 하여금 싸우게 하여 40여 일 만에 프랑스군을 격퇴시켰다.

❈ 강화도조약 ✦✦✦

운요호사건을 빌미로 고종 13년(1876) 일본과 맺은 최초의 근대적 조약으로, 일명 병자수호조약이라고도 한다. 부산 · 인천 · 원산 등 3항의 개항과 치외법권의 인정 등을 내용으로 하는 불평등한 조약이나, 이를 계기로 개국과 개화가 비롯되었다는 데 큰 의의가 있다.

❈ 별기군(別技軍) ✦

고종 18년(1881)에 설치한 신식군대로, 강화도 조약 체결 이후 노골화 되는 제국주의세력에 대한 부국강병책의 일환으로 설립되었다. 일본의 육군공병 소위 호리모도를 초빙하여 교관으로 삼고 100명으로 편성된 별기군을 훈련시켰다. 별기군은 임오군란 때 폐지되었다.

❈ 조사시찰단(紳士遊覽團) ✦

고종 18년(1881) 일본에 파견하여 새로운 문물제도를 시찰케 한 사절단을 말한다. 강화도조약이 체결된 뒤 수신사 김기수와 김홍집은 일본에 다녀와서 서양의 근대문명과 일본의 문물제도를 배워야 한다고 주장하였다. 이에 조선정부는 박정양 · 조준영 · 어윤중 · 홍영식 등과 이들을 보조하는 수원 · 통사 · 종인으로 조사시찰단을 편성하여 일본에 체류하면서 문교 · 내무 · 농상 · 의무 · 군부 등 각 성(省)의 시설과 세관 · 조례 등의 주요 부분 및 제사(製絲) · 잠업 등에 이르기까지 고루 시찰하고 돌아왔다.

❈ 임오군란(壬午軍亂) ✦✦

고종 19년(1882) 개화파와 보수파의 대립으로 일어난 사건으로, 신 · 구식 군대차별이 발단이 되었다. 이 결과 대원군이 재집권하게 되었으나, 민씨일파의 책동으로 청의 내정간섭이 시작되고 이로 인해 제물포조약이 체결되어 일본의 조선침략의 발판이 되었다.

❈ 갑신정변(甲申政變) ✦✦✦

고종 21년(1884) 개화당의 김옥균, 박영효 등이 중심이 되어 우정국 낙성식에서 민씨일파를 제거하고 개화정부를 세우려 했던 정변이다. 갑신정변은 청의 지나친 내정간섭과 민씨세력의 사대적 경향을 저지하고 자주독립국가를 세우려는 의도에서 일어났으나, 청의 개입과 일본의 배신으로 3일천하로 끝났다. 근대적 정치개혁에 대한 최초의 시도였다는 점에 큰 의의가 있다.

거문도사건 ✦

고종 22년(1885) 영국이 전라남도에 있는 거문도를 불법 점거한 사건이다. 당시 영국은 러시아의 남하를 막는다는 이유로 러시아함대의 길목인 대한해협을 차단하고자 거문도를 점령하였다. 그리하여 조선정부는 청국정부를 통해서 영국에 항의를 하게 되고 청국정부도 중간 알선에 나서게 되었다. 그 후 러시아도 조선의 영토를 점거할 의사가 없다고 약속함으로써 영국함대는 고종 24년(1887) 거문도에서 철수했다.

동학농민운동 ✦✦

고종 31년(1894) 전라도 고부에서 동학교도 전봉준 등이 일으킨 민란에서 비롯된 농민운동을 말한다. 교조신원운동의 묵살, 전라도 고부군수 조병갑의 착취와 동학교도 탄압에 대한 불만이 도화선이 된 이 운동은 조선 봉건사회의 억압적인 구조에 대한 농민운동으로 확대되어 전라도 · 충청도 일대의 농민이 참가하였으나, 청 · 일 양군의 간섭으로 실패했다. 이 운동의 결과 대외적으로는 청일전쟁이 일어났고, 대내적으로는 갑오개혁이 추진되었다. 또한 유교적 전통사회가 붕괴되고 근대사회로 전진하는 중요한 계기가 되었다.

갑오개혁(甲午改革) ✦✦✦

고종 31년(1894) 일본의 강압에 의해 김홍집을 총재관으로 하는 군국기무처를 설치하여 실시한 근대적 개혁이다. 내용은 청의 종주권 부인, 개국연호 사용, 관제개혁, 사법권 독립, 재정의 일원화, 은본위제 채택, 사민평등, 과부개가 허용, 과거제 폐지, 조혼금지 등이다. 이 개혁은 근대화의 출발점이 되었으나, 보수적인 봉건잔재가 사회 하층부에 남아 있어 근대화의 기형적인 발달을 보게 되었다.

단발령(斷髮令) ✦

고종 32년(1895) 친일 김홍집내각이 백성들에게 머리를 깎게 한 명령이다. 그러나 을미사변으로 인하여 일본에 대한 감정이 좋지 않았던 차에 단발령이 내리자, 이에 반대한 전국의 유생들이 각지에서 의병을 일으키게 되었다.

을미사변(乙未事變) ✦

조선 고종 32년(1895) 일본공사 미우라가 친러세력을 제거하기 위하여 명성황후를 시해한 사건이다. 을미사변은 민족감정을 크게 자극하여 의병을 일으키는 계기가 되었다.

✿ 독립협회(獨立協會) ✦✦

조선 고종 33년(1896)에 서재필 · 안창호 · 이승만 · 윤치호 등이 정부의 외세의존, 외국의 침략, 이권의 박탈 등을 계기로 독립정신을 고취시키기 위하여 만든 정치색을 띤 사회단체이다. 종래의 인습타파 및 독립정신 고취 등 국민계몽에 힘썼으며, 독립문을 건립하고 독립신문을 발간하였으나 황국협회의 방해 등으로 1898년에 해산되었다.

> ⓒ CHECK POINT 황국협회 … 광무 2년(1898)에 홍종우 · 길영수 · 이기동 · 박유진 등이 조직한 정치 · 사회단체로, 보부상과 연결되어 독립협회의 활동을 견제하였다.

✿ 방곡령(防穀令) ✦

고종 26년(1889) 함경감사 조병식이 식량난을 막기 위해 곡물의 일본수출을 금지한 것이다. 함경도와 황해도지방에 방곡령을 선포하였으나 조일통상장정에 위배된다는 일본의 항의로 배상금만 물고 실효를 거두지 못하였다.

✿ 아관파천(俄館播遷) ✦✦

명성황후가 살해된 을미사변(乙未事變) 이후 신변에 위협을 느낀 고종과 왕세자가 1896년 2월부터 약 1년 간 왕궁을 버리고 러시아 공관으로 옮겨 거처한 사건을 말한다. 조선의 보호국을 자처하게 된 러시아는 아관파천을 계기로 조선정부에 압력을 가하여 압록강 연안과 울릉도의 산림채벌권을 비롯하여 광산채굴권, 경원전신선(京元電信線)을 시베리아 전선에 연결하는 권리 등의 이권을 차지했다.

✿ 관민공동회(官民共同會) ✦

열강의 이권침탈에 대항하여 자주독립의 수호와 자유민권의 신장을 위하여 독립협회 주최로 열린 민중대회이다. 1898년 3월 서울 종로 네거리에서 러시아인 탁지부 고문과 군부 교련사관의 해고를 요구하고 이승만 · 홍정하 등 청년 연사가 열렬한 연설을 하여 대중의 여론을 일으켰다. 이 대회는 계속 개최되어 그해 10월에는 윤치호를 회장으로 선출, 정부의 매국적 행위를 공격하고 시국에 대한 개혁안인 헌의 6조를 결의하였다. 이 개혁안은 국왕에게 제출되어 왕도 처음에는 그 정당성을 인정하고 그 실시를 확약하였으나 보수적 관료들의 반대로 이에 관계한 대신들만 파면되고 실현을 보지 못하였다. 독립협회의 해산 후 얼마 동안은 만민공동회라는 이름으로 활약하였다.

�ખ 을사조약(乙巳條約) ✦✦✦

광무 9년(1905) 일본이 한국을 보호한다는 명목 아래 강제로 체결한 조약으로 제2차 한일협약이라고도 한다. 러일전쟁의 승리와 영일동맹조약 개정 등으로 한국에 대한 우월한 권익과 지위를 국제적으로 인정받은 일본은 이토 히로부미를 파견하여 강압적으로 조약을 체결하였다. 이 결과 우리나라는 주권을 상실하고 외교권을 박탈당했으며, 일본은 서울에 통감부를 두고 보호정치를 실시하였다.

> ✅ CHECK POINT　을사 5적(乙巳五賊) ⋯ 을사조약을 체결할 때 찬성 또는 묵인한 5인의 매국노로, 박제순 · 이완용 · 이근택 · 이지용 · 권중현을 말한다.

�খ 정미 7조약(丁未七條約) ✦

정식명칭은 한일신협약이다. 1907년 일본이 대한제국을 병합하기 위한 예비조처로 헤이그밀사사건을 구실삼아 고종을 퇴위시키고 강제적으로 맺은 조약이다. 이로 인해 통감의 권한이 확대되고 일본인 차관이 행정실무를 담당하는 차관정치가 실시되었다.

�খ 국권수호운동(國權守護運動) ✦✦

1905년 체결된 한일협약에 반대하여 일어난 국민적 운동이다. 고종은 만국평화회의에 밀사를 파견하여 을사조약이 무효임을 호소하였으나 결국 일제에 의해 고종이 강제 퇴위당하고 정미 7조약이 맺어지면서 일본이 내정을 장악하게 되었다. 이에 일본의 식민지화를 반대하고 주권회복과 자주독립을 위해 근대문물을 받아들여 실력을 양성하자는 애국계몽운동과 무력으로 일제를 물리치자는 항일의병운동이 일어났다. 이와 같은 국권회복운동은 관원 · 양반 · 상인 · 농민 · 천민에 이르기까지 전 계층의 호응을 얻어 전국적으로 전개되었다. 이러한 운동들은 일제강점기 동안 점차 실력양성론과 무장투쟁론으로 자리 잡아갔다.

�খ 국채보상운동(國債報償運動) ✦

1907년 일본에 대한 외채가 너무 많아 일본에의 예속을 면치 못하자, 서상돈 · 김광제 등이 국채보상기성회를 조직하여 금연 · 금주운동을 전개했던 운동이다. 국민들로 하여금 많은 호응을 받았으나 통감부의 탄압으로 얼마 못가 중지되고 말았다.

�খ 헤이그 밀사사건 ✦

을사조약에 의하여 일본에게 모든 실권을 빼앗기고 백성들이 극심한 착취와 탄압에 시달리게 되자, 고종은 1907년 6월에 네덜란드 헤이그에서 열리는 만국평화회의에 밀사를 파견하였다. 이준 · 이상설 · 이위종 세 사람의 밀사는 국제정의 앞에 당시 우리나라의 상황을 호소하고자 하였으나, 일본의 방해로 뜻을 이루지 못하였다.

신민회(新民會) ✦

1907년 안창호 · 양기탁 · 이동녕 · 이동휘 · 신채호 등이 조직한 비밀결사단체로, 정치 · 교육 · 문화 등 계몽운동과 항일운동을 고취시켰다. 민족산업의 육성을 위해 평양에 자기회사를 설립 · 운영하는 한편, 대구에 태극서관 창설 · 해외에 독립운동기지 건설 등 구국운동의 인재를 양성하였으나, 1910년 105인 사건으로 해체되었다.

대한민국 임시정부(大韓民國臨時政府) ✦✦

3 · 1운동이 일어난 후 일본통치에 조직적으로 항거하는 기관의 필요성을 느낀 애국지사들이 1919년 4월 11일 조국의 광복을 위해 임시로 중국 상하이에서 조직하여 선포한 정부이다. 임시정부는 외교위원부를 두어 다각적인 외교활동을 전개하였고 독립신문을 발행하고 한일관계자료집을 간행하는 등의 많은 업적을 남겼다. 1940년대에는 '한국광복군'도 창설하여 연합국과 연합작전을 벌이고 국내진공작전도 시행하려 하였다. 임시정부는 1948년 정부수립까지 독립운동의 대표기관이었다.

물산장려운동(物産奬勵運動) ✦

1922년 평양에 설립된 조선물산장려회가 계기가 되어 조만식을 중심으로 일어난 민족운동이다. 서울의 조선청년연합회가 주동이 되어 전국적 규모의 조선물산장려회를 조직, 국산품 애용 · 민족기업의 육성 등의 구호를 내걸고 강연회와 시위선전을 벌였으나, 일제의 탄압으로 유명무실해지고 1940년에는 총독부 명령으로 조선물산장려회가 강제 해산되었다.

신간회(新幹會) ✦

1927년 민족주의자와 사회주의자가 통합하여 조직한 최대 항일민족운동단체이다. 주요 활동으로는 아동의 수업료 면제 · 조선어교육 요구 · 착취기관 철폐 · 이민정책 반대 등을 제창하였고, 광주학생운동을 지원하기도 했다. 자매단체로는 여성단체인 근우회가 있었다.

건국준비위원회 ✦

1945년 8 · 15해방 이후 여운형을 중심으로 국내인사들이 조직한 최초의 정치단체를 말한다. 민족 총역량을 일원화하여 일시적 과도기에서의 국내질서를 자주적으로 유지할 것을 목표로 삼았다. 전국에 지부를 설치하고 치안대를 동원하여 국내 유일의 정치세력을 형성, 국호를 조선인민공화국이라 정하고 형식상 민족자주정권의 수립을 기도했으나, 상해임시정부의 귀국과 미군정의 실시 등으로 해체되었다.

✖ 우리나라의 해방과 국제회담 ✦✦

연대	회합	대표국	내용
1943	카이로선언	미·영·중	한국 해방·독립을 결의한 최초의 회담
	테헤란회담	미·영·소	연합국 상륙 작전
1945	얄타회담	미·영·소	소련의 대일참전 및 38선 설정
	포츠담선언	미·영·소	카이로선언의 재확인
1945	모스크바 3국외상회의	미·영·소	5년간의 신탁통치 결정
1946	미·소 공동위원회	미·소	통일문제 토의

✖ 3·15의거(마산의거) ✦

이승만 자유당 정부는 1960년 3·15 정·부통령선거에서 장기집권을 위해 선거준비과정에서부터 노골적인 부정행위를 했는데, 이에 대구에서 학생들의 첫 시위인 2·28시위가 터지게 된다. 그러다가 3월 15일 선거날 공공연한 부정행위가 목격되었다. 이에 마산시민들은 '협잡선거 물리치라'는 구호를 외치며 항의하기 시작했고 항의하는 시민에게 경찰들이 최루탄 및 총기를 무차별 난사하여 많은 인명이 살상되었다. 또한 28일 동안 실종되었던 김주열의 시체가 4월 11일 마산 중앙부두에서 떠오르자 이에 분노한 마산시민의 2차 시위와 함께 전국민의 분노가 확산되어 4·19혁명의 기폭제가 되었다. 현재 3·15의거를 기념하기 위해 3월 15일 전후하여 기념마라톤대회, 전국웅변대회, 백일장 등 문화체육행사를 지속적으로 실시하고 있으며 2003년 3월에는 3·15 국립묘지가 준공되었다.

✖ 인혁당사건 ✦

구분	내용
1차 인혁당사건 (1964. 08.)	중앙정보부장이 기자회견을 통해 '북괴의 지령을 받은 대규모 지하조직인 인민혁명당이 국가변란을 획책하여 이를 적발, 일당 57명중 41명을 구속하고 16명을 수배 중에 있다.'고 발표한 사건
2차 인혁당사건 (1974. 04.)	인민혁명당 재건위원회 사건이라고도 하며 유신반대 투쟁을 벌였던 민청학련(전국민주청년학생연맹)의 배후를 '인혁당재건위'로 지목, 이를 북한의 지령을 받은 남한 내 지하조직이라고 규정한 사건

Ⓒ CHECK POINT 인혁당사건의 재심 판결 … 1975년 대법원은 인혁당 관련자 재판에서 8명에게 사형, 17명에게 무기징역 등을 선고했다. 유족들은 27년 만인 2002년 재심 개시를 청구했고 법원은 2005년 재심 개시를 결정했다. 이어 2007년 서울중앙지법에서 무죄가 선고됐으며 검찰이 항소하지 않아 무죄가 확정됐다.

01 출제예상문제

1 다음은 고려의 대외 관계를 대표하는 주요 사건을 나열한 것이다. 일어난 순서는 어떻게 되는가?

㉠ 귀주대첩	㉡ 별무반 편성
㉢ 동북 9성 축조	㉣ 강화도 천도
㉤ 삼별초 항쟁	

① ㉠ - ㉡ - ㉢ - ㉣ - ㉤
② ㉠ - ㉡ - ㉣ - ㉢ - ㉤
③ ㉡ - ㉠ - ㉢ - ㉣ - ㉤
④ ㉡ - ㉠ - ㉢ - ㉤ - ㉣

> ✔해설 고려의 대외관계 주요 사건 순서 … 서희의 외교담판 → 귀주대첩 → 천리장성 축조 → 별무반 편성 → 동북 9성 축조 → 몽골 침입 → 강화도 천도 → 삼별초 항쟁 → 쌍성총관부 수복

2 다음 그림과 글을 보고 이 성을 축조하라고 지시한 왕은 누구인가?

• 유네스코 세계문화유산으로 지정된 수원 화성
• 정약용의 거중기를 사용하여 건축
• 개혁의 의지를 담아 축조

① 숙종
② 영조
③ 정조
④ 철종

> ✔해설 수원 화성 … 조선 후기 정조 때에 축조되었다. 정조는 수원 화성을 정치·군사·경제적 기능을 갖춘 새로운 도시로 육성하고자 하였다. 또한 수원 화성의 축조에는 중국을 통해 들어온 서양 과학 기술이 활용되었는데, 특히 정약용이 만든 거중기가 사용되어 건축 기간이 단축되었다. 수원 화성은 1997년 유네스코 세계문화유산으로 지정되었다.

Answer   1.① 2.③

3 다음에서 설명하는 개혁을 한 왕은 누구인가?

> • 전제 왕권 강화　　　　　　　　　• 김흠돌의 난 이후 개혁 실시
> • 국학 설립　　　　　　　　　　　• 관료전 지급
> • 녹읍 폐지

① 문무왕　　　　　　　　　　② 무열왕
③ 신문왕　　　　　　　　　　④ 경덕왕

✔해설　신문왕의 개혁 내용이다. 신문왕은 전제 왕권 강화를 위해 국학 설립, 관료전 지급, 9주 5소경 체제 등을 추진하였다. 그리고 귀족이 조세를 수취하고 노동력을 징발할 수 있는 녹읍을 폐지함으로써 귀족 세력의 경제적 기반을 약화시켰다.

4 다음에서 설명하는 이 나라는 어디인가?

> 　이 나라 사람들은 12월이 되면 하늘에 제사를 드리는데, 온 나라 백성이 크게 모여서 며칠을 두고 음식을 먹고 노래하며 춤추니, 그것을 곧 영고라 한다. 이때에는 형옥(刑獄)을 중단하고 죄수를 풀어 준다. 전쟁을 하게 되면 그 때에도 하늘에 제사를 지내고, 소를 잡아서 그 발굽을 가지고 길흉을 점친다.

① 부여　　　　　　　　　　② 고구려
③ 동예　　　　　　　　　　④ 옥저

✔해설　부여의 사회 모습을 보여주는 사료이다. 부여는 왕 아래에 가축의 이름을 딴 마가, 우가, 저가, 구가라는 부족장이 존재하였으며 이들은 사출도를 다스렸다. 이들은 왕을 선출하기도 하고 흉년이 들면 왕에게 책임을 묻기도 하였다.

Answer　3.③　4.①

5   다음의 역사적 사건이 일어난 순서는 어떻게 되는가?

> ㉠ 무신정변   ㉡ 위화도회군
> ㉢ 이자겸의 난   ㉣ 귀주대첩
> ㉤ 개경환도

① ㉣ - ㉢ - ㉤ - ㉠ - ㉡   ② ㉣ - ㉢ - ㉠ - ㉤ - ㉡
③ ㉤ - ㉣ - ㉢ - ㉠ - ㉡   ④ ㉤ - ㉢ - ㉣ - ㉡ - ㉠

✔해설 귀주대첩(1018) → 이자겸의 난(1126) → 무신정변(1170) → 개경환도(1270) → 위화도회군(1388)

6   다음 조선 중기 사화를 발생한 순서대로 나열하면?

> ㉠ 갑자사화   ㉡ 기묘사화
> ㉢ 무오사화   ㉣ 을사사화

① ㉠ - ㉡ - ㉢ - ㉣   ② ㉡ - ㉠ - ㉣ - ㉢
③ ㉢ - ㉠ - ㉡ - ㉣   ④ ㉣ - ㉠ - ㉡ - ㉢

✔해설 무오사화(1498) → 갑자사화(1504) → 기묘사화(1519) → 을사사화(1545)

Answer   5.② 6.③

7 다음의 내용과 관련이 깊은 사건은 무엇인가?

> • 고종이 러시아 공사관으로 거처를 옮겼다.
> • 열강에 의한 각종 이권침탈이 심화되었다.
> • 독립협회가 조직되어 환궁을 요구하였다.

① 갑오개혁   ② 아관파천
③ 갑신정변   ④ 임오군란

✔ **해설** 아관파천 … 을미사변 이후 고종과 왕세자가 1896년부터 1년간 러시아 공사관에서 거처한 사건으로 친러파 정부가 구성되었다. 이로 인해 러시아는 압록강과 울릉도의 삼림채벌권 및 여러 경제적 이권을 요구하였고 다른 서구 열강들도 최혜국 조항을 들어 이권을 요구하였다. 이후 고종은 러시아의 영향에서 벗어날 것을 요구하는 내외의 주장에 따라 환궁하고 광무개혁을 추진하였다.

8 이순신 장군이 승리한 해전이 아닌 것은?

① 옥포해전   ② 한산대첩
③ 명량해전   ④ 행주대첩

✔ **해설** 이순신 장군의 해전 순서
㉠ 옥포해전(1592. 5. 7.) : 이순신 장군이 지휘하는 조선수군이 임진왜란이 일어난 후 거둔 첫 승리, 왜선 42척 격파(옥포, 합포, 적진포)
㉡ 사천해전(1592. 5. 29.) : 거북선이 처음으로 실전 투입 활약한 해전, 왜선 13척 격파
㉢ 당포해전(1592. 6. 2.) : 사천해전에 이어 두 번째로 거북선을 앞세운 전투, 왜선 21척 격파
㉣ 한산대첩(1592. 7. 8.) : 이순신 장군이 출전한 해전 중 가장 유명한 해전으로 학날개전법을 사용해 왜선을 모두 소탕
㉤ 부산포해전(1592. 9. 1.) : 부산포에서 왜선 430여 척과 싸운 해전, 왜선 100여 척 격파
㉥ 명량해전(1597. 9. 16.) : 백의종군에서 풀려나 통제사로 돌아온 이순신장군이 단 13척이 배를 이끌고 왜선 330척과 맞서 싸운 해전, 왜선 133척을 격파
㉦ 노량해전(1598. 11. 19.) : 조선수군과 일본함대가 벌인 마지막 해전, 전투는 승리하였으나 이순신 장군은 왜군의 총탄에 전사하였으며 "나의 죽음을 알리지 말라"며 아군의 사기를 떨어뜨리지 않음

Answer   7.② 8.④

9   동학농민운동에 관한 내용으로 바르지 않은 사항은?

① 발생 원인으로는 청·일본의 경제침탈 심화, 탐관오리들의 횡포 등이 있었다.
② 평등사상 및 외세배척의 강조로 농민들 사이에서 확산되었다.
③ 반봉건·반외세의 민족운동, 농민군의 개혁요구가 갑오개혁에 일부 반영되었다.
④ 전라도 삼례집회에서는 탐관오리의 처벌 및 외세배척을 주장하였다.

✔해설 전라도 삼례집회에서는 교주 최제우의 명예회복 및 동학 박해의 중지를 요구하였다.

10   현재 국로보 지정되었으며, 몽골이 고려를 침입하자 부처의 힘으로 몽골군을 물리치기 위해 만든 것은?

① 팔만대장경
② 직지심경
③ 고려사절요
④ 동사강목

✔해설 팔만대장경 … 고려 고종 23년(1236)부터 38년(1251)까지 16년에 걸쳐 완성한 대장경으로 부처의 힘으로 외적을 물리치기 위해 만들었으며, 경판의 수가 8만 1,258판에 이르며, 현재 합천 해인사에서 보관하고 있다.

Answer   9.④   10.①

11 1372년 백운화상이선의 참뜻을 깨닫게 하려고 엮은 책으로 금속활자로 만든 세계 최초의 책은 무엇인가?

① 삼국유사
② 팔만대장경
③ 삼국사기
④ 직지심체요절

✔해설 직지심체요절 … 고려 승려 경한이 선의 요체를 깨닫는 데 필요한 내용을 뽑아 엮은 책으로 상하 2권으로 되어 있다. 정식 서명은 백운화상초록불조직지심체요절이고, 간략하게 직지심체요절이라고 한다. 내용은 경덕전등록·선문염송 등의 사전 관계 문헌을 섭렵하여 역대의 여러 부처를 비롯한 조사와 고승들의 게·송·찬·명·서·시·법어·설법 등에서 선의 요체를 깨닫는 데 긴요한 것을 초록하여 편찬한 것이다.

12 조선시대의 나라를 다스리는 기준이 된 최고의 법전은 무엇인가?

① 경국대전   ② 대전통편
③ 속대전   ④ 대전회통

✔해설 경국대전 … 조선시대에 나라를 다스리는 기준이 된 최고의 법전으로, 세조 때 최항, 노사신, 강희맹 등이 집필을 시작하여 성종 7년(1476)에 완성하고, 16년(1485)에 펴냈다.

Answer 11.④ 12.①

13 다음 역사적 사건을 순서대로 나열하면?

⊙ 5 · 18 민주화 운동   ⓒ 6월 민주 항쟁
ⓒ 유신헌법 공포   ⓔ 4 · 19 혁명

---

① ⓔ − ⊙ − ⓒ − ⓒ   ② ⓔ − ⓒ − ⊙ − ⓒ
③ ⓔ − ⓒ − ⓒ − ⊙   ④ ⓔ − ⓒ − ⊙ − ⓒ

  ⓔ 4 · 19 혁명(1960) : 3 · 15 부정선거를 원인으로 이승만 독재 정치 타도를 위해 일어난 민주혁명이다.
  ⓒ 유신헌법 공포(1972) : 박정희 정부 때 대통령에게 초법적 권한을 부여한 권위주의적 체제이다.
  ⊙ 5 · 18 민주화 운동(1980) : 10 · 26 사태 이후 등장한 신군부에 저항한 운동이다.
  ⓒ 6월 민주 항쟁(1987) : 전두환 정권 때 대통령 직선제 개헌을 요구하며 일어난 민주화 운동이다.

14 다음 중 세도정치의 폐단으로 보기 가장 어려운 것은?

① 농민들의 사회의식 성장   ② 세도 가문의 주요 관직의 독점
③ 과거제도의 문란   ④ 매관매직의 성행

  세도정치의 폐단 … 세도 가문의 주요 관직의 독점, 과거제도의 문란, 매관매직의 성행, 각종 부정부패의
  만연 및 삼정의 문란 등이 있다.

15 다음 글의 내용으로 옳은 것은?

> 이 기구는 초기에는 국방문제를 합의하기 위한 합좌 기구성격을 가지고 있었지만 말기에는 국정 전반을 총괄하는 정무기관이 되었으며 재추, 중서문하성의 재신과 중추원의 추밀과 같은 고관들이 참여하였다.

① 왕권을 강화시키는 결정적 역할을 하였다.
② 고려의 독자적인 기구였다.
③ 무신정권하에서는 무신들의 최고 회의기구였다.
④ 고려 말 신진사대부의 세력 강화기구였다.

> ✅**해설** 제시문은 고려 시대 도병마사에 관한 설명이다. 도병마사는 식목도감과 더불어 고려의 독자적 성격으로 만들어진 고관합좌기구였으며 고려 후기에는 도평의사사(도당)으로 개편되어 담당 업무가 더욱 확대되어 권문세족의 세력기반 유지에 기여하였다.
> ① 도병마사 이후 도평의사사의 기능 강화는 오히려 왕권을 약화시켰다.
> ③ 무신정권의 최고 회의기구는 중방이었고, 최씨 무신정권에서는 교정도감이 있었다.
> ④ 고려 말 신진사대부는 도평의사사를 혁파하고자 하였다.

16 다음과 같이 주장한 학자는 누구인가?

> 재물이란 우물의 물과 같다. 퍼내면 차게 마련이고 이용하지 않으면 말라 버린다. 그렇듯이 비단을 입지 않기 때문에 나라 안에 비단 짜는 사람이 없고, 그릇이 찌그러져도 개의치 않으며 정교한 기구를 애써 만들려 하지 않으니, 기술자나 질그릇 굽는 사람들이 없어져 각종 기술이 전해지지 않는다. 심지어 농업도 황폐해져 농사짓는 방법을 잊어버렸고, 장사를 해도 이익이 없어 생업을 포기하기에 이르렀다. 이렇듯 사민(四民)이 모두 가난하니 서로가 도울 길이 없다. 나라 안에 있는 보물도 이용하지 않아서 외국으로 흘러 들어가 버리는 실정이다. 그러니 남들이 부강해질수록 우리는 점점 가난해지는 것이다.

① 박제가   ② 유형원
③ 홍대용   ④ 박지원

> ✅**해설** 박제가 … 18세기 후기의 대표적인 조선 실학자로, 북학의를 저술하여 청나라 문물의 적극적 수용을 주장하였다. 또한 절약보다 소비를 권장하여 생산의 자극을 유도하였으며 수레와 선박의 이용, 상공업의 발달을 주장하였다.

Answer   15.② 16.①

17 통일신라시대 서원경 근처 4개 촌락의 여러 가지 경제생활을 기록한 토지문서로 남녀별, 연령별 인구와 노비의 수 등이 기록되어 있는 것은 무엇인가?

① 토지대장
② 노비문서
③ 민정문서
④ 촌주일지

> ✔ 해설 민정문서 … 통일신라시대의 경제생활을 알 수 있는 중요한 토지 문서로 1933년 일본 동대사 정창원에서 발견되어 현재 일본에 소장되어 있다. 755년경 서원경 인근 네 개 마을에 대한 인구 · 토지 · 마전 · 과실 나무의 수 · 가축의 수를 조사한 문서로, 촌주가 3년마다 촌의 노동력 징발과 조세, 공납 징수를 잘 하기 위해 작성한 것이다. 노동력 징발을 위해 나이 · 남녀별로 인구를 조사하였고, 조세와 공납을 징수하기 위해 토지 · 가축의 수, 과실나무의 수 등 개인의 재산 정도를 기록하였다.

18 통일신라시대 때 군사제도를 정비하면서 만든 중앙군으로 옛 삼국인과 말갈인을 포함시켜 민족 융합을 도모한 군대는 무엇인가?

① 9주
② 5소경
③ 9서당
④ 10정

> ✔ 해설 9서당 … 신라의 중앙에 배치된 9개 부대이다. 통일 이후 수도의 방어와 치안을 맡은 핵심적 중앙군단을 말한다. 통일 이전인 진평왕 때 녹금서당(신라인) · 자금서당(신라인) 등 2개의 서당이 조직되었는데, 통일 이후 문무왕 때 백금서당(백제인) · 비금서당(신라인)이 설치되고, 신문왕 때 황금서당(고구려인) · 흑금서당(말갈인) · 벽금서당(보덕국인) · 적금서당(보덕국인)과 청금서당(백제인)이 추가되어 9서당으로 완성되었다.

Answer   17.③ 18.③

19 삼국시대에 신라와 백제가 고구려의 남진을 막기 위해 체결한 동맹은 무엇인가?

① 나당동맹 ② 조명동맹
③ 나려동맹 ④ 나제동맹

> ✔해설 나제동맹 … 고구려의 장수왕은 427년에 평양으로 천도하고 남진정책을 추진하였다. 이에 위협을 느낀 신라와 백제는 433년(고구려 장수왕 21, 신라 눌지왕 17, 백제 비유왕 7)에 우호관계를 맺으며 나제동맹이 성립되었다.

20 백제의 13대 왕으로, 백제의 전성기를 이끌었던 왕은 누구인가?

① 비류왕 ② 근초고왕
③ 개로왕 ④ 동성왕

> ✔해설 근초고왕 … 백제 제13대 왕이며, 재위 기간은 346 ~ 375년까지이다. 4세기 중반 백제의 전성기를 이룩한 왕이다. 북으로는 고구려 평양성을 공격해 고국원왕을 전사시켰으며, 남으로는 마한을 완전히 정복해 백제의 영토를 최대로 확장시켰다. 또한 바다 건너 중국의 동진, 왜와 교류하기도 했다. 안으로는 부자 상속의 왕위 계승 체제를 확립시켰으며, 박사 고흥으로 하여금 역사서인 서기를 편찬하게 했다. 백제는 고이왕을 지나 근초고왕에 이르러 전성기를 맞이했다.

Answer 19.④ 20.②

02 세계사

�֍ 메소포타미아 문명

수메르인이 티그리스강과 유프라테스강 유역을 중심으로 번성한 고대문명이다. 비옥한 초승달 지대 중심으로 쐐기모양의 설형문자를 사용하였다. 신권 정치를 하며 점성술이 발달하였고 태음력과 60진법 시간 측정법을 사용하였다. 지구라트를 건축하고 바빌로니아 왕국에서는 함무라비 법전을 편찬하였다.

✖ 이집트 문명

기원전 3200년에서 기원전 332년까지이다. 파라오 왕이 신권정치를 하였다. 내세적 종교관으로 미라를 만들었고 사자의 서를 기록하였다. 태양력, 10진법 등의 전통을 가지고 있다. 자신들만의 상형문자를 사용하고 파피루스를 제작하였다.

✖ 인더스 문명

인더스강 상류 펀자브 지역에서 번영한 고대 문명이다. 바둑판 모양의 도로, 배수 시설, 목욕 시설 등의 발달된 계획도시를 만들었다. 그 중에 모헨조다로의 도시에는 대형 목욕탕과 광장, 창고 등이 있었다. 청동기를 사용하였으며 상형문자를 사용하였다. 약 1,000년간 번성했지만 아리아인의 진출로 멸망하였다. 아리아인이 정착하면서 철제 농기구를 사용했으며 신분제도가 생겼다. 브라만, 크샤트리아, 바이샤, 수드라의 신분제도인 카스트제도와 브라만교를 성립하였다.

✖ 춘추전국시대

진나라가 분열하기 전까지 시대가 춘추시대이고, 진나라가 중국을 통일한 시대는 전국시대라 한다. 주 왕실에서 존왕양이를 명목으로 춘추 오패가 만들어지고 제후국을 이끌었다. 이후 주 왕실이 쇠퇴하면서 전국 7웅이 경쟁적으로 약소국을 병합하고 전국시대가 되었다. 철제 무기와 소를 이용하여 농사를 하였다. 화폐가 유통되며 상공업이 발달했고 제자백가가 사상적으로 등장했다.

✖ 위 · 진 · 남북조 시대

중국에서 한나라가 멸망하고 나서 수나라가 통일하기 전까지의 시대를 의미한다. 한나라가 멸망하고 위 · 촉 · 오 세 나라가 대립하던 삼국시대에서 진나라가 삼국을 통일한다. 통일하고 난 이후 진나라에서는 황실의 왕위 다툼이 빈번했다. 북방 민족의 침입하면서 5호 16국의 시대가 되었다. 북방 민족에게 나라를 빼앗긴 진나라가 강남으로 이주하여 건강을 도읍으로 동진을 세운다. 이때 세워진 왕조가 남조이다. 선비족이 세운 북위가 화북 통일을 한 것이 북조이다.

❈ 수나라

위 · 진 · 남북조 시대에 북주의 외척인 문제가 수나라를 건국하고 남북조를 통일했다. 문제는 귀족을 견제하기 위해 과거제를 실시하였다. 문제는 율령을 반포하고 균전제를 정비하면서 국가 제도를 정비하였다. 문제의 뒤를 이어 황위에 오른 양제는 대운하를 완성하여 강남과 화북을 연결하여 경제 통합을 촉진하였다. 양제는 고구려를 침략하고 과도하게 백성들에게 고된 노동을 시키면서 각지에서 일어난 반란으로 618년 멸망하게 된다.

❈ 당나라

수나라가 멸망하고 이연이 당나라를 건국한다. 아들 태종(이세민)은 율령 체제를 정비하고 돌궐, 위구르를 정복한다. 태종을 이은 고종은 서돌궐, 백제, 고구려를 멸망시키고 최대 영토를 확보한다. 태종과 고종 때 국가의 기초를 세우며 영토를 확장하면서 대당제국을 만든다. 이후 현종이 즉위하고 절도사를 설치하고 제도를 정비하면서 전성기를 이루면서 '개원의 치세'라고 불리어졌다. 하지만 부정부패가 만연하고 안사의 난이 일어나게 되면서 정부의 통제력이 약화된다. 황소의 난이 일어나면서 급격히 쇠퇴하고 중앙 통제력이 약화되면서 907년에 멸망하게 된다.

❈ 송나라

당나라 말기에 조광윤이 세운 왕국이다. 조광윤은 문인중심의 정치를 시작하였고 모든 결정을 황제가 직접 하면서 독재체제를 강화하였다. 농업 생산량과 수공업이 발전하고 활발한 상업 활동으로 서민 문화가 발달했다. 북방 민족이 자주 침입으로 국가 재정이 악화되었다. 이후 국가 재정 수입을 늘리기 위해 왕안석의 개혁을 실시하지만 실패하였고 금나라의 침입으로 화북 지역을 잃고 항저우로 천도하여 남송을 건국한다. 남송은 원거리 해상 무역을 발달시켜 특산물을 해외로 수출했다. 당시에 나침반, 조선술, 인쇄술이 유럽까지 전해지게 된다. 이후 몽골이 침략하고 1279년에 멸망한다.

❈ 원나라

쿠빌라이 칸은 남송을 멸망시키고 1271년 대도(베이징)으로 수도를 천도하여 원나라를 건국한다. 유목 민족 최초로 중국의 전역을 지배하였다. 중국의 관료제를 사용하여 세조라는 호칭을 사용하였고 몽골 제일주의를 실시하였다. 몽골 제일주의로 민족 차별 정치를 하면서 고위직에 몽골인을 두었으며 색목인(위구르족, 탕구트 족, 이슬람 인)에게 나라 살림을 맡겼다. 라마교가 유행하였고 목화재배가 전국적으로 확대되었다. 유라시아 교역망을 정비하고 도로마다 역참을 설치하면서 동서 간에 문물교류가 활발해졌다. 국제적인 세계 도시로 다양한 문화가 공존하였다. 쿠빌라이가 죽고 나서 국력이 약화되었고 1368년 명나라를 세운 주원장에 의해 몽골 초원으로 밀려나게 된다.

명나라

주원장이 난징을 수도로 명나라를 건국하고 몽골을 쫓아낸다. 태조 주원장은 몽골의 풍습을 없애고 한족 문화 회복을 위한 정책을 펼친다. 유교 지침 일종인 육유를 반포하고 과거제를 정비한다. 또한 황제권을 강화하기 위해 중앙 정보를 직접 통솔하고 독재체제를 구축한다. 성조가 즉위하면서 자금성을 만들고 영토화장을 대외정책을 펼친다. 이때 명의 국력이 강해지게 된다. 명 중기 이후에 환관의 다툼으로 정치가 혼란에 빠진다. 임진왜란에 참전하면서 국방비에 지출이 늘게 되고 농민군의 반란으로 1644년 멸망하게 된다.

청나라

누르하치가 여진족을 통합하고 후금을 건설한다. 이후 홍타이지는 몽골을 정복하고 국력을 키워서 국호를 청나라로 바꾼다. 명나라의 멸망으로 순치제가 베이징을 차지하고 중국 대륙을 지배하였다. 청나라는 강희제가 러시아와의 네르친스크 조약을 1689년에 체결하면서 크게 발전하게 된다. 이후 옹정제와 건륭제 시기까지 성장하였다. 특히 건륭제 시기에는 오늘날 중국 영토를 확보하였다. 다민족을 받아들이면서 인구가 증가하였다. 사회지배층으로 전·현직 관료와 과거 준비하는 학생인 신사가 등장하였다. 이후 1796년부터 1804년까지 백련교의 난이 발생하면서 점차 쇠퇴하게 된다.

아편전쟁

서양에서 중국의 비단, 차, 도자기에 열풍이 불었지만 중국에서는 서양과 무역을 원하지 않았다. 영국은 인도에서 재배한 아편을 청에 비밀리에 수출하였다. 아편으로 국가 경제가 흔들리면서 청나라는 영국과의 무역을 막았고 영국은 이를 빌미로 중국과 전쟁을 하였다. 영국에게 패한 청나라는 1842년에 난징조약을 체결하였다.

난징조약

아편전쟁을 끝내기 위해서 영국과 청나라가 체결한 조약이다. 항목에는 홍콩을 영국에게 넘긴다, 항구 5개를 개항한다, 배상금 2,100만 달러와 아편 보상금을 지불한다, 독점상인을 폐지한다, 관세를 제한한다, 대등하게 교섭한다 등의 조항이 있다. 이후 영국은 1843년 7월에 조약을 더욱 구체화하여 통상장정과 10월에 호문채를 추가로 체결한다. 이후 미국은 망하조약, 프랑스는 황포조약을 체결하여 다양한 특권을 획득한다.

�֎ 양무운동

1861년부터 1894년 청나라에서 일어난 근대화 운동이다. 다른 나라와 외교 교섭을 의미하는 양무 (洋務)로 다양한 서양문물을 수용한다는 의미이다. 군수 부문에서 시작되면서 교육, 교통 등까지 확산되었다. 양무운동으로 근대적인 변화가 나타나고 근대도시로 성장하는 계기가 되었다.

�֎ 신해혁명

중국의 민주주의 혁명이다. 양무운동이나 변법자강운동과 달리 서양 세력을 몰아내고자 하는 것이다. 서양인들을 도와주는 크리스트교를 반대하고 외세를 반대하는 의미로 교회를 불지르고 철로 등을 뜯었다. 영국, 프랑스, 러시아 등이 막아 의화단 운동이 실패하였으나 쑨원이 여러 차례 봉기를 일으켰다. 이후 쑨원이 임시 대총통이 되어 중화민국을 설립하였다. 이후 청나라 황제는 사라지고 공화 정부가 생겼으며 청나라 정부가 쇠퇴하게 된다.

✖ 태평양 전쟁

1941년에서 1945년까지 일본과 연합국 사이에 전쟁이다. 아시아를 식민지로 차지하고자 했던 일본은 연합국에 대항하여 인도차이나 반도를 공격했다. 1941년 12월 7일 일본이 진주만을 기습공격하면서 시작되었다. 이후에 동남아시아 지역을 확보하였다. 이후 미국은 일본과 치열하게 전투하였고 1945년 동남아시아를 되찾았다. 일본이 항복하지 않다고 1945년 8월 6일에서 9일까지 두 차례 원자 폭탄이 떨어지게 되면서 항복하고 일본의 패배로 끝이 난다.

✖ 오스만 제국

오스만 튀르크가 오늘날 터키 지역에 1299년 설립한 제국이다. 술탄이라는 칭호를 사용하며 발칸반도의 대부분을 차지하면서 대제국이 되었다. 다양한 이민족과 종교를 수용하였고 차별을 두지 않고 인재를 등용하였다. 아라베스크가 발달하였으며 술탄 아흐메트 사원에 비잔티움 양식을 사용했다. 실용학문이 발달하고 유라시아 교역망의 중심지였다. 술레이만 1세 때에는 지중해 해상권을 장악하면서 교역의 이익을 누렸다. 하지만 이후 신항로가 개척되고 강대국의 간섭이 심해지면서 붕괴되고 터키 공화국이 수립되었다.

✖ 폴리스

크레타 문명과 미케네 문명이 몰락하고 난 이후 그리스의 에게해에서 도시국가인 폴리스가 형성되었다. 종교 및 군사시설인 아크로폴리스와, 토론과 상업 활동을 하는 아고라광장으로 구성된다. 동일한 신을 섬기면서 동족 의식이 강해서 4년마다 올림피아 제전을 개최하고 헬레네스로 불렀다.

그리스 · 페르시아 전쟁

기원전 492년에서 기원전 479년까지 있던 전쟁이다. 도시국가 폴리스로 이루어진 그리스의 가장 큰 적은 페르시아였다. 아케메네스 왕조 페르시아가 지중해로 나아가면서 그리스를 압박하였다. 페르시아의 지배를 받고 있던 이오니아를 아테네에서 도와주면서 페르시아는 보복을 하기 위해 그리스로 원정을 갔다. 기원전 492년 전쟁이 벌어졌지만, 페리시아의 다리우스 1세의 그리스 원정은 패배하였다. 이후 그리스는 살라미스 해전과 마라톤 전쟁에서 페르시아에게 승리했다. 이후 페르시아는 그리스 동맹군에 패배하였고 그리스는 강한 해군력으로 발전하였다.

그리스의 문화

① 건축 : 파르테논 신전
② 문학 : 일리아드, 오디세이아
③ 철학 : 자연철학, 인간철학(소피스트, 소크라테스, 플라톤, 아리스토텔레스 등)

헬레니즘 문화

그리스와 오리엔트의 문화가 융합된 것이다. 알렉산드로스가 정복한 도시에서 전파되었다. 개방적이고 개인주의적이었지만 보편적으로 세계 시민의 문화를 추구하였다. 아르키메데스의 물리학, 에우클레이데스의 수학이 발전하였으며, 스토아학파와 에피쿠로스학파가 발달했다. 대표적인 작품으로는 밀로의 비너스상, 니케상, 라오콘상 등이 있다.

카롤루스 대제

프랑크의 국왕으로 피핀의 아들이다. 동생 칼만과 분할하여 국가를 다스리다가 칼만이 죽고 나서부터 프랑크를 다스리고 영토를 넓혔다. 800년에는 교황 레오 3세로부터 서로마 황제 대관식을 했다. 교황이 교회의 의미를 강화하기 위해서 대관식을 했으나 카롤루스 대제는 제국교회를 추구하여 교회를 자신의 권위 아래에 두었다. 카롤루스 대제 시기에는 로마, 크리스트교, 게르만의 문화를 융합하여 서유럽의 정체성과 관련한 기틀을 마련했다.

프랑스 혁명

1789년 7월 14일부터 1794년 7월 28일에 벌어진 프랑스의 시민혁명으로 국민이 자신의 권리를 위해 일으킨 혁명이다. 프랑스 사회의 체제인 구제도의 모순으로 신분에 차별이 있었고 특권신분과 평민과 구분하였다. 계몽사상가인 몽테스키외, 볼테르, 루소 등이 나타나면서 시민들의 의식이 변화하였으나 루이 16세의 정부는 미국독립혁명을 지원하고 사치를 하면서 재정이 악화되었다. 재정이 파산사태에 이르자 전국 삼부회를 소집하였으나 투표 방식에 대립이 생겼다. 평민대표는 국민의회를 결성하였으나 탄압을 받으면서 바스티유 감옥을 습격했다. 혁명이 확산되고 인간과 시민의 권리선언인 인권선언을 1789년에 발표하였다. 프랑스 혁명은 자유, 평등, 박애 이념을 전파하였고 민주주의 발전에 영향을 주었다.

✖ 나폴레옹

프랑스 혁명 이후에 로베스피에르의 공포정치가 지속되고 불안정한 시기에 나폴레옹은 쿠데타로 통령 정부를 수립하였다. 황제로 즉위하고 오스트리아, 프로이센, 러시아 등을 격파하였다. 나폴레옹 법전을 편찬하여 법을 정비하였으며 사회 질서를 회복하고 국민의 교육과 경제 발전 개혁을 시행했다. 유럽의 대륙 대부분을 차지하였으나 영국과의 트라팔가르 해전에서 패배했다. 이후에 영국에 대륙 봉쇄령을 발표하지만 러시아는 영국과 무역을 계속 하였다. 러시아 원정을 나간 나폴레옹의 군대는 패배했고 유럽 동맹군은 나폴레옹을 엘바 섬으로 귀양을 보냈다. 하지만 나폴레옹이 탈출하였고 워털루 전투에서 패배하면서 세인트헬레나 섬으로 유배를 당한다.

✖ 비잔티움 제국

동서로마가 분열되면서 동로마 제국은 콘스탄티노플을 비잔티움으로 명칭을 바꾼다. 서로마 제국이 멸망한 이후 동로마 제국은 계속 유지되었는데, 황제 교황주의를 통해 황제가 교회를 지배하며 권력을 유지했다. 또한 군사력을 강화하였다. 수도 콘스탄티노플 위치가 유럽의 중심지에 있으면서 상공업과 무역이 발달하였다. 유스티니아누스 대제 때 크게 번영을 하였고 왕권을 강화했다. 그리스어를 공용어로 사용했으며, 유스티니아누스 법전을 편찬하고 비잔티움 양식의 성 소피아 대성당을 건축하였다. 이후 이슬람 세력이 침입하면서 영토를 빼앗기면서 제국이 작아졌고 이후 십자군에 의해서 점령당하고 결국 1453년 오스만 제국에게 멸망한다.

✖ 십자군 전쟁

점차 발전하는 유럽이 안정이 되면서 농경지가 부족하여 아시아로 진출을 하고자 했다. 아시아로 침략하기 위해 셀주크 튀르크를 거쳐야 했는데 교황 우르바누스 2세는 예루살렘의 성지를 점령하고 비잔티움 제국을 전쟁을 호소하며 시작되었다. 제1차 십자군은 예루살렘을 점령했으나 전쟁이 계속되면서 결국 빼앗기고 170여 년간 전쟁이 지속되면서 원래의 목적을 잃고 약탈과 학살이 일어났다. 전쟁은 패배로 끝나고 교황의 권력은 약화되었다. 하지만 황제의 권력은 강화되었고 전쟁으로 동방과 교역이 활발해지면서 상공업이 발달했다. 또한 비잔티움 문화와 이슬람 문화가 유입되었다.

✖ 백년 전쟁

1337년부터 1453년까지 116년간 계속된 전쟁이다. 영국과 프랑스는 휴전과 전쟁을 프랑스의 영토에서 되풀이 하였다. 영국과 프랑스는 프랑스 내에 위치한 영국 토지와 플랑드르에서 지배권을 두고 대립했다. 플랑드르는 프랑스에 종주권이 있었으나 최대 모직물 공업지대로 양모를 공급받기 위해 영국이 다스리고 있었다. 프랑스의 왕 샤를 6세가 죽고, 영국의 왕인 헨리 6세는 트루아 조약으로 자신이 프랑스의 왕이 되겠다고 주장하였다. 이후에 프랑스가 잔다르크의 활약으로 승리하면서 중앙 집권체제가 되었다.

❖ 장미전쟁

1455년에서 1485년까지 영국의 랭커스터 가문과 요크 가문 사이에서 있던 왕위 쟁탈을 위한 전쟁이다. 랭커스터 가문은 붉은 장미, 요크 가문은 하얀 장미여서 장미전쟁으로 명명되었다. 귀족 간에 싸움으로 헨리 7세가 즉위하고 나서 튜더 왕조가 되면서 중앙 집권체제가 마련되었다.

❖ 동방견문록

베네치아 상인 마르크 폴로가 동방을 여행하고 난 이후 기록한 여행기이다. 아시아 지역을 포함하여 중동, 아프리카를 직접 여행한 이야기와 얻은 지식을 작성하였다. 1269년 베니스에서 호르무즈 해협, 서아시아, 중앙아시아, 원나라 등을 경험하였다.

❖ 르네상스

재생과 부활을 의미하는 용어이다. 14세기에서 16세기에 고대 그리스와 로마의 문화를 부흥하기 위한 문화운동이다. 이탈리아는 지중해에서 무역을 하면서 경제가 번영하면서 돈을 가진 사람들이 인문주의에 관심을 가졌다. 사상, 문학, 미술, 건축 등 다방면에 발전을 이뤄냈다. 레오나르도 다빈치, 미켈란젤로, 라파엘로, 보티첼리 등이 대표적인 미술가이다. 문학으로는 군주론, 데카메론 등이 있다. 영국에서는 셰익스피어, 세르반테스의 돈키호테 등이 쓰였고 토머스 모어의 유토피아 또한 대표적이다.

❖ 청교도 혁명

찰스 1세는 스코틀랜드의 반란으로 과세를 요구하며 의회를 소집했지만 의회는 요구를 거절하였다. 왕과 의회 사이에서 대립이 격해지면서 1642년에 의회파와 왕당파 사이에서 있던 내전이 발생했다. 크롬웰이 이끌던 의회파가 왕당파를 압도하며 승리하였고 찰스 1세는 처형되고 1649년 공화정이 수립되었다.

❖ 미국 혁명

영국인들은 종교의 자유와 경제활동을 위해 북아메리카로 이주하였다. 대서양 부근에 13개의 영국 식민지가 생겨났다. 초반에는 영국은 식민지에 자치권을 주었으나 프랑스와 7년 전쟁을 하면서 부족한 자금을 채우기 위해 식민지에 세금을 거두었다. 식민지의 사람들은 세금을 거부하기 위해 1773년 보스턴 차 사건을 일으켰으나 영국은 보스턴 항구를 폐쇄하였다. 제1차 대륙회의에서 영국의 탄압을 철회하였으나 전투가 벌어졌고 조지 워싱턴이 이끈 독립 전쟁이 발발했다. 이후에 1776년 독립 선언서를 발표하고, 영국은 1783년 파리조약을 체결하여 독립을 승인한다.

✿ 경제 대공황

1920년 미국은 제1차 세계대전이 끝나고 경제 번영을 이루었다. 사람들은 월스트리트로 가서 주식을 사고팔았다. 경쟁적으로 주식을 구매하다 1929년 10월 24일에 사람들이 주식을 한꺼번에 팔면서 주식 시장이 가격이 폭락을 하면서 검은 목요일이라 불렀다. 5천여 개의 은행은 폐업을 하고 실업자가 넘치게 되었다. 애덤 스미스의 보이지 않는 손으로 경제를 운영하다가 이 사건 이후로 정부가 개입해야 한다는 생각이 생겨났다.

✿ 루즈벨트 뉴딜정책

대공황으로 국정이 어려워지면서 1932년 대통령이 된 루즈벨트는 뉴딜 정책을 시행했다. 정부가 직접 경제에 개입하고 산업을 개혁하겠다는 것이었다. 뉴딜정책으로는 국가가 대규모 공사를 진행하면서 실업자에게 일자리를 주었고 농업 생산량을 조절하였다. 또한 노동자의 권익 보호와 사회 보장을 위한 제도를 마련하였다.

✿ 러시아 혁명

산업화가 되면서 노동자가 늘어나게 되었다. 러ㆍ일 전쟁이 패배한 후 경제적으로 어려워지면서 국민들 사이에서는 불만이 쌓였다. 노동자들은 개혁 요구를 위해 빵과 평화를 외치며 궁전으로 갔지만 무력 진압으로 1905년에 피의 일요일 사건이 발생한다. 제1차 세계대전이 일어나고 나서 1917년 3월에 니콜라이 2세는 군대를 파병하자 노동자들은 소비에트를 만들고 러시아 공화국 임시정부를 수립하는 3월 혁명이 발생한다. 이후 임시정부가 전쟁을 지속되자 1917년 11월 레닌이 이끄는 볼세비키 당을 중심으로 봉기가 일어나고 소비에트 정부가 수립된다. 11월 혁명 이후 레닌은 임시정부를 몰아내고 사회주의 국가를 만든다.

✿ 미국 남북 전쟁

1861 ~ 1865년에 미국의 남부와 북부가 벌인 내전이다. 당시 남부는 수입을 원활하게 하기 위해 자유무역을 주장했고, 북부에서는 보호무역을 주장했다. 미국 남부와 북부가 서로 다른 방향으로 발전하면서 노예제도에 대한 시비가 엇갈렸고, 노예 제도에 반대하는 링컨이 대통령에 당선되자 남부의 7개 주가 미국 연방을 탈퇴하였다. 미국 정부는 분단을 인정하지 않았지만 남부 연합이 연방군이 차지한 땅이었던 섬터 요새를 공격하면서 전쟁이 시작되었다. 남부는 불리한 조건 속에서도 전투에서 승승장구 하였지만, 1863년 1월 링컨이 노예 해방을 선언하면서 유럽의 나라들의 북부 지지, 남부의 군부물자 부족 등의 이유로 북군이 승리하며 남북 전쟁은 끝이 나게 되었다.

✿ 제1차 세계대전

독일, 오스트리아ㆍ헝가리 제국, 이탈리아 동맹국과 프랑스, 러시아, 영국 연합국 사이에서 나타난 대립이다. 오스만 제국이 쇠퇴하면서 발칸반도에서 내분이 발생한다. 사라예보 사건으로 세르비아와 오스트리아ㆍ헝가리 제국은 선전 포고를 하고 이후에 동맹국과 연합국이 가담하여 제1차 세계대전이 된다.

✖ 제2차 세계대전

독일, 이탈리아, 일본 3국의 추축국 진영과 영국, 프랑스, 미국, 소련, 중국 등의 연합군 사이에서 일어난 대규모 세계전쟁이다. 1939년 9월 1일에 독일이 폴란드를 침공하자 영국과 프랑스에서 대독 선전포고를 한다. 1941년에 독일이 독소 불가침 조약을 파기하고 소련에 침공하고, 일본은 동남아시아와 진주만을 공격한다. 일본의 공격을 계기로 미국까지 참여하고 태평양 전쟁이 발발하고 전쟁의 규모가 커지게 된다. 미국과 소련이 전투에서 승리하면서 이탈리아가 항복을 한다. 노르망디 상륙 작전이 성공하며 독일은 항복하고, 이후 일본에 원자폭탄이 투하되면서 일본까지 항복하면서 종결한다. 이후에 카이로회담, 얄타회담, 포츠담회담 순서로 개최되면서 평화를 논의한다.

✖ 덩 샤오핑

중국의 정치가로 마오쩌둥과 함께 중국 공산당에 핵심적인 인물이다. 마오쩌둥 사후에 문화대혁명으로 중국의 국정이 어려워지자 중국을 다시 일으키기 위해 흑묘백묘론에 기인한 실용주의 개방정책을 추진하였다. 시장경제를 도입하면서 경제를 성장시키고 홍콩과 마카오를 환수하고 WHO에 가입하는 등 과감한 개혁조치를 통해 국력을 높였다.

02 출제예상문제

1 인류의 출현 순서를 올바르게 정리한 것은?

> ㉠ 호모 사피엔스 　　　　　　　　 ㉡ 호모 에렉투스
> ㉢ 오스트랄로피테쿠스 　　　　　　 ㉣ 호모 네안데르탈렌시스

① ㉢㉡㉣㉠　　　　　　　　　　　　② ㉠㉡㉣㉢
③ ㉡㉣㉠㉢　　　　　　　　　　　　④ ㉣㉢㉡㉠

> ✔해설　㉢ 오스트랄로피테쿠스→㉡ 호모 에렉투스→㉣ 호모 네안데르탈렌시스→㉠ 호모 사피엔스 순서이다.

2 다음 아래에 있는 문명들의 공통점으로 적절하지 않은 것은?

> • 메소포타미아 문명　　　　　　　 • 인도문명
> • 중국문명　　　　　　　　　　　　• 이집트문명

① 큰 강 근처에서 발생했다.　　　　② 기후가 따뜻하다.
③ 사유재산 개념이 있다.　　　　　 ④ 농업이 처음으로 시작되었다.

> ✔해설　4대 문명은 강가 유역에서부터 발생하였다. 또한 4대문명으로 성립되기 위해서 문자가 필요하며, 사유재산 개념이 명확하게 있어야 했다. 기후가 따뜻하고 강가 근처에 위치해서 농업에 유리했다.

Answer　1.①　2.④

3 다음 글에서 설명하는 나라로 적절한 것은?

> 홍무제가 난징에 건국한 제국이다. 몽골을 처치하고 건국한 이 나라에서 홍무제는 한족의 문화
> 회복을 위한 정책을 세웠다. 이후에 영락제는 자금성을 건설하며 통치하였다.

① 송나라　　　　　　　　　　　　　② 명나라
③ 수나라　　　　　　　　　　　　　④ 당나라

> ✔해설　원나라 말기에 몽골을 축출하고 세워진 국가이다. 홍무제가 반원세력을 모아서 명나라를 난징에 건국하였
> 고, 영락제는 황권을 강화하기 위해 자금성을 건설하고 베이징으로 천도하였다.

4 중국의 민족운동에서 제일 먼저 일어난 것으로 적절한 것은?

① 변법자강운동　　　　　　　　　　② 양무운동
③ 태평천국운동　　　　　　　　　　④ 신해혁명

> ✔해설　태평천국운동(1851 ~ 1864) → 양무운동(1861 ~ 1895) → 변법자강운동(1898) → 신해혁명(1911) 순서이다.

5 '군주는 명망을 좇는 자가 아닌 국가의 공복'이라고 말했다. 관료제 확립과 내정을 개혁하였으며,
오스트리아와의 전쟁으로 영토를 확장한 대표적인 계몽 전제 군주는?

① 프리드리히 2세　　　　　　　　　② 요제프 2세
③ 루이 14세　　　　　　　　　　　④ 엘리자베스 1세

> ✔해설　프리드리히 2세는 프로이센의 절대왕정 시기에 3대 왕이다. 계몽 전제 군주로 근대화를 추진하였고, 오스
> 트리아와 왕위계승전쟁과 7년 전쟁을 통해 프로이센을 강대국으로 도약시켰다.

Answer　3.②　4.③　5.①

6 제1차 세계대전과 관련이 없는 것은?

① 미국에서 경제 대공황이 발생한다.
② 사리예보 사건의 발생 계기이다.
③ 러시아의 3월 혁명이 발발하게 되는 배경이다.
④ UN이 창설된다.

✔해설 UN은 2차 세계대전 이후에 창설된다.

7 아래에서 설명하고 있는 인물은?

> 1889년에 태어나서 1945년에 죽음을 맞이한 인물이다. 독일의 총통이였고, 1당 독재를 하였다. 게슈타포를 통해 전 국민을 감시하였으며, 독일·이탈리아·일본과 방공 협정을 체결한 인물이다.

① 니콜라이 레닌　　　　　　　　　② 아돌프 히틀러
③ 파울 괴벨스　　　　　　　　　　④ 이오시프 스탈린

✔해설 아돌프 히틀러이다. 독일의 총통으로 게슈타포와 친위대가 있는 나치스의 당수였다. 제2차 세계대전 발발 이전에 제3국이 방공협정과 독소 불가침 조약을 체결하였다.

8 다음 문서가 작성된 시기에 있었던 일로 옳은 것은?

> 시기 : 1863년 1월 1일
> 국가 : 미국
> 내용 : 반란상태에 있는 노예들을 해방한다. 해방된 노예들에게 폭력을 삼가고 임금을 주고 흑인에게 연방 군대에 자유롭게 참가할 기회를 준다.

① 보스턴 차 사건이 발생하였다.
② 독립 선언문으로 근대 민주주의의 원리가 적혀져있다.
③ 미국 남북전쟁의 승리의 배경이 된다.
④ 동양과 원활하게 교류하기 위해 선언하였다.

✔해설 링컨의 노예 해방 선언이다. 미국의 남부와 북부의 갈등과 전쟁으로 남부지방에 에이브러햄 링컨이 노예 자유 선언을 발표한 문서이다.

Answer 6.④ 7.② 8.③

9 다음 사건의 발생 순서로 옳은 것은?

> ㉠ 차티스트 운동   ㉡ 문화대혁명
> ㉢ 백년 전쟁   ㉣ 청교도 혁명

① ㉠㉢㉣㉡   ② ㉡㉣㉠㉢

③ ㉢㉠㉣㉡   ④ ㉢㉣㉠㉡

 ㉢ 백년전쟁(1337 ~ 1453) → ㉣ 청교도혁명(1642 ~ 1649) → ㉠ 차티스트 운동(1838) → ㉡ 문화대혁명 (1966 ~ 1976)

10 다음과 같은 문화가 발달한 지역에 대한 설명으로 옳은 것은?

> • 소크라테스, 플라톤, 아리스토텔레스가 활약하였다.
> • 일리아드, 오디세이아 문학이 쓰여졌다.

① 올림피아 체전을 개최하였다.

② 미켈란젤로의 다비드상이 만들어졌다.

③ 구제도의 모순이 있었다.

④ 아소카왕 돌기둥이 만들어졌다.

> **해설** 설명한 문화가 발달한 지역은 그리스이다.
> ② 이탈리아
> ③ 프랑스
> ④ 인도

Answer 9.④ 10.①

PART

04

윤리

01 윤리학

✖ 소피스트(Sophist)

소피스트는 원래 현인(賢人 : 현명한 사람)을 뜻하는 용어였으나, 돈을 받고 싸움에 이기는 기술(말싸움) 등을 가르치면서 변질되기 시작한다. 소피스트들은 기존의 만물의 원리에 대해 탐구하던 철학자들이 저마다 자신의 주장만 옳다고 주장하고, 알맞은 해답을 찾지 못하자 인간이 가진 이성에 대해 의문을 품기 시작하고, 결국 절대적인 진리는 없다는 식의 상대적 진리관을 선택한다.

✖ 상대주의

상대주의적 진리관을 택한 소피스트 중 프로타고라스(Protagoras)의 경우 '인간은 만물의 척도다(Homo Mensura)'란 말로 유명하다. 결국 인간 모두에게 공통적 규범은 존재하지 않는다는 의미를 내포하고 있다. 회의주의적 진리관을 택한 소피스트 중 고르기아스(Gorgias)는 "아무것도 존재하지 않는다, 존재한다 하여도 이해되지 않는다, 이해된다 하여도 남에게 전할 수가 없다."는 말을 남긴다. 영원히 존재하는 것은 없고, 인간의 능력이 부족하기 때문에 각자가 보는 바가 모두 다르다고 생각하기 때문에 이 세상에 존재하는 것에 대한 확신이 없다고 주장하게 된다.

✖ 인간의 본성

① **인간의 동물적 본성** : 인간이 가진 가장 강력한 본능은 '생존'에 대한 본능과 '후세'를 만들기 위한 본능으로 생존과 종족 보전의 욕구가 가장 강하다. 다윈(Charles Robert Darwin)은 '진화론'에서 인간도 생물체가 진화한 산물이므로 동물의 본성을 가지고 있다고 주장하였다. 이런 관점은 서양의 헬레니즘 시대에 존재했던 에피쿠로스학파에서도 찾을 수 있다.

② **인간의 이성적 본성** : 인간이 가진 동물과 가장 다른 점은 바로 '이성'을 가졌다는 것으로 이는 단순한 판단과 훈련에 의한 것이 아니라 자신을 둘러싼 주변에 대해 생각하는 힘을 뜻한다. 이것은 외부자극에 대해 판단하고, 반응할 수 있는 능력으로 인간 사회를 발전시켜 온 원동력으로 도구를 사용하는 것, 명예와 권력에 대한 욕구 등이 동물에게는 없는 인간의 특징이다. 이런 관점은 서양의 경우 소크라테스, 플라톤, 아리스토텔레스에게로 이어져 헬레니즘시대의 스토아학파에서도 찾을 수 있다.

인간의 특성

① **도구적 존재** : 인간은 다른 동물에 비해 많이 부족한 능력을 가졌지만 도구와 기계 등으로 자신의 부족한 능력을 보완하는데, 이런 인간의 특성을 도구적 존재라 한다.

② **유희적 존재** : 유희(遊戲)는 단순히 '노는 것'이 아니라 창조적인 활동으로 인간은 삶의 재미를 위해 여러 가지 활동을 한다. 높은 산에 오르거나 철인 3종 경기 등의 인간 극한에 도전하는 것과 같은 일들은 인간의 삶에 활력을 주는데, 이런 활동을 즐기는 인간을 유희적 존재라 한다.

③ **사회적 존재** : 인간은 홀로 살아가기에는 부족함이 많은 존재이다. 집을 짓거나, 사냥을 하거나 그 외의 다양한 활동 중에서 혼자 할 수 있는 것은 많이 없기 때문에 어쩔 수 없이 주변과 협동을 해야 하는데 이처럼 사회 속에서 살아가야만 하는 인간을 사회적 존재라 한다.

④ **문화적 존재** : 인간은 언어나 문자 등으로 자신의 지식을 후세에 전해주는데 이처럼 인간만이 다음 세대를 위해서 다양한 지식과 규범을 전수하는 것을 문화적 존재라 한다.

⑤ **윤리 · 도덕적 존재** : 인간은 이성을 가진 존재이기 때문에 충동에 의해 행동하기보다는 행동 전에 생각을 하고 그 이후에 자신을 되돌아보는 행위를 하게 된다. 이처럼 자신을 되돌아보는 인간을 윤리 · 도덕적 존재라 한다.

유교

① **인간에 대한 기본입장** : 유교에서는 인간을 만물의 영장으로 하늘의 기품과 땅의 형상을 가장 완벽하게 부여받은 중간적 존재이며, 우주 만물의 이치가 인간에게 선천적으로 구비되어 있기 때문에 인간을 선하게 본다. 그러나 사욕(私慾), 육욕(肉慾) 등이 본성을 가려 그 유혹에 넘어가는 수도 있기 때문에 인간은 항상 자신을 억제하고 사람의 도리를 다해야 한다고 주장한다. 결국 인간은 유혹에 넘어가 선한 본성을 잃지 않기 위해 자신을 되돌아보는 수기(修己)와 수양(修養)이 요구되며, 고도의 수양을 쌓은 사람을 '군자(君子)'또는 '성인(聖人)'이라 부른다. 끊임없이 자신을 연마하고, 본래 가진 선한 본성을 유지해야 하기 때문에 유교의 인간관을 윤리적 인간관이라 한다.

② **수양 방법** : 유교에서는 인간 도리를 근본으로 삼는다. 악에 빠졌더라도 선으로 돌아올 수 있는 가능성을 지니고 있는 존재를 인간으로 보는 것이다. 선에 대해 알고 있다면, 자신을 닦는 것(修己)으로 이어지고, 자신을 연마하고 나면 필연적으로 다른 사람을 편안하게 하는 것(安人)으로 이어진다고 보는데 이것이 '극기복례(克己復禮)'이다. 자기를 이기고 기어이 예(禮)로 돌아온다는 뜻이다. 인간은 극기복례를 통해 천인합일의 경지를 개척하지만, 그것이 중단되는 순간에 자연의 섭리에 순응할 수 없게 되므로 끊임없는 수양을 강조한다. 이상적 인간상으로는 '군자'를 말하는데 군자는 도덕이 순수하게 갖추어져 있고, 학문도 뛰어나며, 날로 높은 덕(上達)을 추구하고 인예(仁禮)를 중시하는 사람을 가리킨다.

✖ 불교

① **인간을 보는 기본입장** : 불교에서는 인간의 심성을 본래 맑고 깨끗한 것으로 본다. 그러나 인생의 모습은 무지와 탐욕에 의해 고통(苦)으로 나타난다. 이 고통의 원인을 깨닫고 탐욕을 버림으로써 행복을 누리며, 올바른 삶을 살아갈 수 있다고 생각한다. 불교의 관점에서 바라본 인간 삶의 문제는 고통으로 이 고통은 자신이 본래 가진 불성(佛性)을 깨닫지 못하고 외부의 대상에 대해 욕심을 가지고, 집착하고, 잘 알지 못하기(無知) 때문에 생겨나는 것으로 본다. 불교에서는 인간을 이루는 5가지 요소[오온(五蘊)]를 제시하는데, 색(色), 수(受), 상(想), 행(行), 식(識)이다. 이 중에서 색(色)은 물질적인 것으로 언제든지, 어떤 모습으로든지 변할 수 있지만 이에 반해 수, 상, 행, 식은 정신적인 부분을 구성하는 요소로 변하지 않는다. 수, 상, 행, 식에 의해 만들어진 인간은 본래 맑고 깨끗한데, 색의 작용으로 인간이 고통을 가지게 된다는 것이다.

② **수양 방법** : 모든 인간은 불성을 가지고 있다면 그것을 회복하면 되는 것이나, 실제 인간은 연기(緣起)의 틀 속에 갇혀 있다. 인간이 가지고 있는 오류를 지적하고 그것을 통해 참된 인간성을 발견하고자 하는 것이 '연기'인데, 이것을 깨달으면 고통에서 벗어날 수 있고, 그것이 아니라면 계속 고통에서 살아야 한다.

✖ 대승불교와 소승불교

대승불교는 중생과 함께 하는 대중 불교이자 사회 불교이며, 소승불교는 수행자 자신의 정신세계에만 몰두하여 사회와는 분리된 엄격한 종교성과 개인의 해탈을 강조한다. 미얀마나 스리랑카의 불교가 소승불교이다. 소승불교는 자신만을 위한 불교이며, 오직 자신만의 깨달음을 중시하기 때문에 이상적인 인간상을 제시하지 않는다. 왜냐하면 자신의 불성을 깨닫는 순간 이미 자신은 고통에서 벗어나기 때문이다. 하지만 대승불교는 사회 불교이므로 이상적 인간상으로 '보살'을 제시한다. 보살은 위로는 깨달음을 구하고 아래로는 중생을 가르쳐 자비를 구현하는 부처님과 같은 사람으로서 타인과 관계를 유지하는 하나의 인격이자, 자아의 완성과 사회의 완성을 동시에 추구하는 사람을 보살이라고 이야기한다.

✖ 도교

① **인간을 보는 기본입장** : 도교는 인간과 자연을 구분하지 않으며, 유교처럼 규범적인 측면에서 인간다움을 찾으려 하지 않는다. 다만 인간은 인위적인 부자연스러움 때문에 본래의 모습을 발휘할 수 없다고 본다. 대자연과 하나가 되어 자연의 흐름에 내맡기고 살아가는 것(無爲)이 인간의 이상으로서 여기에 등장하는 '무위(無爲)'는 부질없는 행위를 하지 않는 것, 사람의 힘이 더해지지 않은 본디 그대로의 모습을 이야기하는 것이지 아무것도 하지 않음을 뜻하지 않는다. 거대한 자연 앞에서 그것을 거스르기보다는 그냥 맡기는 것이 도교의 인간관이다.

② **수양 방법** : 도교는 이상적 인간으로 '지인(至人)', '신인(神人)', '천인(天人)'을 제시한다. 자기 육신의 구속을 초탈하여 대자연의 질서에 따라 행동하며, 죽음까지도 의식하지 않고 초연히 세계를 넘어서는 사람이 이상적 인간으로 꼽힌다. 도교에서는 공부(學)와 명상(思)으로는 인간의 본성을 회복할 수 없다고 이야기한다. 다만 '좌망(坐忘)', '무기(無己)' 등의 자신이 가진 선악의 개념과 모든 것을 버리고 자신을 없애는 경지에 몰입하는 방법을 제시한다. '좌망(坐忘)'은 가만히 앉아 자신을 잊는 것을 말하며, '무기(無己)' 역시 자신이 자연의 일부임을 깨닫는 것이다. 자연과 하나 되는 삶을 추구하는 도교의 인간관이야말로 자연적 인간관이라 할 수 있다.

⊘ CHECK POINT   도교와 유교의 차이점 … 도교와 유교는 차이점이 많은데, 유교의 경우 인간에게 도덕적 삶을 적극적으로 강조하며, 강요한다. 유교에서는 인간과 인간이 아닌 것을 구별하고 인간만이 가진 것을 찾아 인간다움을 이야기하는데 반해 도교는 인위적인 노력이 오히려 인간의 자연적인 본성을 해친다고 말하며, 인간과 천지만물이 서로 통할 수 있다고 본다. 인간과 천지 만물이 같이 가지고 있는 공통의 어떤 것을 인간의 본성으로 본다는 점이 가장 큰 차이점이다.

✖ 서양의 인간관

① **그리스도교적 인간관** : 인간을 신의 대리자로 여기면서 신과 같은 모습으로, 자연을 다스릴 수 있는 능력이 있는 존재로 표현하고 있다. 즉, 자유의지와 창조능력을 가지며 문화를 창조하고 도덕적 책임이 있는 존재로 본다. 여기에서 주목해야 할 부분은 인간과 자연을 2개로 나눠 생각하고 있는데 인간을 자연보다 존엄하다고 생각하며, 인간을 자연을 이용할 권리를 가진다는 것이다. 인간과 자연을 하나로 생각하는 도교의 인간관과는 아주 큰 차이가 있다.

② **이성적 인간관** : 고대 그리스 이후 서양은 인간이 환경이나 자기 자신에 대해서 알며 생각하는 힘인 '이성'을 가지고 있다고 믿어왔다. '이성'은 형식적인 관계에 대한 능력으로 개념과 명제들을 논리적으로 연결시킬 수 있는 분석적 판단능력, 논증 과정을 거치지 않고 진리를 바로 인식하는 직관능력, 선악과 진위를 판단하는 능력, 감각과 대조되는 인간의 자각능력 등을 모두 포함하는 말이다. 이런 이성의 작용으로 인해 우리들은 직접적이고 일차적인 감각이나 감정의 차원에서 벗어나게 되며, 이성이 외부자극에 대해 창조적으로 반응할 수 있게 해주므로 인간은 학문과 제도, 기술 등을 발전시킬 수 있게 되었다. 이후 이성중심의 인간관은 합리주의적 인간관으로 발전한다.

③ **합리주의적 인간관** : 합리주의적 인간관은 이성 그 자체가 인간의 생존을 위한 도구로 자연을 이용하는 권한을 가진다고 본다. 이성은 인격과 조화될 수 없으며, 이는 비인간적이고, 정복 지향적인 인간관으로 발전하게 된다. 합리주의적 인간관은 이성적, 논리적, 필연적인 것을 중시하는 대륙의 합리론으로 발전하게 된다.

✖ 한국의 인간관

① **홍익인간** : '홍익인간'의 인간관은 널리 인간을 이롭게 한다는 의미로 인간애의 실천이라는 전통윤리의 기본 흐름을 보여주며, 단군신화에서 그 연원을 찾을 수 있다. 단군신화의 내용은 풍요로운 삶과 선량한 인심, 화평한 풍속의 사회를 추구하는 인도적인 이념과 윤리의식을 잘 나타내고 있으며 '천지조화'라는 묘합(妙合)의 원리를 토대로 하고 있다. 홍익인간에는 먼저 다른 사람을 널리 이익되게 하기 위해서는 자기의 불편이나 괴로움을 참을 수 있어야 하고, 윤리의 기준을 다른 사람을 먼저 위하는 데 두고 있다. 또한 홍익인간에는 균등한 마음이 들어 있는데 지위의 고하(高下)나 남녀의 성별, 귀천에 관계없이 모든 사람을 똑같이 대하고 있다. 마지막으로 홍익인간에는 협동심을 바탕으로 하는 평화애호 정신이 깃들어 있다. 서로 공존할 수 있는 협동심은 상대방의 가치를 인정할 뿐 아니라 상대방과 운명을 같이 하고자 하는 정신으로 여기에는 차별과 경쟁 등이 있을 수 없다. 이런 점은 유교의 수기안인(修己安人), 불교의 보살행과 같은 맥락에 있다.

② **불교적 인간관** : 불교에서는 앞서 살펴본 바와 같이 인간은 내적으로 불성을 지닌 존재이므로, 모두 존귀하고 평등한 존재라 본다. 서로 다른 의견이 있더라도 화(和)를 통해 조정할 수 있으며, 인간은 끊임없는 수행을 통해 자기 자신의 참모습을 깨닫고 그 희열을 유지할 수 있다고 주장한다. 화합(和)이 바로 한국 불교의 특징으로서 이에 따라 통일신라 원효대사는 '화쟁(和諍)'을 중시하였고, 고려시대 지눌은 '오수(悟修)'를 중시하였다.

③ **성리학적 인간관** : 성리학에서는 인간 본성을 지극히 착하고 순수(至善)한 것이라 보며, 본성은 육체적 욕망 때문에 선악의 기로에 서게 되고, 악의 유혹에 빠질 가능성이 있으므로, 때를 씻어내기 위해 부단히 공부하고 수양을 게을리하지 말아야 함을 강조하면서 극기복례(克己復禮)를 주장한다.

✖ 실학적 인간관

① **기본입장** : 조선 후기 새로운 학문의 경향인 실학에서는 인간을 자연 앞에서 홀로 존재하는 자율적 인격의 주체로 본다. 주체적인 인간은 누구나 평등하게 자신의 욕구를 표현하여 충족시켜 나가는 존재로 성리학의 자연과 인간이 하나라고 하는 주장과는 완전 반대되는 사상이다.

② **정약용** : 실학자 정약용은 '우주의 기'와 '인간의 혈기(血氣)'를 엄격하게 구분하여 인간을 '혈기(血氣) 적이고, 현실적인 존재'로 본다. 인간을 생명 있는 욕구체로 구체적인 자연인의 상을 제시한다. 정약용은 인간의 성을 '기호(嗜好)'로 설명하여 인간의 실체를 생리적 욕구체계로 파악하는 것이 실학적 인간관의 특징이다. 이런 특징은 '위민민본(爲民民本)'의 개혁 사상으로 발전하게 되며, 이는 기존 성리학의 체제에 대한 정면도전으로 조선 후기 근대적 요소를 보여주는 하나의 예가 되기도 한다.

✖ 정명(正名) 사상

공자 사상의 핵심으로 자신이 맡은 직분에 따라 충실해야 한다는 것을 말한다. 학생이라면 학생답게, 선생이라면 선생다움이 그 예라 할 수 있다.

✿ 동학의 인간관

① **기본입장** : 조선 말 수운 최제우에 의해 성립된 동학은 사람은 누구나 하나가 될 수 있으며, 무궁한 존재가 될 수 있음을 주장한다. 최제우의 경우 '하느님을 모시면 조화가 저절로 얻어지고, 하느님을 길이 잊지 않으면 모든 것이 저절로 깨달아 진다'고 주장하며, 모든 사람들이 하느님을 모실 수 있으며, 하느님의 뜻을 깨달아 하느님과 한 몸이 되어 하느님의 뜻을 잊지 말라는 것으로 신비적 경지를 의미한다. 이런 동학은 구체적인 생활 원리로 박애, 평등의 인간관을 제시하고 있다.

② **영향** : 인내천의 본질은 인간이 우주 내에서 최고의 지위를 차지하고 가장 구체적인 성격과 소질을 소유한 존재로 우주 본성의 구체적인 표현이므로, 인간 이상의 신(神)을 세울 필요가 없으며, 인간이야 말로 최고의 존재로 섬겨야 하고, 나아가 '내 마음이 곧 네 마음(吾心卽汝心)'이라는 인간 평등주의의 내용이 잘 드러나고 있다. 이런 동학은 최제우의 '시천주(侍天主)', '오심즉여심(吾心卽汝心)' 사상은 2대 교주 최시형에 가서 '사인여천(事人如天)'으로 발전하며, 3대 손병희 선생에 가서 마침내 '인내천(人乃天)' 사상으로 굳어지게 된다.

✿ 개인주의와 전체주의

개인주의는 개인만이 궁극적인 가치를 가지며, 국가 · 조직 · 이념 등 나머지 것들은 모두 자체로서 의미를 가지지 않고, 오직 개인의 행복을 증진시키는 수단의 의미만 지닌다. 전체주의는 국가가 개인들의 집합이 아니라 독자적인 가치를 지닌다. '국가'라는 이름 아래 더욱 큰 힘을 발휘하는 존재로 변할 수 있음을 말하는 것으로 개인의 자유와 권리는 국가 전체를 위해서는 희생될 수도 있는 상황을 전제하고 있다.

✿ 자유주의

① **기본입장** : 자유주의는 집단의 통제보다 개인의 자발성을 우선시하고, 국가와 사회제도는 개인의 자유를 보장하고 꽃피우기 위해 존재한다고 보는 입장이다. 개인의 권리를 침해한다면 국가와 사회제도 역시 존재하지 않는 편이 더 좋다는 것이다. 오직 개인의 기본권(자유와 평등, 소유권)을 더 잘 발휘하기 위해 만들어진 것이 '국가'라 본다.

② **자유주의의 기본원리** : 자유주의의 개인이 가진 가능성을 실현하는 데 중점을 두고 있다. 이런 자유주의의 기본 원리를 나열해보면 첫째, 개인의 자유보장, 둘째, 인간의 사회적 평등, 셋째, 독립심의 원리, 넷째, 비판과 관용 등의 개념들이 도출된다. 이것들의 공통점은 모두 개인이 기준이 된다는 것이다. 따라서 가장 먼저 개인의 기본권 보장이 전제되어야 한다.

✿ 법칙론적 윤리설

법칙론적 윤리설은 의무를 강조하는 윤리설로서 행위를 도덕적으로 바르다고 하는 것은 결과가 좋기 때문이 아니라 그 행위가 가진 속성 때문이라고 주장한다. 법칙론적 윤리설로 유명한 학자는 '칸트(Kant)'가 있다.

�֍ 민주주의

민주주의는 17 ~ 18세기에 진행된 3대 혁명(프랑스 혁명, 미국 독립 혁명, 명예혁명)을 통해 자유주의와 결합하게 된다. 민주주의(Democracy)는 그리스어로 국민 혹은 인민을 뜻하는 'Demos'와 지배 혹은 권력을 뜻하는 'Kratos'의 합성어로 국민에 의한 지배를 의미한다. 이에 따라 민주주의는 인민이 권력을 가지는 동시에 권력을 스스로 행사하는 것을 의미한다. 이것은 국민 주권의 정치이며, 그 원리가 표현되는 정치 형태를 포괄하는 개념으로 사용된다.

✖ 사회주의

사회주의는 사회중심의 인간관으로 사회주의는 플라톤의 이상사회, 초기 크리스트교, 토마스 모어의 유토피아에서 그 기원을 찾을 수 있다. 플라톤의 이상사회에서 제시된 통치자들(철학자)의 재산 공유와 국가에 의한 공동 양육, 크리스트교의 공동 작업을 통한 소박한 사회에 대한 꿈, 유토피아의 공동 생산과 분배제도의 기초를 공유제를 강조한 점 등이 사회주의 사상의 기원을 이루고 있다.

✖ 민족주의

사회적 삶의 기본단위로서 다른 어떤 단위보다 앞서 민족을 으뜸으로 생각하는 정치 이념이다. 민족주의는 자유주의 시대에는 '국민주의'의 성격이 강했고, 이후 제국주의 시대에는 국가주의적 성격이 짙었으며, 반식민주의 시대에는 저항적 민족주의의 성격이 짙다. 민족주의는 여러 사상과 시대 분위기와 합쳐지면서 다양한 모습의 사상으로 나타나게 되었고, 인간을 국민으로 만들었고, 이들을 국가에 충성하는 인민으로 변화시켰고, 자신을 억압하는 다른 존재에 대해 대항하는 모습으로 만들기도 했다.

✖ 도가

도가에서 주장하는 이상적인 사회의 모습은 '소국과민(小國寡民)'이다. 한자를 그대로 옮겨보면 '작은 국가 적은 국민'으로서 작은 규모의 사회는 인간의 자유로운 삶을 제약하는 예(禮)와 같은 인위(人爲)가 상대적으로 적을 수밖에 없다. 이런 사회야말로 자연의 흐름에 맞춰 무위(無爲)의 삶을 살 수 있는 사회로 무위(無爲)에 의해 인간 본연의 본성을 회복할 수 있다고 본다.

✖ 법가

법가에서는 부국강병(富國强兵)을 이상적인 국가의 모습으로 보고 있다. 한자를 그대로 옮겨보면 '부자나라 강한 군대'로서 이는 인위적인 요소가 많이 작용한다. 생산량을 늘리기 위해 많은 제도와 강한 군대를 기르기 위한 많은 훈련만이 이상적인 국가를 만들 수 있다고 본다.

유가

유가에서 주장하는 국가이론은 활국구민(活國救民)으로 한자를 그대로 옮겨보면 '나라를 일으켜 백성을 구제한다.'는 뜻이다. 이는 도가의 무위적인 것을 배제하고, 법가의 강제도 부정하는 중용의 상태를 말한다.

정복설

국가를 집단생활에 따르는 권력 지배 현상으로 본 것으로 사회를 적자생존과 약육강식의 원칙으로 지배해야 함을 말한다.

도덕주의

국가를 공공선(公共善)을 추구하기 위해 창출된 제도적 장치로 보고 도덕적 행위를 최고 기관으로 생각하는 것을 말한다.

이상주의

이성과 양심을 바탕으로 국제 관계를 해결할 수 있다고 보는 것으로 너무 이상적이어서 실현 가능성이 떨어진다.

인권

인권이란 인간의 가치와 존엄성이 침해되는 상황을 정의롭게 개선하려는 인간의 부단한 노력으로 형성되고 발전되어온 개념이다. 인권은 모든 사람은 성별, 연령, 인종, 피부색, 출신민족, 출신지역, 장애, 신체조건, 종교, 언어, 혼인, 임신, 사회적 신분, 성적지향, 정치적 또는 그 밖의 의견 등에 관계없이 인간으로서의 존엄성을 가진다는 가치에서 비롯된 것이다. 대한민국 헌법도 제10조에서 '모든 국민은 인간으로서의 존엄과 가치를 가지며, 행복을 추구할 권리를 가진다. 국가는 개인이 가지는 불가침의 기본적 인권을 확인하고 이를 보장할 의무를 가진다.'고 선언하고, 이하 제37조까지 평등의 원리, 자유권, 참정권, 사회권, 청구권 등을 규정하고 있다.

상대론적 윤리설

지역이나 국가마다 관습과 문화가 다르기 때문에 도덕규범은 특정 지역에서만 효력을 발휘한다는 것을 말한다. 이 때문에 고정된 윤리가 없다는 시각이 상대론적 윤리설이다. 상대론적 윤리설은 고대 그리스의 소피스트(Sophist)에서부터 시작되어 쾌락주의자인 에피쿠로스, 공리주의자인 벤담, 밀을 지나 현재까지 이어지고 있다. 오히려 현대사회에서 강화되고 있는 경향이 있는데 그 이유는 급격한 사회변동 때문이다. 문화상대주의는 도덕적 책임의 근거나 기준은 그 사회의 문화에 기반을 두고 있으므로, 자신의 관점을 대입해서는 안 된다는 것이다. 개인적 상대주의 또한 도덕적인 옳고 그름은 개인적으로 다르다는 것이다.

✖ 인간 존중사상
① **고조선시대** : "널리 인간을 이롭게 한다."는 홍익인간 사상에서 인간 존중사상을 엿볼 수 있다.
② **동학** : 사람이 곧 하늘(人乃天)이며, 하늘의 마음이 곧 인간의 마음(天心則人心)이라는 것은 모든 사람은 평등하기 때문에 귀천이 없다는 것을 의미한다. 즉 동학에서의 인간 존중은 평등이라는 의미와 같다.
③ **예수** : "네 이웃을 네 몸과 같이 사랑하라."
④ **석가모니** : 자비정신, 즉 다른 사람을 가엾게 여겨 사랑하는 것을 통해 인간 존중사상을 알 수 있다.
⑤ **천부인권설** : 인간은 인간답게 살기 위해 필요한 것으로서, 어느 누구도 침범할 수 없다는 당연히 인정되는 기본적 권리이다.

✖ 규범
규범은 인간이 사회생활을 하는 데 있어 구속되고, 기준으로 삼아야 하는 것을 말한다. 우리 주변에는 십계명 등과 같은 종교규범, 관혼상제 등의 관습, 나쁜 짓을 하면 안 된다는 도덕규범, 태어난 지 한 달 이내에 출생신고를 해야 한다는 등의 법 규범 등이 있다. 다양한 사회규범의 경우 특수한 지역에서 받아들여지는 사회규범이 있다. 반면 모두가 지켜야 하는 사회규범도 있다. 또한 규범을 어기면 처벌을 받는 규범과 그렇지 않은 규범으로도 나눠진다. 법 규범의 경우 지키지 않았을 경우 처벌을 받는다. 반면 도덕규범의 경우 양심의 가책에서 멈추는 경우도 있다. 모든 규범을 다 지킬 수는 없지만 모두가 규범을 어긴다면 사회는 금방 혼란스러워질 것이다. 이 때문에 도덕규범과 생활의 편리를 위한 규범들이 합쳐져 법 규범을 만들었다. 따라서 법은 최소한의 도덕이라 말한다.

✖ 절대론적 윤리설
절대론적 윤리설은 시간과 공간을 초월해 보편적인 도덕기준이 있음을 말하는 것이다. 이 관점은 보편적 도덕원리의 기준을 어디에 두느냐에 따라 목적론적 윤리설과 법칙론적 윤리설로 나뉜다.

✖ 다문화사회에서의 사회통합정책
① 이민자들의 인간으로서의 기본권을 보장
② 종교적 · 정치적 · 문화적 · 인종적 차이에 따른 차별과 불평등문제를 해결하는 제도적 장치의 마련
③ 여러 인종과 문화가 함께 공존할 수 있는 방안을 모색
④ 일반시민을 대상으로 하는 다문화교육

✖ 올바른 윤리관 확립
① 일과 직업에 대한 소명의식과 직업관
② 사회 성원으로서의 역할 지향적 직업관
③ 성취 지향적 직업관
④ 미래 지향적 전문 능력 중심의 직업관

윤리의 존재이유

① **필요성** : 윤리는 행동을 규제하는 기준으로서 인간은 다른 동물과 다르게 도구를 사용하는 힘과 생각하는 능력인 이성을 통해 사람들에게 많은 해를 끼칠 수 있다. 하지만 이성으로 이를 자제할 수도 있으며, 인간은 자유의지가 있으므로 이런 행동이 가능하고, 인간의 자유의지로 인해 윤리가 필요하다.

② **개인의 목표와 공동체의 목표** : 개인은 각각 자신이 속한 사회를 통해 인생의 목표를 달성하려고 한다. 그러므로 사회가 어떤 목표를 가지고 있는지에 따라 개인의 목표에도 영향을 준다. 반대로 개인은 각각 자신이 속한 사회가 더욱 더 풍요롭게 되기를 바라며 경제적으로든, 정치적으로든 지금보다 더 풍요로워지길 바란다. 그 이유는 바로 사회가 풍요로워질수록 자신의 이상을 펼치는데 도움이 되기 때문이다. 이처럼 개인의 목표와 공동체의 목표는 서로 연결 관계에 있다.

윤리학이 다루어야 하는 문제

① **바람직한 삶** : 윤리학이 다루는 개인적 문제는 "어떻게 하면 인간은 좀 더 바람직하게 살 수 있는가?"에 대한 개인의 목적을 밝히는 것이다. 칸트는 "인간의 가장 위대한 임무는 어떻게 인간이 만물 중에서 그가 차지하고 있는 지위를 합당하게 실현할 것이며, 또한 그가 인간답게 존재하기 위해서 어떻게 되어야 할 것인가를 올바로 이해하는 것이다."라고 하였다. 바람직한 삶을 설계하려면 첫째, 자기의 소질을 충분히 개발해야 한다. 모든 사람이 같은 직업, 같은 능력을 가진 것이 아니기 때문에 자신에게 가장 적합한 일을 해야 한다. 둘째, 현실 여건을 객관적으로 고려해야 하며, 자신이 처한 상황을 잘 이해해야 한다.

② **바람직한 사회** : 어떠한 사회가 바람직한 사회인지 밝히는 것은 윤리학의 중요한 문제로 바람직한 사회는 정의로운 사회이다. 여기서 말하는 '정의'는 경제문제이다. 얼마나 공평하게 사회재화를 나누는 것에 대한 내용으로서 인간의 생존과 욕구충족이 가능해야 한다. 최소한 굶어죽는 사람이 없어야 한다는 것이다. 또한 경제문제에 주체성과 자율성이 보장되어야 바람직한 사회라 말할 수 있다.

도덕 판단

우리는 늘 선택의 상황에 있으며 이 선택을 위해서는 판단이 필요하다. 판단에는 크게 '좋다, 나쁘다'와 '옳다, 그르다'로 나눌 수 있는데, 좋음과 싫음은 개인 취향의 문제이다. 그러므로 객관적으로 판단할 수는 없으나 옳음과 그름은 객관적인 기준에 맞추어 판단할 수 있다. 그렇기 때문에 도덕 판단의 기준이 된다. 또한 '~이다', '~가 아니다' 등은 사실에 대한 판단이므로 사실판단이다. 그러나 '~해야 한다', '~해서는 안 된다' 등은 도덕 판단에 해당한다.

목적론적 윤리설

목적론적 윤리설은 말 그대로 우리에게는 지켜야할 어떤 목적이 있음을 말하는 것이다. 그리고 그 목적을 지키기 위해 최선을 다해야 함을 주장한다. 이때의 목적은 이미 주어져 있는 특징을 가지므로 행위의 동기보다 결과를 중요하게 생각한다. 대표적인 학자는 플라톤과 아리스토텔레스가 있다.

규범윤리학

규범윤리학은 도덕이론을 연구하며, 도덕원리를 합리적으로 정당화할 수 있는 기반을 구축하는 역할을 한다. 규범윤리학은 도덕적인 규범을 인생의 길잡이로 설정하기 때문에 당위와 관련이 있다. '당위'는 우리가 '해야만' 하는 것들로 사람들에게 보편적인 기준이나 원리를 제시하고자 하는 것이 바로 규범윤리학의 목적이다.

이모티비즘

이모티비즘은 '살인을 하면 안 된다'는 도덕 판단의 경우 같이 말하는 사람의 감정을 표출하거나 듣는 사람의 감정을 일으키는 구실을 할 뿐 참과 거짓을 가질 내용을 담고 있지 않다고 보는 관점이다. 도덕개념을 감정 내지 주관적 정서의 상태로 파악한 것으로 도덕개념을 형성하는 기반이 개인적인 감정인 한 도덕 판단은 결국 객관적 타당성을 갖거나 절대적인 가치를 포함하는 것이 아니며 상대적 가치를 갖는 것이다. 결국 윤리학은 존재하지 않다고 생각하는 관점이다.

메타윤리학

도덕 판단에 대한 언어적 탐구, 도덕 판단과 사실판단에 대한 분석적 탐구가 시작되면서 '윤리학이 하나의 학문으로 인정받을 수 있는가?'에 대한 문제가 20세기에 들어와 생겨나게 된다. 영국의 분석철학자인 에이어(Ayer)는 「도덕적인 판단의 분석에 관하여」라는 논문을 발표하면서 윤리이론은 '사람들에게 어떤 도덕적 판단을 해야 한다고 암시하는 것이 아니라 사람들이 도덕적 판단을 할 때 무엇을 하고 있는가를 보여주려는 시도'라 말한다. '어째서 선행을 해야 하는가?', '어째서 살인을 하면 안 되는가?'와 같은 질문을 하고, 이에 대한 대답을 요구하는데 대표적인 메타 윤리학자인 무어는 정직하게 사는 사람이 행복하게 산다는 사실의 예를 아무리 들더라도 정직하게 살아야 한다는 당위를 증명할 수 없다는 '자연주의적 오류'를 말하기도 한다.

헤어

헤어는 도덕 판단의 보편화가능성과 규제성에 주목한다. 도덕 판단이 보편적으로 적용될 수 있다면 어떤 생각 아래 일어나는 행위일 수 있다. 또한 규제성을 가지고 있다면 도덕 판단 순간 어떤 행동을 하도록 강요하는 의미가 있다고 생각할 수 있다. 당위의 기본적인 요소인 보편성과 규제성이 가능하다면 규범윤리학도 학문으로 성립이 가능하다는 주장을 한다.

고대 및 중세의 자연관

플라톤 이후 서구 사상은 이원론적 사상이 주를 이루었다. 플라톤은 세계를 이데아와 현상세계로 나뉜다. 이데아의 세계는 사물의 본 모습이 있는 진실하고 영원한 세계이며, 현상의 세계는 이데아의 모습을 모방한 형태에 불과하다고 생각했다. 플라톤 이후 중세 그리스도교를 거치면서 서구 사회는 지속적으로 이데아와 현상계, 인간과 신, 인간과 자연 등의 이분법적인 세계관을 지속한다.

사회윤리학

20세기 이전의 윤리학은 개인과 사회의 문제에 관심을 크게 두지 않았다. 시대적 상황이 개인과 사회의 문제에 관심을 두기에는 아직 무르익지 않았기 때문이다. 그러나 현대사회에 오면서 개인의 문제가 사회문제로 커지기도 하고, 사회문제가 개인에게 영향을 미치는 등 상호관계가 커지면서 사회윤리학적 시각이 부각되기 시작하는데, 사회윤리학은 사회적 자원의 분배에 주목한다. 정의로운 사회가 어떤 사회이고, 사회를 정의롭게 만들기 위해 필요한 사항은 무엇인지에 대해 탐구하는 학문이다. 사회윤리학은 배분의 문제에 주목한다. '무엇을 배분할 것인가?', '어떠한 기준에 따라 나눌 것인가?'에 대한 문제가 그들의 주된 쟁점이다.

로버트 노직

로직의 기본적 시각은 '자유'의 권리를 거의 절대적으로 보고, 국가가 개인의 자유를 중요하게 생각해야 하고 분배적 정의에 관여하는 것은 옳지 않다는 관점이다. 역사적 정의 원리를 주장하는 관점인데, 역사적 상황이 중시되어야 한다고 주장한다. 사람들의 과거 여건이나 행동이 재화에 대한 다른 각기 다른 권한과 서로 다른 결과를 산출한다고 주장한다. 죄수를 수감하면 전체적 효용이 증가한다는 이유만으로 그들을 감옥에 보내서는 안 되며, 오히려 죄수를 수감하느냐의 여부는 그들이 재판을 받고 유죄인 것이 밝혀졌다는 역사적 사실에 의존한다는 관점을 보인다.

과학기술의 업적과 결과물

현대사회에서 과학은 필요한 재화를 생산하기 위해 많은 노동력을 투입하기보다는 생산 공정의 자동화로 비용절감과 시간의 절약을 가져왔다. 또한 인간의 노동력이 작용하기 힘든 경우 이를 대신해 위험한 일을 할 수 있도록 도와주는 결과도 가져왔다. 과학기술은 경제적인 풍요로움을 가져왔지만 자연파괴와 환경오염 등의 문제가 나타났다. 환경파괴는 지구온난화로 이어져 곳곳에서 사막화가 진행되고, 빙하가 녹아내려 해수면이 상승했다. 우리나라의 경우도 서울의 대기오염도는 스모그와 산성비 등으로 인해 심각한 수준에 올라와 있다.

근대적 자연관

계몽주의 시대에는 인간의 도구적 이성을 긍정하고, 인간 능력으로 자연의 모든 것을 이용할 수 있다는 믿음을 가지게 되면서 인간은 자연을 정복하기 시작한다. 인간에게는 이성이 있으므로, 이를 통해 수동적인 자연을 지배할 수 있다고 생각한다.

문화상대주의(文化相對主義)

문화상대주의의 상대주의는 절대적인 진리는 있을 수 없으며 어떤 입장도 그 나름대로 옳다고 주장하는 입장이다.

❋ 서구적 자연관의 특징과 문제점

① 특징 : 데카르트는 동물은 하느님이 창조한 기계에 불과하다는 '동물 기계론'을 주장하였고, 라 메트리는 「인간기계론」에서 인간은 동물과 마찬가지로 기계에 불과하여 인간의 정신은 뇌의 물질적인 작용에 불과하다고 보았다. 인간과 자연을 기계론적 관점에서 이해하고, 인간의 이성을 이용하여 인과법칙을 밝혀냄으로 자연을 정복하고, 이용하는 일이 정당하다고 본 것이다.

② 한계 및 문제점 : 근대적 사유는 자연현상을 단순하고 일반적인 인과법칙으로 환원시켜 재구성함으로써 자연현상이 가진 다양하고 복합적인 모습을 무시한다. 단순하게 일반화된 자연은 구체적인 인간이 직접 경험한 것이 아닌 해석된 자연이기 때문에 있는 그대로의 자연을 설명하기에는 부적합한 것이 된다. 추상적이고 일반화된 이론이 구체적이고 생생한 인간의 경험보다 진리인 것으로 믿게 되는 오류를 범하며, 이런 한계는 자연의 복잡성을 제대로 파악하지 못하는 문제점을 초래하게 된다. 근대적 사유 구조는 자연을 기계적 운동으로 파악함으로 자연의 본래적인 가치를 배제하며, 인간과 자연의 이분법에서 등장한 인간 중심주의는 자연을 인간의 착취 대상으로 생각하게 된다. 이를 통해 자원에 대한 무분별한 남획과 개발이 진행되었고, 이 결과 환경오염과 자원의 고갈이 일어난 것이다.

❋ 기술결정론

기술결정론은 과학기술의 발달이 현재의 환경위기를 낳았지만 이 위기는 과학기술을 더욱 발전시킴으로 인해 해결할 수 있다고 보는 관점이다. 이들에 따르면 인간이 환경오염방지를 위해 세심한 관리만 할 수 있다면 자신의 목적에 알맞은 자연환경을 조성할 수 있고, 그 수단 역시 과학기술로 가능하다는 낙관론에 해당한다.

❋ 사회결정론

환경위기가 무엇보다도 자본주의 사회에서 이윤을 추구하는 경향 때문에 생긴 것이라 보는 입장이다. 자본주의 사회에서는 많은 이윤을 남기기 위해 환경오염은 어느 정도 무시하더라도 무제한적인 생산을 해왔다. 이들은 기업이 이윤을 추구하지 않을 수 없는 자본주의 사회가 환경오염의 주범이며, 이를 해결하기 위해서는 자본주의 사회를 사회주의로 만들면 된다는 입장을 취한다.

❋ 기술결정론과 사회결정론의 문제점

환경위기를 과학기술이 해결할 수 있다는 기술결정론은 지나치게 낙관적인 경향이 있다. 또한 사회주의 사회에서 더욱 심각한 환경오염이 있었다는 사실이 밝혀지면서 사회결정론도 많은 비판을 받아왔으며, 환경문제는 단순히 과학기술이나 체계의 측면에서만 접근해서는 해결할 수 없는 복잡한 문제이다. 근본적인 원인은 인간이 자연을 정복의 대상으로 본 것에 있다. 인간과 자연은 상호보완적 관계에 있음을 인지해야 한다.

❈ 생태주의 입장

환경오염을 해결하기 위한 입장으로는 생태주의가 있다. 이에 따르면 인간은 지구의 거대한 생태계의 일부이며, 다른 동식물과 공기, 강, 땅 등 무생물과도 긴밀한 연관관계를 맺고 있기 때문에 자연의 위기가 인간에게도 영향을 미친다고 주장한다.

❈ 쇼펜하우어와 슈바이처의 사상

쇼펜하우어에 의하면 고통을 느낄 수 있는 모든 존재를 윤리적 고려의 대상으로 삼아야 한다고 주장한다. 또한 살아있는 모든 생명에 대한 외경(畏敬)을 주장한 슈바이처 등의 윤리는 인간 중심이 아닌 생명 중심적 윤리관이다.

❈ 가이아 이론

러브록이 주장한 가이아 이론 역시 생명 중심적 윤리관이다. 가이아 이론은 생물, 대기권, 바다, 토양 까지 포함해 지구 전체를 하나의 유기체로 보는 입장으로 이 견해에 따르면 가이아는 세 가지 속성을 가지고 있다. 첫째는 스스로 모든 생물들에게 적합한 환경을 만들어 준다는 것, 둘째는 가이아는 생물처럼 기관을 가지고 있어 신축, 생장, 소멸이 가능하고 역할이 장소에 따라 달라질 수 있다는 것, 셋째는 가이아가 매우 정밀한 자기 제어 시스템처럼 목적을 가지고 조절하는 능력을 가진다는 것이다. 결국 지구가 자체적으로 조절과 균형을 유지하는 유기체임을 강조하고 있다.

❈ 직업윤리의 기본 원칙

① **소명의식** : 소명의식이란 개인적, 사회적으로 의미 있는 일을 발견하여 그것에 헌신하여, 개인적 삶의 목적을 실현하고 사회적으로 의미 있는 일을 하려는 의지로서 자신의 분야에 지식을 쌓고 탐구하고자 하려는 정신을 말한다.

② **사회적 책임** : 사회적 책임은 사회의 일원으로 사회와 환경에 미치는 영향에 대해 책임의식을 말한다. 가령 전문직업인으로서의 과학기술자가 사회 일반과의 관계에서 책임있는 자세로 행동했는지와 관련된 문제가 여기에 해당한다. 이와 관련된 쟁점으로는 공공자금을 이용한 연구에서 연구비를 적절한 용도에 사용했는지의 문제, 공공성에 반하는 산업연구 및 군사연구에 종사하는 과학기술자의 윤리 문제, 과학기술자들이 사회 전체가 직면한 중요한 문제에 관해 책임있게 발언하고 독립적인 조언을 제공할 책임에 관한 문제 등을 들 수 있다.

③ **전문성** : 맡은 업무를 탁월하게 수행하기 위해 해당 업무에 대한 전문적인 기술과 지식을 지녀야 한다는 것으로 막스 베버는 자본주의의 특징으로 금욕주의적 직업윤리, 즉 직업의 천직관과 전문성을 든다.

1 다음 글에서 제시하고 있는 인간의 특성으로 가장 적절한 것은?

> 어린 왕자가 "길들인다는 것이 무슨 뜻이야?"라고 물었다. 그러자 여우가 대답했다. "길들인다는 것은 관계를 맺는다는 거야. 네가 나를 길들이면 우리는 서로 아쉬워질 거야."
>
> 어린왕자가 말했다. "이제 알아듣겠어, 나에게 장미꽃이 하나 있는데, 그 꽃이 나를 길들였나봐. 이제 나의 장미꽃이 있는 별로 돌아가야겠어."

① 도구적 존재
② 사회적 존재
③ 유희적 존재
④ 문화적 존재

✔해설 인간은 사회 속에서 적응하는 사회화 과정을 통해 인간답게 성장한다. 인간은 다른 사람과의 관계 속에서 더불어 살아가는 존재이며 타인의 보호와 도움을 필요로 하는 의존적 존재라고 할 수 있다.

2 다음 중 인간의 특성에 대한 견해로 옳지 않은 것은?

① 인간은 도구적 존재이다.
② 인간은 유희적 존재이다.
③ 인간은 감성적 존재이다.
④ 인간은 문화적 존재이다.

✔해설 인간은 감성적 존재가 아닌 이성적 존재이며, 사회적 존재이다.

Answer 1.② 2.③

3 '인간은 사회적 관계의 총체'라는 말이 갖는 의미를 가장 잘 표현한 것은?

① 집단의 이익이 항상 개인의 이익보다 중요하다.
② 인간은 오랜 진화와 역사의 산물이다.
③ 인간은 사회단계에서 개인단계로 진화한다.
④ 인간은 사회로부터 격리된 삶을 살 수 있다.

> ✔해설 인간은 사회적 관계의 총체라는 말은 인간이 사회와 상호작용을 통해 살아가고, 사회를 벗어나서는 살
> 아갈 수 없음을 말하는 것이다.

4 인간의 이성은 타고나는 것이 아니라 사회화 과정에서 형성된다는 점을 잘 보여주는 사실은?

① 인간은 가족, 학교, 직장 속에서 다양한 인간관계를 맺고 있다.
② 인간은 죽을 때까지 사회를 벗어나지 못한다.
③ 어린이의 사고는 자폐적 단계에서 언어를 통한 의사소통 단계로 발전한다.
④ 인간은 나이가 들수록 자아의식이 강해진다.

> ✔해설 인간의 이성은 사회화 과정에서 형성되는 것이다. 피아제의 어린이 사고발달 단계에 따르면 언어를 통
> 해 의사소통을 하면서 이성을 획득해 가는 것을 말한다.

5 초기 자유주의에 입각한 시민 국가의 이념이 아닌 것은?

① 개인의 자유와 권리 보장
② 사유재산권의 보장
③ 동등한 인권의 보장
④ 사회재화의 보장

> ✔해설 초기 자유주의에 입각한 시민국가는 개인의 자유와 권리 보장, 사유재산권 보장, 동등한 인권의 보장을 목
> 표로 하고 있다. 사회재화는 사회 운영에 필요한 공공재화를 의미한다. 전기, 철도 등이 그 예에 해당된다.

Answer 3.② 4.③ 5.④

6 인간은 동물이면서도 동물과는 근본적으로 다른 존재라고 말할 때 가장 밀접한 관계가 있는 것은?

① 도덕적 존재　　　　　　　　　　② 사회적 존재
③ 문화적 존재　　　　　　　　　　④ 이성적 존재

> ✔ 해설　이성은 인간의 특성으로 동물과 구별되는 인간만의 특징이다.

7 다음은 규범에 대한 설명이다. 바른 것을 묶은 것은?

> ㉠ 규범은 인간 생활에 있어 기준이 되는 것을 의미한다.
> ㉡ 도덕규범으로는 나쁜 짓을 하면 안 된다는 것 등이 있다.
> ㉢ 법 규범은 삶의 지향점을 제시한다.
> ㉣ 종교규범은 전세계 사람들에게 공통적으로 적용된다.

① ㉠㉡　　　　　　　　　　　　② ㉡㉢
③ ㉡㉣　　　　　　　　　　　　④ ㉠㉣

> ✔ 해설　도덕규범은 인간의 행동을 규제한다. 법 규범의 경우 삶의 지향점을 제시하기보다는 인간이 지켜야할 기준을 제시하는 기능이 강하다. 종교규범은 그 종교를 믿는 사람들에게만 적용되는 경우가 대부분이다.

8 다음과 같이 주장하는 윤리적 입장은?

> 　도덕규범과 가치관이 문화권마다 서로 달라 보편타당한 규범과 가치가 없다고 생각한다. 때문에 근본적으로 절대적인 도덕 원칙은 없다고 주장한다. 대신 인간들의 습관 혹은 계약, 합의 등의 필요에 의해서 도덕 법칙이 정해졌다고 생각한다.

① 목적론적 윤리설　　　　　　　　② 회의론적 윤리설
③ 의무론적 윤리설　　　　　　　　④ 상대론적 윤리설

> ✔ 해설　도덕규범은 특정 지역에서만 효력을 발휘한다. 지역이나 국가마다 관습과 문화가 다르기 때문이다. 이 때문에 고정된 윤리가 없다는 시각을 보이는 것이 상대론적 윤리설이다.

Answer　6.④　7.①　8.④

9 인간에게 윤리가 필요한 이유로 가장 적절한 것은?

① 인간은 동물과 같은 존재이기 때문에 윤리가 필요하다.
② 인간은 동물과 다르게 이성이 있지만 그 기준이 될 법칙이 필요하다.
③ 인간은 자유의지를 가지고 있으므로 윤리가 필요하다.
④ 인간은 충동을 억제하지 못하므로 윤리가 필요하다.

> **✓해설** 인간은 이성이 있지만, 자유의지도 가지고 있으므로 윤리가 필요하다.

10 다음은 규범윤리학에 대한 설명이다. 바른 것은?

① 규범윤리학은 사람들에게 보편적인 기준이나 원리를 제시한다.
② 규범윤리학은 윤리학이 하나의 학문으로 인정받을 수 있느냐를 검토한다.
③ 규범윤리학은 도덕 판단보다 사실판단을 더욱 중시한다.
④ 규범윤리학은 에이어로부터 시작되었다.

> **✓해설** 규범윤리학은 사람들에게 보편적인 기준이나 원리를 제시하는 것을 목적으로 하며, 사실판단보다 도덕
> 판단을 중시한다. 윤리학이 하나의 학문으로 인정받을 수 있느냐를 검토하는 것은 영국의 분석철학자인
> 에이어로부터 시작된 메타윤리학에 대한 내용이다.

11 사회윤리학에 대한 설명으로 바르지 않은 것은?

① 사회윤리학은 현대사회에서 부각되는 관점이다.
② 사회윤리학의 주된 관심은 사회적 가치의 분배이다.
③ 과거 아리스토텔레스는 명예와 금전의 분배를 강조했고, 마르크스도 물질적 부의 분배를 강조
했으므로 이들도 사회윤리학에 해당된다.
④ 롤즈는 사회적 기본 가치를 강조한다.

> **✓해설** 사회윤리학은 사회적 기본가치의 분배에 주목한다. 무엇을 배분할 것인가, 어떠한 기준에 따라 분류할
> 것인가가 주된 관심문제이다. 마르크스의 경우 사회윤리학으로 분류할 수 있지만 아리스토텔레스의 명
> 예의 분배는 범주에 어긋난다.

Answer 9.③ 10.① 11.③

12 '법은 최소한의 윤리'라는 말의 의미로 가장 적절한 것은?

① 법은 강제할 필요가 있다고 인정되는 최소한의 규범을 정리한 것이다.
② 법을 지키지 않으면 도덕적 가치의 보전이 힘들기 때문이다.
③ 법은 도덕을 최소화해서 만든 것이기 때문이다.
④ 법은 최소한 도덕기준을 이해하는 증거이기 때문이다.

> ✔해설 다양한 규범 중 어길 경우 사회가 혼란스러워질 내용만을 모아 법 규범을 만들었기에 법은 최소한의 윤리라고 할 수 있다.

13 다음 중 사상가와 그 연결이 잘못된 것은?

① 존 롤즈 : 수정주의 분배
② 공리주의 : 최대다수의 최대행복
③ 아리스토텔레스 : 메타윤리학
④ 윤리의 기본원리 : 공동체의 풍요로운 생활과 정의로운 분배

> ✔해설 아리스토텔레스는 목적론적 윤리설의 관점에 있다. 모든 윤리의 목적이자 기본 원리는 풍요로운 생활과 정의로운 분배에 관심을 가진 것이다.

14 다음 중 쾌락주의의 역설에 대한 설명으로 가장 적합한 것은?

① 육체적 쾌락과 정신적 쾌락의 크기는 반비례한다.
② 공동의 쾌락은 개인의 쾌락으로 분리된다.
③ 오직 쾌락만을 추구하면 불만과 허무가 커지게 된다.
④ 금욕과 고행도 일종의 쾌락에 해당된다.

> ✔해설 쾌락주의의 역설은 오직 쾌락을 위해 그것을 추구하다보면 도리어 불만과 불쾌감으로 허무가 커지게 된다는 의미이다.

Answer 12.① 13.③ 14.③

15 다음은 현대윤리학의 경향과 그들이 가진 문제의식을 연결해 놓은 것이다. 연결이 바르지 않은 것은?

① 이모티비즘 : 윤리이론에서 감정을 철저히 배제할 것을 주장
② 응용윤리학 : 언어철학적인 방법으로 윤리를 분석
③ 사회윤리학 : 경제적 가치의 분배문제로 사회정의를 다룸
④ 메타윤리학 : 규범적인 윤리학은 시대와 관련 없이 존재해야 함을 강조

> **해설** 사회윤리학은 사회적 가치의 배분문제에 관심을 가진 윤리학이다.

16 생의 윤리학이 발달하게 된 가장 큰 원인은 무엇인가?

① 생의 윤리학은 인간 소외 문제로 인해 크게 부각되었다.
② 생의 윤리학은 인간의 소외극복 과정에서 나타난 문제이다.
③ 생의 윤리학은 의학기술의 발달에 따라 생명 연장과 생명조작이 가능해지면서 발생한 문제이다.
④ 생의 윤리학은 인간의 욕망에서부터 시작된 것이다.

> **해설** 생의 윤리학은 의학기술의 발달에 따라 한편으로는 생명연장과 생명조작이 가능해졌지만, 과연 인위적인 생명연장이 바람직한가에 대한 물음으로부터 시작되었다.

17 다음 중 환경위기에 대한 입장과 내용이 바르게 연결된 것은?

① 사회결정론 : 환경위기의 주범은 자본주의의 이윤추구이다.
② 기술결정론 : 과학기술은 환경위기를 초래할 뿐이다.
③ 생태주의 : 자연으로 돌아가야 환경위기에서 벗어날 수 있다.
④ 자유주의 : 다수의 이익을 위한 환경오염은 도덕적 책임이 없다.

> **해설** 환경오염에 대한 시각 중 사회결정론은 자본주의의 이윤추구가 그 원인이라 보는 시각이다.

Answer 15.③ 16.③ 17.①

18 다음 중 환경문제와 관련해 사회결정론의 입장으로 옳지 않은 것은?

① 환경문제를 해결하려면 자본주의 사회구조를 바꿔야 한다.
② 자본주의 사회보다 사회주의 사회가 환경오염이 덜할 것이다.
③ 과학기술로 산업이 발달하는 것이 환경오염의 주범이다.
④ 이윤이 남지 않더라도 환경보호에 도움이 되는 물건을 만들어야 한다.

✔해설 과학기술로 산업이 발달하는 것이 환경오염의 주범이라는 시각은 생태주의 시각이다.

19 인간을 경시하는 풍조가 만연된 가장 중요한 원인은?

① 개별화 · 원자화된 인간관계
② 돈을 최고로 하는 물질 만능주의
③ 익명화에 의한 책임회피
④ 기계의 부품화된 인간 존재

✔해설 다른 선택지들도 어느 정도 연관성은 있으나 물질 만능주의가 원인이 되어 나타난 부수적인 현상이다.

20 우리의 윤리의식을 정비하기 위해 필요한 두 가지 요소를 바르게 묶은 것은?

① 전통적 미덕과 현대적 합리주의의 조화
② 전통적 미덕과 상하 위계질서
③ 자기 이익의 추구와 전통 윤리의식
④ 인간관계의 중시와 이성의 중시

✔해설 우리사회의 여러 문제를 해결하기 위해서는 전통적인 윤리의식과 건전한 합리주의 정신이 조화를 이루어야 한다.

Answer 18.③ 19.② 20.①

02 동양 윤리

❈ 한국사회와 전통

한국사회는 반만년의 역사를 가지고 있으므로, 이에 따른 독특한 모습을 보인다. 먼저 고유한 전통과 외래의 전통이 혼합되어 다양한 유형의 모습이 존재한다. 또한 한국 전통을 이루는 고유사상으로는 단군신화로 대표되는 신화, 무당과 굿으로 대표되는 무속신앙, 외국으로부터 받아들였지만 주체적인 해석으로 우리 전통이 된 유교, 불교, 도교 등이 있다. 또한 근대 이후 들어와 지금까지 수용되고 변형된 것들도 있다.

❈ 전통과 외래문화

전통은 언제나 새로운 것에 반발하는 속성이 있다. 낯설고 불편함을 느끼기 때문이다. 이런 사례는 우리 역사상 자주 발견된다. 조선 후기의 기독교가 유입되었을 때는 거센 저항과 충돌이 있었으며 또한 광복 이후 급작스럽게 유입된 서양의 문화로 인한 충돌도 있었다. 하지만 이런 충돌은 우리 것으로 재해석해 발전의 기반으로 삼아야 한다.

❈ 한국인과 한국사상

한국사상은 한국인이 가지고 있는 고유한 삶의 양식과 사고 가운데 만들어진 철학이다. 따라서 '한국'이라는 지역적 특수성과 철학이 가진 보편성, 진리성이 함께 어우러져 있다. 한국사상을 탐구해보면서 우리의 본모습을 찾고, 우리 사상의 다양성을 통해 민족문화를 발전시킬 수 있다. 또한 한국인으로서의 주체성과 민족성을 살펴보는 계기가 될 수 있다.

❈ 한국사상의 탐구 자세

한국사상을 탐구할 때는 바른 이해와 자세가 필요하다. 먼저 현실에 대한 인식이 중요하다. 단순히 현실을 아는 것이 아니라, 현실을 분석하고 설명할 수 있는 척도를 가져야 한다. 두 번째로 우리 사상에 대한 자긍심을 가져야 한다. 단순히 중국문물을 받아들인 것이 아니라 우리 나름의 재해석을 통해 높은 사상적 경지를 이룩한 사실에 대한 자긍심을 가져야 한다. 마지막으로 한국사상의 전통적 부분을 계승하고, 발전시킬 수 있는 창의적인 자세가 필요하다.

고대신화

우리의 고대신화는 우리 사유체계의 출발점이라 할 수 있다. 신화 속에는 당시의 상황, 우리가 생각하는 이상향에 대한 내용 등 다양한 내용이 들어있어 한국인의 정신적 고향이라 말할 수 있다. 또한 삶의 모습이 반영된 체험의 산물이라는 의미를 가진다.

주체적 수용

다양하고 많은 사상은 외부에서 도입된다고 해서 바로 받아들이지 않는다. 밖에서 들어온 종교의 경우 우리 방식에 맞지 않고, 그것을 받아들이지 않는다면 우리 사상이 아니다. 그러나 외래사상이 도입되는 경우는 그 사상을 받아들일 수 있는 시대적 상황, 사람들의 정신상태 등이 무르익었을 시기이다. 외래사상을 주체적으로 받아들일 수 있는 토양이 만들어져야 하고, 이를 창의적으로 받아들여야 한다.

한국사상의 배경 요소

한국사상은 언어와 단일민족의 정체성, 민족성을 배경요소로 한다. 언어는 표현과 생각의 도구로 같은 언어를 사용한다는 것은 사유의 공통점이 있을 가능성이 높음을 말하며 고유한 언어를 가졌다는 것은 고유한 사상이 있음을 말하는 것으로 언어가 사상에 끼치는 영향은 매우 크다. 우리의 민족성은 고대부터 선조들이 살아온 삶의 터전과 깊은 관련이 있다. 자연적 조건에 따라 민족성과 정체성이 형성될 수밖에 없으며 이러한 민족성이 신화에서부터 자리 잡고 있다.

단군신화

단군신화는 한민족에 있어 가장 근원적인 신화로서 이를 통해 한민족이 원초적으로 가지고 있는 인간관, 종교관, 우주관, 윤리관들을 알 수 있다. 단군신화를 통해 한국인이 가지고 있는 근원적인 철학적, 윤리적 내용을 알 수 있다.

① 기록 : 단군신화는 여러 책에 기록되어 있고, 책마다 그 내용도 조금씩 다르다. 대표적인 책으로는 「삼국유사」, 「제왕운기」, 「고려사」의 지리지, 「세종실록」의 지리지, 「택리지」, 「동몽선습」 등이 있다. 다양한 책에 기록되어 있다는 것은 그만큼 유명한 신화이고, 대표적이었음을 말해준다.

② 의의 : 단군신화는 우리민족 최초의 국가인 고조선의 성립을 이야기하고 있으므로 최초의 건국신화이며, 우리의 시조인 단군에 대해 나와 있으므로 시조신화이기도 하다.

③ 영향 : 단군신화는 다양한 부분에서 영향을 미치는데 먼저 한민족 역사의식의 표상이다. 시조신화의 성격을 가지므로, 우리의 뿌리를 알 수 있는 역할을 한다. 또한 단일민족의 근거로 통일 이념을 이끌어 낼 수 있다. 마지막으로 외세에 저항하는 원동력으로 작용해 민족주의의 근원이라 말할 수 있다.

✿ 무속신앙

① 무당 : 무당은 엑스터시(Ecstasy)를 통해 무아지경, 황홀상태를 넘나들면서 신과 인간을 연결해주는 존재로 한자 무(巫)를 살펴보면 하늘과 땅 사이에 사람이 두 명 있는데 이들이 바로 무당이다. 무당은 나쁜 일을 피하게 해주며, 좋은 일을 열어주는 사람이라 할 수 있다. 이때 무당을 통해 복을 내려주는 신은 홀로 존재하는 유일신이 아니라 자연물이나 특정 영혼인 범신(汎神)이다.

② 몰입의식 : 무속신앙에서는 몰입과 이를 풀어내려는 의식이 있다. 복을 받기 위해서는 신과의 몰입의식이 필요하다. 이 몰입의식과정에서 방해되거나 장애가 되는 모든 것들은 모두 부정한 것으로 여겨진다. 몰입의식에 들어가는 과정은 노래, 춤, 술 등이 있으며 도구는 방울이나 칼, 구슬 등을 사용하며, 이 몰입의식이 우리가 흔히 보는 '굿'이란 형태로 나타난다.

③ 형식 : 무속신앙의 모습은 '굿'의 형태로 나타난다. 굿에는 개인굿과 집단굿이 있는데 집단굿의 경우 공동체의 풍성한 수확을 비는 행사이다. 이는 무속의 본래적 의미인 개인의 복을 비는 경향이 아닌 집단의 공공선을 위해 어우러지는 경향을 보인다.

✿ 유학

유학은 공자(孔子)를 시조로 하는 동양 사상을 말하며, 크게 두 부류로 나뉘는데 진나라 이전을 원시유교, 이후 유학을 '신유학(Neo Confucianism)'이라고 부른다.

① 원시 유교 : 유학은 춘추전국시대에 처음 등장하였고, 이후 맹자, 순자에 의해 정리 발전되었다. 이것을 '원시 유교'라 부른다. 진시황제는 법가 사상으로 통일을 이룩하며, 통일 이후 힘과 규범에 의한 강제적인 통치보다는 덕(德)에 의한 정치를 주장했던 유학자들은 진시황제의 방식에 문제를 제기했고, 당시 재상이었던 이사는 법가 사상이외의 사상은 모두 봉쇄하자는 의견을 내놓고, 이로 인해 학문억압조치인 '분서갱유(焚書坑儒)'가 일어난다. 진나라는 얼마가지 못해 멸망하고 이후 들어선 한(漢)나라에서 유학은 화려하게 부활한다.

② 신 유교 : 한나라는 '진나라'의 멸망 원인을 억압적인 통치라 진단하고, 이를 해결할 방법으로 유학을 선택한다. 이후 한 무제(武帝)가 '동중서(董仲舒)'라는 사람의 건의를 받아들여 유학 이외의 학문을 금지하여 유교가 국교의 위치에 오르게 된다. 그 후 국립대학인 태학(太學)을 세워 유교 경전인 오경(시경, 서경, 역경, 예기, 춘추)을 가르치고, 관리로 등용하는 시험제도를 택한다. 한나라가 멸망하고, 수 · 당의 통일왕조에 이르기까지 혼란이 계속된다. 당나라가 멸망한 이후 송나라가 통일국가를 세움으로 학문적인 안정을 찾는다. 기존의 원시유학이 실천적인 측면에 치중하는데 비해 송나라의 유학은 인간행위의 규범을 찾는 데 집중하게 되는데, 이것이 성리학이다. 이처럼 원시유학과 신유학의 차이는 실천적인 것이냐, 규범적인 것이냐는 차이로 나뉜다.

✿ 한당시대

① **한나라** : 한나라 시대에 와서 동중서의 건의로 유학이 국교화 된다. 한나라 시대의 유학을 '경학(經學)'이라 부른다. 진시황의 분서갱유로 인해 많은 경전이 사라졌기 때문에 원래 경전을 해석하고, 그에 주석을 다는 학문적 풍토가 대부분을 차지했다. 이런 경학은 몇 가지 특징을 가진다. 첫째, 경학은 유교적인 국가체제를 세우고 정비하는 데에 주력하였다. 둘째, '경'안에 있는 각 글자를 자세하고 깊게 연구하여 의미를 밝히고 따지는 학문인 '훈고학'이 주류를 이룬다. 셋째, 국교로 유학이 공인되고 공자가 신격화되어 이와 함께 황제의 권력 역시 절대화되었다. 이런 경학은 후에 유학을 발전시키는 데 큰 역할을 한다.

② **당나라** : 당나라 시대에는 불교와 노자, 장자의 사상이 널리 유행하면서 유학의 학풍은 약간 시들게 된다. 그러나 이때에도 꾸준히 유학을 연구하던 학자가 있었는데 한유가 대표적이다. 한유는 일단 도통(道統)을 세우기 시작하였으며 이는 유학의 줄기를 정리한 작업이다. 요, 순, 우, 탕, 문, 무, 주공, 공자, 맹자의 순서로 도통을 세우고, 맹자 이후의 유학은 자신이 이어가겠다고 주장했다.

✿ 유교의 변화

도교의 '도(道)'나 불교의 '공(空)'과 같은 세상을 이루는 이치에 대해 이야기하던 다른 학문에 비해 유교는 경우 단순한 명제 수준에 지나지 않는다. '자신의 욕심을 이기고, 예를 회복하라.', '인간의 마음은 선하다.'와 같은 주장은 송나라 학자들에게 외면 받게 된다. 실제로 송나라 시대는 불교나 도교가 유행하고 있었지만 주자는 원시경전의 재해석과 도교, 불교의 영향을 집대성해 세상의 존재 이치를 마련하는데 이것이 바로 성리학이다. 주자가 집대성했으므로 '주자학'이라고도 한다.

✿ 공자의 사상

공자가 살았던 혼란기에는 많은 사상들이 등장한다. 그러나 공자는 오직 현실 문제에 집중하는데 그의 관심은 오직 현실의 삶을 어떻게 잘 살 것인가에 집중되어 있으며, 그렇기 때문에 그의 근본 문제는 '인간'이었다. 공자에게 있어서 인간의 본성은 자기 질서와 사회질서를 포괄하며, 그것을 관통하고 있으며, 이런 타고난 본성이 '인(仁)'이다.

✿ 공자의 인(仁)

공자는 '인'을 인간의 본성이며 태어나면서부터 타고난 성품으로 이해하고 있다. 또한 공자의 인은 인간 생활의 시작으로서 사랑하는 감정은 부모에게 효도(孝)로 나타나고, 형제에게는 공경하는 마음(悌)으로 나타나며, 친구에게는 믿음(信)으로 나타나며, 사람들에게는 충(忠)으로 나타나며, 정치에 있어서는 덕치(德治)와 예치(禮治)로 확장된다고 말한다.

�֍ 정치사상

공자의 정치사상은 정명(正名)과 덕치(德治)로 정리할 수 있다.

① 정명(正名) : '정명'은 '각자의 신분과 지위에서 역할을 다하는 것'을 말한다. 논어에 등장하는 표현을 빌리면 "임금은 임금 노릇하고, 신하는 신하 노릇하고, 아비는 아비 노릇하고, 자식은 자식 노릇해야 쓴다."로 나타난다.

② 덕치(德治) : 덕치(德治)는 형벌과 법률이 아닌 도덕과 예의로 백성을 교화하는 것이다. 덕치사상은 예치(禮治)사상과 같으며, 이것은 왕도정치(仁政)와 같은 용어로 사용될 수 있다. 공자는 통치자의 솔선수범을 강조하면서 정치하는 사람들은 덕을 갖추어 백성의 행동에 표준이 되어 모범을 보이고, 예로써 선도하면 백성은 저절로 감화되어 움직이게 된다고 주장한다.

✖ 주자학의 기본 관점

주자학은 '이(理)'와 '기(氣)'의 개념을 통해 우주의 생성과 구조, 인간심성의 구조, 사회에서의 인간의 자세 등에 관해 연구한다. '이(理)'는 음양오행의 변화와 생성을 주재하는 이치로서 '형이상(形而上)'적인 것이며, '기(氣)'는 만물을 생성하는 재료적인 것이므로 '형이하(形而下)'에 해당한다. '이'는 우리 머릿속에 존재하는 생각의 대상이며, '기'는 실제로 보이는 인식의 대상이다. 주자는 인간의 마음을 '성(性)'과 '정(精)'으로 나누는데, '성(性)'은 '이(理)'가 되고, '정(精)'은 '기(氣)'가 된다. '이(理)'는 완전무결한 것이며, '기(氣)'는 맑기는 하나, 탁하기도 한 것으로 선악(善惡)이 공존하고 있다. 이에 따라 '성(性)'은 오직 선한 것(至善)이며, '정(精)'은 선하기도 악하기도 한 것이다.

① 이상적 인간상 : 주자가 바라는 인격적으로 완성된 사람은 '君子(군자)'나 '聖人(성인)'이며, 이를 위한 방법으로 '격물치지(格物致知)'를 제시하고 있다. 주자는 만물의 이치는 '하나'이므로 사물의 이치와 사람의 이치가 하나로 같다는 것에 주목한다. 이는 사물이나 현상 속에 내재한 이치를 탐구하여 하나의 지식을 완전히 이룬다는 것이다. 즉, 사물의 이치를 하나씩 철저하게 탐구하다보면 그 본질에 도달하여 궁극적으로 탐구하고자 하는 물체의 본질을 관통하여 본래 가지고 있던 의미를 알 수 있고, 그 작용으로 善(선)을 이해할 수 있으며, 나아가 의미를 알고 마음을 바르게 할 수 있다고 주장한다.

② 수양 방법 : 주자는 '격물치지'를 위한 수양법으로 세 가지를 이야기한다. 이 방법은 거의 비슷한 내용이다. 첫 번째는 '존양성찰(存養省察)'로 이는 본래 가진 양심을 보존하고 본성을 키우면서 나쁜 마음이 스며들지 않도록 잘 보살피고, 단칼에 끊을 수 있는 능력이다. 두 번째 방법은 '거경궁리(居敬窮理)'로 이것은 마음의 경건함을 유지하며, 사물의 이치를 연구해야 한다는 것이다. 세 번째 방법은 '존천리거인욕(存天理去人慾)'로 앞서 이야기한 두 가지와 유사한 방법이다. '하늘의 본성을 유지하고, 나쁜 마음을 제거하는 것'이 '존천리거인욕'은 위의 세 가지 방법을 비교해볼 때 하나의 공통점이 있는데 지식의 습득은 도덕적 행위를 위한 준비과정이라는 것이다.

❋ 양명학

왕수인은 명나라시대 사람으로 호는 '양명'으로 송나라 주희의 성즉리(性卽理)설을 고쳐 마음을 중요시하는 심즉리(心卽理)설을 주장하였다. 양명학에 있어서 '심(心)이 곧 모든 것의 법(法)'이라는 것은 최고 명제로서 양명에 의하면 '이'는 '기'에 구비된 부수적인 것에 불과하다는 것이다. 이 때문에 마음 밖에 따로 이가 없다고 말한다. 양명학에서 가장 기본이 되는 이론은 치양지(致良知)와 지행합일(知行合一)이다. 양명의 학문세계는 양지(良知)를 확충하는 치양지(致良知) 과정 속에서 사물을 바르게 하고, 또 사물을 완성하는 것이라 말할 수 있다. 그래서 그는 "내 마음의 양지(良知)천리(天理)를 사사물물(事事物物)이 확충한다면 사사물물은 그 이(理)를 얻게 된다."고 말한다.

❋ 맹자의 사상

① **성선설** : 맹자는 인간은 인간의 본성은 선하다는 성선설을 제시한다. 인간은 사단(四端)을 확충해가면 마치 '불씨가 처음 붙는 것과 같고, 샘물이 흘러나오는 것과 같다'고 하며, 모든 인간은 본성인 사단을 가지고 있으며, 이것을 확충시키면 인(仁), 의(義), 예(禮), 지(智)의 사덕(四德 : 理)이 된다고 주장하였다.

② **왕도사상** : 정치적인 측면에서 맹자는 왕도정치(王道政治)를 주장한다. 왕도정치는 '추기급인(推記及人)'으로 말할 수 있는데, 즉 자신을 미루어 남에게 미치는 것을 의미한다. 국가는 도덕을 가진 조직이므로 국가의 통치자는 도덕적인 지도자여야 하며, 오직 성현만이 참된 군주일 수 있다고 말한다. 만약 훌륭한 군주가 될 수 있는 도덕 조건을 갖추고 있지 못하면 백성들은 혁명을 일으킬 수 있는 도의적인 권리를 가지고 있다고 주장한다. 이것이 역성(易姓)혁명이다.

❋ 순자의 사상

① **성악설** : 순자는 맹자(孟子)의 성선설(性善說)을 비판하여 성악설(性惡說)을 주장한다. 순자는 인간이 선한 것은 타고난 것이 아니라 인위적인 결과라 말하며 이 때문에 행위규범으로 예(禮)를 강조하게 되는데, 이 '예'는 성인이 만들어낸 것으로 사람이 배우면 행사할 수 있고, 노력하면 이뤄질 수 있는 것으로 욕망을 조정하는 방법이 된다. '예'를 통해 계속 노력하면 우리의 본성을 바꿀 수 있는데 이것이 바로 '화성기위(化性起僞)'이다.

② **맹자와 순자의 예(禮)** : 맹자와 순자 모두 예를 중시한다. 맹자의 경우 예의 정신적 내용을 강조하고 있는 반면에 순자의 경우 예의 기능적인 측면과 형식적인 면을 강조하고, 이것에 절대적인 권위를 부여함으로 '예 지상주의'의 이론을 전개한다. 순자는 법도(禮)를 제정하여 사람들의 욕구를 만족시키며, 그 대상을 서로 균등하게 높이려고 한 것이다.

③ **차등적인 삶** : 순자의 경우 귀천의 등급이 있고, 장유의 차별이 있으며, 빈부나 사회적 신분에도 각기 차등이 있어야 함을 주장한다. 욕망의 충족도 그 차등의 범위를 넘어 무제한으로 추구하는 일은 허용하지 않는다. 천(賤)에서 귀(貴)로, 우(愚)에서 지(智)로, 빈(貧)에서 부(富)로 나아갈 수 있는 길은 학문을 닦는 일이라고 말한다. 학문을 닦아 화성기위하면 자신의 등급을 넘어설 수 있다고 말하는 것이다.

이기철학

조선의 성리학은 권근의 「입학도설(入學圖說)」이후 16세기 전반에 이르러 이언적과 서경덕에 의해 본격적으로 논의된다. 송나라 성리학의 두 가지 기본입장으로 '이(理)'를 중심 개념으로 설정하는가 '기(氣)'를 중심 개념으로 설정할 것인가에 따라 주리론, 주기론으로 나타나게 된다.

이언적

① 사상 : 성리학의 우주론에서 근본개념을 이루는 태극(太極)의 문제에 관한 토론으로 두각을 나타낸다. 태극논쟁은 '무극(無極)'과 '태극(太極)'으로 표현되는 '절대'를 어떻게 체득할 수 있으며, 그러한 체득이 실천과 어떠한 관련을 갖는가를 따지는 수양과 실천의 문제이다. 논쟁을 통해 이언적은 같은 주자학 범주에 속하기는 하면서도, 주희의 이론을 맹신하지 않고, 불교와 노장사상의 견해를 바탕으로 주자학을 이해하는 태도를 배척해 냄으로써 주자학 내부에 기초를 튼튼하게 세우게 된다. 이후 '이'를 중시하는 이언적의 철학은 그 '이'가 창조적이며 능동적 힘을 가진 도덕 근원임을 강조함으로 도덕을 중시하면서 도덕적 이상을 사회에 실현한다는 생각으로 나타나게 된다. 결국 이언적은 이선기후(理先氣後)적 철학을 정립한다.

② 영향 : 이언적의 주장은 뒷날 '이'를 우위에 두고 심성론을 철학의 주축으로 삼아 도덕적 가치를 강조한 이황의 철학에 토대가 되었다.

서경덕

① 사상 : 서경덕은 학문을 하면서 격물치지(格物致知)의 태도를 중시하였고, 성현의 말이라고 해서 그대로 따르지 않고 스스로 회의하고 사색하여 깨닫는 '자득지학(自得之學)'을 강조하였다. 그는 스스로 사물의 이치를 따지지 않고 독서에만 의존하는 것은 쓸모없는 일이라고 비판하며, 직접 자연과 사물의 이치를 탐구하려 했다.

② 영향 : 그의 철학은 "기(氣) 바깥에 이(理)가 없다"며 기일원론(氣一元論)의 관점에서 만물의 운동과 변화를 설명하였다. 천지만물의 존재를 태허(太虛)의 기(氣)로 설명한다. 서경덕의 사상은 이황을 비롯해 주리론(主理論) 계열의 성리학자들에게 비판을 받았지만, 이이 등 주기론(主氣論) 계열의 학자들에게는 큰 영향을 끼치게 된다.

✲ 사단칠정론(四端七情)

주자학은 인간의 도덕행위에 대한 규명이 주 관심사이다. 조선의 주자학은 사단칠정(四端七情) 토론을 통해 이와 같은 관심사가 더욱 커지게 되며, 이를 통해 주자학의 이론적 분화가 진행된다.

① **사상적 차이** : 퇴계 이황과 율곡 이이는 이 문제에 대해 뚜렷한 입장 차이를 보이고 있다. 이황은 이기이원론(理氣二元論)의 입장에서 사단(四端)과 칠정(七情)은 각각 이(理)와 기(氣)가 능동적으로 발동하는 이기호발설(理氣互發)을 주장한다. 반면 이이는 이통기국(理通氣局)과 이기묘합(理氣妙合)의 이기설을 주장한다. 또한 이황은 '경(敬)'의 관념을 중심으로 하여 감정을 억제하고 본성의 회복을 지향하지만, 이이는 '성(誠)'을 중심으로 감정과 본성의 일치를 추구하는 것으로 윤리적 의미를 설명한다.

② **논쟁의 시작** : 맹자가 이야기한 인(仁)·의(義)·예(禮)·지(智) 사덕(四德)에 기초한 마음인 사단(四端)과 희(喜)·노(怒)·애(哀)·구(懼)·애(愛)·오(汚)·욕(慾)의 칠정(七情)이 각각 어디에서 유래하였으며, 그 둘의 선악 문제 및 상호관계는 어떠한가에 대한 논의가 우리나라에 있어서 인성론의 쟁점이다.

③ **기본입장** : 사물의 근본적인 이치가 존재하는데, 다른 모습으로 나타나는 이유는 서로 다른 기(氣)가 존재한다는 것이다. 인간의 본성에도 '이'와 '기'의 작용이 있다. 그래서 인간의 본성을 '본연지성(本然之性)'과 '기질지성(氣質之性)'으로 나누었다. 본연지성은 변하지 않으며, 순수한 이(理)이며, 기질지성은 변하며 선악의 속성을 가지는 기(氣)를 대신한 표현으로 이들은 우주만물의 근원이 되는 이치로 기의 활동 근거가 된다. 맹자가 말한 인간의 착한 4가지 실마리(四端)가 기의 작용으로 표현된 것이 사덕(四德)이며, 기는 만물을 구성하는 재료로서 일곱가지 마음(七情)으로 나타나게 된다는 것이다.

✲ 이황의 이기호발(理氣互發)과 이이의 이통기국(理通氣局)

① **이황** : 이황은 '이'가 움직이면 '기'가 '이'를 따라가고, '기'가 움직이기 시작하면 '이'가 '기'를 따른다는 '이기호발'을 주장하였다.

② **이이** : 이이는 '기'가 발하면 '이'가 '기'를 탄다는 말은 맞으나 '이'가 움직이면 '기'가 '이'를 따른다는 것은 옳지 못하다고 하였다.

✿ 예학(禮學)

임진왜란과 병자호란 이후 흐트러진 사회 기강을 바로잡기 위해 나타는 것이 예학으로 성리학이 유교규범의 철학적 근거를 해명하는 것이라면, 예학은 그 행동양식인 의례를 규정하는 것으로 생활 규범을 말한다. 예학은 의례의 의미와 원리, 고전적 예법과 역사적 변형을 이해해야 하고, 한국사회의 여건을 감안해 정당성과 적합성을 동시에 충족시켜줄 수 있는 것들로 구성된다.

① 예학의 다양성 : 예학은 인간 생활 속에서 발생하는 일에 대해 논의하는 것으로 구체적인 문제에 원칙을 적용시키는 과정에서 논쟁이 일어날 가능성이 매우 큰 것이다. 주자가례(朱子家禮)를 기준으로 하면서도 실제 적용에는 지역이나 가문에 따라 다른 형태였다. 이처럼 많은 형태가 있었지만 모두 의미와 정당성을 가지고 있었다. 그러므로 예학 인식의 차이는 행동양식의 차이뿐만 아니라 이념적 차이도 존재했다.

② 당쟁 : 예학이 당쟁과 깊이 연관되면서 원래 목적은 상실되고 당파와 학파 간의 소모적인 대립이 늘어난다.

✿ 실학

실학은 조선 후기 성리학의 한계와 청나라 고증학의 영향, 서양 문물의 도입 등으로 나타난 사상으로 인간의 본성에 대해 연구했으나 생활에는 별다른 도움을 주지 못했다는 반성에서 나온 것이다. 고증학은 중국 명나라 말기에 시작된 실증적인 고전 연구의 학풍 또는 방법으로 이것은 이와 기, 마음과 본성 등의 공허한 형이상학에 중심을 둔 성리학에 대한 반발로 시작된 것이다. 이처럼 실학사상은 현실 문제에 관심을 가지고 대응책을 마련하게 된다.

① 실사구시(實事求是) : 실사구시는 실제 사실을 중심으로 진리를 탐구하려는 학문적 태도를 말한다. 추사체를 만든 김정희를 중심으로 전개되는 학풍은 경학(經學)에서 다시 성현의 도를 구하는 데 있다. 더욱 정밀하게 연구하는 것으로 본래 경학의 일부였던 금석학(金石學) 등을 발전시키는데 이는 말 그대로 비문의 의미를 밝히고 해석하는 것을 주로 하는 학문이다. 실사구시의 학풍은 단순히 학문에만 집중하는 것이 아니라 실천에도 노력을 기울여야 함을 주장한다.

② 경세치용(經世致用) : 경세치용학파는 민생의 안정과 사회발전 등 현실적인 문제의 해결을 목적으로 등장한 실학의 한 학파로서 성호 이익을 중심으로 전개되었던 경세치용학파는 토지제도 개혁과 사회제도 개혁에 많은 관심을 기울였다.

③ 이용후생(利用厚生) : 이용후생학파는 「양반전」, 「호질」 등을 저술한 작가로도 유명한 박지원이 중심이 된 북학파를 지칭한다. 백성들의 일상적인 생활에 이롭게 쓰이고, 삶을 풍요롭게 하는 것이야말로 실천적인 학문의 내용이라는 학풍을 주도하면서 경제적인 기본이 있어야 도덕과 교육이 가능하다는 관점을 가진다.

✿ 실학의 성격

실학은 부국강병과 국민의 화합을 추구한 점진적인 개혁론으로 당시 성리학을 비판하고 현실적인 문제에 대해 해결책을 제시한 것이 특징이다.

① **북벌에 반대** : 실학은 병자호란 이후 나타난 '북벌론'에 대해 반대한다. 북벌론(北伐論)은 소중화 사상에 입각하여 문화수준이 낮은 청나라의 오랑캐에게 당한 병자호란, 삼전도의 굴욕 등의 수치를 씻고, 임진왜란 당시의 조선을 도와준 명나라에 대한 의리를 지켜 명을 대신하여 청나라를 몰아내야 한다는 것으로 실학자들은 천하의 중심이 꼭 중국일 필요가 없으며, 만주족이 청나라를 세웠다고 해서 그들을 물리칠 필요 없이 그들의 선진문화와 문물을 받아들여야 함을 주장한다.

② **폐쇄적 학문 경향 비판** : 실학은 당시 주자학을 중시하고, 다른 학문을 배척하던 폐쇄적인 학문 경향을 비판하고 있다. 당대 최고의 석학이던 송시열로부터 '나의 30년 독서가 참으로 가소롭다'는 찬사를 받았던 윤휴의 경우에도 주자의 해석방법을 비판했단 이유로 사문난적(斯文亂賊)으로 몰려 박해를 받았는데 이러한 폐쇄적인 경향을 비판하고, 학문연구의 개방성과 독립성을 찾으려고 노력하였다.

③ **신분제 비판** : 실학은 신분질서와 생산노동에 관한 새로운 견해를 주장한다. 주자가례를 중심으로 한 허례허식을 비판하고, 양반들의 비생산성을 비판하면서 이에 따라 농업, 상업, 수공업 등 다양한 생산노동을 중시하는 태도를 보인다.

✿ 경세치용학파 – 토지제도의 개혁

조선 중기 임진왜란과 병자호란을 거치면서 인구 감소, 농민의 유랑, 토지의 황폐화 등 경제 전반에 문제가 발생하기 시작한다. 급속한 농업 생산력의 하락으로 국가전반에 문제가 발생한 시기이기도 한다. 자연스럽게 토지개혁에 대한 주장들이 등장하기 시작한다. 경기도를 기반으로 토지제도 개혁을 주장한 이익을 비롯한 여러 학자들이 경세치용학파에 속한다. 빈농층을 대변한다고 할 수 있는 이들의 주장은 기존 지배층과 대립을 이루며 결국 정책에 반영되지는 않는다.

✿ 유형원

유형원이 주장한 토지제도는 균전론(均田論)으로 '균전'은 말 그대로 땅을 균등하게 나누어 가진다는 뜻이다. 농사짓는 사람이 땅을 가져야 한다는 '경자유전(耕者有田)'의 원칙에 따라 전 농토를 국유화한 다음에 20세 이상의 일반 농민 남자에게 1경(약 40마 지기)을 골고루 나눠주고, 관리에게는 직위에 따라 2 ~ 12경의 땅을 나누어주자는 주장이다. 이는 매우 혁신적인 주장이었으며, 조선 중기 유학이 주로 과거시험에만 국한되었던 것에 비해 경세학에 관심을 기울인 점을 들어 실학의 선구자로 평가하기도 한다.

✤ 이익

이익이 주장한 토지제도의 핵심은 토지경정과 지주소작제도 등의 제도로 토지가 지주에게 집중되는 현상을 막고, 직접 생산자에게 땅을 돌려주자는 것으로 세력가와 부자에게 토지가 몰려 가난한 자는 농사지을 땅이 없어지고, 이로 인해 부익부 빈익빈의 사회 불평등이 더욱 심해진다고 말했다. 국가에서 집집마다 일정한 영업전을 정해 그 이상의 토지를 가진 사람에 한해 매매를 허락하고, 영업전에 미치지 못하는 사람들에게는 토지매매를 법으로 금지하는 이론으로 토지소유의 현 상태는 유지하되 가난한 자의 토지소유는 고정시키고, 대토지소유자의 매매는 그 소유량이 줄어드는 경우만 인정하여 균전의 효과를 보려 한 것이다.

✤ 박지원

박지원이 주장한 토지제도는 한전론으로 한전론은 이익이 주장한 것이기는 하나 그것의 중요성을 더욱 강조한다. 법이 공포된 이후에 정해진 이상의 토지를 소유하는 자는 국가에서 그 토지를 몰수하고, 그 전에 상한선을 넘어 소유하고 있는 자는 분할 상속을 장려하여 토지의 균등한 배분을 주장한 것으로 이익의 한전론에 비해 더욱 강제적 성격이 강해진 것이다.

✤ 과학기술론

실학자들은 생산력 발전을 위해 과학기술론에 관심을 기울이게 되는데 이것이 실학과 기존 유학을 구별하는 특징이 되기도 한다. 실학자들의 과학기술론은 세 가지의 큰 특징을 가진다.

① **상공업과 기술 중시** : 상공업과 과학기술의 중요성을 주장했다. 이는 새로운 생산도구와 유통수단의 개발이 국가경제가 성장하는 데 끼치는 영향을 주목한 것이다.

② **다양한 학문적 관심** : 이익, 박지원, 홍대용, 박제가, 정약용 등의 실학자들은 서구의 자연과학과 이론, 특히 천문학, 수학, 의학 등에 관심을 기울였다. 천문학은 김석문, 홍대용이 지전설과 무한우주론을 주장하였고, 김육에 의하여 도입된 시헌력은 종전의 역법보다 한 걸음 발전한 것이었다. 의학에 있어서도 허준의 「동의보감」, 허임의 「침구경험방」, 정약용의 「마과회통」, 이제마의 「동의수세보원」 등의 서적이 출간되는 등의 발전을 이룬다.

③ **북학론** : 북학파와 정약용은 과학기술의 적극적인 수용을 주장하는데, 당시 청나라는 서양 문물의 전시장으로 불릴 만큼 서양의 선진이론이 발달하였다. 이를 적극적으로 수용하길 바란 것이다. 이에 정약용 및 북학파 실학자들은 기술도입의 중요성을 강조하였고, 정약용은 거중기, 배다리 등의 설계로 기술개발에도 높은 업적을 남겼다.

�֎ 정약용

정약용이 주장한 토지제도는 여전론(如田論)으로 여전론은 일종의 집단농장체제이다. 여전론은 경자유전의 원칙에 따라 노동 하지 않는 양반층을 생산자로 만들고 농업과 군사단위를 일치시키는 일종의 병농일치제라 할 수 있다. 이후 정약용은 '정전론(井田論)'이라는 조금 더 정리된 토지제도를 내주장한다. 정전론은 토지의 한 구역을 '정(井)'자로 9등분하여 8호의 농가가 각각 한 구역씩 경작하고, 가운데 있는 한 구역은 8호가 공동으로 경작하여 그 수확물을 국가에 조세로 바치는 토지제도로 결국 이는 농업생산력을 증대시키고, 중간층의 착취를 방지하여 국가재정을 튼튼히 하며, 경제활동을 하지 않는 자들을 생산자로 만들자는 계획에서 발생한 것이다.

✖ 북학파 – 상공업과 과학기술의 발전

조선 후기에는 세금을 쌀로 납부하는 대동법의 실시 이후 중앙관청에서 필요로 하는 물품을 사서 납부하던 공인이 취급하는 물품이 다양해지고, 시장의 물품 판매를 제한하는 금난전권의 폐지로 인해 다양한 형태의 상업자본가들이 등장한다. 실학자들은 상공업의 발전을 통해 국가재정 및 수입의 증대를 주장했지만 이는 지배계급의 경제기반을 흔들어놓는 이론으로 당시 집권세력의 많은 비판을 받았다.

① **직업관 타파** : 상공업을 천한 직업으로 보는 '사농공상(士農工商)'의 신분제적인 직업관을 타파하길 주장하는데 이는 조선왕조에서 상공업 종사자들의 자손까지도 과거에 응시할 수 없던 것에 대한 비판이기도 하다.

② **자본형성론** : 실학자들은 상공업의 발전을 위한 자본형성론을 주장하는데 그 대표자로 유수원이 있다. 그는 모든 사람이 각자 본업에 전념하고 다른 물품은 구입해서 사용하는 것이 능률적이며, 이를 통해 소득증대를 가져올 수 있음을 주장한다. 또한 분업과 교환을 강조한 경제관을 제시하고, 소자본의 합자방식을 제안하기도 한다.

③ **상설시장 개설** : 유통과 관련해서 상설시장의 개설을 주장하는데 조선왕조는 농민들이 상업으로 전업하여 토지에서 유랑하는 것을 막기 위해 시장개설을 장려하지 않았다. 그러나 17세기 이후 시장의 수가 급속히 늘어나고, 이들이 정기시장으로 개편되고 있었다. 이런 상황에서 실학자들은 한 단계 더 나가 상설시장화를 주장한다. 활발한 교환으로 싸게 물건을 구입하고, 물건의 질이 향상되는 효과를 가져오며, 이는 기존의 주변 가구에 끼쳤던 민폐를 막을 수 있다고 주장한다.

02 출제예상문제

1 다음 중 한국사상에 대한 설명으로 바른 것은?

① 한국사상은 한국인이 가지고 있는 삶 전체를 의미한다.
② 한국사상은 지역적 특수성만이 포함되어 있다.
③ 한국사상은 한국인으로서 주체성과 민족성을 살펴보는 계기가 될 수 있다.
④ 한국사상은 철학의 보편성과 진리만이 존재한다.

> ✔해설 한국사상은 한국인이 가지고 있는 고유한 삶의 양식과 사고 가운데 만들어진 철학이며, 한국이라는 지역적 특수성과 철학의 보편성, 진리성이 함께 어우러진 사상이다.

2 한국사상의 탐구자세로 바르지 않은 것은?

① 한국사상을 탐구할 때는 현실에 대한 바른 인식이 필요하다.
② 우리 사상에 대한 자긍심을 가져야 한다.
③ 한국사상의 전통적인 부분을 계승하고, 발전시킬 수 있는 창의적인 자세가 필요하다.
④ 외국의 사상과 한국사상은 다르기 때문에 둘은 어울릴 수 없다.

> ✔해설 한국사상과 외국의 사상은 다른 부분도 있지만, 서로 융합할 수 있는 부분도 있으므로 발전적인 수용이 필요하다.

Answer 1.③ 2.④

3 다음 중 도교의 성립과 관련이 없는 것은?

① 도교는 불로불사 등 현세적 도교사상을 근거로 삼는다.
② 도교는 황로학파와 관련이 깊다.
③ 우리나라의 경우 고구려인이 오두미교를 신봉했다는 기록을 통해 도교의 전래를 알 수 있다.
④ 도교의 시작은 춘추전국시대의 제자백가 모두를 기본으로 성립되었다.

> ✔ **해설** 도교는 춘추전국시대의 제자백가 중 노자와 장자의 사상을 기본으로 성립된다.

4 다음 중 맹자의 주장은?

① 인간은 본래 욕망을 가지고 있으나 예의로서 다스릴 수 있다.
② 인간은 본래 악한 성품을 가지고 태어났으나 환경에 의해 선해질 수 있다.
③ 인간은 본래 악한 존재이나 예절로 선하게 만들 수 있다.
④ 인간은 본래 선한 존재이고, 이 품성은 내재되어 있다.

> ✔ **해설** 성선설…맹자의 사상이다. 맹자는 인간이 선한 존재이고 이 본성을 갈고 닦는 실마리로서 4단을 마음속에 가지고 있다고 보았다.
> ③ 성악설을 주장한 순자의 입장으로 순자는 화성기위를 통해 악한 인간을 선하게 만들 수 있다고 보았다.

Answer 3.④ 4.④

5 다음 중 순자가 말한 '화성기위(化性起僞)'의 의미를 가장 잘 표현한 것은?

① 인간은 공동생활을 통해 악한 본성이 선한 본성으로 바뀔 수 있다.
② 인간은 본성적으로 악한 측면을 가지고 있기 때문에 예(禮)를 통해 사회질서가 회복될 수 있음을 주장했다.
③ 인간은 본성적으로 선하므로, 교육을 통해서 선한 능력을 더 발휘할 수 있다.
④ 인간의 본성은 오직 훈련을 통해서만 변화할 수 있다.

> ✔해설 순자는 인간의 본성을 후천적인 교육을 통해 바꿀 수 있다고 주장했고, 그 교육의 기반으로 예(禮)를 강조한다.

6 다음 중 유교의 인간관에 해당하는 것은?

① 유교에서 인간은 하늘과 땅의 기운을 받은 제3의 존재이다.
② 유교에서 이상적인 인간은 왕이다.
③ 유교에서 제시하는 수양 방법은 극기복례(克己復禮)이다.
④ 유교의 인간관은 수양의 인간관이다.

> ✔해설 유교에서는 인간을 하늘과 땅의 기운을 받은 중간적 존재라고 말한다. 유교에서 말하는 이상적 인간상은 군자, 성인이다. 유교의 인간관은 윤리적 인간관이라 한다.

7 다음 중 동학에서 주장한 내용으로 잘못된 것은?

① 최제우 : 시천주(侍天主)
② 최시형 : 사인여천(事人如天)
③ 손병희 : 인내천(人乃天)
④ 손병희 : 오심즉여심(吾心卽汝心)

> ✔해설 동학의 창시자 최제우는 시천주와 오심즉여심을 주장한다. 2대 교주인 최시형은 사인여천을, 3대 교주인 손병희는 인내천을 주장하였다.

Answer 5.② 6.③ 7.④

8 다음은 도가사상에 대한 설명이다. 바른 것끼리 묶인 것은?

> ⊙ 도가사상은 노자와 장자의 사상을 중심으로 삼는 도교의 기본사상이다.
> ⓛ 도가사상은 제자백가 중의 하나이다.
> ⓒ 도가는 개인의 편안함을 추구하는 사상이다.
> ⓔ 도가의 도(道)는 개인의 안녕을 위한 것이다.
> ⓜ 도가의 도(道)는 평화로운 세상을 위해 필요하고 사용하는 것이다.

① ⊙ⓛⓒ   ② ⊙ⓛⓔ

③ ⊙ⓛⓜ   ④ ⓒⓔⓜ

✔해설 도가사상은 노자와 장자의 사상을 중심으로 하는 도교의 기본사상으로 제자백가 중의 하나인 정치사상이다. 도가에서 말하는 도(道)는 개인의 안녕이 아닌 평화로운 세상을 위해 사용하는 것이다.

9 장자가 주장한 내용으로 지식을 버리고 지식에 대한 집착을 초월하는 방법으로 제시한 것은?

① 관도   ② 좌망

③ 심제   ④ 제물

✔해설 지식을 버리고 지식에 대한 집착을 초월하는 방법으로 '제물'을 제시하였고, 그 수련방법으로 좌망과 심제 등을 제시하였다.

Answer 8.③ 9.④

10 다음은 노자와 장자에 대한 설명이다. 옳은 것은?

① 도가사상을 체계적으로 정리한 사람은 노자이다.
② 노자는 봉건적 군신관계를 강조했다.
③ 도가사상은 장자에 와서 체계화되었다.
④ 도가사상에서는 사람의 근본 도리로 인의(仁義)를 강조한다.

> **해설** 도가사상은 장자에 와서 체계적으로 정리되었고, 봉건적 군신관계와 인의를 강조하는 등의 유교적 사상
> 을 거부한다.

11 다음 중 사성제에 대해 잘못 설명한 것은?

① 집착에서 벗어나는 방법으로 제시한 것이 사성제이다.
② 사성제는 고성제, 집성제, 멸성제, 도성제로 구성되어 있다.
③ 사성제는 현실세계의 고통을 해결하는 순서이다.
④ 사성제 중 도성제에 이르면 모든 고통이 해결된다.

> **해설** 사성제는 집착에서 벗어나는 방법으로 제시된 것으로 멸성제에 이르면 현실세계의 고통이 해결되는 과정
> 이다.

Answer 10.③ 11.④

12 다음은 삼법인설의 세 가지 가르침에 대한 설명이다. 옳지 않은 것은?

① 제행무상 : 일체의 현상은 그 어느 것도 영원하지 않다.
② 제법무아 : 만물을 만드는 방법을 의미한다.
③ 일체개고 : 현실세계의 모든 고통을 의미한다.
④ 제법무아 : 만물을 시간적으로 볼 때는 일정한 것이 없고, 공간적으로 볼 때 실체가 없음을 의미한다.

> ✔해설 삼법인설은 제행무상, 제법무아, 일체개고를 의미하며 제법무아는 일정한 시간이 없고, 공간은 실체가 없음을 말하는 것이다.

13 이이에 관한 다음 설명 중 옳지 않은 것은?

① 정치적 측면에서 10만 양병의 중요성을 강조하였다.
② 기발이승일도설(氣發理乘一途說)과 이통기국설(理通氣局說)을 주장하였다.
③ '이(理)'가 움직이면 '기(氣)'가 '이(理)'를 따라가고, '기(氣)'가 움직이기 시작하면 '이(理)'가 '기(氣)'를 따른다는 '이기호발(理氣互發)'을 주장한다.
④ 주기론적 입장에서 관념적 도덕체계를 강조하는 동시에 경험적 현실세계를 중시하였다.

> ✔해설 '이기호발(理氣互發)'을 주장한 것은 이이가 아니라 이황이다.

14 다음은 한나라 시대에 유행한 경학의 특징이다. 옳지 않은 것은?

① 경학은 유교적인 국가체제를 세우고 정비하는 데 주력했다.
② 경학은 훈고학이 주류를 이룬다.
③ 경학의 발달로 황제의 권한이 절대화된다.
④ 한나라 시대의 경학은 맹자를 신격화했다.

> ✔해설 한나라 시대의 경학은 공자를 신격화했다.

Answer 12.② 13.③ 14.④

15 성리학에서 주장하는 이상적인 인간으로 바르게 묶인 것은?

① 군자, 성인   ② 군자, 대장부
③ 신인, 대장부   ④ 성인, 지인

> ✔해설 성리학에서 인격적으로 완성된 사람은 군자나 성인이다.

16 성리학에서 인격완성을 위해 제시하는 방법을 무엇이라 하는가?

① 화성기위(化性己僞)   ② 인의예지(仁義禮智)
③ 격물치지(格物致知)   ④ 왕도정치(王道政治)

> ✔해설 주자는 인격완성을 위해 격물치지를 제시한다.

17 다음 중 통일신라시대의 학자들에 대한 설명이다. 옳지 않은 것은?

① 설총 : 유학고전을 용이하게 하기 위해 방언을 한자로 표시
② 강수 : 진골이라는 신분적 한계를 극복하고 문장력으로 출세
③ 최치원 : '해운'이란 호를 가지고, 「계원필경」을 저술
④ 강수 : 6두품의 한계를 극복하고 유학으로 출세

> ✔해설 강수는 6두품이었다. 통일신라시대 진골은 왕위에 오를 수 있는 자격이 있는 계급이었으나 6두품은 아무리 능력이 뛰어나다 하더라도 오를 수 있는 관직에 제한이 있었다.

Answer 15.① 16.③ 17.②

18 다음은 이이와 이황의 사상에 대한 설명이다. 바른 것은?

① 이이는 '이(理)'가 움직이면 '기(氣)'가 '이'를 따라가고, '기'가 움직이면 '이'가 '기'를 따라간다는 주장을 했다.

② 이황은 '기(氣)'가 발하면 '이(理)'가 '기'를 탄다는 말은 맞으나 '이'가 움직이면 '기'가 '이'를 따른 다는 주장은 잘못된 것이라 주장했다.

③ 이이는 이(理)의 보편성과 기(氣)의 국한됨을 표현하기 위해 이통기국(理通氣局)을 주장했다.

④ 이통기국(理通氣局)은 이(理)와 기(氣)의 분리를 강조한 표현이다.

✔해설 이통기국은 이와 기가 서로 의존하여 보완관계를 유지하면서 조화되는 것을 강조한 점이다.

19 다음은 서학의 전래에 관한 내용이다. 옳지 않은 것은?

① 서학은 17세기 우리나라 사신들이 중국 베이징을 방문하며 처음 전래되었다.

② 18세기 남인계열의 실학자들이 천주교 서적을 읽고 신앙생활을 시작했다.

③ 천주교는 평등사상과 조상에 대한 제사를 거부해 박해를 받았다.

④ 서학은 동학에 대비되어 서학이라 이름 붙였다.

✔해설 서학은 동학에 대비되어 붙여진 이름이 아니라 서양에서 온 학문이라는 뜻에서 서학이라 불렀다.

20 다음 중 동학에 대한 설명으로 옳지 않은 것은?

① 창시 : 최제우

② 주요사상 : 인내천

③ 박해이유 : 세상을 어지럽히고 백성을 현혹한다.

④ 명칭 : 동쪽의 학문이라는 뜻

✔해설 동학은 서학에 대항한다는 의미에서 '동학'이라 칭했다. 민족적이고 민중적인 성격을 보여주는 모습의 일 부이다.

Answer 18.③ 19.④ 20.④

03 서양 윤리

✿ 서양 윤리사상의 전개

① **고대** : 자연에서 인간으로 관심을 돌린 고대 그리스 시대의 소피스트와 소크라테스의 윤리사상으로 아테네를 중심으로 인간과 사회에 대한 논의 전개가 되었다.

② **헬레니즘 시대** : 고대 그리스 시대에 이어 중세로 가는 과도기인 헬레니즘 시대에는 사회적 혼란 속에서 개인적인 마음의 평안을 추구한 두 학파가 등장하였다. 쾌락주의 윤리를 특징으로 하는 에피쿠로스학파와 금욕주의 윤리를 특징으로 하는 스토아학파가 대표적이다. 이 시기는 자기 내면을 바탕으로 마음의 평안을 추구를 탐구하였다.

③ **중세** : 그리스도교 윤리는 예수의 윤리사상이 대표적으로 신 중심의 그리스도교가 서양 사회 전반에 영향을 미치던 시기였다. 교부 철학, 스콜라 철학 등이 발달하였다.

④ **근대** : 자연 과학의 발달로 전근대의 형이상학적이고 종교적인 세계관이 과학적이고 이성적인 세계관으로 전환된 시기였다. 중세의 신 중심 윤리사상에 대한 반성, 인간 중심적 윤리사상이 전개가 되었다.

⑤ **현대** : 현대에는 실용주의, 실존주의 등이 등장하면서 근대의 이성주의 철학에 대한 철저한 반성으로 근대 윤리사상의 계승과 비판이 공존하는 시기이다. 실용주의는 도구주의적 관점에서 현실적 삶의 개선을 추구하고자 하며, 실존주의 사상은 현실적 삶에서 구체적으로 존재하는 실존을 강조하고자 하는 것이다.

✿ 이성 중심 윤리

① 인간의 고유 능력은 이성이다.

② 이성의 지시에 따르는 삶이 인간답고 바람직한 삶임을 주장했다.

③ 합리적 이성에 대한 신뢰를 바탕으로 공정한 절차와 정당한 원칙을 강조한다.

④ 흐름 : 소크라테스, 플라톤, 아리스토텔레스 → 스토아학파 → 근대 이성주의, 칸트의 의무론 → 담론 윤리

✿ 경험 중심 윤리

① 인간은 감각을 지니고 있고 쾌락과 고통을 느끼는 존재이므로 바람직한 삶을 살기 위해 감정과 욕구를 고려해야 한다고 보았다.

② 감각적 경험에 대한 신뢰를 바탕으로 목적의 성취와 일의 효용성을 강조하였다.

③ 흐름 : 소피스트 → 에피쿠로스학파 → 근대 경험주의, 공리주의 → 실용주의

소크라테스

소피스트의 상대주의적 윤리를 비판하면서 보편적 · 절대적인 윤리를 찾으려고 하였다. 그는 부나 명예 등 세속적인 가치를 중시했던 소피스트의 주장에 반대하면서 선하게 사는 것과 정신적인 가치를 더욱 중요하게 생각하였다. 소크라테스의 주장을 따르면, 도덕은 누구에게나 언제 어디에서나 같은 것이다. 그는 현실적이고 세속적인 삶의 방식이 아닌 인간이라면 누구나 따라야 하는 이상적인 삶의 방식이 존재한다고 믿었다.

① **기본입장** : 소크라테스는 소피스트와 동시대에 활동한 인물로서 처음에는 소피스트에게 철학을 배웠다는 설도 있으나, 확인할 수는 없다. 소피스트는 사회상황에 의해 철학을 발전시켜 나갔으나, 소크라테스는 상황에 얽매이지 않은 것이 가장 큰 차이점이다. 즉 사회상황에 따라 변하지 않는 철학을 추구한 것으로, 예를 들면 '인간에게 가장 중요 한 것이 무엇인가?', '어떻게 살아야 하나?', '인간다움이란 어디에서 얻어지는가?'와 같은 문제들에 관심을 가졌다.

② **주장** : 소크라테스는 인간에게는 보편적이고, 절대적으로 존재하는 진리가 있다고 보았다. 이것은 이성의 활동으로 밝힐 수 있다고 생각했으며 지혜와 지식과 영혼이 가장 중요하다고 생각하였다. 그러므로 영혼에 관심을 가지고 영혼의 질적 향상을 위해 노력해야 한다고 주장하였다. 이 때문에 아는 것이 중요하다고 하였는데 만약 나쁜 짓을 할 경우 "그 사람이 한 행동은 그가 나쁜 짓인지 모르고 한 것이다." 다시 말해 그 행위가 나쁜 것인지 알고 있다면 결코 하지 않는다고 주장하였다. 그만큼 소크라테스에게 '앎'은 중요한 것이다.

아리스토텔레스

고대 그리스의 철학자 아리스토텔레스가 생각한 인생의 궁극적인 목적은 행복이었다. 여기서 말하는 행복은 이성에 알맞은 덕의 활동을 말하며, 지식이 덕이고, 덕은 행복을 가져온다는 주장을 한다. 덕은 진리를 인식하는 이성적인 덕과 감각을 억제하는 품성적인 덕으로 나눌 수 있는데, 품성적인 덕의 경우 극단적인 행위를 억제하고 중용(中庸)을 습관화할 때 나타난다고 말하였다. 여기서 중요하게 생각해야 할 개념은 '중용'으로 중용은 양 끝에 치우치지 않는 중간 상태를 의미한다. 이처럼 이성의 역할과 실천을 통한 습관화된 중용을 강조한다. 그리고 사회나 국가에서 도덕생활의 실천을 통해 개인적 자아실현이 가능하다고 주장하였다. 아리스토텔레스의 윤리는 사회공동체를 제외하고는 말할 수 없다.

① **인간의 사회성** : 아리스토텔레스(Aristoteles)는 "인간은 사회적 동물이다."라고 말하면서 인간은 부족한 존재이지만 사회와 상호작용하면서 살아갈 수밖에 없다고 주장하였다.

② **인간의 정의** : 아리스토텔레스는 인간을 이성적 동물로 정의하였으며 또한 아리스토텔레스는 인간을 정치적 동물로 규정하는 근거를 '이성'에서 찾았다.

CHECK POINT 플라톤과 아리스토텔레스 … 그리스의 철학자인 플라톤과 아리스토텔레스는 민주주의의 기본원칙이 시민의 정치적 자유와 평등에 있다고 보았기 때문에 아테네에서 행해진 민주주의는 소수의 부자들에 의한 다수의 가난한 자들의 지배와 같은 정치적인 책임의 부재가 우려된다는 의견을 내세우기도 하였다.

✖ 플라톤

플라톤은 객관적이고 불변하는 진리를 추구하였다. 감각적으로 변하는 것은 참된 지식이 아니기 때문에 완전한 사물의 진리인 '이데아(idea)'를 따라야 한다고 주장하였다. 이데아는 완전한 사물의 모습으로 이 중의 최고는 '선(善)의 이데아'라고 보았다. 또한 그는 인간의 영혼은 정욕과 기개, 이성적인 부분으로 이루어져 있으며, 세 가지 덕(德)인 절제, 용기, 지혜가 서로 조화를 이룰 때 정의의 덕을 이루고 행복한 삶을 누리게 된다고 주장했다. 개인이 갖추어야 할 4주덕이 사회 속에서 실현될 때 정의(正義)로운 사회가 이루어질 수 있다고 보았으며, 지혜를 가진 철학자(哲人)가 나라를 통치할 것을 주장했다.

✖ 칸트

① 실천이성 : 칸트는 의무가 실천이성을 통해 구현된다고 보았다. 또한 "인간의 가장 위대한 임무는 어떻게 인간이 만물 중에서 그가 차지하고 있는 지위를 합당하게 실현할 것이며, 또한 그가 인간답게 존재하기 위해서 어떻게 되어야 할 것인가를 올바로 이해하는 것이다."라고 하였으며 인간에게서 가장 중요한 것은 인생의 의미를 올바로 아는 일인 것이라고 하였다.

② 정언명법 : 칸트는 "너의 인격과 여러 다른 인격을 대할 때 항상 목적으로 대하고 결코 다른 수단으로 대하지 말라"는 말을 정언명령으로 설정한다. 이유를 불문하고 가장 중시되어야 하는 말로서 인간은 목적 그 자체이며, 다른 어떤 목적이더라도 그 수단으로 사용될 수 없다는 인권 존중사상을 표현하였다.

③ 법칙론적 윤리설 : 법칙론적 윤리설로 유명한 학자는 칸트(Kant)로서 법칙론적 윤리설은 의무를 강조하는 윤리설이다. 행위를 도덕적으로 바르다고 하는 것은 결과가 좋기 때문이 아니라 그 행위가 가진 속성 때문으로서 옳음의 속성이 중요한 것이다. 그렇기 때문에 행위의 결과보다 그 행위를 하게 된 동기나 의지를 중시한다.

④ 의무론적 윤리 : 의무감에서 비롯된 행위만이 도덕적 가치를 지닌다고 본다. 오직 도덕 법칙을 준수하려는 의무감에서 비롯된 행위만이 도덕적 가치를 지닌다고 주장하였다.

✖ 홉스

인간은 자기 보존을 위해 이기적으로 행동할 뿐만 아니라 평화를 추구하게 된다. 우선 자연상태하에서 인간은 각자에게 필요한 모든 것에 대해 동등한 권리를 가지며, 각자의 생존과 이익을 추구하기 위해 이기적 행동에 돌입한다. 따라서 자연상태는 '만인에 대한 만인의 투쟁'의 상태가 되어, 모두의 생존을 위협하게 되는데 이 투쟁의 상태로부터 벗어나기 위해 사람들은 합리적이고 평화적인 방법을 모색하게 된다. 즉, 사람들은 자연상태에서 갖는 모든 권리를 지상의 신이라 불리는 절대적 주권자에게 양도하는 계약을 서로 맺는다. 이를 통해 국가를 세우고, 법과 규범에 종속된 상태에서 지속적인 자기 보존을 꾀한다. 사람들은 이 국가 공동체하에서 각자 자신들의 이익을 지키기 위해 도덕적으로 행동해야 하는데, 이러한 태도는 윤리적 이기주의의 태도이다. 이로써 도덕은 신에 의해 주어지거나 인간 사회에 원래부터 존재해 왔던 것이 아닌, 국가 공동체의 성립 이후에 비로소 생겨난 것으로 이해된다.

✖ 벤담

모든 쾌락이 질적으로 동일하며 양적인 차이만 있다는 것은 벤담의 주장이다. 벤담이 제시한 공리주의는 행위 그 자체의 결과를 옳은 행위의 결정 기준으로 삼는다는 점에서 행위 공리주의에 해당한다.

✖ 공리주의

산업혁명 이후 개인의 이익과 사회의 이익이 대립하는 상태가 벌어지며, 이를 해결하기 위해 등장한 것이 '공리주의'이다. 공리주의의 기본입장은 '인간은 고통을 피하고, 쾌락을 중시한다.'이다. 공리주의의 대표자는 벤담(Bentham)과 두 명의 밀(James Mill, John Stuart Mill)이 있다. 벤담의 경우 행복은 쾌락이며, 고통이 없는 상태라 말하면서 쾌락을 측정할 수 있다고 주장한다. 또한 사회는 개인이 모여 만들어진 것이므로, 개개인의 행복은 사회 전체의 행복과 자연스럽게 연결된다고 주장한다. 결국 더 많은 사람이 행복을 느끼면 그만큼 좋은 일이며, 이를 근거로 '최대다수의 최대행복'이라는 명제를 도덕의 원리로 제시한다. 반면 밀(John Stuart Mill)은 벤담의 쾌락 측정에 대해 다른 의견을 제시한다. 벤담의 경우 '모든 쾌락은 같다'는 생각 아래 강도, 계속성, 확실성, 원근성, 생산성, 순수성, 연장성을 이용해 쾌락을 측정할 수 있다고 주장하나 밀은 쾌락에는 질적인 차이가 있음을 말한다. 이를 "배부른 돼지보다는 배고픈 인간이 낫고, 만족스러운 바보보다 불만족스러운 소크라테스가 되는 편이 낫다."는 표현으로 정리한다. 결국 바람직한 개인과 사회는 모든 개인이 스스로 사회에 참여하고, 이에 대해 사회는 개인들의 자유를 보호하고 복지를 보장해야 할 의무가 있음을 말하고 있다.

① 공리주의는 쾌락주의의 일종으로, 쾌락과 고통을 옳고 그름의 기준으로 삼는다. 그래서 쾌락과 행복을 가져다주는 행위를 옳은 행위로, 고통과 불행을 가져다주는 행위를 그른 행위로 간주한다. 공리주의 사상은 쾌락과 행복을 가져다주는 행위는 옳은 행위, 고통과 불행을 가져다주는 행위는 그릇된 행위라고 본다. 공리주의는 어떤 행위의 옳고 그름을 판단하는 기준을 그 행위가 사회적으로 얼마나 유용한 결과를 가져오는가의 여부에 두고 있다.

② **공리주의의 구분** : 공리주의는 행위 공리주의와 규칙 공리주의로 구분한다. 행위 공리주의는 개별적 행위의 결과를, 규칙 공리주의는 행위가 따르고 있는 규칙의 결과를 행위의 옳고 그름을 판단하는 기준으로 삼는다.

✖ 로크

로크는 개인이 부여받은 자연권은 생명, 자유, 재산에 대한 권리로 이들을 모두 소유(Property)라고 하였다. 각 개인은 자연권을 지속적이고 안정적으로 보장받기 위해 사회계약을 맺음으로 국가나 사회를 이루게 된다. 이렇게 사회나 국가는 자유로운 개인들의 계약에 의해 설립되고 '소유'를 보장하는 것을 목적으로 하며, 이 목적을 위해 국가는 개인들로부터 입법권과 행정권을 위임받아 운영하게 된다.

✵ 루소

① 루소는 인간의 본성을 선한 것이라 보았다. 그런데 인간이 악해지는 경우는 사회제도의 영향을 받아서 변한 것이라 주장하였다. 다시 말해 자연적인 것은 모두 선하나, 그곳에 인위적인 것이 들어가면 악하게 변한다고 본 것이다.

② 국가권력은 국민으로부터 나오는 것이라는 인민주권론을 주장한다. 그에 따르면 모든 국민은 국정에 평등하게 참가해야 하며 또한 그는 '일반의지'에 의한 법만이 합법적인 법이라 강조한다. 루소의 '일반의지'는 투표자의 모두 혹은 일반 인민의 생각이 총체적으로 표현된 것을 말하면서 일반의지는 공동의 이익과 특수의지가 결합된 것으로 양도되거나 분할할 수 없는 절대적인 국가권력을 나타내는 인민의 힘이라 보았다.

✵ 듀이

실용주의의 대표적인 학자인 듀이는 모든 가치를 유용성의 입장에서 판단하기 때문에 일상생활에 도움이 되는 가치는 바람직한 것이라고 말하며, 도덕과 윤리의 경우에 절대적인 것이 아니라 인간의 삶 속에서 경험을 통해 발생하는 것이라 생각했다. 그러므로 듀이는 도덕을 '행동이 요구되는 상황에 관한 판단'이라 말한다. 미래에 대한 판단으로 상황 속의 현존하는 사태를 알려주는 동시에 상황의 문제를 해결하기 위해서는 어떤 방법이 좋은지 감지하게 되므로, 연구의 대상이 될 수 있다고 주장한다.

✵ 마르크스

마르크스는 극대화된 자유가 자본주의 모순에 의해 부익부 빈익빈을 가속화한다고 보아 평등에 더 가치를 두고 있다. 그들에 따르면 사유재산은 계급분열, 착취, 억압, 소외 및 여기서 비롯되는 경제적, 사회적, 정치적 불평등으로 나타나는 반면 사회(국가재산)는 계급동화, 유대, 해방 및 평등으로 그 특징이 부각된다. 따라서 생산수단에 대한 사적소유의 종언과 이를 사회(국가)로 옮기면, 사회계급간의 동화와 평등화가 성취될 수 있다는 주장이다. 마르크스는 '능력에 따라 일하고 필요에 따라 배분되어야 한다.'는 필요 내지 욕구의 원칙을 제시한다. 이것은 각자는 생산과정에 기여한 실적에 따라 정당한 분배를 보장한다는 기여 내지 실적의 원칙과 크게 다를 뿐 아니라, 실제로 모든 사람에게 동등한 분배의 권리를 부여한다는 기본입장이다.

�֍ 롤즈

롤즈의 기본적인 전제는 개인주의적 인간관이다.

① **기본입장** : 인간은 사회 안의 존재이기 때문에 사회의 기본구조와 제도의 영향을 받고, 이때 발생할 수 있는 문제를 조정하는 것이 보편타당한 정의의 원칙이라 생각한다. 롤즈가 주장하는 정의의 원리는 원초적 입장에서 선택되는 '정의의 두 원칙'으로 이루어져 있다. 원초적 입장이란 자신의 개인적 특성이나 사회적 지위를 모르며, 상호 무관심한 합리적 당사자들이 모든 사람들에게 적용되기를 바라는 가상적 상황이다. 이 가상 상황에 전제하는 정의의 조건은 사람들에게 협동이 가능하며, 알맞은 정도의 결핍이 있어야 한다.

② **정의의 원칙** : 원초적 입장에서 사람들이 선택하는 첫 번째 원칙은 '각 개인은 가장 기본적인 자유에 있어 동등한 권리를 가져야 한다(평등한 자유의 원칙).'는 것이다. 두 번째 원칙은 사회적 경제적 불평등의 경우 두 가지 경우에서만 용인될 수 있는데, '경제적 불평등은 가장 불리한 여건에 있는 사람에게 최대한 이익이 되어야 하며(차등의 원칙), 기회균등의 원칙 아래에 모든 사람에게 개방된 지위와 결부된 것이어야 한다(기회균등의 원칙).'는 것이다. 정의의 두 원칙에서 보듯이 롤즈의 정의론의 가장 큰 특징은 '최대의 평등한 자유'를 강조하는 것이다.

✖ 롤즈의 사회정의론

롤즈의 이론 중 최고의 위치를 차지하는 사회의 기본가치는 자유로서 이 자유는 보다 큰 자유를 위한 제한을 제외하고는 어떠한 경우에도 제한될 수 없으며, 모든 사람에게 똑같이 최대한 보장되어야 함을 기본으로 한다. 평등과 관련해서는 원칙적으로 정당화될 수 있는 불평등만 허용된다.

03 출제예상문제

1 인간이 어떻게 사는 것이 바람직한 것인가의 문제를 서양철학에 가장 먼저 제기한 사람은 누구인가?

① 탈레스
② 소피스트
③ 소크라테스
④ 플라톤

> ✔해설 탈레스는 최초의 철학자로 자연에 대해 탐구한 학자이며, 소피스트가 철학의 주제를 자연에서 인간으로 바꾼 사람들이다. 소크라테스는 본격적인 인간 문제에 대한 질문을 던진 사람이며, 플라톤은 소크라테스의 제자로 이데아의 세계와 현실의 세계를 나눈 이분법적 사상을 전개한 사람이다.

2 '인간은 만물의 척도'이므로 모든 판단의 기준은 각 개인에게 있다는 주장을 펼친 고대 그리스의 철학자는 누구인가?

① 탈레스
② 프로타고라스
③ 고르기아스
④ 소크라테스

> ✔해설 프로타고라스는 객관적인 진리가 아닌 상대적인 진리를 강조하였다. 고르기아스는 회의론적 입장에 있는 철학자이다.

Answer 1.② 2.②

3 고대 그리스 아테네에서 발달한 소피스트의 사상의 영향을 받지 않은 사상은?

① 경험주의
② 실용주의
③ 상대주의
④ 합리주의

✔해설 소피스트 사상은 경험주의, 실용주의, 상대주의, 쾌락주의에 영향을 주었다.

4 소크라테스와 소피스트의 차이점에 대한 설명 중 옳은 것은?

① 소피스트는 처음으로 이성에 관심을 보였다.
② 소크라테스는 소피스트의 상대주의적 철학을 받아들여 발전시켰다.
③ 소크라테스는 정신적인 가치를 더욱 중시 여겼다.
④ 소크라테스는 인간이 악행을 저지르는 이유를 본성에서 찾았다.

✔해설 소피스트가 처음으로 인간에 초점을 맞춰 학문을 진행했고, 소크라테스는 인간의 특성인 이성에 최초로 관심을 기울인 철학자로서 소피스트의 상대주의에 반대하고 절대적인 진리가 있음을 강조하였다. 소크라테스에게 있어 인간 악행의 근원은 '무지'로 보았다.

5 다음 중 소크라테스가 주장한 내용이 아닌 것은?

① 소크라테스는 앎을 중요하게 생각했는데, 이것은 단순한 지식이다.
② 소크라테스는 앎을 중요하게 생각했는데, 이것은 단순한 지식이 아닌 영혼의 수련에서 얻어진 깨달음이다.
③ 소크라테스는 보편적 진리나 지식을 발견하는 데 그치지 않고 실천을 강조했다.
④ 소크라테스는 참된 앎을 통해 덕을 쌓을 때 행복을 느낄 수 있다고 주장했다.

✔해설 소크라테스는 앎을 중요하게 생각하고, 앎을 영혼의 수련에서 얻어진 깨달음이라 생각했다.

Answer 3.④ 4.③ 5.①

6 다음 중 인간의 본성을 이성에 의한 사유 활동이라 본 사상이 아닌 것은?

① 소크라테스
② 플라톤
③ 스토아학파
④ 에피쿠로스학파

> **해설** 인간의 본성을 이성에 의한 사유 활동이라 본 사상은 소크라테스, 플라톤, 아리스토텔레스, 스토아학파 등이 대표적이며, 에피쿠로스학파는 인간의 본성을 감각적이고 육체적인 본능이라 보았다.

7 다음 중 사상가의 주장이 바르게 연결된 것은?

① 에라스무스 : 인간은 태어났을 때에는 완성되지 않은 밀랍과 같다.
② 홉스 : 자연상태는 인간과 자연의 투쟁 상태다.
③ 듀이 : 인성의 본질에는 선악이 분명히 존재하나 알 수 없다.
④ 쇼펜하우어 : 인간의 본성 가운데 가장 뿌리 깊이 박혀있는 것은 자율성이다.

> **해설** 홉스가 말하는 자연상태는 만인의 만인에 대한 투쟁 상태다. 듀이의 경우 인성의 본질에는 선악이 없고, 환경에 의해 선해지거나 악해질 수 있다고 주장하며 쇼펜하우어는 죄악이 인간 본성 가운데 뿌리 깊게 박혀있다고 주장한다.

8 다음 중 서양의 인간관을 설명한 내용 중 바른 것은?

① 서양의 그리스도교적 인간관에 따르면 인간과 자연을 하나로 생각하고 있다.
② 서양의 이성적 인간관은 경험주의 인간관으로 발전하게 된다.
③ 서양의 합리적인 인간관은 대륙의 합리론으로 연결된다.
④ 서양의 인간관은 동양과 마찬가지로 인간과 자연을 하나로 보고 있다.

> **해설** 서양의 그리스도교적 인간관에 의하면 인간과 자연을 분리해 인간이 자연을 다스릴 수 있는 권한을 가 진 존재로 본다. 서양의 이성적 인간관은 합리주의 인간관으로 발전하게 된다.

Answer 6.④ 7.① 8.③

9 공리주의에 대한 설명으로 바른 것은?

① 공리주의는 최대다수의 최대행복을 기본 원칙으로 한다.
② 공리주의를 대표하는 이론은 양적 공리주의와 비례적 공리주의이다.
③ 벤담은 쾌락을 측정할 수 있다는 비례적 공리주의를 주장했다.
④ 밀은 쾌락을 측정할 수 있다는 양적 공리주의를 주장했다.

> ✔해설 공리주의는 최대다수의 최대행복을 기본원리로 하는 이론으로 쾌락을 측정할 수 있다는 주장을 한 벤담의
> 양적 공리주의와 쾌락은 단순히 양적인 문제가 아닌 질의 문제라고 주장한 밀의 질적 공리주의가 있다.

10 밀이 주장한 내용에 대한 설명으로 옳지 않은 것은?

① 쾌락의 양을 중시하기보다는 질적인 차이도 고려해야 한다.
② 정신적 쾌락과 감각적 쾌락은 비슷한 수준의 쾌락이다.
③ 삶의 궁극적 목표를 행복으로 삼았다.
④ 배부른 돼지보다 배고픈 인간이 낫고, 만족스러운 바보보다 불만족스러운 소크라테스가 되는
것이 낫다.

> ✔해설 밀은 양적 공리주의에 반대해 질적 공리주의를 주장한다. 그에 따르면 정신적 쾌락은 감각적이고 육체
> 적인 쾌락보다 상위에 있다고 말한다.

11 다음 중 인간을 '이성적 동물'이라 정의한 학자는 누구인가?

① 아리스토텔레스   ② 다윈
③ 헤라클레이토스   ④ 소크라테스

> ✔해설 아리스토텔레스는 인간을 이성적 동물로 정의했다. 또한 아리스토텔레스는 인간을 정치적 동물로 규정
> 하는 근거를 '이성'에서 찾았다.

Answer 9.① 10.② 11.①

12 플라톤이 주장한 사주덕에 해당되지 않는 것은?

① 정의　　　　　　　　　　　　② 용기
③ 기개　　　　　　　　　　　　④ 절제

> ✔해설 플라톤은 인간 영혼이 정욕, 기개, 이성으로 이루어져 있으며, 용기, 절제, 지혜의 세 가지 덕이 조화를 이룰 때 '정의'라는 사회적인 덕이 이루어진다고 보았다. 정욕에 대응하는 덕은 절제이며, 기개에 대응하는 덕은 용기이며, 마지막으로 이성에 대응하는 덕은 지혜이다.

13 아리스토텔레스가 생각한 인생의 궁극적인 목적은 무엇인가?

① 덕　　　　　　　　　　　　　② 품성적인 덕
③ 실천적인 덕　　　　　　　　　④ 행복

> ✔해설 아리스토텔레스는 인생의 궁극적인 목적을 행복으로 보았다.

14 다음은 칸트의 말이다. 다음의 말이 의미하는 것은?

> 인간의 가장 위대한 임무는 어떻게 인간이 만물 중에서 그가 차지하고 있는 지위를 합당하게 실현할 것이며, 또한 그가 인간답게 존재하기 위해서 어떻게 되어야 할 것인가를 올바로 이해하는 것이다.

① 인간은 지위를 획득해야 한다.
② 인간의 가장 위대한 임무는 만물을 다스리는 것이다.
③ 인간은 인간답게 되는 것이 가장 중요한 임무이다.
④ 인간에게 중요한 것은 인생의 의미를 올바로 아는 것이다.

> ✔해설 칸트는 위의 말을 통해 인생의 의미를 올바로 아는 것이 인간에게 중요하고, 개인의 목적을 파악하는 것을 목표로 삼았다.

Answer　12.③　13.④　14.④

15 다음은 서양의 자연관에 대해 이야기한 사람들이다. 바른 것은?

① 플라톤은 이데아의 세계와 현상의 세계를 나누고, 현상의 세계는 이데아와 같다고 주장했다.
② 동물은 하느님이 창조한 기계에 불과하다는 동물기계론을 주장한 사람은 라메트리다.
③ 라메트리는 인간의 정신은 뇌의 물질적 작용에 불과하다고 보았다.
④ 데카르트는 「인간기계론」이란 책을 저술했다.

> ✔해설 플라톤은 이데아의 세계와 현상의 세계를 나누고, 현상의 세계는 이데아의 모습을 모방한 것에 불과하다고 주장했다. 동물기계론을 주장한 학자는 데카르트이다. 라메트리는 「인간기계론」이란 책에서 인간의 정신은 뇌의 물질적 작용에 불과하다고 보았다.

16 칸트는 인권 존중과 관련해 정언명법을 제시하였다. 그 의미를 가장 잘 설명한 것은?

① 인간은 목적 그 자체이며, 다른 어떤 수단으로 사용될 수 없다.
② 인간은 수단으로 사용될 수 있다.
③ 인간은 인권 존중을 위해서라면 어떤 수단을 이용해도 허용된다.
④ 인간에게 인권 존중은 다른 인격을 대할 때와 달리 사용되어야 한다.

> ✔해설 칸트는 너의 인격과 여러 다른 인격을 대할 때 항상 목적으로 대하고 결코 다른 수단으로 대하지 말라는 정언명법을 제시하면서 인간을 목적 그 자체로 대우하라고 주장했다.

17 다음 중 로크가 주장한 내용이 아닌 것은?

① 로크는 개인이 부여받은 자연권은 생명과 재산에 대한 권리뿐이라 주장했다.
② 로크는 사회계약의 이유를 '소유' 보장이라 주장했다.
③ 로크는 국가는 개인들로부터 입법권과 행정권을 위임받아 운영하는 것이라 주장했다.
④ 로크는 자연권을 보장받기 위해 사회계약을 맺음으로 국가나 사회를 이루게 되었다고 주장했다.

> ✔해설 로크가 주장한 자연권은 생명과 자유, 재산에 대한 권리라 주장했다.

Answer 15.③ 16.① 17.①

18 다음 중 사회계약설과 관련된 인물이 아닌 것은?

① 홉스
② 루소
③ 로크
④ 크로티우스

✔️**해설** 크로티우스는 자연법의 형성에 큰 영향을 끼쳤지만 사회계약론을 주장한 것은 아니다.

19 다음 중 루소의 사회계약론에 대한 설명으로 잘못된 것은?

① 루소는 인민주권론을 주장했다.
② 루소는 일반의지에 의한 법만이 합법적인 것이라 주장했다.
③ 루소의 일반의지는 일반 인민들의 의견을 합한 것에 불과하다.
④ 루소의 일반의지는 공동의 이익과 특수의지가 결합된 것으로 절대적인 국가권력을 나타낸다.

✔️**해설** 루소의 일반의지는 단순한 의견의 총합이 아닌 공동이익과 특수의지가 결합된 것이다.

20 다음 중 사상가와 그 내용으로 옳은 것은?

① 벤담 : 의무는 실천이성을 통해 구현된다고 보았다.
② 아리스토텔레스 : 이성의 기능은 습관적으로 발휘된 능력으로, 덕이다.
③ 칸트 : 인간의 궁극적인 목적은 행복이다.
④ 소피스트 : 자연 철학 중에서도 세상의 구성에 대해 관심이 많았다.

✔️**해설** 칸트는 의무가 실천이성을 통해 구현된다고 보았으며, 아리스토텔레스는 인간의 궁극적 목적은 행복이라고 하였다. 소피스트는 자연철학보다 인간의 문제에 더욱 주목한 사람들이다.

지리

01 한국지리

✿ 위도

지구에서 위치를 나타내는 좌표로 적도에서부터 남북으로 떨어져 있는 정도이다. 우리나라는 북위 33 ~ 43도에 위치하고 있다. 북반구 중위도에 위치하고 있어서 사계절이 뚜렷하다.

✿ 경도

지구에서 위치를 나타내는 좌표로 본초자오선으로부터 동서로 떨어져 있는 정도를 나타낸다. 우리나라는 동경 124 ~ 132도에 위치하고 있다. 표준시의 기준이 되는 경도선은 동경 135도를 사용하여 영국의 표준시보다 9시간이 빠르다.

✿ 독도

경상북도 울릉군 울릉읍 독도리에 있는 섬이다. 신라가 편입하여 우리나라의 영토가 되었다. 높이는 98.6m, 둘레 2.8km로 해저에서 분출한 용암이 굳어 형성된 섬이다. 독도는 배타적 경제수역 설정에 기준이 되고 태평양으로 가는 동해의 교통 요지이다. 난류·한류가 교차하여 조경 수역이 형성되어 있고 상당량의 지하자원이 묻혀있다.

✿ 혼일강리역대국도지도(混一疆理歷代國都之圖)

동양에서 현존하는 오래된 세계지도이다. 1402년 김사형과 이무, 이회가 만들었다. 아시아, 유럽, 아프리카가 포함되어있다. 우리나라 동해안과 서해안 경계선은 지금과 유사하게 그려져 있으나 압록강이나 두만강 부근은 부정확하다. 또한 우리나라의 지도가 다른 국가에 비해 몇 배나 크게 그려져 있다.

✿ 지리 정보시스템(GIS)

다양한 지리에 정보를 효과적으로 수집·저장하고 분석하여 활용하는 시스템이다. 컴퓨터를 통해 디지털 형태로 지도를 만들어 지리 정보를 데이터베이스에 구축한다. 지리 정보 체계는 컴퓨터를 통해 대량으로 정보를 처리하고, 지도를 제작, 원격 탐사 등을 하는 데 이용할 수 있다.

✿ 암석

광물들이 모여서 자연적으로 만들어진 고체이다. 암석은 화성암, 퇴적암, 변성암으로 분류된다. 우리 나라에 제일 많이 구성되는 암석은 변성암으로 조경석에 자주 사용된다. 마그마가 굳어 형성되어진 화성암이 한반도에서 34.8% 가량 자지한다. 한반도에서 퇴적암의 비율은 낮은 편이다.

✿ 광물자원

땅 속에 매장되어 있는 금속(철광석, 텅스텐 등)·비금속(고령토, 석회석 등)광물과 에너지(석유, 천연 가스 등) 자원으로 지하자원을 의미한다. 지하수, 온천, 토양도 포함된다. 우리나라는 금속 광물은 적지 만 비금속 광물을 풍부하게 분포한다. 철광석은 매장량이 적어서 대부분 수입을 하고 있다. 텅스텐은 매장량이 많지만 대부분 수입하여 이용한다. 석회석, 고령토도 매장량이 풍부하다.

✿ 동고서저의 경동 지형

오랜 시간 침식작용으로 우리나라 지형은 평탄화가 되었다. 신생대 제3기에 비대칭 요곡운동이 생기 면서 동쪽은 급한 경사가 나타나고 서쪽은 완만한 경사를 형성했다. 경동 지형으로 완만한 경사 지역 과 급한 경사의 지역에 농사와 인구 밀도 등에 차이가 나타난다.

✿ 하계망

하천의 본류와 여러 개의 지류가 형성되어진 것을 의미한다. 빗방울이 하천으로 유입된 후 바다로 갈 때 하천의 줄기는 본류와 지류가 합쳐진다. 이러한 형태를 하계망이라 한다. 하천의 상류는 유량이 적 고 하폭이 적지만 하류는 유량이 많고 하폭이 넓다. 퇴적물 입자 크기 또한 상류는 크지만 하류는 작은 편이다.

✿ 감조하천

조석의 영향으로 하류의 수위가 변하는 특징을 가진 하천을 의미한다. 하천이 연안해역으로 유입하는 것으로 밀물에는 바닷물이 역류하여 염분의 농도가 높아지거나 홍수 피해가 발생할 수 있다. 우리나라 에는 금강, 영산강, 낙동강이 대표적이다.

✿ 감입곡류하천

골짜기를 판다는 감입과, 구부려져서 흐른다는 곡류라는 단어가 합쳐진 것이다. 골짜기를 파내어 구 부려져 흐르는 하천을 의미한다. 하천의 유로 길이가 직선 길이보다 더 길며 관광지로 발달된다. 세 계적으로 그랜드 캐니언이 있고 우리나라는 한강, 금강, 낙동강 등이 있다. 감입곡류하천이 있는 곳 에 하천 주변에 있는 계단 형태의 하천 지형인 하안단구가 나타난다.

✿ 자유곡류하천

하천 중류와 하류에서 자유롭게 연장하면서 흐르는 하천을 의미한다. 측방 침식이 자주 나타나면서 자유곡류천 주변에 유로 변경이 자주 발생하여 우각호, 하중도, 구하도와 같은 지형이 발달한다. 하지만 홍수 피해 발생위험이 높아서 곡류를 직선으로 만드는 직강 공사를 하면서 많이 사라지고 있다.

✿ 삼각주

유속이 느려지는 하천 하구에서 퇴적물이 쌓여져 만들어지는 지형이다. 우리나라는 하구에 운반되는 미립질 토사가 바다로 이동하는 특징으로 삼각주 발달은 낮은 편이다. 낙동강 하구에 있는 삼각주 김해평야가 있다. 세계적으로 유명한 삼각주는 이집트 나일강, 미국의 콜로라도강, 중국의 양쯔강 등이 있다.

✿ 해저지형

바다 밑에 있는 지형으로 대륙붕, 대륙사면, 대양저, 평정해산 등이 있다. 대륙붕에는 지하자원이 풍부하며 퇴적물이 쌓여 어장을 형성한다. 대양저에는 망간 단괴, 우라늄과 같은 광물자원이 매장되어 있고 평정해산, 해령 등이 있다.

✿ 카르스트 지형

석회암의 용식작용으로 만들어지는 것이다. 석회암 봉우리인 탑카르스트, 석회동굴, 석회암이 녹으면서 파여진 돌리네가 있다. 우리나라에 영월의 고씨굴이나 단양의 고수동굴이 대표적인 석회동굴로 종유선, 석순, 석주가 형성되어 있다. 돌리네는 배수가 잘되는 특성으로 주로 밭농사에 이용된다.

✿ 배산임수(背山臨水)

산을 등지고 물을 마주보고 있다는 것으로 우리나라 전통촌락의 입지적인 특징이다. 풍수지리적으로 길지로 겨울철에 부는 북서계절풍을 막아주는 산과 농사에 필요한 용수 확보를 위한 물로 우리나라 자연환경에 잘 맞는 특징이다.

✿ 도시체계(都市體系)

국가나 지역의 집합을 의미한다. 우리나라의 도시체계는 서울을 중심으로 인구나 인프라가 집중된다. 서울 다음에 부산, 인천, 대구, 광주, 대전이 고차계층 순서이다. 도시의 기능에 따라 고차 중심지와 저차 중심지로 나뉜다.
① 고차 중심지 : 중심지가 적지만 내부에 다양한 기능을 가진다. 대도시이다.
② 저자 중심지 : 중심지가 많지만 내부에 기능이 적고 재화가 도달범위가 좁다.

🎴 집심현상 · 이심현상

① 집심현상 : 지대와 지가가 높은 도심에 상업과 행정업무가 집중되는 현상이다.

② 이심현상 : 지대와 지가가 낮은 주변 지역으로 주거나 공업, 학교 등이 분산되는 현상이다.

🎴 도시 재개발

도시에 인구가 늘어나면서 인구 분산을 위해서 노후가 된 건물을 재건축하거나 새로운 시가지에 건설을 하는 것이다. 낙후된 도시를 활성화시키는 목적이 있다. 도심 재개발, 산업지역 재개발, 주거지 재개발, 철거 재개발, 보전 재개발, 수복 재개발로 구분된다. 재개발로 삶의 질이 올라가기도 하지만 젠트리피케이션 현상이 나타날 수 있다.

🎴 지역개발

지역의 잠재력을 개발하여 생활수준을 향상시키기 위한 활동이다. 성장 거점 개발과 균형 개발로 나뉜다. 우리나라는 1차 국토개발계획은 성장 거점 개발, 2차는 광역 개발, 3차는 균형 개발, 4차에는 균형발전 방식을 채택하였다.

① 성장 거점 개발 : 중앙 정부의 주도하에 개발된다. 투자 효과가 높은 곳을 지정하여 투자하면서 경제 성장을 높이는 것이 목적이다. 단기간에 효과가 나타나지만 지역 격차가 생길 수 있다.

② 균형개발 : 지역주민이나 지방자치단체의 요구로 이뤄지며 주로 낙후지역에 우선적으로 투자를 한다. 지역의 균형발전을 이룰 수 있고 지역 주민의 의견을 수용할 수 있지만 지역이기주의가 발생할 수 있다.

🎴 공업입지유형

기업이 다양한 조건과 이익을 따져서 공장의 입지를 결정한다. 공업시설의 종류나 규모에 따라 입지 장소가 차이가 난다.

① 원료지향공업 : 원료가 쉽게 변하는 공업인 농수산물, 시멘트 공업 등이 있다.

② 시장지향공업 : 제품의 무게가 무겁거나 쉽게 변하는 공업으로 음료, 가구, 인쇄, 유리 공업 등이 있다.

③ 전환지지향공업 : 운송비 차지 비중이 크고 수입이나 수출에 의존하는 공업으로 주로 항구에 위치하며, 정유, 제출 등이 있다.

④ 노동지향공업 : 노동비의 차지 비중이 높은 기업으로 임금이 저렴한 지역에 입지하는 섬유, 전자 조립 공업이 있다.

⑤ 집적지향공업 : 완제품이나 반제품이 원료인 조립형 공업으로 조선, 자동차 공업 등이 있다.

⑥ 입지자유공업 : 운송비보다 부가가치가 크기 때문에 입지가 비교적 자유로운 공업으로 첨단산업이 속한다.

집적이익 · 집적 불이익

① **집적이익** : 공업이 특정한 곳으로만 집중되면서 생산활동으로 발생하는 이익이다. 다양한 업종이 집적하는 경우 발생한다.

② **집적 불이익** : 집적이익보다 공업지역의 규모가 과도하게 집중되면서 나타나는 불이익으로, 새로운 공업 지대로 분산해야 해소된다.

공업지역

공업이 집중적으로 발달한 지역이다.

① **수도권** : 기술과 자본이 풍부하여 우리나라 최대 공업지역이다.

② **충청권** : 수도권과 인접하여 내륙은 첨단산업 소비재 중심이며, 해안은 중화한 중심으로 발달되었다.

③ **호남권** : 지역 불균형 해소를 위해 조성되었다.

④ **태백산** : 지하자원이 풍부해서 원료지향공업이 발달되었다.

⑤ **영남 내륙** : 풍부한 노동력으로 노동집약공업이 발달하였으나 최근에는 첨단산업지역으로 변모하고 있다.

⑥ **남동 임해** : 우리나라 최대 중화학 공업지역이다. 원료와 제품 수출입이 유리하다.

역류효과

개발에 따른 이익이 주변으로 전파되지 못하고 주변 지역에서 거점지역으로 인구 및 자본이 집중되어 지역 격차가 커지는 현상을 말한다.

도시계획

도시민의 주거 환경 개선과 도시기능의 합리적 배치 등을 위한 계획안을 수립 · 시행하는 것을 말한다.

메트로폴리스

국가적 · 지역적으로 중요한 기능을 하는 도시를 메트로폴리스라고 한다. 대체로 100만 명이 넘고, 전반적으로 정치나 경제, 정보 기능을 통할(統轄)하는 도시를 의미한다. 우리나라의 경우 수도 서울과 부산, 인천, 대구, 대전, 광주 등 광역시를 메트로폴리스라고 한다.

CHECK POINT

메갈로폴리스 : 메트로폴리스가 띠 모양으로 연결되어 세계적으로 거대한 도시지역을 형성하는 것을 말한다.

메트로폴리탄 : 대도시가 그 밖의 지역에 영향을 끼쳐 통합의 중심을 이루었을 때 그 대도시와 주변 지역을 아우르는 말이다.

메가리전 : 사회 기반 시설을 공유하고 경제적으로도 연계가 긴밀한 인구 1,000만 명 이상의 도시 연결 권역을 말한다.

하안단구

하천 주변에 분포하는 계단 모양의 지형을 말한다. 지반 융기나 해수면의 변동, 하천의 침식을 받아 형성된다.

지식기반 산업

기술 및 정보를 포함한 지적능력과 아이디어로 상품과 서비스의 부가가치를 향상하거나 고부가가치의 지식 서비스를 제공하는 산업을 일컫는다.

석탄 산업 합리화 정책

1989년에 석탄 소비가 감소됨에 따라 경제성이 낮은 탄광을 줄이고 폐광 지역을 개발하기 위해 실시한 정책이다.

석회암 풍화토

석회암이 풍화되는 과정에서 토양 속 철분이 산화되어 붉은 색을 띠는 것을 말한다.

하방 침식

하천에 의한 침식작용 중 하천의 바닥을 깎는 작용으로, 하각작용이라고도 한다. 하천의 경사가 급한 상류에서 활발하게 일어나며 하곡을 깊게 형성한다.

01 출제예상문제

1 우리나라 위치적 특색으로 옳지 않은 것은?

① 동경 124° ~ 132°에 위치한다.

② 영국의 표준시보다 9시간 빠르다.

③ 유라시아 대륙 동안에 위치하고 있다.

④ 남반구 중위도에 위치한다.

> **✔ 해설** 북반구 중위도에 위치하고 있어서 사계절이 뚜렷하다.

2 이것은 국토의 지리공간정보를 디지털화하여 디지털 맵으로 작성한 것으로, 국토 관리와 행정업무에 활용하기 위한 정보시스템을 의미하는 것은?

① GPS   ② GIS
③ 데이터베이스   ④ LBS

> **✔ 해설** ① GPS : 위성을 이용하여 지상위치를 결정하는 것이다.
> ③ 데이터베이스 : 자료의 데이터 집합을 의미한다.
> ④ LBS : 이동통신망이나 GPS를 이용하는 위치추적 서비스이다.

Answer 1.④ 2.②

3 한랭건조한 성질을 가진 기단으로 우리나라의 겨울에 영향을 주는 기단으로 적절한 것은?

① 시베리아 기단　　　　　　　　　② 오호츠크해 기단
③ 적도 기단　　　　　　　　　　　④ 북태평양 기단

> **해설** ② 오호츠크해 기단 : 늦봄에서 초여름까지 영향을 주며 한랭 습윤하다.
> ③④ 적도 기단 · 북태평양 기단 : 여름에 영향을 주며 고온다습하다.

4 서울 중구, 종로구가 이에 해당하며 접근성이 제일 뛰어난 도시 구조로, 지대가 높고 중요 업무 기능이 집적되어 있는 것은?

① 중간지역　　　　　　　　　　　② 주변 지역
③ 부도심　　　　　　　　　　　　④ 도심

> **해설** ① 중간지역 : 도심과 주변 지역 사이 위치한 지역을 의미한다.
> ② 주변 지역 : 수도권 과밀화를 해소하기위해 새로 개발된 주거 · 공업지역이다.
> ③ 부도심 : 대도시의 도심 주변으로 형성되는 곳으로 서울 신촌, 강남 등이 이곳에 해당한다.

Answer　3.①　4.④

5 도시를 재개발하면서 높아진 지대 및 임대료로 인해 원래 살던 거주민이 강제로 이주하게 되는 현상을 의미하는 용어는?

① 투어리스티피케이션 ② 디즈니피케이션
③ 젠트리피케이션 ④ 오버투어리즘

 ① 투어리스티피케이션 : 관광지화로 변화하면서 원래 살던 거주민이 이주하는 현상이다.
② 디즈니피케이션 : 도시가 디즈니랜드처럼 관광객만을 위한 테마파크가 되는 현상이다.
④ 오버투어리즘 : 수용범위를 넘어서서 관광지에 사람이 몰려들어 오면서 주민들의 삶을 방해하는 현상이다.

6 원료의 무게나 부피가 변화하거나 부패·파손의 위험도가 높은 공업들이 주로 선택하는 입지유형으로 적절한 것은?

① 시장지향공업 ② 노동지향공업
③ 집적지향공업 ④ 원료지향공업

해설 원료비에 따라서 공업이 입지하는 유형은 원료지향공업이다.

7　수출입이 유리한 위치로 무거운 원료나 부품을 주로 취급하는 공업지역이 들어오는 곳으로 적절한 것은?

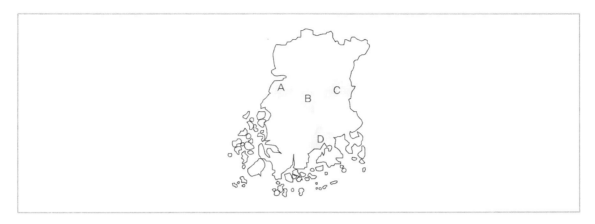

① A   ② B
③ C   ④ D

✔해설　수출입을 통해 다양한 부품을 사용하는 정유나 조선 등은 D지역에 주로 위치한다.

Answer　7.④

8 다음 아래에 대한 설명으로 옳은 것은?

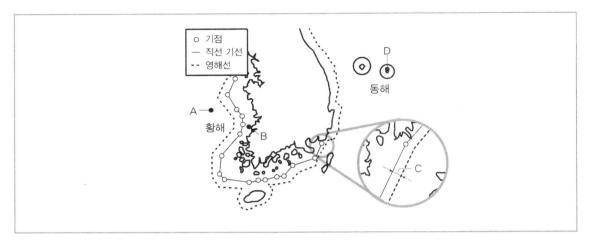

① A지역은 우리나라 허락 없이 다른 나라의 선박이 운항할 수 없다.

② B지역은 한중 어업협정으로 중국의 선박이 어업활동을 할 수 있다.

③ C는 직선 기선으로부터 영해선까지 12해리이다.

④ D의 영해는 해안선으로부터 12해리이다.

> ✔해설 ④ 독도는 썰물 때 해안에서부터 12해리이다.
>   ① 배타적 경제수역은 선박과 항공기가 자유롭게 통행이 가능하다.
>   ② 대한민국 영해이므로 할 수 없다.
>   ③ 홍도 부근의 직선 기선에서 영해선까지 3해리이다.

Answer 8.④

9   다음 A와 B에 대한 설명으로 옳은 것은?

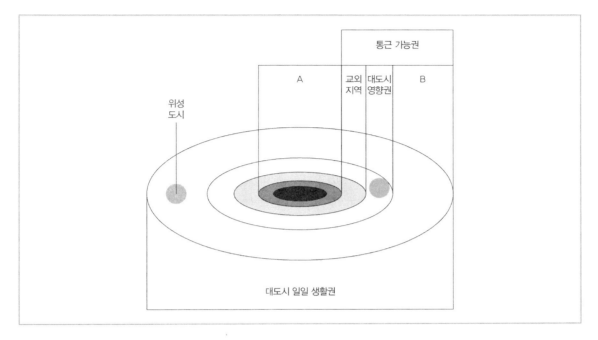

① A는 대도시 거주민이 관광을 위해 방문하는 농촌지역이다.

② A는 접근성이 낮아 지가가 저렴한 편이다.

③ B는 교통이 발달하면 겸업농가 비율이 증가할 수 있다.

④ B는 도시와 농촌이 혼재되어 있는 형태이다.

> **✔해설** ① 중심도시로 대도시권 중심지역으로 관광으로 방문하지 않는다.
> ② 중심도시로 지가가 높다.
> ④ 대도시 영향권에 대한 설명이다.

Answer   9.③

10 다음 축제를 개최하는 지역의 특징으로 옳은 것은?

> • 1월 : 해맞이 축제
> • 2월 : 눈꽃 축제
> • 9월 : 가을 단풍 축제
> • 10월 : 명태 축제
> • 11월 : 고랭지 농촌 체험 축제

① 강설량이 적은 편이다.
② 경동성 요곡운동으로 고위 평탄면이 많다.
③ 우리나라 최대의 곡창지대이다.
④ 다양한 화산지형이 발달되었다.

> ✔ **해설** 강원도 지역의 축제에 대한 설명이다.
> ① 산지가 높아서 강설량이 크다.
> ③ 호남지방에 대한 설명이다.
> ④ 제주도에 대한 설명이다.

Answer 10.②

02 세계지리

✿ 쾨펜의 기후구분

쾨펜이 식생 분포의 경계와 기온, 강수량을 구분하여 11개의 기후구로 구분한 것이다. 열대기후, 온대기후, 냉대기후, 건조기후, 한대기후 등으로 나누고 2차적으로 열대, 온대, 냉대로 나누고 강수로 연중습윤, 여름건조, 겨울건조, 몬순으로 구분하였다. 건조 · 한대기후는 지표상태에 따라서 스텝, 사막, 툰드라, 빙설로 세분하였다.

✿ 열대기후

평균기온이 18℃ 이상이고 일교차가 작은 특징을 가진 기후이다.
① 열대우림기후 : 비가 자주 내리는 기후이다.
② 사바나기후 : 건기와 우기로 구분되며 강수량은 열대우림기후보다는 적다.
③ 열대몬순기후 : 우기와 짧은 건기가 나타난다.
④ 열대고산기후 : 월 평균이 15℃ 내외의 기후이다.

✿ 건조기후

① 사막기후 : 극단적인 기후형 중에 하나로 연평균 강수량이 250mm 이하로 건조한 기후이다.
② 스텝기후 : 강수량은 적지만 강수량은 250mm 이상, 500mm 미만이다. 중앙아시아 초원지대가 대표적이다.

✿ 냉대기후

① 냉대 습윤 기후 : 연중 강수량이 고르게 분포된 기후이다. 겨울이 길고 연교차가 큰 대륙성 기후이다.
② 냉대 동계 건조기후 : 겨울에도 맑은 날씨가 지속되는 기후이다. 바람은 약하게 불고 여름에는 온도가 높은 편이다.

✿ 한대기후

① 툰드라 기후 : 한대 중에서도 냉대에 가깝다. 최난월 0 ~ 10℃에 해당하는 지역으로 여름이 짧고 겨울이 길다.
② 빙설 기후 : 1년 중 가장 따뜻한 달의 평균기온이 0℃ 이하인 기후를 말한다. 대부분의 지역이 눈과 얼음으로 덮여있으며 내린 비는 녹지 않아 빙하가 발달한다.

화산지형

① **순상화산** : 비교적 경사가 완만한 형태를 보이며 낮은 모습이 방패와 비슷하다고 하여 순상화산이라고 불린다. 점성이 작아 유동성이 큰 현무암질 용암이 주변에 퍼져 흐르면서 형성된 지형이다.

② **종상화산** : 종을 엎은 모양처럼 경사가 급한 형태를 보인다. 점성이 커 유동성이 작은 유문암이나 안산암질 용암이 돔 모양으로 쌓여 형성된 지역이다.

③ **성층화산** : 폭발식 분화와 용암류의 흘러넘치는 분화가 번갈아 일어나 화산쇄설물과 용암류층이 층층이 누적된 것을 말한다.

④ **칼데라** : 화산의 분화구가 함몰되어 형성된 지형으로 일부는 물이 고여 칼데라호를 형성하기도 한다.

⑤ **용암대지** : 유동성이 큰 현무암질 용암이 대량 분출되어 형성된 평평한 대지를 말한다.

엘니뇨 · 라니냐 현상

① **엘니뇨** : 남미 에콰도르와 페루 북부연안의 태평양 해면온도가 비정상적으로 상승하는 현상으로, 아프리카의 가뭄이나 아시아 · 남미지역의 홍수 등을 일으키는 원인이다. 엘니뇨는 스페인어로 '신의 아들'이란 뜻인데, 크리스마스 때 이 현상이 가장 현저해서 붙여진 이름이다.

② **라니냐** : 적도 부근의 표면 해수온도가 갑자기 낮아지는 현상이다. 엘니뇨와 번갈아 대략 4년 주기로 일어나며, 이 현상으로 인한 대기순환 교란은 1 ~ 3년간 여파를 미친다. 반(反)엘니뇨현상으로도 불린다.

블리자드(Blizzard)

남극지방에서 볼 수 있는 차고 거센 바람을 동반한 눈보라 현상으로 우리말로는 폭풍설(暴風雪)이라고도 한다. 이러한 현상이 발생하는 이유는 남극지방의 급격한 기온변화 때문이라고 볼 수 있는데, 몇 시간 사이에 영하 10 ~ 20℃로 기온이 급강하하면서 동시에 초속 40 ~ 80m의 강풍이 불며 눈이 몰아친다.

크레바스(Crevasse)

빙하가 갈라져서 생긴 좁고 깊은 틈새를 말한다. 급경사를 이루는 빙하도랑을 이동할 때에는 빙하를 가로지르는 크레바스가, 넓은 골짜기나 산기슭으로 나가는 곳을 이동할 때에는 빙하가 이동하는 방향에 평행하는 크레바스가 나타난다.

모레인

빙하에 의하여 운반된 점토 · 모래 · 자갈 등의 암설(巖屑)을 말한다. 이것은 하천과 바닷물에 의하여 운반된 토양과 달리, 층리가 없고, 또 대소의 암층을 혼합한 채로 퇴적한다. 빙하의 표면 · 내부 · 적부 · 종단부 등 그 위치에 따라, 표퇴석 · 내부퇴석 · 저퇴석 · 중앙퇴석으로 구분된다. 또 단퇴석은 빙하의 선단에 있었던 암설이 빙하가 녹았기 때문에, 그대로 그곳에 퇴적한 것을 말한다. 현재 퇴석은 독일 · 북미 등지에서 많이 볼 수 있다.

�֍ 몬순기후

한국·일본·중국·동남아시아 등 계절풍의 영향을 받는 지역의 기후이다. 계절풍은 여름과 겨울에 대조적인 기후를 발생시키는데, 열대해양기단과 찬대륙기단의 영향으로 여름철에는 비가 많고 고온다습하며 겨울철에는 춥고 맑은 날이 많으며 저온 건조하다. 우리나라는 여름에는 남동계절풍의 영향을 받아 고온다습하며, 겨울에는 북서계절풍의 영향을 받아 한랭건조하다.

✖ 외쿠메네

지구상에서 인간이 거주할 수 있는 지역을 말한다. 지구표면의 육지에서 사막·고산지대, 극지방의 빙설지대·동토(凍土) 등을 제외한 지역으로, 약 87% 가량이 해당되는데 세계인구의 자연증가율에 비추어 볼 때 이의 증대가 시급하다. 근래 들어 농경법의 개량, 자연개발의 진척, 내한·내건 기술의 발달 등으로 외쿠메네의 확대가 이루어지고 있다.

> ✅ CHECK **POINT**　아뇌쿠메네(An kumene) … 인간 비거주지역으로, 고산·극지·설선·사막지역을 말한다.

✖ 선벨트 · 러스트벨트

① 선벨트 : 캘리포니아, 애리조나, 텍사스 등 11개 주에 걸친 지역으로 기온이 따뜻하고 일조량이 많다. 풍부한 석유와 천연가스, 노동력 등으로 첨단산업이 발달하였다.
② 러스트벨트 : 러스트(Rust)는 '녹슬다'는 의미로 제조업 쇠퇴로 쇠락한 미국 북동부 공장 지대를 의미한다.

✖ 안정육괴

시원생대에 조산 운동을 받은 이후 오랜 기간 침식작용을 받아 형성되었다. 기복이 작고 안정된 상태로 순상지, 구조평야 등이 있다.

✖ 동아프리카 지구대

지각 균열에 의해 형성된 지형이다. 단층선은 이스라엘에 있는 사해부터 시작하여 홍해를 거쳐 동아프리카를 종단, 잠베지 강까지 이어진다. 계곡 주변 양쪽 절벽과 지구대 높이는 900 ~ 2,700m에 이르며 폭은 평균 50km이다.

✖ 서안기후

대륙 서쪽의 특징적인 기후를 말한다. 대체로 온난하며 겨울에는 따뜻하고 여름에는 시원하다는 특징이 있다.

✿ 스콜

열대지방에서 거의 매일 오후에 볼 수 있는 소나기를 말한다. 바람의 갑작스러운 변화나 강한 햇볕에 의해 공기 중의 일부가 상승하고 그로 인해 발생한 상승기류에 의해 비가 내린다.

✿ 주요 환경협약

① **람사르 협약**(1975) : 물새서식지로 중요한 습지보호에 관한 협약으로 1971년 2월 이란 람사르에서 채택되어 1975년 12월 발효됐다. 국경을 넘어 이동하는 물새를 국제자원으로 규정하고 가입국에 습지를 보전하는 정책을 펴도록 의무화하고 있으며, 협약에 가입한 국가들은 보전가치가 있는 습지를 1곳 이상씩 협약사무국에 등록하고 지속적인 보호정책을 펴야 한다. 협약은 습지를 바닷물이나 민물의 간조 시 수심이 6m를 넘지 않는 늪과 못 등 소택지와 갯벌로 정의하고 있다. 습지는 육상 동·식물의 안식처 역할을 할 뿐 아니라 수중생태계 환경을 조절하는 소중한 자원이지만 그동안 농지와 택지개발 명분에 밀려 파괴되는 경우가 많았다. 우리나라는 1997년 7월 28일 람사르 협약이 국내에서 발효되어 세계 101번째 가입국이 됐다.

② **몬트리올 의정서**(1987) : 지구 오존층 파괴 방지를 위하여 염화불화탄소(CFC, 프레온가스)·할론 (Halon) 등 오존층 파괴 물질 사용에 대해 규정한 국제환경협약이다. 1974년 미국 과학자들의 CFC 사용 규제에 대한 논의로부터 시작되었으며, 1985년 '비엔나협약'에 근거를 두고 1987년 캐나다 몬트리올에서 정식 채택되었다. CFC의 사용 및 생산금지, 대체물질 개발 등을 주요 골자로 하고 있으며 1992년 코펜하겐에서 열린 제4차 회의에서 '코펜하겐 의정서'를 채택하였다. 우리나라는 1992년에 가입하였다.

③ **바젤 협약**(1992) : 1989년 스위스 바젤에서 채택된 것으로 유해폐기물의 국가간 이동 및 처리에 관한 협약이다. 가입국은 동·아연·카드뮴 등 47종의 폐기물을 국외로 반출해서는 안되며, 자국 내에서도 폐기물 발생을 최소화하고 충분한 처리시설을 확보해야 한다. 1992년에 발효되었으며, 우리나라는 1994년에 가입했다.

④ **사막화 방지 협약**(1994) : 무리한 개발과 오남용으로 인한 사막화 방지를 위해 체결된 협약이다. 국제적 노력을 통한 사막화 방지와 심각한 한발 및 사막화·토지 황폐화 현상을 겪고 있는 개발도상국을 재정적·기술적으로 지원하는 것을 목표로 한다.

⑤ **교토 의정서**(1997) : 지구온난화 규제 및 방지를 위한 방안으로 선진국의 온실가스 감축 목표치를 규정하였다.

⑥ **파리 기후 변화 협약**(2016) : 2020년 만료되는 교토 의정서를 대체하여 2021년 1월부터 적용될 기후 변화 대응을 담은 기후변화협약이다. 선진국에만 온실가스 감축 의무를 부여했던 교토 의정서와 달리 195개 당사국 모두에게 발효된다.

�֍ 열대우림기후

연중 고온다우한 기후로, 거의 매일 스콜이 내리며 월강우량이 최소 60mm 이상이다. 이 기후대에서는 원시농업·수렵 등이 행해지며, 서구의 자본가들이 현지인의 값싼 노동력을 이용하여 고무·야자·카카오 등의 특정 농산물을 대량으로 생산하는 재식농업(플랜테이션)이 이루어진다. 분포지역은 아마존강 유역, 콩고강 유역, 말레이반도, 인도네시아제도, 기니만 연안의 아프리카 등이다.

✖ 스텝

대륙 온대지방의 반건조기후에서 발달한 초원지대로, 습윤한 삼림지대와 사막과의 중간대이다. 주로 키가 작은 화본과의 풀이 자라는데, 비가 많이 내리는 봄철에는 무성해지나 여름철 건계에는 말라 죽는다. 즉, 건조한 계절에는 불모지이고, 강우계절에는 푸른 들로 변한다.

✖ 북대서양진동

아이슬란드 근처의 기압과 아조레스(Azores) 근처의 기압이 서로 대비되는 변동으로 구성된다. 평균적으로 아이슬란드의 저기압 지역과 아조레스의 고기압 지역 사이에 부는 편서풍은 유럽 쪽으로 전선시스템을 동반한 저기압을 이동시키는 역할을 한다. 그러나 아이슬란드와 아조레스 사이의 기압차는 수일에서 수십 년의 시간 규모상에서 섭동(攝動)을 하는 현상을 보이므로 때때로 역전될 수도 있다.

✖ 극와동

극지방에서 볼 수 있는 회오리바람처럼 갑작스레 변화하는 기상현상으로, 불과 수 시간의 타임스케줄을 갖는다. 이 때문에 우리나라를 비롯한 동아시아는 기상변화에 큰 영향을 받는다.

✖ 블로킹(Blocking)현상

저지현상(沮止現象) 혹은 블로킹 고기압이라고도 하며 중위도 지역의 대류권에서 우세한 고기압이 이동하지 않고 장기간 한 지역에 머물러 동쪽으로 움직이는 저기압의 진행이 멈추거나 역행되는 현상을 말한다.

✖ 라피에

석회암이 나출된 대지 등에서 석회암의 용식에 의하여 형성된 작은 기복이 많은 지형으로 카르스트 지형 중에서 가장 일반적인 것이다. 영국에서 부르는 '크린트'는 석회암이 나출된 면을 일컫고, '그라이크'는 수직인 파이프 모양의 구멍을 일컫는다. 또, 석회암의 나출면이 절리 등을 따라서 홈이 파이는 경우도 있다. 석회암이 움푹 들어간 부분에 토양이 메워지고, 튀어나온 부분이 묘석을 세워 놓은 것 같은 모양을 나타내기도 한다. 이들 라피에가 집합되어 있는 지역을 '카렌펠트(Karrenfelt)'라고 부른다.

⌐2 출제예상문제

1 다음에 대한 설명으로 옳지 않은 것은?

> ㉠ 자유무역협정
> ㉡ 관세 동맹
> ㉢ 공동 시장
> ㉣ 완전 경제 통합

① ㉠ – 경제블록화의 1단계로 회원국 사이에 관세를 철폐하는 것이다.
② ㉡ – 연내 관세를 철폐하고 공동 관세를 부여한다.
③ ㉢ – 남아메리카에서 대표적으로 이용하고 있다.
④ ㉣ – 통화를 단일화하여 사용한다.

✔해설 공동 시장은 유럽 경제 공동체에서 이용하고 있다.

2 다음 작물에 대한 설명으로 옳은 것은?

> ㉠ 쌀
> ㉡ 밀
> ㉢ 옥수수

① ㉠은 환경에 영향을 받지 않아서 다양한 지역에서 재배된다.
② ㉠은 단위 면적당 생산량이 제일 높다.
③ ㉡은 바이오 에탄올의 원료이다.
④ ㉢은 아메리카가 기원지이며 가축의 사료로 사용된다.

✔해설 ① 쌀은 온대 계절풍 기후와 몬순기후 지역에서 주로 재배된다.
② 단위 면적당 생산량은 옥수수, 쌀, 밀 순서로 옥수수가 제일 높다.
③ 옥수수에 대한 설명이다.

Answer 1.③ 2.④

3 다음 환경협약에 대한 설명으로 옳지 않은 것은?

> ㉠ 람사르 협약
> ㉡ 파리 기후 변화 협약
> ㉢ 몬트리올 의정서
> ㉣ 교토 의정서

① ㉠은 습지보호를 위한 국제협약이다.
② ㉡은 선진국과 개발도상국에서 온실가스를 줄이기 위한 협정이다.
③ ㉢은 환경협약 중에 제일 먼저 체결되었다.
④ 선진국 38개국에서 온실가스 감축을 목표로 한 협약이다.

> ✔해설 제일 먼저 체결된 협약은 람사르 협약이다. ㉠ – ㉢ – ㉣ – ㉡ 순서로 협약이 체결되었다.

4 두 개의 판이 어긋나는 경계에 있는 것으로 판과 판의 마찰로 지진이 발생하는 것으로 적절한 것은?

① 히말라야 산맥   ② 안데스 산맥
③ 샌안드레아스 단층   ④ 동아프리카 지구대

> ✔해설 ①② 두 개의 판이 충돌하는 경계에 있다.
> ④ 두 개의 판이 갈라지는 경계에 있다.

5 다음 국가별로 주로 믿고 있는 종교로 바르게 연결된 것은?

① 중국 – 불교   ② 필리핀 – 이슬람교
③ 미얀마 – 힌두교   ④ 말레이시아 – 크리스트교

> ✔해설 ② 필리핀은 주로 크리스트교를 믿는다.
> ③ 미얀마는 주로 불교를 믿는다.
> ④ 말레이시아는 주로 이슬람교를 믿는다.

Answer 3.③ 4.③ 5.①

6 이슬람교도가 많이 살고 있는 이 지역에서 발생한 분쟁으로 1947년 인도와 파키스탄이 영국에 독립할 때 발생한 지역 갈등은?

① 카슈미르 분쟁 ② 모로족 독립운동
③ 스리랑카 분쟁 ④ 중국 소수민족 독립운동

✔해설 ② 필리핀에 거주하는 모로족이 벌이는 독립운동이다.
③ 타밀족과 신할리즈족 간의 종교분쟁이다.
④ 위구르족과 티베트 족이 하고 있는 독립운동이다.

7 다음 아래에서 설명하고 있는 도시 내부 구조 이론이 바르게 연결된 것은?

> ㉠ 권역 별로 자립하는 기능을 보유하여서 각각의 권역이 중심지로 발달하는 모델이다.
> ㉡ 도심에서 주변 지역으로 방사상으로 전개되어 교통로에 따라서 발달한다.
> ㉢ 도시가 토지가 핵을 중심으로 구조화되지 않고 여러 개의 핵을 중심으로 형성된다.
> ㉣ 이 모델은 도시 내부의 중심부에서부터 바깥으로 원형의 형태로 분화되면서 나타난다.

① ㉠ - 다핵심모델 ② ㉡ - 도시권역모델
③ ㉢ - 선형모델 ④ ㉣ - 동심원모델

✔해설 ㉠ 도시권역모델, ㉡ 선형모델, ㉢ 다핵심모델, ㉣ 동심원모델이다.

8 다음 중남부 아메리카에서 생산되는 자원이 올바르게 연결된 것은?

① 브라질 - 구리 ② 멕시코 - 은
③ 베네수엘라 - 철광석 ④ 칠레 - 석유

✔해설 ① 브라질은 은의 최대 생산국이다.
③ 베네수엘라 볼리바르 지역에 석유 매장량이 제일 많다.
④ 칠레는 구리의 최대 생산국이다.

Answer 6.① 7.④ 8.②

9 유럽의 공업지역의 특징으로 옳지 않은 것은?

① 제품 수출이 유리한 지역을 중심으로 발달되었다.
② 선벨트를 중심으로 첨단산업이 발달하였다.
③ 산업 클러스터가 형성되어 있다.
④ 영국은 자원이 풍부한 지역 중심으로 발달되었다.

✔ 해설 선벨트는 북부 아메리카 공업지역의 특징으로 캘리포니아, 애리조나 등 북위 37° 이남에 위치한 지역이다.

10 다음 에너지 자원의 특징에 대한 설명으로 옳은 것은?

① 석탄 : 증기기관 연료로 이용된다.
② 석유 : 고기 조산대에 주로 매장되어 있다.
③ 천연가스 : 주요 수입국은 중국이다.
④ 원자력 : 냉동 액화기술이 발달하면서 소비량이 늘었다.

✔ 해설 ② 석탄의 특징이다.
③ 중국은 주로 석탄이나 석유 등을 수입한다.
④ 천연가스의 특징이다.

Answer 9.② 10.①

인천광역시 소개

01 인천광역시 역사

✿ 인천의 최초 명칭 '미추홀(彌鄒忽)'

하나의 행정구역으로 등장하는 것은 고구려 장수왕 때(475)로 매소홀현(買召忽縣)이었다. 이후 신라가 삼국을 통일한 후 경덕왕 때 한자식으로 바뀌어 소성현(召城縣)이 되었다. 고려 숙종(1095 ~ 1105) 때 숙종 어머니의 내향(內鄕)이었던 관계로 경원군(慶源郡)으로 개칭·승격되었다. 그 뒤 인종(1122 ~ 1146) 때에 순덕왕후 이씨의 내향이라 하여 인주(仁州)로 승격되었는데, 이자겸(李資謙)의 난으로 인주 이씨가 몰락하다시피 하였으나 공양왕 2년(1390)에 이르러 다시 경원부로 환원되었다. '칠대어향(七代御鄕)'이라 하여 문종에서 인종에 이르는 7대 동안 고려왕실과 관련이 있는 지역이었기 때문이었다. 조선왕조가 개창되면서 경원부는 다시 인주로 환원되었으나 태종 13년 주(州)자를 가진 도호부 이하의 군·현 명을 산(山), 천(川) 두 글자 중 하나로 개정토록 하여 현재의 인천으로 탄생하게 되었고, 그날(1413년 10월 15일)을 기려 '인천시민의 날'이 제정되었다.

✿ 위치 및 면적

① 위치 : 인천의 수리적 위치는 대략 126° 37′ E, 37° 28′ N로, 한반도의 한가운데이며 황해에 접하여 있고 한강의 하류에 위치해 있다.

② 면적 : 인천은 1981년 7월 1일 직할시로 승격 당시 면적은 201.21km^{2}였으며, 2000년 이후 공유수면매립 등으로 2005년에는 면적이 994.12km^{2}로 전 국토 면적의 1%로 확장되었다. 2022년 12월 31일 기준 1,067.04km^{2}에 이르고 있다.

✿ 지형

인천의 산지는 마니산(469m)과 계양산(395m), 삼각산(343m) 등 10여 개의 산을 제외하고는 해발 300m 이내의 구릉성 산지이며 큰 하천의 발달도 없다. 한강으로 유입하는 하천은 굴포천, 청천천, 계산천 등이 있고, 황해로 유입하는 하천으로는 북쪽의 시천천, 공촌천과 남쪽의 승기천, 만수천, 장수천, 운연천 등이 있으며, 굴포천(11.5km)을 제외하면 승기천(6.2km), 검단천(6.74km)등 대부분 하천 연장이 10km 미만이다. 인천의 해안은 리아스식 해안으로 해안선이 길고 복잡하며 섬이 많다. 인천에는 모두 168개의 섬이 있으며, 이중 128개가 사람이 살지 않는 무인도이다.

지명 변천사

지명	시기
인천광역시(仁川廣域市)	1995. 3. 1.
인천직할시(仁川直轄市)	1981. 7. 1.
인천시(仁川市)	1949. 8. 15.
인천부(仁川府)	1945. 10. 28.
제물포시(濟物浦市)	1945. 10. 10.
인천부(仁川府)	1910. 10. 1.
경기도인천부(京畿道仁川府)	건양 원년(1896)
인천부(仁川府)	고종 32년(1895)
인천도호부(仁川都護府)	세조 5년(1459)
인천군(仁川郡)	태종 13년(1413. 10. 15.)
인주(仁州)	조선 태조 원년(1392)
경원부(慶源府)	고려 공양왕 2년(1390년)
인주(仁州)	고려 인종 11년(1133년)
경원군(慶源郡)	고려 숙종(1095년)
소성현(邵城縣)	신라 경덕왕 16년(757년)
매소홀현(買召忽縣)	고구려(475년)
미추홀(彌鄒忽)	백제초기 비류의 도읍지

역대 광역시 민선시장

구분	시장	재임 기간
8대	유정복	현재
7대	박남춘	2018. 7. 1 ~ 2022. 6. 30
6대	유정복	2014. 7. 1 ~ 2018. 6. 30
5대	송영길	2010. 7. 1 ~ 2014. 6. 30
4대	안상수	2006. 7. 1 ~ 2010. 6. 30
3대	안상수	2002. 7. 1 ~ 2006. 6. 30
2대	최기선	1998. 7. 1 ~ 2002. 6. 30
1대	최기선	1995. 7. 1 ~ 1998. 6. 30

✖ 행정구역

구·군	읍·면·동				법정동	법정리
	계	읍	면	동		
중구	12	–	–	12	52	–
동구	11	–	–	11	7	–
미추홀구	21	–	–	21	7	–
연수구	15	–	–	15	6	–
남동구	20	–	–	20	11	–
부평구	22	–	–	22	9	–
계양구	12	–	–	12	23	–
서구	23	–	–	23	21	–
강화군	13	1	12	–	–	96
옹진군	7	–	7	–	–	26
8구, 2군	156	1	19	136	136	122

※ 2024년 1월 1일 기준 2군 8구 1읍 19면 136개동의 행정구역을 가짐

✖ 국제교류

① **자매결연도시 현황** : 미국(버뱅크, 필라델피아, 앵커리지, 호놀룰루), 일본(기타큐슈, 고베), 중국(텐진, 충칭, 선양), 베트남(하이퐁), 파나마(파나마), 이스라엘(텔아비브), 이집트(알렉산드리아주), 인도(콜카타), 멕시코(메리다), 필리핀(마닐라), 캄보디아(프놈펜), 인도네시아(반텐주), 러시아(예카테린부르크, 블라디보스토크), 이탈리나(베네토주), 몽골(울란바토르) 총 15개국 22개 도시

② **우호도시 현황** : 중국(다롄, 단둥, 칭다오, 산둥성, 옌타이, 하얼빈, 허난성, 광저우, 청두), 대만(타오위안), 베네수엘라(차카오), 브라질(히오그란지두술주), 필리핀(알바이주), 일본(요코하마), 러시아(크론시타트), 미국(휴스턴), 우즈베키스탄(페르가나주) 총 8개국 17개 도시

02 인천광역시 시책

❈ **핵심 가치 : First Ever(최고를 넘어 최고가 되다)**
 ① 지향 가치 : 세계적인 도시가 추구하는 가치와 경쟁력
 ② 정서적 가치 : 열려있는 도시에서 느껴지는 긍정적인 감각이나 기분
 ③ 기능적 가치 : 융·복합 도시의 기능을 통해 물리적으로 획득할 수 있는 효용
 ④ 도시 속성 : 역동적 도시의 고유한 특성 및 속성

❈ **슬로건 및 심볼마크**
 ① 슬로건 : all_ways_Incheon(모든 길은 인천으로 통한다)
 ② 심볼 마크
  ㉠ 인천의 'ㅇ', '川', 파도를 모티브로 끊임없는 움직임과 무한한 잠재력을 상징
  ㉡ 항만, 공항을 중심으로 상품, 서비스, 정보가 들어오고 나가는 교류 도시의 표상
  ㉢ 세계의 관문 도시로서 동북아의 중심지, 동북아의 Hub로서 21C 인천의 미래상을 표현

❈ **캐릭터**
등대는 '대한민국 최초의 불빛' 팔미도 등대를 모티브로 첨단산업도시 인천의 과거와 미래의 연결을 의미하며 점박이 물범은 천연기념물이자 멸종위기 동물인 백령도의 점박이 물범을 모티브로 인천시의 자연 친화적인 의미를 담았다.

❈ **인천광역시의 시목·시화·시조·컬러**
 ① 시목 : 인천광역시의 시목은 '목백합'으로 원산지가 북미 지역이며, 인천 지역이 한미 수교 조약 체결의 현장임을 의미하기도 한다.
 ② 시화 : 인천광역시의 시화는 '장미'로 능동과 정렬의 꽃말에서 능동적이고 정렬적인 인천시민의 모습을 확인할 수 있다.
 ③ 시조 : 인천광역시의 시조는 '두루미'로 송학동, 청학동, 선학동, 학익동 등 학을 상징하는 지명이 많고, 특히 문학동은 인천의 옛 도읍지이기도 하다.
 ④ 컬러 : 인천은 항구도시로서 청색은 바다색을 상징, 힘차고 굳센 기상과 대양을 향한 꿈을 상징한다.

❈ **시정 비전 및 철학**
 ① 시정 비전 : 인천의 꿈 대한민국의 미래
 ② 시정 목표 : 시민이 행복한 세계 초일류 도시 인천

상식은 "용어사전"

용어사전으로 중요한 용어만 한눈에 보자

1 시사용어사전 1200
매일 접하는 각종 기사와 정보 속에서 현대인이
놓치기 쉬운, 그러나 꼭 알아야 할 최신 시사상식
을 쏙쏙 뽑아 이해하기 쉽도록 정리했다!

2 경제용어사전 1030
주요 경제용어는 거의 다 실었다! 경제가 쉬워지
는 책, 경제용어사전!

3 부동산용어사전 1300
부동산에 대한 이해를 높이고 부동산의 개발과 활
용, 투자 및 부동산 용어 학습에도 적극적으로 이
용할 수 있는 부동산용어사전!

중요한 용어만 공부하자!

- 최신 관련 기사 수록
- 다양한 용어를 수록하여 1000개 이상의 용어 한눈에 파악
- 용어별 중요도 표시 및 꼼꼼한 용어 설명
- 파트별 TEST를 통해 실력점검

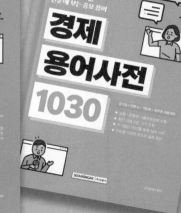